... lasst uns darüber hinausgehen, darüber hinaus und auch über das Darüber-Hinaus hinaus ...

Hannya Shingyo

Impressum

© tao.de in Kamphausen Media GmbH, Bielefeld

1. Auflage 2018
Autor: Reinhard Febel
Foto Umschlag: Creative Commons Zero (CC0)
Gestaltung: Carine Wiebe – Mediengestalterin

Verlag: tao.de in Kamphausen Media GmbH, Bielefeld
www.tao.de · eMail: info@tao.de

Herstellung: tredition GmbH, Halenreie 40-44, 22359 Hamburg

Bibliografische Information der Deutschen Nationalbibliothek
Die Deutsche Nationalbibliothek verzeichnet diese Publikation
in der Deutschen Nationalbibliografie; detaillierte bibliografische
Daten sind im Internet über http://dnb.d-nb.de abrufbar.

ISBN Paperback 978-3-96240-177-1
ISBN Hardcover 978-3-96240-178-8
ISBN eBook 978-3-96240-179-5

Das Werk, einschließlich seiner Teile, ist urheberrechtlich geschützt.
Jede Verwertung ist ohne Zustimmung des Verlages unzulässig.
Dies gilt insbesondere für die elektronische oder sonstige Vervielfälti-
gung, Übersetzung, Verbreitung und sonstige Veröffentlichungen.

Reinhard Febel

Krähenschrei

Die Geschichte von Ikkyu

Erster Teil

Bild mit Krähe

Der See liegt dunkel im Morgengrauen.

Das Wasser ist reglos. Nur am Ufersaum längt sich langsam das Schilf und kürzt sich wieder. Nebel treibt zwischen die Bäume, quillt durch ihre Kronen und streicht über das Gras.

In einer Astgabel schläft eine Krähe, an das Holz geschmiegt, die Federn tuscheschwarz, aufgeplustert gegen Kälte und Nässe.

Tropfen fallen aus dem grauen Himmel und von Zweigen, Blättern und Zapfen. Auf dem See wachsen Kreise, einander durchdringend, dann wieder verschwimmend. Blasen steigen aus dem sumpfigen Wasser.

Auf einem Stein steht ein Kranich.

Die Krähe spreizt die Flügel. Sie schüttelt sich.

Allmählich wird es hell. Farbe des Gefieders und des Waldes trennen sich für den Tag. Das eine Schwarz bleibt schwarz, beginnt, von Tropfen und Licht zu glitzern, wie fein gepinselt, das andere wird zuerst grau, dann grün.

Hier leben keine Menschen. Die wenigen Fischer wohnen weit entfernt, in Dörfern aus bescheidenen Hütten am anderen Ende des Sees, wo diesen nur ein niedriger Bergrücken mit sandigen Durchbrüchen vom Meer trennt. Dort, auf der

Landenge, können die Männer nach Belieben im Meer fischen oder auch im See, je nach Jahreszeit und Witterung. Man isst alles, was die Gewässer hergeben: Muscheln, Algen, natürlich Fische, Meeresschnecken, sogar Seeigel. Reis wird angebaut, auch Gemüse. Dazu hält man sich einige Haustiere. Die Dorfbewohner sind arm. Das Leben ist hart. In größter Not fängt man neben anderem Getier auch manchmal Krähen, mit schlechtem Gewissen allerdings, denn diese haben etwas Unheimliches. Dazu werfen die Männer des Nachts ihre Netze über die Schlafplätze der Vögel, fassen die Netzöffnung zusammen, tragen den Sack zum See und ertränken ihre Beute.

Wohl oder übel rupft man die Krähen dann und wundert sich über die kleinen weißen Körper unter dem finsteren Rock: da ist ja fast nichts dran! Und das Wenige schmeckt bitter.

Auch sind die schwarzen Federhaufen neben der Feuerstelle den Fischern nicht geheuer: zu luftige Köhlerware, zu nichts nütze – fände man denn auf schwarz gestopften Kissen Schlaf?

Doch selbst wenn: was träumte man dann Schlimmes?

Auch ängstigt man sich, wenn ein Windstoß in das Gerupfte fährt, fürchtet, die Federn könnten sich neu zusammensetzen zu einem riesigen, dreibeinigen Vogel, dem Sonnenraben Yatagarasu, – ja, das soll im Norden wirklich geschehen sein –, oder aber, noch schlimmer, der schwarze Funkenflug könnte eine plötzliche und nie mehr endende Nacht entzünden.

Die Krähe schläft abseits vom Schwarm. Ihr eines, zum Stamm hin gewandtes Auge ist geschlossen, das andere geöffnet, stets bereit, Bewegung zu erkennen und aufzufliegen.

Zwar sind Menschen am See nicht zu finden, aber deren Hinterlassenschaft: vor langer Zeit hat jemand im Schilf, halb an Land gezogen, einen Einbaum versteckt. Inzwischen ist er verrottet. Er steht voll Wasser.

Bevor der Tag kommt, schließt der Vogel noch einmal beide Augen.

Da entsteht im Boot Bewegung. Ein Frosch taucht auf, schwimmt mit kräftigen Stößen zum Rand und springt in den See. Die Krähe öffnete die Augen. Sie wendet ihren Kopf dem Klatschen zu.

Bald beruhigt sich das Wasser im Bootsrumpf. Nur ein Rinnsal leckt noch an der Seite herab.

Inzwischen rudert der Frosch ins Offene. Noch immer steht der Kranich unbewegt.

Die Natur ist voll von Farben und Schattierungen, von Hauch und Duft.

Blitzschnell stößt des Kranichs Schnabel zu. Einen Augenblick lang zittert etwas in dem scharfen Werkzeug und verschwindet dann. Ein paar Tropfen fallen von der Schnabelspitze. Der Vogel tut ein paar Schritte. Sein Hals zuckt.

Mittlerweile hat der Himmel seine Farbe verändert, ist aufgehellt, und ein Gelbton verweist auf die Sonne hinter den Wolken. Mit wässriger Tusche sind Baumkronen angedeutet.

Die Krähe erhebt sich. Sie breitet ihre Schwingen aus und fliegt davon.

Im Dunst wird sie kleiner und blass, bis der Morgennebel sie schließlich verschluckt.

»Kraa! Kraa!«

Der Krähe Krächzen klingt wie der Schrei eines Mannes, den man würgt.

Sengikumaru
5

Das Früheste, woran sich Sengikumaru erinnern konnte, war Haut. Genauer gesagt: Haut und Stoff, Duften und Rascheln, feine Gewänder und die weiche, warme Haut der Mutter. Auch ihre Brüste, an denen er sog, wie dies vor nicht allzu langer Zeit der Kaiser höchstpersönlich getan hatte, der damals achtzehnjährige Gokomatsu, dessen Konkubine Mama gewesen war.

Ungewöhnlich weit vermochte der Kleine sich zurückzuversetzen. Oft sah er sich wieder als winziges, hilfloses Wesen, Sengikumaru, der später Shuken werden würde, dann Sojun, dann Ikkyu, und dann letztendlich Toter und Staub.

Doch soweit war es noch nicht.

Sengikumaru Shuken Sojun Ikkyu Staub blickte also zurück. Er erinnerte sich, was die Mutter ihm über seine Herkunft erzählt hatte. Des Kaisers Nebenfrau war Mama gewesen, eine unter mehreren sogar, doch ist die Liebe zweier Menschen ja immer nur eine von vielen Möglichkeiten: das hatte die Mama dem kleinen Sengikumaru recht bald zu erklären versucht. Das Wort Liebe war bei jener Verbindung trotz allem angebracht – dies zu bestätigen, hatte wiederum der Kleine tagaus, tagein von der Mutter erbettelt.

Eine Liebe allerdings, welche die schöne junge Frau nicht allzu weit geführt hatte, schon gar in die Nähe des kaiserlichen Throns, sondern vielmehr, wie es einer Nebenfrau gebührte, in ein Nebenhaus, für ihren Nebenfötus und dann die Nebengeburt, alles so unauffällig wie möglich.

Nein, nichts Persönliches sei die Abschiebung, hatte ein Bediensteter des Hofes erklärt und dabei gelächelt, als überbringe er eine freudige Botschaft.

Nein, der Kaiser selbst äußere sich zu derlei Angelegenheiten grundsätzlich nicht.

Tsubone Iyono, die Hofdame aus Iyo – so hatte man die Konkubine und zukünftige Mutter genannt – war eine Tochter des Beamten Hino, der am Südhof diente.

Seit langem schon war die kaiserliche Dynastie in eine südliche und eine nördliche Linie gespalten. Zwar hatte man sich vor ein paar Jahren darauf geeinigt, dass beide Familien abwechselnd den Kaiser stellen durften – die wirkliche Macht lag sowieso beim jeweiligen *shogun*, dem Kriegsherrn –, doch blieben die zwei Lager kaiserlicher Anwärter einander feindlich gesinnt.

Gokomatsu, der amtierende Kaiser und werdende Vater, wie auch dessen Hauptfrau, Kaiserin Motoko, gehörten der nördlichen Linie an. Diese war nun einmal mit Machtausüben dran, als der Kleine in einem unglücklicherweise südlichen Schoß empfangen wurde; und – wer wusste das schon? – jedweder Einfluss aus jenem Lager könnte den Lauf der Dinge, die zu tun waren, hemmen.

Dass die Südfrau Tsubone, mit richtigem Namen Teruko, nun ein nordsüdliches Bankert zur Welt bringen würde, könnte zum Beispiel die mühsam geregelte Thronfolge durcheinanderbringen. Die Frau musste also weg. Obwohl Gokomatsu sie liebte, und das sogar sehr! Doch was hatte ein Kaiser, insbesondere ein so junger, im Machtspiel der Zeit schon zu sagen?

Die Fäden wurden im Hintergrund gezogen. Misstrauen schlug Teruko entgegen, während sich ihre Tage neben dem

Kaiser dem Ende zuneigten. Gelästert wurde über sie. Manches davon kam ihr zu Ohren, manches nicht.

»Man kann nie wissen«, flüsterte der eine oder andere, »ob sie nicht einen Dolch im Ärmel versteckt«, oder noch schlimmer: »in *welchem* Ärmel sie den Dolch versteckt.«

Was für ein Unsinn! In den Ärmeln verbarg sie höchstens parfümierte Tüchlein für ihre Tränen oder ein paar Nüsse.

Der Pavillon, vielmehr: der Palast, in dem Kaiser Gokomatsu seine Nebenfrau schließlich unterbrachte, lag in einer guten Gegend, in Sagano nämlich, einem westlichen Vorort der Hauptstadt. Dort wohnten Staatsbeamte aus vornehmen Familien neben reichen, schönen und begehrten Frauen mitsamt alten Männern und jungen Bediensteten sowie auch einige zu Geld gekommene Händler.

Die Wege zwischen den Anwesen waren von Bäumen überwölbt. Hier und da schoben sich Bambushaine zwischen die einzelnen Grundstücke, die aus parkartigen Flächen, Teichen und Blumenbeeten bestanden. Vögel zwitscherten allerorten.

Immerhin also lebte Teruko standesgemäß.

Ihr Bauch wuchs, während sie von Dienerinnen umsorgt wurde. Mit sechzehn Jahren brachte sie das Kind zur Welt. Es war eine einfache Geburt. Danach fühlte sie sich frisch und erleichtert, und war, obwohl ohne Mann, glücklich.

Sie liebte das Kind sogleich sehr.

Der junge Kaiser hatte es nicht gewagt, Teruko nach der Niederkunft zu besuchen, ließ aber eine Note vorbeibringen, ein hübsches Gedicht, das er selbst geschrieben hatte. Tausend Chrysanthemen kamen darin vor, eine Anspielung auf das kaiserliche Wappen.

So nannte die Mutter ihren Kleinen Sengikumaru, den Tausend-Chrysanthemen-Bub.

Einige Zeit verging, doch nach einer Weile, als man die Nebenfrau am Hof beinahe vergessen hatte, suchte der Kaiser sie wieder auf.

Die Besuche wurden regelmäßiger. Er kam, wann immer er Lust auf sie hatte.

Teruko nahm es ihm nicht übel. Wer war sie auch schon – und wer hingegen er?

Gokomatsu ließ sich in einer Sänfte vortragen, natürlich inkognito. Dazu verwandte er ein schmuckloses Gerät ohne kaiserliche Insignien und ließ während des Transports die Vorhänge zugezogen. Auch die beiden Träger waren unauffällig gekleidet, so dass man in der Sänfte bestenfalls einen mittleren Beamten oder einen neureichen Onkel vermuten würde.

Während Kaiser Gokomatsu seinen Geschäften mit Teruko nachging, hatten die Diener frei und durften sich in der nächsten Kneipe etwas genehmigen, natürlich, ohne dabei auch nur ein Sterbenswörtchen über ihren Herrn fallen zu lassen.

Leicht fiel den beiden das nicht, insbesondere, nachdem ihnen der Sake zu Kopf gestiegen war. Überdies war die Nachbarschaft neugierig, auch wenn niemand den Mut hatte, rundheraus Fragen zu stellen.

Sterbenswörtchen: dies war durchaus wörtlich zu nehmen, denn ein Fehltritt bedeutete hier die Todesstrafe, die man allenfalls durch Selbsttötung würde abwenden können, und das hieße ja wohl, vom Regen in die Traufe zu kommen.

Angesichts dieser Schattenseite ihrer ansonsten sicheren und gutbezahlten Stellung schwiegen die zwei beim Trinken wie ein Grab. Stets waren sie danach rechtzeitig zur Stelle, um ihren Meister abzuholen. Der Zeitbedarf des Kaisers war ihnen in Fleisch und Blut übergegangen. Nie kamen sie zu früh oder zu spät.

Im allgemeinen Durcheinander ließ sich des Kaisers Abtransport dann unauffällig bewerkstelligen. Fortwährend wurde den Reichen etwas angeliefert: Kleidung, Getränke, Fisch, andere verderbliche Lebensmittel, auch fertig Gekochtes; kaum einmal hatten es die Anwohner nötig, ihre Landsitze in Person zu verlassen; sogar die Liebhaber schwebten ja wie von selbst herbei, und von morgens bis abends wimmelten Sänften durcheinander, rote, bunte oder schwarze Kästen mit ihren Trägern, aber auch Männer mit Kiepen, Verkäufer, Wachleute sowie Boten aus allen Himmelsrichtungen.

Natürlich munkelte man trotzdem dies und das, wenn der Fremde in seiner schwarzen Sänfte sich in den Wirrwarr einreihte, die Vorhänge schloss und davongeschwankt wurde, doch andererseits hatten so gut wie jedes Haus und jede Familie Besucher, deren Absichten einem nichts angingen und um die man sich am besten nicht kümmerte.

Das war auch gut so, denn in der Nähe des kaiserlichen Hofes zu leben, hatte Vor-, aber auch Nachteile. Letztere ließen sich beträchtlich vermindern, indem man versuchte, über möglichst viel nicht Bescheid zu wissen.

Ob der Nachbarschaft also klar war, wer da ab und zu ein- und ausging?

Vielleicht.

Aber dann zeigte man es nicht. Überall wurde Teruko freundlich begrüßt – dies sprach übrigens dafür, *dass* man es wusste, denn immerhin war sie eine alleinstehende Frau mit Kind. Ihr Personal wurde zuvorkommend bedient. Die Nachbarskinder wurden nicht sogleich weggeschleift, wenn sie mit Sengikumaru spielen wollten.

Einige Jahre vergingen.

Der Kleine wuchs, lernte sprechen und noch allerhand mehr. Bald war er fünf Jahre alt.

Teruko begann, sich einsam zu fühlen. Der Kaiser besuchte sie immer seltener, wohl durch neue Nebenfrauen zu sehr in Anspruch genommen. Oft blieb die junge Frau wochenlang mit ihrem Kind allein und wartete.

»Er kommt«, flüsterte sie dann, wenn es draußen raschelte oder knarrte, und der Kleine sah schon Büsche sich auseinanderbiegen, Tore rucken, am helllichten Tag sich jemand anschleichen. »Ja! Mein Kaiser kommt!« So sagte sie, Tsubone Iyono, die ehemalige Konkubine. Nie hätte sie ihren Kaiser *Mann* genannt.

Wenn Gokomatsu tatsächlich einmal erschien, dann war es beinahe wie früher: Mutter und Sohn traten an und verbeugten sich. Daraufhin begrüßte der Kaiser nicht nur seine Geliebte, sondern auch den Kleinen, und zwar durchaus freundlich, hob ihn manchmal sogar auf den Arm, setzte ihn jedoch stets rasch wieder ab. Trotz aller Sanftheit fühlte Sengikumaru, dass etwas Fremdes in diesen Handgriffen war.

Er spürte, dass seine Gegenwart den lächelnden Gast unangenehm berührte. Ob dieser vornehme Jüngling wirklich neben Kaiser auch sein Vater war?

Nie wagte es Sengikumaru, ihn zu fragen.

So ging die Kinderzeit dahin. Tag für Tag bewunderte der Kleine seine Mutter, diese schöne und edel gekleidete Frau, trug inzwischen selbst teure Röckchen in bunten Farben, die knisterten, wenn sie frisch vom Schneider kamen. Er klapperte auf Holzsandalen umher und lernte nach und nach die Schriftzeichen: eins, zwei, drei, Sonne, Mond, Vogel, Pferd …

Sengikumaru begann, sich aus den Zeichen, die er schon malen konnte, Gedichte auszudenken. Oft waren dabei Haut und Stoff Angelpunkte seiner kindlichen und doch wilden Fantasie – das eine Material konnte das andere verhüllen, aber auch entblößen! –, einander ergänzende Stoffe wie *udon* und *nori*, die weichen, dicken, freundlichen Nudeln und die grünen Algenplatten, die er mit zerbrechlichen Taschentüchlein verglich: damit konnte man keine Tränen trocknen!

Wie letztere wohl schmeckten? Er bat Mama, zu weinen, um sie kosten zu können – weinte er selbst, vergaß er immer darauf –, doch auf Anhieb ging das anscheinend nicht.

Schon immer hatte Mama viele Tränen vergossen. Sengikumaru erinnerte sich gut; wie gesagt, seine Erinnerungen reichten in allen Dingen außergewöhnlich weit zurück.

Manche behaupten, überlegte er oft, man könne sich sogar an frühere Leben erinnern, wenn man sich nur genügend Mühe gäbe.

Welcher Art Mühe hätte dies wohl zu sein? Sengikumaru kam nicht dahinter. Das bedeutet doch, ich war einst nicht da?, grübelte er. Ich zwar nicht, aber Mama schon? Und *noch* früher nicht einmal sie? Überhaupt niemand? Oft betastete er sich dann als wie zur Sicherheit: ja, da war etwas Greifbares.

Nachdem Vater Kaiser, wenn er einmal aufgetaucht war, ihn begrüßt, hochgehoben und wieder auf dem Boden abgesetzt hatte, erhielt Sengikumaru noch einen freundschaftlichen Klaps oder ein kleines Geschenk, oder beides. Dann musste er gehen.

Aber der Kleine war neugierig. Mehr als einmal bekam er mit, was geschah, nachdem das Paar im Empfangsraum eine Tasse Tee getrunken hatte und die Dämmerung sich über das Viertel legte.

Verwunderlich war das nicht, denn die beweglichen Wände aus mit Papier bespannten Holzrahmen waren dünn und beinahe durchsichtig. Manchmal schienen sie sogar wie Membranen zu wirken und dahinter ausgelöste Geräusche zu verstärken anstatt abzuschwächen.

Weniger auch bildeten die dergestalt abgetrennten Räume Zimmer von bleibender, eindeutiger Form – dies gab es nur in den steinernen Burgen sowie den Häusern der Armen, wobei letztere allerdings aus nur einem einzigen Raum bestanden –, sondern deren Wände waren lediglich verschiebbare Hindernisse im Kurs eines Besuchers über den Grundriss der Villa. Je nach Bedarf konnte alles zu allem werden: Schlaf- zu Wohnzimmer, Empfangsraum zu Gästezimmer, Teealkoven zu Kinderzimmer, und das Ganze wieder zurück – ein stets aufs Neue sich wandelndes Labyrinth.

Als man dachte, der Kleine schliefe, und nachdem das Kindermädchen sich zurückgezogen hatte – sofern es nicht gerade selbst mit einem Ohr an der Wand klebte! –, pirschte sich Sengikumaru heran. Inzwischen wusste er, wo der Boden knarrte und wo tragende Balken eingelassen waren, auf denen er, begünstigt durch sein geringes Gewicht, lautlos entlangkrabbeln konnte.

Hatte er die beiden entdeckt, erstarrte er, wagte kaum zu atmen und betrachtete das Paar durch eine Ritze zwischen den Schiebewänden oder zwischen zwei Vorhängen hindurch.

Das Gemisch aus Gliedern und Stoffen, das er sah, machte ihm Angst und zog ihn zugleich an. Mamas Seufzen verhieß nichts Gutes, und doch vermeinte er, sie lächeln zu sehen. Überdies flüsterte sie: »Komm!«, womit aber nicht er gemeint war.

Wenn die zwei Körper unter dem Tuch pulsierten, schoben sich die Stoffmuster zusammen und wieder auseinander. Sie schienen zum Leben zu erwachen. Immer wieder träumte der Tausendlilienbub davon, auch noch viel später. Noch nach Jahrzehnten: wie er um ein kopulierendes Paar herumschwebte, das stöhnte und zuweilen sogar schrie, so dass er sich fürchtete.

Dennoch hatte der Anblick ihm auch gefallen. Wenn er sich richtig erinnerte. Wenn das Ganze nicht nur die Summe vieler verwandter Träume war und er gar nichts gesehen hatte.

O doch. Auch wusste er schon damals, viel früher als die anderen Jungs, dass, wenn die Mutter aus der Umarmung ihres Mannes hervorseufzte, diesen etwas Weißes verließ und nie mehr zu ihm zurückkehrte, sondern in ihr blieb. Da solches ja im Verborgenen der ineinandergesteckten Körper geschah, und er jenes, obwohl er den intimen Begegnungen nachspionierte, nicht mit eigenen Augen gesehen haben konnte, musste ihm Mama wohl schon früh erklärt haben, was da vor sich ging. Oder eine der Dienerinnen?, vielleicht die Hübsche, die gerne lachte und ebenfalls ab und zu Herrenbesuch empfing?

So oder so – auf jeden Fall fragte der Bub viel, fragte und fragte und fragte. Von seiner Warte aus gesehen war die Welt bis zum Horizont mit Rätseln gefüllt.

Eines davon war eben dieser geheimnisvolle weiße Stoff, der die Bäuche der Mädchen dick machte, wenn man Pech hatte, oder wenn man einen Erben wollte – ein Wort, das ihm schon früh begegnet war. Diesen sollten aber besser *beide* wollen und nicht wie in seinem Fall nur die Mama; ein Erbe, das war übrigens jener, der nach einem Gestorbenen aufzuräumen sowie die jeweiligen Besitze weiterzubesitzen hatte.

Ja, ein Erbe hatte weiterzumachen, weiterzulatschen im Matsch, wenn Krieg war oder wenn es viel regnete, oder im Staub, wenn die Sonne brannte.

Alles in allem kamen Sengikumaru die Gewohnheiten der Erwachsenen eigenartig vor. Keine schönen Aussichten waren es, die sich da auftaten, wenn Mama ihm in der Abenddämmerung Geschichten erzählte oder vorlas.

Immer lauschte er aufmerksam. Doch nach Vergnügen hörte sich das nicht an, was die Großen trieben.

Nein, vor diesem traurigen Ernst des Lebens galt es noch möglichst viel wegzuspielen: er rannte durch Pfützen, ließ sich von Brennnesseln brennen, haschte nach Elstern und Krähen, pflückte Blumen und ordnete sie auf Steinen zum Trocknen an, ließ Regentropfen oder Schneeflocken auf der Zunge landen ...

»Eines Tages«, schluchzte Teruko, »eines Tages muss ich dich fortbringen, wenn nicht gar verstecken, mein kleines Tausendliliendings, ach, mach noch einmal Hoppereiter mit mir!«

Das tat er gern, aber: »Eines Tages?«, wiederholte er ängstlich. »Also sofort? Es *ist* ja heute ein Tag.«

Sie lächelte. »Noch nicht.« Er war klug.

»Jetzt beschütze ich *dich*«, sagte Sengikumaru. »Wie der Kaiser – und sogar besser.«

Bald aber war es soweit.

»Von diesem Knirps soll Gefahr ausgehen?«, rief Teruko, »oder etwa von mir, einer schwachen und unverheirateten Frau?«, als man ihn abholte, um ihn in ein Kloster abzuschieben – da war er sechs. Gut erinnerte er sich daran; und bestimmt hatte Mama schon ihren eigenen Rausschmiss aus dem Palast mit ähnlichen Worten begleitet, denn auf den Mund gefallen war sie nicht.

»Aus dem Knirps ...«, hatte der nicht unfreundliche Bedienstete geantwortet, während er ihm übers Haar strich und ihn dann am linken Ohr zog – in seinem Leben geschah dies zum ersten Mal, war sozusagen seine erste Zenstunde –, »... aus dem *kleinen* Knirps wird ein *großer* Knirps werden und dann ein Mann. Du, Frau, bist vielleicht schwach, hast aber Familie. Dies auch nicht zu knapp – Südfamilie obendrein!«

Da war nichts zu machen. Die Mutter blieb allein zurück.

Shuken
6

Mit sechs Jahren also steckte man den Kleinen in den Ankoku-Tempel.

»Tausend Chrysanthemen? Ach ach ach«, sagte Abt Shukan, als sie einander zum ersten Mal gegenüberstanden, der Knirps und der füllige Oberrobenträger, »ich weiß schon, warum man dich so nennt – mir solls gleich sein, ob da etwas dran ist oder nicht, es geht mich auch nichts an – aber wir sind hier keine Blümchengärtnerei: nein, *das* passt nun wirklich nicht. Ich nenne dich ... lass mich nachdenken ... Shuken. Shuken, ja, durchaus in Anlehnung an meinen eigenen Namen; später werden wir sehen, ob das eine gute Entscheidung war.«

Der Abt lachte. »Auch ich war einmal ein kleiner Neuer, ein Faulpelz wie du. Aber Chrysanthemen, na so was! Hier wird gearbeitet, sonst nichts! Verstehen wir uns gleich zu Beginn?«

Shuken vormals Sengikumaru verbeugte sich.

»Zwei Zeichen?«, wagte er zu fragen, »wie schreibt man sie denn, und was bedeutet folglich mein neuer Name?«

»Ja, er besteht aus zwei Zeichen.« Abt Shukan nickte. »Wie die entgegengesetzten Seiten einer Münze. Lassen wir sie kreisen und warten ab, was letztendlich oben zu liegen kommt. Wir haben Zeit. Der Schreibweisen gibt es übrigens viele, aber für dich setze ich folgende fest: das erste Zeichen, *shu*, gleich dem meinigen, soll heißen: Hand – pack dein Leben an!, und das zweite, *ken* – das weißt du selbst.«

»Ken heißt Hund.«

»Richtig. Ein kleiner Hund, ein spielendes Hündchen, das bist du! Noch. Aber auch: neugierig. Das ist nicht schlecht.

Lass dir zeigen, wie man die Zeichen malt. Kannst du überhaupt schon mit Tusche und Pinsel umgehen?«

Shuken bejahte.

»Ach ach ach?« Der Abt zog anerkennend die Mundwinkel herab und fuhr fort: »Wird dir nichts nützen. Als Neuer schuftest du erst einmal, und zwar so lange, bis du keine gerade Linie mehr aufs Papier bringst! Klar?«

»Klar.«

»Später dann schreiben wir Gedichte.« Der Abt packte den Kleinen am rechten Handgelenk und drehte seine Handfläche nach oben. »Welch zarte Haut! Ach ach ach, sieh einer an: wie die oberste Schicht im Bottich beim Tofumachen! Auch ebenso weiß übrigens – na, da wird uns schon ein Gegenmittel einfallen, nicht wahr? Genug Blumen gepflückt und Mama gebrüllt, genug geredet, nun an die Arbeit!«

Die Audienz war beendet. Mit einer Handbewegung wischte der Abt seinen Novizen aus dem Saal.

»Shu Ken Shu Ken Hand Hund Hand Hund«, murmelte der Kleine im Abgang, während er die zwei Zeichen – er hatte sie bereits gelernt – mit dem rechten Zeigefinger in die linke, halb geöffnete Faust schrieb.

Der Ankoku war nichts Herausragendes, aber auch keiner der untersten sogenannten *shozan*-Tempel – was ungefähr *die Verstreuten* bedeutete –, sondern immerhin den *jissetsu* – den *Besonderen* – zugehörig, von diesen allerdings der bescheidenste. Kein Vergleich natürlich mit den *gozan* – den *fünf Gipfeln* –, von denen man nur ehrfürchtig und im Flüsterton sprach.

Nein, im Ankoku wurstelte man in den Tag hinein. Der Tempel war arm. Die wichtigsten Holzgebäude, vor allem die Versammlungshalle, hielt man recht und schlecht instand;

der Rest faulte vor sich hin. Das Wetter war meist warm und feucht. Es regnete viel. Im Winter fielen Unmengen von Schnee.

Aber Ankoku-ji, so der vollständige Name, lag günstig. Nahe bei den kaiserlichen Quartieren war er leicht zu überwachen, und schon immer hatte die Obrigkeit ihn als Abschiebeort für unbequeme Personen verwendet.

Zur strategisch günstigen Lage kam, dass sich für diese schäbige Klitsche kein Schutzherr persönlich einsetzte, sei es aus Krieger- oder Adelskaste, oder gar als Gönner auftrat, wie es bei den *gozan*-Häusern die Regel war. Mit deren Ruhm, wie auch mit deren Ausstoß an zertifizierten Erleuchteten konnte man sich schmücken, nicht aber mit den Taugenichtsen, die den Ankoku in Scharen verließen, und von denen man in der Regel nie wieder etwas hörte. Dies ließ sich nützen: ab und zu konnte man jemanden sogar *ganz* verschwinden lassen. Niemandem würde es auffallen.

Nicht nur der Tempel übrigens hatte keinen guten Ruf, auch Shukan Zoge, der dicke Abt, kam außer- und innerhalb der Mauern nicht gut weg, obwohl er Gedichte auf Chinesisch, der Sprache der Gelehrten, schreiben konnte. Worüber er nicht wenig stolz war.

»Der und erwacht?«, hatte ein Mönch gespottet. »Diese Schwuchtel? Hat seine Bescheinigung wohl auf dem Markt gekauft, unter dem Ladentisch beim Fischhändler! Würde auch erklären, warum er so muffelt!«

Shuken verstand nicht. Schwuchtel? Bescheinigung? Ja, natürlich wachte man allmorgendlich auf, hier wie überall auf der Welt, doch musste man sich das jetzt auch noch bescheinigen lassen? Wieso dann bescheinigte *ihm* das keiner? Schlief er? Träumte er?

Doch immerhin, auch wenn die Zustände nicht ideal waren: der Tempel gehörte zur Rinzai-Linie, einer im Prinzip strengen Tradition, die sich direkt auf den vor vielen Jahrhunderten in China gestorbenen Lin Ji – auf Japanisch Rinzai – berief. Nichts für Schlappschwänze; die betreffenden Regeln waren hart: viel Arbeit, wenig Essen, wenig Schlaf. Geistige Anleitung? Fehlanzeige.

Letzteres mochte nicht zur Gänze zutreffen, denn immerhin rezitierte man Sutren und *saß* zu allen Tages- und Nachtzeiten. Das war eine Sache, die sich *zazen* nannte.

Man saß.

Dabei fror man, war hungrig oder schlaftrunken – oder alles zusammen.

Shuken war der Jüngste. Die Arbeiten, die er, wie auch alle anderen, zu verrichten hatte, waren vielfältig. Sie wechselten im Turnus, so dass man jede Art von Tätigkeit mindestens einmal im Monat zugewiesen bekam. Stets hieß es, einer Beschäftigung nachzugehen – sei deren Sinn zuweilen auch zweifelhaft –, um auf gar keinen Fall auf den Gedanken zu kommen, geistige Übung *allein* habe auch nur irgendeine Bedeutung. Das waren die Worte des Abtes.

Binnen weniger Wochen hatte Shuken, teils allein, teil mit Hilfe eines Älteren:

Ein Dutzend Tonkrüge voll Kohl für den kommenden Winter eingelegt.

Ein Dutzend Tonkrüge voll Austern für den darauffolgenden Sommer eingelegt.

Die Latrinen ausgehoben.

Bettelnd alle umliegenden Dreihäuserdörfer durchwandert und trotzdem gehungert.

Einen ganzen Teich Wasser in Eimern herangeschleppt.

Gemüse geschält, gewaschen, geschnitten, geraspelt, zerteilt, gekocht, gebraten und geschmort.

Moos gegossen und danach gestreichelt, wobei er an Mamas Garten gedacht und ein wenig geweint hatte.

Die Kräuterbeete gejätet.

Kies geharkt.

Dreimal einen Mönch dabei beobachtet, wie er sich einen runterholte – einmal sogar mitten im nächtlichen *zazen*.

Zerbrochene Essensschalen mit Metallbändern zusammengeflickt.

Den Abt massiert: »Solch zarte Händchen, ach ach ach«, hatte der Abt geseufzt.

Den großen Gong gewienert, ihn dabei mit der Faust angeschlagen, leise, und dem nicht enden wollenden Brummen nachgelauscht.

Die Schalen und Leuchten in der Versammlungshalle geputzt.

Alle Holzböden gescheuert – mehrmals.

Alle Roben gewaschen – mehrmals.

Und, wie gesagt, keinerlei Anweisung zu geistiger Bildung bekommen.

Allerdings eine beträchtliche Zahl an Prügeln.

Stillsitzen ist für einen Sechsjährigen nicht leicht.

Nur äußerlich saß Shuken still. In seinem Inneren brodelte es. Wenn er seine Mitmönche betrachtete, einige von ihnen auch noch Kinder wie er, dann spürte Shuken, dass er anders war. Doch inwiefern anders? Was war der Unterschied? Er konnte es nicht beschreiben.

Man *saß* also und *saß*, oft im Dunkeln, frühmorgens vor Tagesanbruch – oder auch bis spät in die Nacht.

Saß saß saß saß saß saß saß.
So war es nun einmal. Der Schlaf, diese angeblich unnütz durchträumte Lebenszeit, war mit allen Mitteln in seine letzte Bastion zurückzudrängen. Auf diese Weise, hieß es, wurde man nicht faul – war dann aber den Tag über todmüde. Zur Gänze leuchtete dieses Verfahren dem Jungen nicht ein.

Schlief man während des Sitzens, gab es Prügel. Dafür war jeweils ein älterer Gefährte zuständig. Dieser nahm seine Aufgabe ernst, bemerkte jeden sich rundenden Rücken sofort, eilte zur Stelle und schlug drauf.

So ging es also nicht. Oder besser gesagt, nicht allzu oft. Man musste einteilen und abwägen: wann war man so erschöpft, dass ein Nickerchen die Prügel wert wäre?

Die Augen hatten beim Sitzen halb geöffnet zu bleiben, was ein ständiges Hin und Her zur Folge hatte: fielen sie einem zu, schlief man sogleich ein; um dies zu verhindern, riss man sie wieder sperrangelweit auf ... Dann blickte man wie eine Eule im Halbdunkel umher. Man bekam trockene oder tränende Augen oder gar eine Entzündung.

Doch das interessierte niemanden.

»Wozu sitzen wir denn eigentlich? Ich verstehe den Sinn nicht«, hatte Shuken einmal mit durchaus ernster Absicht gefragt und damit die Stille des *zazen* durchlöchert. Der Abt hatte gekichert und konnte gar nicht mehr aufhören.

»Versteht den Sinn nicht! Das ist es ja!«, lachte er in die Runde, diesmal ohne das übliche ach ach ach, »ganz genau! Wozu? Dazu! Das hast du ja schnell erfasst, du Knirps! Respekt! Und deine Händchen rauen sich auch allmählich auf. Gut so! Schade zwar für mich, wenn ich an die Massage denke, doch: meine Hochachtung – hahaha! Nun, *nichts* bedingt nichts! Darauf wollen wir ja hinaus. Nicht?«

Die anderen Mönche grinsten, auch wenn sie nicht wagten, ihre Köpfe zu drehen. Shuken kapierte nichts. *Das Nichts?* Es schien also noch ein *anderes* Nichts zu geben als das bloße Nichtvorhandensein.

Nun war er noch verwirrter als zuvor.

Das war des Abtes Wahlspruch: »Nur *nichts* bedingt ...« – da pflegte er in die Runde zu blicken – »... *nichts*«, ertönte es dann im Chor.

»Die bedingte Entstehung, ja ja«, fügte Abt Shukan meist hinzu und wiederholte: »Alles bedingt etwas, nur *nichts* bedingt ...«

»... nichts.«

Dieses *andere* Nichts war ein gefundenes Fressen für Shuken, ein erster Hinweis auf ein Rätsel, mit dem zu beschäftigen es sich lohnte. Stundenlang versuchte er, dessen Bedeutung aufzuspüren, es zu begreifen, es auszumessen.

War *nichts* viel weniger als sehr, sehr wenig? Dann wiederum ganz wenig *davon?* Und dann nochmals viel weniger als das – und für immer so fort? Solche Gedanken machten ihn schwindeln.

Andererseits gab es so viele Dinge auf der Welt, so viel zu betrachten und zu wissen. Über all das lernte man kaum etwas. Nur Andeutungen fanden sich in den Sutrafragmenten, die die Mönche nachts dem Vorleser nachblökten.

»Vierundachtzigtausend Regeln hat der Erhabene aufgestellt ...«

»Wieso«, platzte es da aus ihm heraus, nachdem er vergeblich versucht hatte, sich diese Zahl vorzustellen, »wieso, Meister Abt, sind es gerade vierundachtzigtausend? Und nicht vierundachtzigtausend und eine? Wer hat diese Regeln überhaupt gezählt? Gehört das Sandalenausziehen im Tempel auch dazu? Und das Reinigen mit dem Scheißstab? Was sind die übrigen dreiundachtzigtausendneun...« – er rechnete kurz – »...neunhundertachtundneunzig?«

»Du fragst zu viel. Ach ach ach.«

»Muss ich das Erwachen schaffen, das *kensho*? Ist das auch eine dieser Regeln? Die wichtigste? Was ist das überhaupt? Ich schlafe doch gerade gar nicht? Meine Mama hat das auch nicht gemacht, und mein Papa ...«

Der Abt sprang auf, eilte blitzschnell herbei, gab Shuken einen Klaps und presste ihm die Hand auf den Mund. »Hier sprichst du niemals über deinen Papa. Niemals. Du hast keinen. Ist das klar?«

»Aber jeder ... jeder ist aus einer Umarmung von Mutter und Vater ...«

»Halt den Mund!«

Shuken schwieg, *saß* und machte sich weiter Gedanken.

Gedanken *machen* – war dies nicht eigentlich wörtlich zu nehmen? Erzeugte man diese nicht tatsächlich selbst? Ja, so kam es ihm vor – und doch: nein, denn andererseits schienen sie von irgendwoher zu kommen.

Aber woher? Man müsste jemanden fragen, der das weiß.

»Meister Shukan Zoge, woher ...«

»Eines Tages wird dir noch jemand den Finger abschneiden«, seufzte der Abt, als Shuken wieder einmal den Zeigefinger gehoben und die Sutrenrezitation durcheinandergebracht hatte.

Der weiß ja nicht gerade viel, dachte Shuken.

Aber trotz alledem: allmählich *saß* er gerne.

Was ihm daran gefiel, wusste er nicht. Wenn man sich zum *Sitzen* traf, kam sich Shuken zwischen den Erwachsenen vor wie ein Hügel in einer Bergkette, ein Pass, über den man leicht hätte steigen können.

O doch, er wusste, was ihm daran gefiel. Dies: er befragte sich *selbst*.

Vielleicht hatte der Abt verstanden, dass Shuken kein Kind war wie die anderen, und ihn deswegen zu den Älteren gesteckt? Oder hatte er ihn von den übrigen Kleinen nur weggesetzt, damit er keine Spielkameraden für seine Späße finden konnte? Oft war es schwer, die Ruhe im Tempel aufrechtzuerhalten, denn trotz aller Anstrengungen gab es immer etwas zu lachen: manchmal zum Beispiel schliefen bis auf den Wächter alle Mönche der Reihe nach im Sitzen ein und schnarchten dann in anschwellendem Chor. Bis der Mann mit dem Stock kam.

Manchmal auch, wenn der Abt, der sich gerne ab und zu ein Päuschen gönnte, nicht zugegen war, machte die ganze Bande Unsinn, erzählte sich lustige Geschichten und trieb auch Schlimmeres: »Ach ach ach«, äffte ein Mönchlein einmal den Abt nach, während es sich selbst zu Höhepunkt rieb, »ach ach ach ...«

Alle im Saal grinsten und stimmten mit ein – bis auf Shuken. Er ekelte sich, obwohl er nicht recht verstand, was da vor sich ging.

Das war ja schlimmer, als den Kaiser bei Mama zu belauschen.

Aber er nahm die Aufgabe des *Sitzens* ernst. Ernster als die anderen. Manchmal weinte er dabei leise vor sich hin, aber nicht aus Schmerz, obwohl die gekreuzten Beine ihm Qual bereiteten. Stunden dauerte es, bis sie nachgaben und seine Haltung sich entspannen konnte – trotzdem waren sie am nächsten Tag genauso widerspenstig wie zuvor. Nein, nicht aus Schmerz weinte er, sondern aus Einsamkeit. Wenn einer der Mönche zappelte, erinnerte ihn das Rascheln seines Gewandes an die Mutter. Shuken vermisste sie, vergoss Tränen, wollte aber zugleich ihr Held sein, ihr Samurai. Ja, wie gerne hätte er sie vor irgendetwas gerettet! Aus den Klauen eines Drachen vielleicht, ihre Haare schon angesengt. Oder von einem sinkenden Schiff.

Oder aus einem brennenden Haus – ja, aus einem brennenden Haus! Das stellte er sich gerne vor.

Doch hieß dies denn, dass er ihr derlei Unglück wünschte? Aber nein!

Aber woher kam dann die Lust, wenn er solches dachte? So grübelte er hin.

Oft also, während er saß, war seine geliebte Mutter und Prinzessin anwesend und lächelte ihm zu; dann betrachtete er ihr Gesicht, um es niemals zu vergessen, sprach zu ihr, indem seine Lippen lautlos *Mama* wiederholten, immer wieder, wie ein *mantra*.

Noch wusste er nicht, was das war, doch führte er das seine bereits richtig aus, mit der erforderlichen Inbrunst und Beharrlichkeit, ganz so wie die Spinner von der *Schule des Reinen Landes*, die Tag für Tag den Namen des Erhabenen rezitierten – ach, was heißt Tag für Tag; Jahr für Jahr! Sekunde für Sekunde! – und sich davon dies und das versprachen, insbesondere natürlich das endgültige Erwachen.

Ach, erwachen – oder in Mamas Schoß einschlafen! Der Erhabene oder Mama, was war wichtiger? Dass er ein innig geliebtes und zugleich ungeliebtes Kind war, hatte Shuken vormals Sengikumaru früh verstanden: geliebt von der

Mutter, aber ungeliebt von dem diffusen Drumherum, in welchem auch der Vater aufging, kaum greifbar, und letztendlich eine Phantasiegestalt blieb.

Oder liebte diese den Sohn doch? Genauso wie Mama? Warum zeigte sie es dann nicht? War solches vielleicht eine Selbstverständlichkeit, die der Kleine nur nicht wahrnahm? Dann hatte er ja selbst Schuld, war vielleicht gar gefühllos?

Auch hierüber grübelte er lange Zeit.

Im Ankoku-ji gab es keine Frauen, nicht einmal Dienerinnen, keine Hausfreundinnen, keine Mamas. Hatte Shukens Welt zuvor nur aus Frauen bestanden, den selten und wie aus dem Nichts auftauchenden Kaiser ausgenommen, so enthielt sie nun ausschließlich Männer. Kein Wunder, dass er sich manchmal wie etwas Fremdes empfand, wie ein drittes Geschlecht, das weder da noch dort dazugehörte, jemand, dessen Ort ein immerwährendes Außerhalb ist – ein Gefühl, das er zeitlebens nicht mehr loswerden sollte.

Was taten die Männer eigentlich mit ihrem weißen Stoff? Das hatte mit den nächtlichen Flüsterchören zu tun.

»Ich will nach Hause zu meiner Mama!«, heulte Shuken eines Nachts, als ihn wieder einmal eine unerklärliche Furcht ergriff.

»Deine Mama ist eine Konkubine! Eine Kon-ku-bi-ne! Kon-ku-bi-ne!« Die Mönchlein sprangen von ihren Pritschen, hüpften um ihn herum, lachten, lüpften seine Kutte und zupften ihn am Schwanz. »Kaiserssohn! Bastard! Kaiserssohn! Bastard!«

Danach lag er wach. Hielt sich die Ohren zu und versuchte, von Mama zu träumen.

»Ach ach ach«, wisperte es im Schlafsaal von da und dort.

Man schlief eng, was bei der Kälte ein Vorteil war. Shuken drehte sich zur Seite, weg von dem neben ihm Ächzenden.

Etwas Hartes stieß ihn gegen den Hintern.

Yoshinori
10

Auf einmal war Shuken sieben.

Auf einmal war Shuken acht.

Auf einmal war Shuken neun – und zehn.
 Da erschien ein Trupp dunkelgekleideter Männer im Kloster und nahm ihn mit. Nicht einmal der Abt wusste, wohin und was das zu bedeuten hatte.
 »Wir waren niemals hier, aber wir bringen ihn zurück«, sagten die Männer.

Ashikaga Yoshinori, der zukünftige Shogun, Sohn des berühmten Yoshimitsu und Enkel des noch berühmteren Yoshiakira, saß auf einem Podest, die Beine gekreuzt und in ein weites, vielfach umgeschlagenes, goldfarbenes Gewand gehüllt, so dass er breiter als hoch erschien. Er war ebenfalls zehn. Shuken verbeugte sich tief.
 »Weißt du, warum ich dich in meinen Palast bringen ließ?«, fragte Yoshinori mit heller, aber rauer Stimme.
 »Nein.« Shuken verbeugte sich nochmals, so tief, dass seine Stirn beinahe den Boden berührte.
 »Du brauchst dich nicht immer zu verbeugen, das macht mich unruhig«, sagte sein Gegenüber. »Bist überdies noch ein Kind. Da lasse ich andere Regeln gelten.«
 »Jawohl«, sagte Shuken.
 »Zwar bin ich einer der jüngsten Anwärter auf das Shogunat je«, fuhr sein Gegenüber fort, sich dabei für einen Knaben ungewöhnlich gewählt ausdrückend, während Shuken

unverbeugt verharrte, »doch mein Vater bereitet mich schon jetzt auf dieses Amt vor. In nicht allzu langer Zeit werde ich meinem Verwandten Yoshimochi, dem derzeitigen Shogun, wie du wohl weißt, nachfolgen – auch er, wie gesagt, einer aus unserer Familie der großen und mächtigen Ashikagas. Viele Aufgaben werde ich haben. Todesurteile unterzeichnen zum Beispiel: darauf freue ich mich nicht besonders, obwohl ... gruselig wird es wohl sein! Kriegsfragen? O ja! Diese probe ich schon mit meinen Figuren. Da!«

Er zeigte auf eine Kiste, die von geschnitzten und bemalten Kriegerfiguren überquoll. Daneben stand ein Spielzeugdrache auf Rollen, ebenfalls bemalt und mit einer Schnur am Maul.

»Worum geht es also?«, nahm der junge Herr den Faden wieder auf. »Seit einer Zeit macht mein Vater sich Gedanken über den Kaiser und dessen Nachfolge. Das sind wichtige Angelegenheiten. Wir wollen nicht, dass irgendjemand auf die Idee kommt, man solle *dich* zum Kaiser ernennen, nur weil du ein Nebenfrauenkind des Gokomatsu bist. Verstehst du davon überhaupt schon etwas?«

»Jawohl«, sagte Shuken, erstarrte in bereits angesetzter Verbeugung und versuchte, sich wieder zu strecken, ohne dass Yoshinori es bemerkte.

»Man erzählt, du seiest begabt. Ein kluger Bub. Fleißig. Wollest wirklich vieles wissen. Also gut. Wir sind ehrlich zu dir: je mehr man deine Fähigkeiten fördert – so sagen unsere Berater –, desto weniger wirst du das Bedürfnis verspüren, den Thron zu besteigen. Kaiser zu sein ist sowieso kein Spaß! Sieh Gokomatsu an, deinen leiblichen ... aber kein Wort davon, lassen wir das! Was hat der schon zu sagen? Nichts. *Ich* hingegen, beziehungsweise derzeit noch mein Verwandter

Yoshimochi ...«

»Jawohl«, sagte Shuken. Er spannte den Rücken an, um dem Verbeugereflex zu widerstehen.

»Denn ganz verschwinden lassen« – hier stieß Yoshinori mit einem unsichtbaren Dolch in die Luft und wühlte kreuzweise in ebenso unsichtbaren Eingeweiden umher –, »das geht bei dir nicht mehr. Dazu ist es zu spät. Man kennt dich. Du hast den Bauern gescheite Witze erzählt. Sie halten dich für etwas Besonderes.«

Shukens Seitenblick auf die Spielzeugkiste und den Drachen entging dem Shogunlehrling nicht. Er sprang auf, seine Erklärung unterbrechend.

»Zwölf bewegliche Rippen«, sagte er, während er den Drachen antippte, »er kann sich ringeln wie ein Wurm. Auch die Wirbel sind drehbar, komm, sieh her, da: Holzstifte! Ja, komm näher, hab keine Angst! Er beißt nicht. Ich auch nicht. Wenn du dort ziehst – nein, hier, Dummkopf! –, dann schlägt er mit den Flügeln. Er läuft auf Rollen. Den Rachen öffnet man so: ... Dann streckt er die Zunge heraus; ja, man kann sogar – schau her, in der Nase befindet sich ein Geheimfach – Räucherwerk hineinlegen und anzünden, dann qualmt er durch die Nüstern, aber das zeige ich dir ein andermal, wenn wir zusammen spielen ... nun, falls es dazu kommt, dass du mich wiedersiehst. Solcherart Spielzeug habe ich.«

Noch nie hatte Shuken dergleichen gesehen, und was Spielen ist, hatte er längst vergessen. Die Augen des Drachen waren aus Glas. Eiskalt blickten sie zu ihm herüber. Ihn schauderte.

Mit behenden, eingeübten Bewegungen, als liefe die Zeit einen Augenblick lang rückwärts, nahm Yoshinori seinen

Platz auf dem Podest wieder ein, war wieder der mächtige Herr und fuhr fort: »Folglich, denn, wie gesagt, du bist bereits bekannt, und die Armen bedenken bei euren Bettelgängen am liebsten dich, ...«

»Ich tue gar nichts Besonderes«, sagte Shuken.

»... also folglich – das wünscht übrigens auch Gokomatsu, der Kaiser selbst – werden wir deine Entwicklung nicht behindern, sondern sogar unterstützen. Du wirst in der *jissetsu*-Kategorie aufsteigen, ja, vielleicht sogar bald in ein *gozan*-Haus geschickt werden, der jüngste, dem bisher diese Ehre zuteil würde. Halte deine Sachen gepackt und sei bereit! Zu gegebener Zeit werden wir dich holen.«

»Jawohl«, sagte Shuken. Er kam zu dem Schluss, nun wäre es möglicherweise doch angebracht, sich wieder einmal zu verbeugen. Was er auch tat.

Der kleine Ashikaga bemerkte es nicht. Erneut wechselte er das Thema. »Nun zeige ich dir noch etwas«, sagte er, offensichtlich ebenso stolz auf sein Spielzeug wie auf seine mächtige Familie. »Sieh dir *das* an!«

Er griff in die Holzkiste, wühlte mit jeder Hand eine Traube Krieger heraus und bildete vor sich auf dem Boden zwei Häufchen.

»Links Feind – rechts Freund«, sagte er. »Jetzt pass auf.«

Yoshinori nahm einen Freund in die Rechte. Die Figur war fein bemalt, blickte grimmig und hielt ein kleines Holzschwert. Mit diesem fuhr der Junge an den Hals eines Feindes, den er inzwischen in der Linken hatte, legte es an, wie wenn man durch Hebelwirkung eine klemmende Schatulle zu öffnen versucht, und knipste den Kopf, der mit einem Stift im Hals verankert war, vom Körper. Das Haupt kullerte zu Boden und blieb zu Ikkyus Füßen liegen.

»Na? Schon einmal so etwas gesehen?«, grinste Yoshinori. Sojun hob das Köpfchen auf. Auch der Halsquerschnitt war sorgfältig bemalt: ein äußerer heller Ring stand für die Haut, das Innere war blutrot bis auf ein weißes Oval in der Mitte, das die Wirbelsäule darstellen sollte.

Sojun sagte nichts.

»Vielleicht«, sinnierte der zukünftige Shogun, »vielleicht kann man Todesurteilen ja doch etwas abgewinnen.«

Er steckte den Kopf wieder auf den Rumpf.

»Das ist aber noch nicht alles«, sagte er. Vom Grund der Kiste brachte er etwas Schwarzlackiertes zutage. Es war ein Vogel, ebenfalls aus Holz, in Seitenansicht ausgesägt, bestehend aus mit Federmustern bemalter Vorder- und Rückseite, zwischen denen ein dickes, aber fein ziseliertes Rad lief. Dessen Speichen waren drei Füße, deren Krallen jeweils auf dem äußeren Kranz ruhten.

Yoshimochi zog die Krähe an einer am Schnabel befestigten Schnur durch den Audienzraum. Nacheinander kamen die Beine aus der Brust und verschwanden wieder. Nur zwei waren jeweils gleichzeitig zu sehen.

»Yatagarasu«, flüsterte Shuken.

»Die dreibeinige Krähe.« Yoshinori nickte.

»Lass ... lasst mich auch mal.«

»Hast du keine Angst?«

»Nein«, log Shuken. Yoshinori gab ihm die Schnur. »Siehst du, der Vogel fällt nicht um«, erklärte er. »Sein Schwerpunkt liegt tief.« Er zeigte auf die Eisenbänder, die als Gewichte unten an die Seiten genagelt waren.

Mit einem Kopfnicken kam Yatagarasu zum Stehen.

»Einmal«, sagte Shuken, »hoch im Norden, erschien Yatagarasu einem ganzen Dorf. Riesengroß war sie, erhob sich vor aller Augen in die Luft und zerstob zu einer Wolke, die zu einem Krähenschwarm wurde, dessen einzelne Vögel wiederum wuchsen und wuchsen ... und immer so weiter: seitdem ist das Dorf verflucht. Überall findet man dreibeinige Spuren, und das Holz der Bäume ist schon vor dem Köhlern schwarz.«

»Du kannst gut erzählen.« Der junge Ashikaga setzte sich wieder. »Ich liebe Geistergeschichten. Noch eine!«

»Noch eine?« Shuken überlegte. »Mich gruselt es immer«, sagte er dann, »wenn wir dem Abt das dritte Gesetz nachsprechen müssen.«

»Das dritte Gesetz?«

»Die ersten zwei sind harmlos. Die versteht jedes Kind. Zuerst das *mujo:* alles ist vergänglich, nichts von ewigem Bestand. Dann das *ku:* nichts kann einem für immer zufriedenstellen. Beides trifft eindeutig zu. Das ist leicht einzusehen ...«

»Versteht jedes Kind?«, murmelte Yoshinori kopfschüttelnd.

»Doch das dritte, das *muga* sich vorzustellen, das macht mir Angst: alle Erscheinungen, heißt es, sind ohne eigentlichen Kern.«

»Na und? Wir sind doch keine Kirschen!«

»Versteht doch, was das bedeutet: selbst Ihr, der Ihr doch einmal Shogun sein werdet und kein armer Mönch seid wie ich, selbst Ihr – verzeiht – seid nicht wirklich vorhanden. Niemand ist es. Gesetzt den Fall, es ist wahr, was in den Sutren steht. Und wolltet Ihr dies bezweifeln?«

»Natürlich nicht.«

»Manchmal träume ich davon. Dann bin ich auf einem Schiff, das aus keinem Hafen kommt, nirgends hinfährt und doch ewig segelt. Ich beginne zu weinen, suche in der Bilge nach meiner Mama, finde sie nicht und wache auf.«

»Das war nicht gruselig. Das war Unsinn«, murrte Yoshinori. »*Du* hast vielleicht keinen Kern – ich schon. Ich bin ein Ashikaga.«

»Jawohl«, sagte Shuken und verbeugte sich. »Vergebt mir. Ich habe mich in Euch getäuscht.«

»Das will ich hoffen.«

Shuken spürte die Verstimmung, die auf einmal im Raum schwebte, hatte er doch wieder einmal seinen Mund nicht halten können. Er sann auf eine andere Geschichte: »Gruselig ist aber ohne Zweifel die Erzählung von Amakitsune, dem Himmelsfuchs, der ...«

»Ein andermal.« Missmutig kam Yoshinori zum letzten Punkt der Audienz. Gleichzeitig dachte er darüber nach, was es wohl bedeuten mochte, kernlos zu sein. »Einen Wunsch hatten wir dir freigestellt, nicht wahr?«, sagte er. »Wir haben gute Absichten und beweisen diese.«

»Ja!« Shukens Herz schlug wild.

»Also erfülle ich ihn dir. Diener! Hier ist sie.«

Teruko, die Mutter erschien, von zwei Hofdamen begleitet, den Blick gesenkt und leichtfüßig wie früher, als wäre keine Zeit vergangen.

»Mama!«, rief Shuken. Er vergaß Yoshinori, eilte ihr entgegen und ließ sich umarmen.

»Du gehst mir schon bis an die Brust. So lange ist es her. Mein Sengikumaru!« Sie weinte.

»Mittlerweile: Shuken«, sagte er. »Kleiner neugieriger Hund. Aber ich bin noch derselbe.«

Yoshinori wurde ungeduldig: »Nun werdet los, Frau Tsubone Iyo, was ihr noch loswerden wollt. Beziehungsweise: sollt! Ich muss gehen.«

»Tu, was sie wünschen, mein Chrysanthemenbub«, sagte sie nach einer Verbeugung vor dem jungen Herrn.

»Ich tue, was *du* wünschst«, antwortete Shuken.

»Bilde dich«, fuhr sie fort, »ja, für mich. Werde ein guter oder gar ein besonderer Mönch – und nicht Kaiser. Du wärest in Gefahr, und ich hätte Angst um dich. Durchdringe die Lehre des Rinzai, verstehe sie ganz, so dass du eines Tages das Erwachen mit den Patriarchen teilen kannst. Dann, wenn ich alt bin, zeigst du deiner Mutter den Weg. Auch dein Vater möchte ...«

»Halt!«, fuhr Yoshinori dazwischen. »Kein Wort!«

Teruko und Shuken verbeugten sich gleichzeitig, tief und stumm.

»Gut gesprochen«, nickte der junge Ashikaga Teruko zu und wandte sich an Shuken: »Merke dir deiner Mutter Worte. Dann kann dir nichts geschehen. Beschäftige dich mit kernlosem Obst sowie dem Himmelsfuchs. Erfinde Gruselgeschichten. Geht nun, Mutter und Sohn. Euch, Teruko bringt man zurück nach Sagano. Dich aber, Shuken, ...«

Er unterbrach sich und deutete der Mutter gegenüber eine Verbeugung an, denn sie wurde von den Hofdamen bereits hinausgeführt. »... dich – vorerst zumindest – zurück in den Ankoku-ji.«

Ein letztes Mal verbeugte sich auch der kleine Mönch – das musste sein –, nicht, ohne einen Seitenblick auf die Spielzeugkiste zu werfen. Dann lächelte er dem jungen Herrn zu.

»Das ist meine Mutter«, sagte er stolz.

»Sie ist schön«, gab Yoshinori zu. »Nun aber fort mit dir!«

Meister Keno
17

Also hielt Shuken seine Sachen gepackt und war bereit. Doch der Alltag in Ankoku blieb derselbe. Nichts Besonderes geschah.

Jahre vergingen.

Dennoch, obwohl man ihn anscheinend vergessen hatte, erweiterte sich Shukens Horizont nach und nach.
 Wie angekündigt, brachte ihm Abt Shukan bei, Gedichte zu schreiben. Shuken stürzte sich mit Begeisterung in die neue Aufgabe, beschloss sogleich, jeden Tag einen Vierzeiler zu schreiben. Dies behielt er einige Monate lang bei. Nach und nach begriff er das Konzept der Vieldeutigkeit, das in die Schrift eingebaut war, wie auch in die Sprache selbst. Es öffnete den Gedichten Raum hinter Papier und Tusche: so wurden sie transparent und dreidimensional. Räume, die nicht jedermann betreten geschweige denn schaffen konnte.
 Im Lauf der Zeit tauchten aus der Menge bloßer Schreibarbeiten die ersten guten Gedichte auf. Eines davon lobte Abt Shukan sogar, und man begann, es auch außerhalb des Tempels zu rezitieren. Das Gedicht gefiel. Es ging darin um eine verlassene Geliebte, um eine Zweitfrau, die in ihrem Pavillon einsam weint und sich nach dem Fürst verzehrt, während die Wege zu ihr zuwachsen, zuerst knie-, dann lendenhoch.
 »Na, wenn du da nicht deine Mama im Sinn gehabt hast! Dazu eine Anspielung auf die Lenden und damit den Ort des Begehrens: gar nicht übel!«, hatte der Abt gesagt.

War man ein wissensdurstiger Mönch und nicht nur ein von der Familie entsorgter Taugenichts, dann konnte man sich trotz des täglichen *Sitzens* und der harten Arbeit vielseitig bilden. Anregungen gab es genug. Hatte man frei und waren die Pflichten getan, dann durfte man das Klostergelände auch außerhalb der Bettelgänge verlassen, andere Tempel aufsuchen, Lehrreden berühmter oder berüchtigter Äbte hören, sich an einem Gesprächswettstreit oder einer Dichterrunde beteiligen und vieles mehr.

Shuken *war* wissensdurstig. Alles, was ihm begegnete, sog er in sich auf. Überall mischte er sich ein. Seine scharfzüngigen Kommentare beeindruckten vielerorts. Insbesondere das einfache Volk amüsierte sich, wenn dieser kleine, schlagfertige Bursche auftauchte und sich mit den Älteren anlegte, ja, sich gar über diese oder jene der vierundachtzigtausend Regeln lustig machte.

Wir dürfen das nicht, hieß es dann, aber der Kleine, der weiß Bescheid, der hats gelernt. Oder: Anscheinend ist doch nicht alles auf der Welt so fest gefügt, wie es die Oberen uns erzählen.

Den Armen ging es schlecht, und fast alle einfachen Leute, Handwerker, Arbeiter, Bauern oder Fischer waren arm. Die Zeiten waren schwer. Ständig lagen irgendwelche Fürsten miteinander im Streit, sammelten Kämpfer um sich und bekriegten einander.

Diese Krieger, sofern es sich nicht um ehrbare Samurai handelte, nahmen sich von den Bauern, was sie brauchten und was ihnen gefiel, seien es Sakefässer, Schweine, Mädchen oder getrockneter Fisch. Wilde Trupps trampelten durch die Reisfelder. Ochsen und Esel schleppten sie davon.

Die Landleute mussten sich Geld leihen, um säen zu können. Wenn sie dazu überhaupt noch Lust hatten und nicht in die Berge flohen. Viele waren auf Wanderschaft, was oft bedeutete: nur weg! – das Ziel war gleichgültig. Verhungern konnte man überall. Und tat das auch.

War die Natur denn ebenso böse wie der Mensch? Stellte man Shuken diese Frage, dann wusste er keine Antwort. Was ist Natur?, fragte er sich dann – bist das nicht auch du selbst? Ist sie folglich in dir? Also damit auch das Böse?

Das war keine befriedigende Erklärung, denn niemand, mit dem er sprach, wollte das Leiden. Wo also kam es her?

Missernten waren so häufig geworden, dass sie beinahe den Normalzustand darstellten. Ritten keine Soldaten durch die Felder, dann traten die Flüsse über die Ufer, so dass die Schösslinge verfaulten.

Vom Reis, dem Hauptnahrungsmittel, gab es immer zu wenig. Ein unglückseliger Kreislauf hatte sich in Gang gesetzt: den größten Teil der Ernte mussten die Bauern an das Shogunat abführen, um ihre Steuern zu begleichen, in Naturalien nämlich, da sie kein Geld hatten. Reiche Händler kauften dann diesen Reis am Hof auf, denn soviel vermochte man dort gar nicht zu essen. Dies wiederum kam der Obrigkeit zupass, konnte sie sich doch durch die zusätzlichen Einnahmen mit Kriegsgerät und Luxusgütern eindecken – natürlich bei denselben Händlern. Damit nicht genug: jene verkauften den Reis wieder an die Armen zurück, den Hunger zwischen den Ernten nutzend, und dies natürlich zu Wucherpreisen.

Händler, Geldverleiher, Beamte sowie andere Gewinnler mit Verbindungen zum Hof wurden reich wie nie zuvor. Allen anderen ging es schlecht und schlechter. Hungersnöte und Aufstände kündigten sich an. Manche Bauern murrten nicht nur, sondern suchten sich einen Kriegsherrn und griffen zu den Waffen, was bei der verworrenen Lage ineinander verschränkter Feindseligkeiten ein leichtes war.

Die fruchtbaren Ebenen zwischen den Bergrücken waren eng. In diesen Wannen, größtenteils für den Reisanbau geflutet, wurde immer wieder gekämpft. Die meisten Wege aus diesen Gebieten heraus verloren sich, allmählich schmaler werdend, im Gebirge. Einsiedler hausten dort. Um derart überleben zu können, brauchte man allerdings Wissen und Hilfe.

Wissen: welche Pflanze konnte in den Bergen wachsen? Wann musste man säen? Wo pflückte man am besten wilde Beeren, Nüsse und Pilze? Was davon war giftig, was nicht?

Hilfe: selbst eine Einsiedelei ließ sich nicht mehr ohne Schwierigkeiten gründen, denn alles irgendwie Bewohnbare war besetzt – wer überließ einem noch ein Stückchen Erde, und gar eines mit einer verfallenen Hütte darauf?

So war ein Marsch über Land kein Spaziergang, sondern Unterricht in den unbegrenzten Möglichkeiten des Leidens, darüberhinaus mitunter auch gefährlich. Trug man etwas Wertvolles bei sich, war es klug, sich mit anderen zusammenzutun und nicht allein zu gehen.

Wanderte man in der Mönchskutte – andere Kleidung besaß Shuken nicht –, wurde man als Bettler angesehen. Ihm missfiel das. An den erbärmlichsten Hütten marschierte er schnell vorbei, sozusagen möglichst unbemerkt bettelnd, um den Regeln zwar Genüge zu tun, aber niemanden zu schädigen. Die Bauern *mussten* ja geben, würden die Götter sie doch anderenfalls bestrafen, und Unglück bräche über sie herein.

Noch mehr Unglück? Das konnte sich Shuken kaum vorstellen und fühlte sich ob solcher Ängste unangenehm berührt.

Aberglaube! Diesen Unsinn verbreitete seine Zunft also – gar nur, um selbst daraus Nutzen zu ziehen? Als ob es auf dem Land nicht schon genug Unheil gäbe! Und – was die Bettelei betraf – hatte ein Weiser nicht einst behauptet, ein Tag ohne Arbeit sei ein Tag ohne Essen?

Wie gesagt: manche hatten Geld, sehr viel Geld sogar und gaben es auch aus. Das Nachtleben blühte. Sake wurde zum Volksgetränk. Shuken lernte die ersten Schänken seines Lebens kennen und in deren Hinterzimmern die ersten Mädchen.

Auch sah er am Wegrand zum ersten Mal Leichen. Die Buckel, in schlechten Stoff gehüllt, plötzlich in einem Graben auftauchend, verwirrten ihn. Das war der Tod? So?

Er stellte sich vor, die Gestalten schliefen, dachte dabei an sein eigenes Ende und machte, wenn ihn die Furcht übermannte, die allbekannten, vom Erhabenen selbst gelehrten Übungen zur Vergegenwärtigung der Endlichkeit: sah sich als Kranker, dann als Toter, danach als Skelett und schließlich als Häufchen Staub, ja, stellte sich sogar vor, wie man ihn wegkehrte. Die Arbeit mit dem Besen hat große Bedeutung in einem Kloster, war mehr als Reinigung, versorgte einem mit Bewegung, mit dem beruhigenden, rhythmischen Rauschen des Reisigs – *sch sch sch* –, mit Raum zum Sinnieren.

Einer seiner Märsche führte Shuken in den Saikon-ji, den Tempel, in dem Meister Keno lehrte.

Keno, das bedeutete: *armer alter Mann,* ein Name, den der Meister sich selbst gegeben hatte, nachdem er, spät im Leben erst, die Befreiung erfahren hatte, und anstelle des Ehrennamens, den wiederum *sein* Meister für ihn ausgesucht hatte.

»Nicht dafür, dass ich erwacht bin, will ich ein Zeugnis«,

hatte er gesagt, » – woher wollt ihr das überhaupt so genau wissen? –, sondern dafür, dass ich ein schlapper alter Mann bin. Das sieht man doch wenigstens!« Dann hatte er sich auf Wanderschaft begeben, ohne sich umzublicken.

Shuken war diese Geschichte zu Ohren gekommen. Er wusste: zu diesem Mann musste er – was man tut, ohne sich umzublicken, ist etwas Besonderes.

»Ach ach ach! Du wählst den Weg bergab«, hatte Abt Shukan gejammert, als ihm Shuken seinen Wunsch eröffnete. »Kenos Gammelklause ist doch gar nichts, nicht einmal *shozan*! Vom Gaul – ja, ich weiß schon, dass ich kein Rennpferd bin – steigst du auf einen Esel um! Was wird aus unseren Gedichten? Ach ach ach! Na gut, ich frage an bei Hof.«

Die Erlaubnis kam. In Yoshimochis Clan war man sogar erfreut darüber, dass der kaiserliche Bastard nun sein Verschwinden selbst in die Hand nahm und in die Obhut eines Meisters wechseln wollte, der keinerlei Verbindungen zur Obrigkeit hatte und dergleichen auch nicht anstrebte.

So waren es alle zufrieden – letztendlich selbst Abt Shukan, den Shuken als Dichter längst überflügelt hatte, was sich allmählich herumsprach und dem Ruf des Dicken nicht zuträglich war. »Sagen wir so: die Münze steht auf der Kante«, gab dieser Shuken zum Abschied mit. »Ein besonderer Fall. Ach ach ach – trotz allem: schade, dass du gehst!«

Auf einmal war Shuken siebzehn. Die dunkelgekleideten Männer vom Palast kamen und nahmen ihn mit.

Keno hatte nichts zu melden, als man ihm den neuen Schüler durch das Tor schubste.

Sojun
18

Meister Kenos Kloster lag im Osten der Hauptstadt am Ufer des Biwa-Sees.

Um die zugige Sitzhalle in der Mitte der Anlage herum gruppierten sich ein paar Holzschuppen, in denen gekocht, eingelegtes Gemüse gelagert und gewaschen wurde. Das zum See hin flach abfallende Ufer war je nach Jahreszeit bepflanzt mit Bohnen, Wurzeln oder Kräutern. Auch Beerensträucher wuchsen dort sowie Bambus und einige Bäume, darunter ein alter Kirschbaum. Ein Steg, an dem ein morscher Kahn vertäut war, führte zwei, drei Schritte in den See. Das Waschwasser wurde in Bottichen herangeschafft. Die Notdurft verrichtete man auf einem Balken, der abseits über einer gegrabenen Rinne ruhte.

»Bei Regen«, spottete der Meister, »pissen die Götter, während *ihr* auf die Ameisen pisst, auf *euch* herab.«

»Auf wen pissen dann die Ameisen?«, war Shuken herausgerutscht, und der Meister hatte ihm mit dem Stock gedroht.

»Oder umgekehrt: stehen auch die Götter ab und zu im Regen eines Obergottes?« Shuken war schlagfertig.

»Dein Geschmack, Dichterzwerg«, hatte der Meister gegrinst, »ist noch schlechter als der meinige.«

Man hatte keine eigene Kammer. Zum Schlafen rollte man seine Matte aus und lag mit allen anderen aufgereiht auf dem Holzboden der Halle. Nur der Meister besaß, seitlich angebaut, ein eigenes Quartier. Dort fanden die *dokusan*, die Einzelgespräche statt.

Wenn es denn welche gab. Und *wenn* es welche gab, falls dann nicht auch dabei nur geschwiegen wurde. Keno liebte die Stille. Nie schwatzte er drauflos, wie es Abt Shukan getan hatte.

Bald verstand Shuken, dass für Meister Keno Schweigen und Reden eins waren, Perlen von zweierlei Art und Färbung zwar, doch beide auf dieselbe, niemals zu vollendende Kette der Zeit gefädelt.

Sie waren wenige Mönche und von besonderer Art, hatten sich aus eigenem Entschluss hier zusammengefunden und lasen ihrem Meister alles von den Lippen ab, auch das Schweigen.

Waren die Schiebetüren der Halle geöffnet – das kam oft vor, auch bei Regen und Kälte – und saß man dann günstig, konnte man einen Blick auf den See erhaschen.

Wann immer es möglich war, versuchte Shuken, sich eine solche Position zu ergattern. Dann hatte er ein Objekt der Konzentration vor sich: mit halbgeöffneten Augen betrachtete er die Wasserlinie, bis sie in seine Augen schnitt wie ein gespannter Faden; ja, beschien die Sonne das Wasser und war es windstill, dann blitzte sie gleich Schwertstahl, und es schmerzte.

Der Meister war groß und gedrungen wie ein Bär. Wenn er sich beim gemeinschaftlichen *Sitzen* über einen Schüler beugte, zum Schlag mit dem Holzstock ausholend, schien es dunkel im Raum zu werden. Dann dachte Shuken an die Bergriesen aus Mamas Geschichten, fantasierte einen dicken Bart in des Meisters Gesicht und machte unwillkürlich den Nacken starr.

Saß der Meister selbst, war er wie Stein oder Holz, Wurzel eines riesigen, abgehackten Baumes, die ein Dutzend Männer nicht aus dem Boden würden reißen können.

Die erste Unterweisung ließ auf sich warten, aber dann kam sie.

»Du da«, brummte Keno eines Morgens nach dem ersten Sitzen und deutete mit dem Kinn auf ihn. Schon war der Meister federleichten Schrittes in seine Kammer verschwunden. Shuken tastete sich in der Finsternis hinterher, die Sonne noch unter dem Horizont.

Eine Kerze brannte in der Mitte des Raumes. Wie war sie so schnell angezündet worden? Neben ihr saß Keno und sagte: »Verbeugen, das *gassho,* muss sehr wohl sein, ...« − hatte Shuken es denn je vergessen? − »... und dabei gibt es viel zu üben, ebenso viel wie beim Waschen der Reisschale. Ist dir übrigens aufgefallen, dass die Haltung beim Arschabwischen einer Verbeugung gleicht? Ja, Form ist Leere, doch ist sie deswegen nicht unwichtig. Weshalb wohl dienen unsere Gliedmaßen zum Greifen? Hast du aber jemals schon Leere ergriffen? Sagte ich *ein* Wort mehr, wäre ich ein Schwätzer. Schlimmer, das bin ich schon jetzt.«

Er endete so abrupt, wie er begonnen hatte.

»Jawohl. Nein«, stammelte Shuken, nicht wissend, was er etworten sollte.

»Dauernd glotzt du auf den See«, fuhr der Meister fort, nachdem er sein Gegenüber eine Weile betrachtet hatte. »Ist irgendetwas Besonderes darin? Was siehst du denn dort?«

Jetzt nur nicht versagen, dachte Shuken. »Ich sehe die Wasserlinie glitzern«, begann er, »vertiefe mich in ihren Anblick, versenke mich, bis auf einmal meine Augen der See sind, und der See meine Augen, diese durchsichtigen Kugeln, halb mit Wasser gefüllt, wobei die Seeoberfläche wie ein Eichstrich ...«

Er verstummte. Keno zeigte keine Reaktion, als warte er auf die Pointe.

»Im See Wasser ... in den Augen Tränen, das sind ähnliche Zeichen und ähnliche Dinge«, stotterte Sojun.

Der Meister schüttelte behäbig den Kopf. »Du Schwafler. Wir dichten hier nicht. Genug für heute. Nichts kapierst du. Gar nichts.«

Unschlüssig erhob sich Shuken. Das war es schon?

»Abt Shukan, die alte Schwuchtel«, fügte der Meister wie versöhnlich hinzu, »ja *der* weiß, wie man dichtet. Hat dir damit aber Flausen in den Kopf gesetzt. Raus.«

In der Kehrtwendung stolperte Shuken über eine hervorstehende Diele und fiel zu Boden.

»Hahaha!«, dröhnte der Meister. »Eiche dich erst einmal selbst! Windiger Gedichteschreiber!«

Der Gestolperte rappelte sich auf, verbeugte sich und ging.

»Klugscheißer!«, rief ihm der Meister nach.

»Wie wars?«, fragten ihn die anderen, als er aus des Meisters Zimmer herauswankte.

»Ganz gut«, log Shuken.

»Wir haben gelauscht«, sagte Shoiku, ein Mitschüler, der Shuken bewunderte und nicht von seiner Seite wich. »Aber nichts verstanden.«

»Immerhin«, sagte ein zweiter, »hat der Meister lange nicht mehr so viele Worte an einem Stück hervorgebracht. Du musst etwas Besonderes sein.«

War das nun ein gutes oder ein schlechtes Zeichen?, fragte sich Shuken.

»Überdies hat er laut gelacht«, fuhr Shoiku fort. »Beinahe wie früher. Du musst wissen ...« – er beugte sich vor und flüsterte – »der Meister ist krank.«

»Schlimm?«, fragte Shuken.

»Was bedeutet für einen Erwachten schlimm?« Shoiku zuckte mit den Schultern. »Ja«, sagte er dann. »Sehr schlimm. Aber wir dürfen nicht darüber sprechen.«

Shoiku, Shukens Freund, war klein und rundlich, sein Gesicht weich und braun. Nichts stand ihm, die Roben zerknüllten sich an ihm wie von selbst. Stets lächelte er, schien unaufhörlich erstaunt, ja sogar, wenn sich Alltägliches ereignete, als wären jede abzuwaschende Schale, jeder Tritt oder jedes zusammengekehrte Häufchen Laub eine Überraschung. Was man ihm auftrug, tat er, marschierte sogleich los, wenn etwas fehlte und sah sich dabei nicht um. Sein Gang hatte, obwohl zielstrebig, etwas Tastendes und Verlegenes, ob er sich nun dabei am Kopf kratzte, wie meistens, oder auch nicht: sein Vorankommen war dasjenige eines, dem man nicht böse sein kann. Er lachte gern und konnte zuhören. Zu lesen und Zeichen zu malen, lag ihm nicht.

Sojun liebte Shoikus Gegenwart. »Du bist schon viel weiter als ich«, war er einmal herausgeplatzt, aber jener hatte lächelnd abgewinkt.

So saß Shuken weiterhin Tag für Tag, betrachtete immer noch manchmal verstohlen den See – oder auch nicht, denn er hatte es aufgegeben, sich auf einen günstigen Platz zu drängeln, machte also Fortschritte – oder auch nicht, was ihm in den besten Augenblicken gleichgültig war.

Die meisten Belehrungen des Meisters verliefen, Kenos Temperament und Methode entsprechend, schweigend.

Geduldig saß er vor dem Schüler, als belausche ein Jäger sein Wild, jedes Geräusch vermeidend, aber dennoch den Pfeil nicht abschießend. Noch nicht?

Schwierig war es, herauszufinden, wann man sich zu erheben und zu gehen hatte, denn der Jäger Keno war geduldig und blieb in Deckung.

»Nein?«, fragte Shuken vorsichtig, wenn die Stille unerträglich wurde.

»Nein.«

Shuken glaubte, begriffen zu haben, dass er Gedichte nicht um ihrer selbst willen verfassen durfte. Nichts ausschmücken. Nicht vergleichen. Keine Meinung äußern. Kein Richtig oder Falsch.

Doch was gab es dann überhaupt zu sagen?

»Bisher«, murmelte der Meister eines Tages, «hast du dir deine Welt nur erdichtet. Keine Substanz.«

»Woher soll ich denn die Substanz nehmen, ohne sie zu beschreiben?«

»Es gibt keine Substanz. Stockhieb gefällig?«

»Ihr führt mich an der Nase herum!«

»Was denn sonst – wenn du es dir gefallen lässt ...«

Die Tage wanderten durch die Jahreszeiten. Die Sonne schien, es regnete, es wurde kalt und wieder warm, es schneite, Reif glitzerte.

Man saß, man arbeitete, man schlief.

Sitzen, arbeiten, schlafen.

Man fischte. Auf dem See schwirrten Vögel. In der Mitte der Wasserfläche lagen die Kähne der Lackmaler. Über der Hügelkette am jenseitigen Ufer ging die Sonne auf, im Gestrüpp hinter der Klause verschwand sie nachts.

Sie hörten den Meister stöhnen. Manche sagten, er weine in der Finsternis. Doch frühmorgens, wenn das Zazen begann, war ihm nichts anzumerken.

»Geschwätz nach wie vor«, sagte Keno bei der nächsten Überprüfung Shukens. Er legte Resignation in seine Stimme, als wäre nicht er, sondern sein Schüler der Kranke: »Keine Besserung.«

Nun ja, das Übliche. Shuken hatte sich allmählich ein dickes Fell zugelegt. Er vergaß die Verbeugung und trollte sich missmutig.

»Warte!«, rief der Meister ihn zurück. »Ich muss dir doch noch einen Mönchsnamen geben – ja, jetzt ist genau so gut wie irgendwann; aber bilde dir nur nichts darauf ein; ach, immer dieses Affentheater, dabei hätte ich wahrlich anderes zu tun ... Das haben wir gleich; wie nenne ich dich nur, mein Spätzchen? Nun ja: *Sojun*. Ja. Das passt.«

Sojun vormals Shuken vormals Sengikumaru verbeugte sich.

»Du brauchst dich nicht zu bedanken. Es hat nichts gekostet.« Keno grinste, während er versuchte, sich zu erheben.

»Gleich zwei neue Zeichen? Aha«, sagte Sojun, »da muss ich also wieder meinen Stempel ändern. Wie schreibt man denn nun *diese*, und was bedeutet folglich mein neuer Name?«

»Werd nur nicht frech! Also gut: *Jun*, das zweite Zeichen, aus sieben Strichen zusammengesetzt, ist dir doch wohl bekannt, Dichterchen. Es heißt: rein, unvermischt, wie klares Wasser. Diesem sei dein Verhalten gleich; das *So* davor, mit acht Strichen gemalt, ist die Gesamtheit, das Ganze. Denke darüber nach: alles, wenn durchschaut, ist klar wie Wasser. Lasse es dann dergestalt. Wähle nicht. Wenn Du *unrein* sagst, entsteht Reinheit in deinem Herzen: *Jun*; sprichst du aber von Sauberkeit, so wächst der Begriff *Schmutz* aus deinen Gedanken hervor. Ist das klar? Denkst du Gutes, so verstehst du auch Böses. Eine ganz schöne Zwickmühle, was? Sagte ich *ein* Wort mehr, wäre ich ein Schwätzer.«

Hatte derjenige, der nun Sojun hieß, gedacht, die Namensänderung sei der Lohn für seine Fortschritte gewesen, so wurde er bei der nächsten Lehrstunde eines besseren belehrt.

»Was hast du mir diesmal zu berichten? Begreifst du überhaupt, was ich dir aufgegeben habe?«, begann der Meister.

»Klares Wasser«, antwortete Sojun, »ohne Trübung mitzudenken.«

»Wir treten auf der Stelle.« Keno ächzte. »Gib Antwort.«

Was ich auch vorbringe, er wird sich sowieso darüber lustig machen, sagte sich Sojun. Aus dem Stegreif bastelte er sich ein Sätzchen zurecht: »Man könnte feststellen, dass ich zwar die Klarheit des Wassers sehe, sich aber noch zu viele Gedanken darin tummeln wie Fische im Teich?«

»Nett«, sagte Keno.

»Dann bin ich also nahe dran?«

»Mit solch einem Blödsinn hat noch keiner versucht, die Aufgabe zu lösen«, säuselte der Meister.

»Ich gebs auf.«

»Schon besser.«

»Besser?«

»Ja. Weil es nicht wahr ist, dass du aufgibst.«

»Aber es gibt keine richtige Antwort!«

»Das stimmt. Und trotzdem sag mir jetzt die Antwort! Schnell!« Der Meister ergriff den neben ihm bereitliegenden Holzprügel und holte zum Schlag aus. Sojun hob die Arme, um sich zu schützen, doch zu spät.

»Schultern zucken – Fische zucken«, sagte der Meister, legte das Holz wieder ab und betrachtete seinen Schüler wie ein seltsames Insekt. »Hmm – nein, es wirkt noch nicht. Kannst gehen. Hol dir einen runter. Dann sieh den Fischen in deiner Birne zu.«

»Fische wissen nicht, worin sie schwimmen«, machte Sojun einen letzten Versuch.

»Ja, ja. Ist schon gut. Geh.«

Sojun ging. Den Fischen zusehen, den Fischen zusehen, den Fischen zusehen ...

Was meinte der Alte nur?

Den Gedanken zusehen?

Der Meister verfiel; große Teile seines Körpers verwandelten sich in Luft, wie er scherzend feststellte. Die Haut aber schrumpfte nicht überall mit. Bald hing sie wie ein zu weiter Rock über den Knochen.

Nach und nach verließen Keno die Kräfte. Bald kostete es ihn große Anstrengung, die Stimme zu erheben und das immerwährende Motto auszugeben: *ein Tag ohne Arbeit, ein Tag ohne Essen*, geschweige denn, sich selbst daran zu halten.

»Betreibt nun die erste Übung des Erwachten vom Geierberg – ihr wisst schon, jene, die Vergänglichkeit zu studieren – an *mir*«, sagte er. Die Schüler schwiegen. Sie wagten nicht, ihn anzublicken.

Sojun litt mit seinem Meister. Ein Gefühl der Empörung stieg in ihm auf, Wut, doch auf wen? Auf die Götter? Gab es sie? Auf das Schicksal? Was war das?

»Auch *ich* will das nicht, habe Schmerzen und leide durchaus sehr«, sagte der Meister, als er Sojuns Verwirrung bemerkte, »bitte verstehe das nicht falsch. Doch ich muss euch Mut machen, nicht wahr?«

»Nein«, sagte Sojun.

»Nein?« Erstaunt hielt Keno inne, nickte kaum merklich, sah in die Ferne und betrachtete dann seinen Schüler, nachdenklich und mit einem Lächeln um den Mund, das Sojun noch nicht kannte. »Du hast recht. Auch Mut ist verkehrt und ist Anhaften.«

»Wo soll ich je wieder einen solchen Meister ...« Sojun verstummte.

»Ach«, seufzte Keno, seinem Schüler die Schulter tätschelnd, »wo soll *ich* je wieder eine solche Welt ...«

»Er muss sein letztes Gedicht schreiben, und zwar bald. Sonst wird das knapp«, flüsterte Shoiku, als die Schüler in der Meditationshalle zusammensaßen.

Der Meister hatte es gehört.

»Ein letztes Gedicht? Das hättet ihr wohl gern! Ich pfeife drauf«, rief er, nachdem er sich herbeigeschleppt hatte. »Habe damals mein Zeugnis abgelehnt, und nun soll ich dichten? Wo wäre der Sinn? Sojun, tu du es für mich! Sowieso kannst du es besser.«

Sojun ging davon und weinte.

Dann holte er seine Malschatulle hervor, setzte sich an das Ufer des Sees vor einen Stein, rieb Tusche vom Block, rührte sie an, gab einen Tropfen Spucke und damit einen Teil von sich selbst dazu, und schrieb:

Die Todesboten reiten heran.
Wie haben sie von drüben die Wand durchbrochen?
Gibt es also doch ein torloses Tor?
Gibt es ...

Er warf das Papier weg.

Kenos Tod
21

»Nichts habe ich dir beigebracht«, seufzte der Meister. »Trotzdem stützest du mir den Kopf und wischst mir die Scheiße ab. Das ist schon seltsam.«

»Ist es nicht.« Sojun tupfte Keno den Schweiß von der Stirn. »Das Wichtigste lerne ich gerade in diesem Augenblick.«

»Im Augenblick, ja, immer nur im Augenblick ...«

Nun wurde die Zeitperlenkette kunstlos gefädelt: große Brocken Schweigen reihten sich zwischen das Übrige.

»Doch ein *inka*, ein Zeugnis«, sprach Keno schließlich weiter, »bekommst du von mir nicht. Da kannst du wischen, soviel du willst. Ich habe das meinige damals abgelehnt, wie du weißt. Deshalb kann ich nicht ... und will nicht ...«

»Das ist mir gerade recht. Was soll ich mit einem Blatt Papier anfangen?«, sagte Sojun. »An die Wand nageln und angrinsen wie den See?«

»Der See«, murmelte Keno. Er hob den Kopf, um von seinem Lager einen besseren Blick zu haben. Sojun stützte ihn.

»Weißt du noch, wie ich dich niedergemacht habe?«, sagte der Meister.

»Zu Recht.«

»Nun blicke ich selbst über die Weite hinaus.«

»Zu Recht«, wiederholte Sojun, »denn inzwischen sehe ich einen anderen See.«

»Was für einen See?«

»Nur einen See.«

»Nur einen See? Nichts weiter? Keine Vorlage für ein Gedicht?«

»Nein.«

»Das ist gut. Hörst du das?«

Über dem Wasser schrien Vögel. Es war windig geworden. Kühle Abendluft stürzte von den Hügeln herab. Bei jedem Windstoß guckte ein schwarzer Busch um die Ecke der Halle. Die Oberfläche des Sees wurde stumpf und grau, von Wellen aufgeraut. Was gab es zu sagen?

»Nun kannst du dichten. Scheue dich nicht«, lächelte Keno. Aber Sojun war nicht danach zumute.

Nie mehr! Nie mehr versuchen, sich dem Unsagbaren zu nähern!

Tag und Nacht harrte er bei seinem Meister aus, schlief im Sitzen, räumte weg, was die anderen nicht berühren mochten, kümmerte sich weder um Gestank noch um die Fliegen.

»Richtig, das letzte Gedicht«, flüsterte Keno, als er beinahe am Ende seiner Kraft war. »Nun wäre es wohl an der Zeit. Hast du mir etwas geschrieben, Freund Klares Wasser?«

Sojun schüttelte den Kopf. Eine noch nie gefühlte Welle von Liebe und Schmerz überflutete ihn.

Keno lag lange stumm, als lausche er dem Schweigen.

»Ja«, sagte er dann. »Das ist ein gutes Gedicht. Dein bestes bis jetzt.«

Er hat es – das ist die wahre Lehre, dachte Sojun. Sogleich schämte er sich ob dieser lächerlichen Einordung.

»Geh zu Meister Kaso, sobald dir danach ist«, sagte Keno. Er grinste sein berüchtigtes Grinsen. »Der macht dir die Hölle heiß – da wirst du dich noch nach mir zurücksehnen.«

Das werde ich sowieso, dachte Sojun.

Als der Meister gestorben war, versank Sojun in Schwermut. Nichts konnte er dagegen tun. Die anderen heulten, zündeten

Räucherwerk an und vollführten die üblichen Zeremonien. Er aber war verstummt und starr, unbeweglicher noch als je zuvor im *zazen*.

Er musste weg, musste allein sein.

Zog sich in einen Schuppen zurück, um für seinen Meister zu beten. Sieben Tage und sieben Nächte. Schlief nicht, aß nicht. Trank zu viel. Saß. Saß. Kippte um. Saß. Saß. Saß.

Der erste Vater war ihm genommen worden, bevor er ihn überhaupt besessen hatte, und nun auch der zweite. Als arbeiteten Obrigkeit und Götter gegen ihn zusammen …

Sojun konnte des Meisters Verschwinden nicht begreifen. Weder nach einem Tag der Versenkung, noch nach drei, noch nach sieben; auch nach sieben Millionen Tagen, sagte er sich, wäre dies nicht zu verstehen.

Wozu also überhaupt sitzen?

Er erkannte, dass *Sitzen* auch Flucht bedeuten konnte. Flucht vor der Einsicht in das Unvermeidliche.

Von wegen Bewegungslosigkeit.

Von wegen Ruhe.

Von wegen Trost.

Bewegungslos saß er, floh aber gleichzeitig rasend schnell vor sich davon, vor der Einsicht, dass sich nichts, kein geliebter Mensch, gar nichts festhalten lässt.

Seine Gedanken wurden wirr. Auch das Erkennen half nicht. Hunger und Durst quälten ihn – aber auch wieder nicht, denn alles war ihm gleichgültig. Er ließ sich gehen, stank. Seine Sinne waren umnebelt.

Am Morgen des siebten Tages erhob er sich und wankte zum See.

»Wo ist der Meister bloß?«, schwätzte er wie ein Greis oder ein Betrunkener, »ach, natürlich dort, wohin wir alle gehen.

Ich sollte nachsehen, wie es an jenem Ort ist.«

Das Seeufer war steil. Nadelbäume bewuchsen die felsige Böschung bis zum Wasser. Ein Flüsschen hatte quer durch den Abhang ein Bett zum See gegraben. Der Pfad, den Sojun entlangstolperte, führte zu einer Holzbrücke, die den Zufluss überquerte.

Als er den Steg betrat, knarrten die Bohlen. Er spürte, wie das Bauwerk schwankte. Der wackelige Handlauf aus Bambus bot Halt, allerdings nur auf der einen, zum See hin gewandten Seite.

In der Brückenmitte blieb Sojun stehen und blickte hinab. Er sah Fische und sich schlängelndes Seegras. Das Wasser, rasch dahinströmend, schien tiefer zu sein als bei einem Gebirgsbach zu erwarten.

»Kannon, rette mich – oder aber ihr dort drunten, fresst mich auf, wenn es denn sein soll!« So lautete Sojuns bündige Ansprache an die Obergottheit sowie die Fische. Daraufhin ergriff er das Geländer, obwohl sich seeabgewandt gar keines befand und er sich dort nicht hätte mühen müssen, hob ein Bein darüber und war im Begriff, sich hinabzustürzen.

Als er zeitgleich jemanden rufen hörte, hielt er mitten im Schwung inne, wandte sein Gesicht der Stimme zu, hörte auch schon das Klappern von Sandalen und sah einen Mann auf sich zueilen.

»Meister Shuken?«, rief dieser.

»Zweifach falsch«, antwortete der verhinderte Selbstmörder, wobei er versuchte möglichst schnell Haltung zu gewinnen, »nicht mehr Shuken, sondern Sojun, aber einer so erbärmlich wie der andere. Und Meister: nein.«

Die Erscheinung oder der Bote machte keuchend vor ihm halt. Die Brücke, kaum für einen gemacht, schwankte.

»Vorsicht!« Sojun fürchtete, sie könne zusammenbrechen. Lächerlich: gerade noch hatte er sich in die Tiefe stürzen wollen! Auch der Bote spürte das Beben und trat zurück auf festen Boden.

»Aber«, fuhr dieser fort, »des Kaisers Sohn seid Ihr doch? Wie auch Sohn von Tsubone Iyono, Eurer Mutter – ach, verzeiht, das versteht sich ja dann von selbst –, welche mich schickt? Ein Brief!«

Der Zeitpunkt des Boten Erscheinen sprach dafür, dass es sich um einen Geist oder eine durch Hunger hervorgerufene Halluzination handelte.

»Bin ich aber nicht«, sagte die Gestalt unmittelbar vor Sojuns Nase, als habe sie seine Gedanken gelesen. »Fasst mich an und nehmt endlich den Brief!« Aber Sojun schreckte zurück, fürchtete, in Luft zu greifen.

»Gerade eben wollte ich mich hinabstürzen, da ...« Ob dieser grotesken Entwicklung der Dinge begann er, wild zu lachen.

Als der Bote ihm ungeduldig den Brief entgegenschubste, griff Sojun schließlich danach, erkannte die Schriftzeichen der Mutter und löste die Kordel.

»Lest! Ich muss wieder los«, rief der Bedienstete. »Muss zurück sein, bevor es dunkelt. Die Märsche werden immer gefährlicher. Überall Wegelagerer. Bald gibt es Krieg.«

»Wartet!«, rief Sojun ihm nach, doch zu spät – noch war er wie gelähmt von dem unausgeführten Sturz, »ich muss Euch doch noch eine Antwort ...«

Er faltete das Papier auf und las:

»Mein lieber Sohn! Man hat mir von deinen Fortschritten berichtet. Auch habe ich dein schönes Gedicht über die verlassene Prinzessin gelesen. Das soll ich sein, ich weiß.

Doch mache dir keine Sorgen. Es geht mir gut, wenn es nur dir gut geht, mein Sengikumaru. Ich darf nicht reisen. Soweit geht meine Freiheit nicht. Aber einen Boten kann ich schicken. Mein lieber Sohn, ich habe von deiner Trauer gehört. Gib nicht auf! Tue nichts Unbedachtes! Auch ich *sitze* mittlerweile, gelegentlich und immer öfter, verstehe aber nicht viel davon: deshalb musst du mir eines Tages zeigen, wie man es macht. Ich baue auf dich. Suche dir einen neuen Meister. Man sagte mir, Kaso in Katata könnte der Richtige für dich sein ...«

Sojun zitterte. Das Papier glitt ihm aus der Hand. Es flog, sozusagen nachträglich anstatt seiner selbst, in das Flüsschen.

Der Bote war verschwunden. Er war wieder allein.

Sojun setzte sich in Bewegung, überquerte die Brücke, wurde plötzlich eines gewaltigen Hungers gewahr und folgte dem Pfad, der in einem weitläufigen Bogen den See umrundete, mal nahe am Ufer, mal entfernt im Wald, vorbei an Spelunken, Sakebuden und kleinen Siedlungen.

Am nordöstlichen Ufer, ein paar Ortschaften weiter und zwei, drei Tagesmärsche entfernt lag das Kloster Katata, die Klause des berüchtigten Kaso. Ein knallharter Bursche, erzählte man sich über ihn. Schlimmer als Rinzai persönlich.

»Diese Richtung also«, murmelte Sojun. »Zu Meister Kaso. Zunächst aber ins Wirtshaus! Ich lebe. Bin halb verrückt vor Hunger und Durst. Rede schon mit mir selbst.«

Warten auf Einlass
22

Winter und Herbst begannen, einander zu durchdringen. Es wurde kalt, zunächst nachts, dann auch tagsüber. Seine Strohsandalen hatte Sojun zerwandert, als er endlich Kasos Kloster Katata erreichte.

Er streifte die Fetzen ab und stellte sich barfuß vor das Tor. Der Boden war eisig. Wenn man keine Schritte tat, kroch in den Beinen die Kälte herauf.

Als er an das Tor pochte, erwartete er nicht, sogleich eingelassen oder gar freundlich empfangen zu werden. Er kannte die Spielregeln. So einfach war das bei Meister Kaso nicht.

Oder doch? Ein Türflügel wurde krachend zur Seite geworfen, eine Mönchsgestalt zeigte sich und fragte unwirsch von oben herab: »Der neue Koch?«

Sojun hub umständlich an zu erklären, halbherzig, denn er glaubte nicht an sofortigen Erfolg – womit er auch recht hatte, was sich gleich herausstellen sollte: »... habe von Meister Kaso gehört und würde gerne bei Euch ...«

Rums.

Das Tor war wieder zu.

Koch? Dieses heruntergekommene Anwesen konnte sich keinen Koch leisten. Auch keinen Gärtner und keine Putzkraft. Das war die übliche Abwimmelei – klar. Na also, willkommen im Spiel. Und das bei dieser Kälte.

Es war ein jämmerliches Tor, aus Holzlatten zusammengezimmert, gehalten von rostigen, krummen Nägeln. Sojun starrte es an. Er setzte sich davor. Sein Bündel quetschte er zu einem Kissen und schob es sich unter den Hintern.

Wieder einmal *saß* er. Ihn fror.

Stundenlang betrachtete er die Pforte vor seiner Nase, lauschte, ob sich dahinter etwas tat, fuhr mit den Augen der Holzmaserung an den Türflügeln entlang, hinauf und herunter, herunter und hinauf, und wartete.

Er saß und saß wie ein Hund vor seinem Herrchen. Doch dieses blieb stumm. Kein Fleischbrocken fiel herab.

Auf einer der Bohlen waren in senkrechter Reihe Schriftzeichen eingeritzt, aber sie waren verwittert und kaum zu lesen. Sojun konnte nur eines davon entziffern: *Mu!* Das bedeutet: *nicht* oder *kein*.

Als die Sonne, schon tief im Westen stehend, durch die Wolken brach und plötzlich das Tor beschien, wurde die Schrift plastisch, nun durch das seitliche Licht hervorgehoben:

Hier kein Eingang − eher noch geh durch die Mauer.

Sojun betrachtete die erbärmlichen Befestigungen. Da durch? Tor und Rahmen würden nach einem Erdbeben vielleicht noch stehen, aber nicht diese lachhaften Steinwälle. Also einfach umschubsen und …

Aber so war der Spruch natürlich nicht gemeint.

Die Nacht kam. Es wurde kälter.

Das ist alles nicht so schlimm; ich muss nur noch eine kleine Weile sitzen, plapperte Sojuns Gehirnaffe. Nur möglichst unbeweglich sitzen, nichts weiter.

Der Affe leistete ihm dabei Gesellschaft. Auf diesen war Verlass. Manchmal stand Sojun auf, ächzte, vertrat sich die Beine, pisste.

Am zweiten Tag war der Herbst davongejagt, und der Winter übernahm. Der Schnee erschien wie ein Effekt im Theater.

Seami, dieser No-Zauberer hätte es nicht besser machen können! Sojun grinste.

Die ersten Flocken kamen von nirgendwo, ruckten eine Weile vor seiner Nase hin und her, auf und ab, und setzten sich dann zu ihm auf den gefrorenen Boden.

»Hat *er* bestellt, den Schnee, Kaso, dieser Schuft«, ächzte Sojun, während er zum hundertsten Mal seine Sitzposition änderte.

Kohlweißlinge des Winters, tanzt, habt Spaß mit mir, kam Sojun in den Sinn – auch jetzt konnte er das Dichten nicht lassen.

»Ein schwerer Fehler dies«, murmelte er sogleich, als er dessen gewahr wurde, »der dort drin wirds merken, der merkt alles.« Schon fühlte er sich beobachtet.

Was er auch war.

»Er tut nur so, als sei er bei sich«, grunzte Meister Kaso im Warmen. »Sitzt, um irgendwie durchzuhalten. Hat keiiiine Ahnung.«

Yoso, Kasos Meisterschüler, beäugte Sojun durch eine Ritze im Tor. »Allerdings«, gab er nach einer Weile zu bedenken, »hat so lange noch keiner durchgehalten.«

»Du seinerzeit sicher nicht. Hahaha!«, lachte Kaso. »Doch freuen wir uns nicht zu früh. Es ist bitterkalt. Vielleicht ist er ja schon tot und nur mehr ein Eisblock. Sieh nach, Yoso.«

»Solange ich vor mich hin murmle«, murmelte Sojun draußen vor sich hin, »solange bleiben wenigstens meine Lippen warm. Könnte ich auch mit dem Arsch plappern, dann fröre ich nicht an der Erde fest.«

Er schüttelte sich.

Mittlerweile hatte sich Kasos Gehilfe durch eine Hintertür ins Freie geschlichen – im Schnee ging das lautlos –, um eine Ecke geblickt und Sojun beobachtet.

»Er lebt, grinst und schwätzt vor sich hin«, berichtete Yoso dem Meister, als er zurückgekehrt war. »Aber es ist wirklich sehr kalt. Sollten wir nicht allmählich ...?«

»Noch gibt es keinen Grund.« Der Meister schüttelte den Kopf. »Er muss schmoren – schmoren in der Kälte, das ist gut, hahaha!«

Wieder kam die Nacht. Für einige Augenblicke vergaß Sojun die Kälte, doch war das kein Zeichen von Beherrschung – im Gegenteil: so kündigte sich Erfrieren an.

Nicht einschlafen, nicht einschlafen ...

Am klaren Himmel ging der Vollmond auf. Es hatte aufgehört zu schneien. Viel Schnee war nicht gefallen, der Boden nur zweifingerbreit bedeckt. Aber diese Decke blieb liegen.

Es war windstill. Man konnte die Sterne sehen.

Sojun war in angenehmer Stimmung, ja, mehr noch, er empfand Frieden und allumfassende Ruhe. Doch gerade dies, normalerweise ein Zeichen beginnender Versenkung, war unter den gegenwärtigen Umständen gefährlich.

Wie nur die Nacht durchhalten?

Ich werde mich, beschloss er in einem Moment von Restwachheit, regelmäßig erheben und mir die Beine vertreten müssen, ganz egal, was die dort drinnen ...

Er machte Anstalten, aufzustehen. Das ging schwer. Ächzend ließ er sich wieder zurückplumpsen und beschloss, die Angelegenheit noch ein wenig zu verschieben.

Immerhin fühlte er sich nun etwas lebendiger und vermochte das kalte Podest unter sich als seine Beine zu identifizieren.

Kasos Gehilfe im Warmen äugte immer wieder nach draußen. Er biss sich auf die Lippen, wagte aber nicht, den Meister schon wieder auf den möglicherweise gerade Erfrierenden draußen anzusprechen.

»Na gut, dann bring ihm etwas hinaus«, sagte Meister Kaso schließlich, als habe er Yosos Gedanken gelesen. »Aber nicht verwöhnen! Du weißt schon.«

Nicht verwöhnen! Yoso schüttelte den Kopf und ging in die Küche.

Sojun draußen *war* eingedöst. Im Sitzen.

Das Quietschen des Scharniers schreckte ihn auf; sein letzter Schnarcher hatte einem Schweinegrunzen geähnelt. Eine Gestalt trat aus dem Törchen, legte etwas neben ihm ab und verschwand wieder.

Das Bündel schimmerte im Mondlicht. Sojun betrachtete es wie eine Vision, griff danach und schlug die Ecken des Tuchs auseinander. Rüben waren darin.

Er drehte sich um, prüfte, ob er beobachtet wurde – nein –, zog eine Rübe aus dem Stapel und knabberte daran.

Beziehungsweise *versuchte*, daran zu knabbern.

»Das sind ja Eiszapfen«, knurrte er. »Soll ich die vielleicht lutschen?«

Er fühlte sich auf den Arm genommen und war wütend.

»Eine Prüfung macht der mit dir«, schimpfte er im Flüsterton, »und du merkst es nicht einmal, du Holzkopf!«

Er verachtete sich, nicht dafür, nach den Rüben gegriffen zu haben, nein, sondern dafür, dass er sich zuvor verstohlen umgeblickt hatte.

So wird man kein Zenmeister.

Ja, will ich das denn überhaupt?

»Dann eben nicht«, murmelte er. »Wer bin ich auch schon ... ein Wandersmann, ein Trunkenbold ...«

Dergestalt kreisten seine Gedanken. Der Schädel schmerzte: an den Käfigwänden turnte der Gehirnaffe auf und ab.

Oder kamen die Schmerzen von der Kälte, von Durst und Hunger?

»Wusste ich doch, wie schwer das ist!«, haderte er mit sich, nicht mehr klar im Kopf und laut wie ein Marktweib. »Einer soll sich beim Warten sogar den linken Arm abgeschnitten haben. Als Zeichen ... als Zeichen wofür eigentlich? Soll man das glauben? Geht das überhaupt? Vielleicht mit einem scharfen Messer – oder eher noch mit einem Schwert ... doch woher sollte ein Bettelmönch ein Schwert nehmen? Schwindel. Alles nur Geschichten, Ammenmärchen ...«

Wieder musste Sojun etwas eingenickt sein, denn als er aufsah, war der Schnee um ihn herum beschriftet.

Von rechts kommend führte eine Vogelspur zu dem Rübenbündel, zunächst scheinbar ziellos in Schlangenlinien, dann schnurstracks auf das Futter zu. Dort war ein zur Gänze ausgetretenes Halbrund entstanden. Die Rüben lagen kreuzweise durcheinander. Dann liefen die Spuren eine Zeitlang in entgegengesetzter Richtung davon, bis sie nach einigen Verwischungen unvermittelt abbrachen.

»... geknabbert – mit dem Schnabel geht das besser als mit Zähnen –, und dann ... hab ich vielleicht geschnarcht und ihn erschreckt? ... muss abgehauen und aufgeflogen sein«, stellte Sojun verwirrt fest, dankbar aber für die Abwechslung, die ihn eine Zeitlang vom Kampf gegen den Schlaf ablenkte.

»Aufgeflogen, aufgeflogen? Wohin?« Er beäugte mit schräggestelltem Kopf, nun selbst Vogel, die Krähenfüße. »Wohin, was? Wie ...«, es bestand kein Zweifel: Sojun fieberte und wusste nicht mehr, was er sagte, geschweige denn, ob da jemand war, mit dem er sprach.

»Kraa! Kraa! Krähe, komm zurück und bringe heißen Sake mit!«, lallte er, vergaß seine Meditationshaltung nun ganz, griff einen der Rübenzapfen, drehte ihn hin und her, hielt ihn sich vor die Nase und betrachtete die Perforation, die der Vogelschnabel an der Spitze hinterlassen hatte. Er betastete die Rübenspitze mit Daumen und Zeigefinger. Seine Hände zitterten.

»Fast wie neu. Da fehlt nicht viel. Hat sich die Zähne daran ausgebissen, ach, was sag ich, den Schnabel«, lallte er, mittlerweile hemmungslos mit sich selbst ratschend.

Wieder glotzte Sojun die Rübe an. »Ein weißer Schwanz. Den möchte ich nicht reingesteckt bekommen.« Er erinnerte sich an die schrecklichen Nächte im Ankoku-ji, und ihn schauderte – nicht nur wegen der Kälte.

»He!«, ermahnte er sich, als ihm der Kopf wieder einmal auf die Brust sinken wollte. »Sake kommt nicht. Weitersitzen!«

Er wandte sich von der Rübe ab und blickte geradeaus. »Sitzen! Gelb in den Schnee pissen! Rüben lutschen!« Er kicherte in sich hinein. Auf einmal fand er alles unendlich albern, unendlich lächerlich ...

»Ein warmes Bett. Eine warme Frau. Warmer Sake. Mehr Sake. Noch mehr Sake. Musik. Gesang ...«

Kaso drinnen entging nichts. Er, der nun selbst am Guckloch saß, las Sojuns Träumereien in einer plötzlichen, wie fröhlichen Lockerung des Rückens, im leichten Wackeln des Kopfes, in einem Rucken der Schultern, als wolle man etwas abstreifen.

»Jaa«, sagte Kaso langsam zu sich. »Könnte sein. Vielleicht *der* ...«

»In den Schnee gepisst«, sang Sojun draußen vor sich hin, «ein Schriftzeichen in den Schnee! Welch gute Idee! Oh, das reimt sich ja! Mach ich doch mal ein gelbes *Mu!* ...

Mu!
Muu! Muu!
Mu! Mu! Mu! Mu!
Muu!
Mu! Mu! Mu! ... und mit dem letzten Tropfen ein allerletztes *Mu!* ... Fertig!«
Ja, das tönte in seinem Kopf wie ein Lied. Wurde er verrückt? Ach was, ein bisschen Fieber hat noch niemandem geschadet ...

Als endlich die Sonne aufging, betrachtete Sojun der Sitzer ihr Farbenspiel gleichgültig, aber wach. Gelbrote Strahlen griffen durch die Büsche, erreichten seinen Körper aber noch nicht.
Sojun der Sitzer.
Nur für mich sitze ich hier, kam ihm in den Sinn. Nicht für den dort und seine lausige Bude. Und seine lausigen Brüder. Behaltet euer Kaminfeuer, eure Matten, eure wärmenden Decken, die Reisschalen voller Suppe, die Klöße ...
Er stellte sich die Hitze auf der Haut vor, sobald das Licht ihn streifen würde, zunächst – er schätzte die Bahn der Sonne – wohl am linken Handgelenk?
Sieh an! Vor ihm im Schnee: ein winziges Schlachtfeld!
Der Vogel musste zurückgekommen sein, vermutlich mit Verstärkung. Nun lagen die Möhren wild durcheinander, angefressen und weich, denn über Nacht war es mild geworden. Der Schnee klebte und begann zu tauen. Tropfen fielen von den Ästen und schlugen Löcher in den Schnee. Sojun versuchte, die Momente der Einschläge zu erahnen oder sogar mitzuerleben, wandte den Kopf da- und dorthin, aber nie gelang es ihm; immer pochte es dort, wo er gerade nicht hinsah.

Die Sonnenhelle kroch ihm entgegen und erreichte ihn schließlich wie vorausgesehen an der linken Hand. Wärme! Mit letzter Kraft erhob er sich aus der Erstarrung, humpelte umher, zerstörte den verwunschenen Treffpunkt der Krähen, pisste, hustete, sah sich um, seufzte und kehrte wieder an seinen Platz zurück. Unschlüssig ergriff er eine Möhre, die nun schlaff herunterhing, kaute daran, schlürfte dazu etwas Schneewasser und verfluchte seine Schnapsidee, vor Katata auszuharren.

Auch dieser Morgen ging vorüber. Wind kam auf. Es wurde wieder kälter. Erneut trieben Schneeflocken umher. Die Möhren froren aneinander fest. Die Schneereste auf Zweigen und Steinen erstarrten zu Eis. Waren sie in Reichweite, konnte man sie abheben und zerknacken. Ein schöner Zeitvertreib.

Doch:»Lange«, stellte Sojun fest wie ein Quacksalber, der ein krankes Handgelenk zwischen Daumen und Zeigefinger hält, »halte ich hier nicht mehr durch.«

Gegen Abend dieses Tages, des dritten also, trat Meister Kaso endlich heraus, flankiert von zwei Schülern, einer davon Yoso.

Die Schüler überragten den Meister um eine Kopflänge. Er selbst war klein, schmächtig und ausgezehrt. Sein Gesicht war zerfurcht, die Augen inmitten der Haut aus Leder blickten wach, ja mehr als wach, waren mehr als nur Augen.

So erschien er, im geöffneten Eingang stehend, als das *wirkliche* Tor, zwischen zwei lebende Pfosten gehängt, die im kalten Wind zitterten.

Der Meister trug eine dunkelrote, mehrfach mit passenden Farben ausgebesserte Robe. Sie war alt, und es war klar:

alt aus Prinzip. Er hielt die Arme im *kinhin* verschränkt. Die Schüler klappten die ihren frierend um die Brust – beide Haltungen beinahe gleich – und doch ein himmelweiter Unterschied.

Mit einer unbeholfenen Geste versuchte Sojun, die mittlerweile wieder schneebestäubten Rüben zu verstecken, indem er seinen linken Arm mit dem weiten Ärmel darüberbreitete, als sei er ein Huhn und wärme Küken. Das Bild gelang ihm überzeugend.

»Puut put put«, machte der Meister über ihm. »Rübenhühner? Und du sorgst dich um sie? Wärmst sie gar? Wie reizend. Hast ein gutes Herz. Steh auf, Kleiner.«

Sojun war ein Nichts. Trotz der Kälte leuchtete sein Gesicht knallrot.

Nun hatte er sich zu erheben, zu verbeugen und dem Meister in die zu Augen blicken.

Aber seine Beine waren zusammengefroren wie die Rüben.

»Jeder Dummkopf kann drei Tage und drei Nächte in Eis und Schnee sitzen und frieren«, brüllte Kaso mit für seine Größe erstaunlich fester Stimme, »wenn er auch dabei fast verreckt. Keine große Sache. Ist dir der Arsch zugefroren? Sind das überhaupt Rüben, oder scheißt du Eiszapfen und ordnest sie dann zu Stapeln? Wie dem auch sei. Komm rein, du Witzbold.«

Da durchströmte Sojun ein letzter Rest Wärme sowie eine Art Wut. Er erhob sich und klopfte den Schnee von seiner Kleidung.

»Jetzt mag ich nicht mehr«, sagte er. Ächzend setzte er sich in Marsch. »Muss mich erst einmal aufwärmen. Insbesondere von innen.«

Den beiden Schülern fielen die Unterkiefer herab.

»Das darf doch wohl nicht wahr sein!«, stotterte der eine.

»Das gibts nicht! So«, sagte der andere, »hat Euch noch niemand behandelt, Meister!«

»Allerdings«, murmelte Kaso.

»Was für eine Frechheit! Die darf nicht ungestraft bleiben«, japste der eine.

»Das ist doch dieser Sojun. Der meint wohl«, maulte der andere, »er sei etwas Besseres, nur weil er ein Bankert des Kaisers ist ...«

»Des Kaisers und einer Nutte!«, rief der andere.

»Wenn das mit dem Kaiser überhaupt stimmt.«

Nachdenklich blickte Kaso Sojun nach, der versuchte, die eingefrorenen Knochen wieder in Gang zu bringen und im Schnee von dannen hinkte.

Dann kicherte der Meister. »Das ist mein Mann«, sagte er. »Gehen wir hinein. *Der* kommt wieder.«

Sprachlos stützen die beiden Schüler ihren Meister Kaso, wandten sich zurück und schlossen das Tor.

Sojun humpelte schnurstracks ins Freudenhaus.

Freudenhaus
22

Die Freudenhauskneipe war nur einen Steinwurf von Katata entfernt.

Sojun trat in die Stube. Es war warm. Holzscheite brannten in einer Ecke des Raumes und hielten die Schatten an den Wänden am Zittern. Das Feuer war durch Steine eingefasst und abgeschirmt gegen alles, was in Flammen aufgehen konnte, insbesondere mehrere bambusgesäumte Schiebewände, die einige Hinterzimmer verbargen. Ein Eimer Wasser stand bereit, wie üblich, falls doch einmal etwas zu löschen war; gleichzeitig warf man die heruntergebrannten Dochte der Lampen hinein.

Der Wirt saß hinter einem die Theke darstellenden Balken. Zu seiner Rechten türmten sich Schächtelchen, aus denen man seinen Sake trank: ohne Leim zusammengefügte und doch dichte Würfel aus Hartholz, durch die Feuchtigkeit aufgequollen. Auf eine Ecke der Schachtel tupfte man, je nach Geschmack, eine Prise Salz, über die der Sake dann in den Mund und die Kehle hinabrann.

»Ein Würfelmaß voll zu Beginn?«, fragte der Wirt. Ohne die Antwort abzuwarten, nahm er den obersten Behälter vom Stapel, wischte ihn aus und goss ein.

»Ja«, sagte Sojun, als das Getränk vor ihm stand. Er streckte seine durchfrorenen Glieder. Die Kälte sank aus den Beinen wieder zurück in den Boden. Er setzte sich, spürte, wie Ohren und Nase warm wurden und sich Wohlgefühl im Körper ausbreitete.

Sojun sah sich um. Er war der einzige Gast. Im Dunkel des Hintergrunds saßen zwei Mädchen. Als er zu ihnen hinüberblinzelte, kicherten sie.

»Nun etwas Warmes zu essen!«
Der Koch schöpfte heiße Nudeln aus einem Topf und übergoss sie mit Brühe. »Guten Appetit! Aus der Klause Katata?«, fragte er. Sojun nickte. Warmer Sake und heiße Nudeln taten gut.
»Dort hat man mich nicht gut bewirtet«, sagte Sojun, während er mit dem Daumen auf die Tür deutete.
»Hast nichts versäumt. Sie kochen miserabel. Sei froh, dass du bei mir gelandet bist.«
»Schmeckt ausgezeichnet, deine *udon*-Suppe – bin sicher nicht der erste, der sich davongemacht hat, um hier zu speisen.«
»Sagen wir einmal so:« – der Wirt blickte zu seinen Mädchen hinüber – »das Kloster und ich arbeiten ab und zu zusammen.«
Eines der Mädchen war hübsch und zwinkerte Sojun zu.
»Wohl kehren die Mönche oft hier ein; wie gesagt, das wundert mich nicht ...«
»Zu uns kommen sie gern ... beziehungsweise *bei* uns, das träfe es besser – o ja, mindestens einmal«, kicherte die Hübsche, »danach allerdings wird es manchmal schwierig. Denn ihr esst zu wenig! Seid schwach und abgemagert. Wie solltet ihr da auch ...«
»Ja, oft ganz, ganz schwach«, bestätigte die andere und kicherte mit.
»Bin also nicht der einzige Kunde aus Katata«, entfuhr es Sojun, »das soll heißen, ich meine ...« – er kam ins Stottern. »Vielleicht komme *ich* hier ab heute auch öfter ... vorbei.«
»Das werden wir ja sehen«, sagte die Hübsche.
Sojun stäbelte die Nudeln aus seiner Brühe und trank die Flüssigkeit. Ein Nachschlag kam sofort, dazu etwas eingelegtes

Gemüse und ein rosafarbenes Häufchen kleiner getrockneter Krabben.

»Seit wann«, fragte die Hübsche nach einer Weile des Schlürfens und Schmatzens, »seit wann denn seid Ihr Schüler von Meister Kaso?«

»Seit morgen«, antwortete Sojun und staunte, wie sicher er sich seiner Sache war.

»Also noch ein letztes Mal Ausgang, bevor der Ernst des Lebens beginnt?«, mischte sich der Wirt ein.

»Hat schon begonnen«, sagte Sojun.

»Aha. Das Einlassritual. Dieser alte Gauner. Wie lange?«

»Och«, antwortete Sojun, »bloß drei Tage.«

»*Und* Nächte?«, riefen die Mädchen.

»Nun ja, man kann die Tage nicht solcherart zusammenschieben, dass die Nächte dazwischen weggequetscht werden.«

Die Kleinen waren beeindruckt und tuschelten miteinander.

»Alle Achtung«, murmelte der Wirt. Er goss Sake nach. »Geht aufs Haus.«

»Vor *meinem* Türchen müsstest du nicht drei Tage sitzen, bevor ich dich hereinlasse«, sagte die Hübsche nach einer Weile, lehnte sich zurück und ließ die zwei Kniehügel unter dem Gewand auseinandergleiten.

»Was führst du da für ein Puppenspiel auf mit deinem Stoff?«, grinste Sojun.

»Na, na! Nicht hier«, sagte der Wirt. »Dafür haben wir doch ...«, er zeigte mit dem Kinn auf eine Schiebtür.

Die Knie, die sich langsam voneinander entfernten, waren wie Köpfe zweier Gespenster im Brokatgewand, ohne Augen, ohne Haare, ohne Mund.

Sojun bekam Lust.

»Ob mein Jadestängel wohl gänzlich abgefroren ist?«, fragte er sich laut. »Dann bricht er vielleicht ab wie Kohl nach dem Frost.«

»Jadestängel? Aha, ein Städter!«, rief der Wirt. »Hier sagt man eigentlich: Schwanz, oder meinetwegen Ständer – und niemand errötet. Ist das klar?«

»Mir wird nur gerade warm: deshalb die roten Backen«, erklärte Sojun. »Hab heute den ganzen Winter in einem Happen zu mir genommen.«

»Nun komm schon her mit deinem Eiszapfen und den zwei Schneebällen. Ich habe Lust, mich zu erfrischen«, lachte die Hübsche.

Sie schob einen Raumteiler zur Seite, nur so weit, dass man hindurchschlüpfen konnte – Wärme war kostbar – und kroch rückwärts, auf dem Hintern und mit angezogenen Knien, voraus, den Mittelpunkt des Begehrens, obwohl noch verhüllt, direkt vor Sojuns Nase.

Er krabbelte auf allen Vieren hinterher.

Der hintere Raum war ungeheizt und gerade so groß, dass sich zwei Personen darin ausstrecken konnten. Auf der Matratze aus Reisstroh lag eine dicke Decke, blaugrün und weich. Im Sommer konnte man darauf liegen und in den Gänsedaunen versinken, im Winter sie sich um den Körper wickeln.

Auf die Innenseite des Paravents, den die Kleine zur Seite gezogen und nun wieder geschlossen hatte, war eine Landschaft gemalt: ein See im Nebel, über den sich Baumkronen beugten. Ein paar Krähen waren auf einfache Weise, so wie Kinder sie malen, mit je zwei gebogenen Strichen an den Himmel gepinselt. Von ähnlicher Form waren die Wellenkämme auf dem See.

In einem Boot im Vordergrund: ein kopulierendes Paar, der Schwanz des Mannes übergroß und aufgereckt, die Vulva der Frau fein ziseliert, die inneren und äußeren Lippen perspektivisch und farblich abgestuft, die schwarzen Haare darum herum wie ein Wimpernkranz.

Einen Augenblick lang kam Sojun seine Mutter in den Sinn; ihm war, als habe er sie einmal in solcher Pose gesehen – doch das passte nicht hierher.

»Welch große Tengunase«, sagte er und deutete auf den Penis, »gut geeignet zum Schnüffeln und Wühlen.«

»Tengunase? Der Tengu«, sagte die Hübsche, »das ist doch dieser böse Geist, der schwarze Himmelswolf, der manchmal die Sonne frisst; dann wird es Nacht am Tag. Hu – ich fürchte mich!«

»Aber nein!« Sojun lachte. »Ein Kobold ist er, ein gutmütiger Frechdachs. Kennst du ihn denn nicht aus Sagen und Dichtung? Manchmal tritt er geflügelt auf, doch immer mit einer langen Nase, ja, einer dermaßen langen Nase, dass so manch einer sich mit ihr glücklich schätzte, vorausgesetzt, er trüge sie woanders als im Gesicht …«

»Solche Gedichte kenne ich nicht – und von dieser Nase habe ich noch nie gehört.« Sie schmiegte sich an ihn. »Ich komme vom Land.«

»Nur ein Witzbold mit einer langen Nase«, wiederholte er grinsend, » – übrigens mit nur *einem* Nasenloch.«

Sie musste kichern: »Ach, ein Witzbold – nun lass deine Einlochnase sehen!«

Sojun hörte das andere Mädchen draußen flüstern; der Wirt lachte, die Balken knarzten: zwischen ihnen war ja nur eine papierdünne Wand.

»Es ist kalt«, sagte die Hübsche. »Deswegen zeige ich dir immer nur eines, die Brust, den Schoß, den Hals ... was immer du begehrst ... aber reihum. Der Rest bleibt jeweils verhüllt, denn sonst bekomme ich Gänsehaut oder Schlimmeres.«

So geschah es.

Sie fasste ihr Gewand, ein lose gewickeltes Tuch mit angenähten Ärmeln vor der Brust zusammen und ruckte abwechselnd mit den Schultern, so dass es hinabglitt und den Hals sowie dessen Übergang in den Oberkörper entblößte, weiß und ohne Makel, kein Flohstich daran, keine gerötete Stelle. Dann zog sie den Stoff wieder hinauf, von dem linken kleinen Fäustchen gehalten. Ihre Rechte spreizte tieferwärts die Stoffbahnen auseinander, so dass sich ihre Brüste zeigten – und weiter rutschte das Weiß der Haut im Dämmerlicht abwärts, als führe ein Laternenstrahl über das Mädchen hinweg: da der Bauch, da der Schoß, die Brüste wieder bedeckt.

»Noch nie habe ich so heiße Schneebälle geknetet«, flüsterte sie, als sie ihn massierte, was zur Folge hatte, dass er Amaterasu, die Sonnengöttin anrief, wobei er sich beeilte, das Tuch beiseite und sich auf den Rücken zu schieben, um nicht zu frieren. Dann drang er seufzend in sie ein.

»Könnte ich so gut *sitzen* wie du vögelst«, flüsterte er.

Zwischen Kopf und Bauch war ein Schott eingezogen: sein Schwanz rammelte, sein Kopf aber dachte nach und fragte sich, warum in aller Welt er Meister Kaso derart hatte brüskieren müssen ...

»Als wollte ich gleich zu Beginn etwas klarstellen«, murmelte er.

»Was sagst du da?«, seufzte sie.

»Doch stand mir das zu? Nein und abermals nein.«
Er begriff das nicht und kam.

»Innendrin warst du nicht eingefroren«, sagte sie, als Ruhe eingekehrt war und sie nebeneinander atmeten, nun fest eingemummt, »nein, im Gegenteil: heiß – so heiß, da würde selbst der beste Grüntee bitter! Ganz deutlich spüre ich es noch in mir.«

»Darf ich ein Gedicht über dich schreiben?«, fragte er. »Ich beabsichtige, unter anderem folgende Zeichen zu verwenden: Saft, Duft, Höhle, Wärme – oder gar Hitze?, oder alles zusammen? ...«

»Ihr dichtet ja bereits«, erwiderte sie, nun wieder förmlich.

»Das Zeichen für Liebe hätte ich aber auch gerne dabei.«

»O ja. Welches?: jenes für körperliche Liebe, für Sehnsucht, leidenschaftliche Liebe, ewige Liebe, oder schüchterne erste Liebe ...«

»Von allem ein wenig, bis auf letzteres.«

»Ach, ich sensibler Dichter«, seufzte Sojun, »wollte doch eigentlich die Poesie lassen. Aber das geht einfach nicht.«

»Meister Kaso wirds verstehen, er versteht alles.«

»Wie? Du kennst den Meister?«

»Jaa«, antwortete sie gedehnt, »in- und auswendig sozusagen – soweit es eben mein einfacher Verstand und mein Körper vermögen. Auch er war schon mein Gast. Aber das ist eine Weile her.«

»Was? Er ist alt!«

»Na und? Lernt ihr im Kloster nicht die Bedeutungslosigkeit der Zeit?«

»Die Bedeutungslosigkeit der Zeit? Was weißt denn du davon?«

»Wohl nicht so viel wie Ihr, bin ja ungebildet. Aber Kaso sprach davon, als er bei mir lag. Und ...«

Sie fuhr mit dem Zeigefinger auf seiner Brust umher.

»... *so* weit scheint Ihr auch noch nicht zu sein. Na, er wirds Euch schon beibringen – wenn er es sogar bei einem dummen Mädchen schafft ...«

»He!« Der Wirt klopfte an den Holzrahmen des Paravents. »Noch lebendig da drin?«

»Ich muss gehen«, flüsterte sie, »werde wohl anderweitig gebraucht. Aber du, schlaf dich aus, kannst hier bleiben über Nacht.«

Sojun wollte seinen Beutel zücken, aber sie hielt seine Hand zurück: »Bei uns bezahlt man danach, nicht im Voraus wie in der Stadt. Soll ich morgen früh noch einmal zu dir unter die Decke schlüpfen?«

Er nickte und streckte sich, in das warme grüne Tuch gewickelt.

Meister Kaso
22

Als Sojun sich am nächsten Morgen wieder auf den Weg zum Kloster machte, nachdem er bei der Hübschen weitere Schulden angehäuft, sich danach mit einer heißen Suppe gestärkt und schließlich alle aufgelaufenen Posten auf einmal beglichen hatte, da war er schon entdeckt und beobachtet.

»Seht ihr? Dass *der* wiederkommt, wusste ich«, sagte Meister Kaso, ohne sich aus seinem Sitz zu erheben.

»Ihr lasst ihn doch nicht etwa herein?«, platzte einer der Schüler heraus, aber Kaso lachte nur. »Wir werden ihn uns genauer ansehen.«

Sojun klopfte an das Tor. Drinnen umringten die Mönche den Eingang, als gelte es, eine Burg zu verteidigen.

Yoso, der Vorlaute, öffnete das Tor einen Spalt breit.

»Ich nehme an, die Einladung von gestern gilt noch«, sagte Sojun und drückte gegen den Türflügel.

»Nein, das tut sie nicht!«, entgegnete Yoso und leistete Widerstand, doch der Meister erschien im Hintergrund und hieß ihn den Pilger einlassen.

»Das war keine Einladung«, berichtete Kaso. »Dieser Ort hier ist ein Gefängnis. Du weisest dich gerade selbst ein. Wieso? Die meisten tun es aus Dummheit. Ob du aus einem anderen Grund hier bist? Na, das werden wir schon herausfinden.«

Sojun stand im Innenhof, unschlüssig, was er nun tun sollte. Sein Mut schmolz dahin.

Meister Keno war ein Riese gewesen, Kaso hingegen war ein Zwerg, zäh und alterslos, ein zerfurchtes Kind oder ein verspielter Greis – unmöglich, Alter und Kraft einzuschätzen. Seine Glatze war nicht geschoren, sondern echt. Die Augenbrauen hatten beschlossen, sich dem Verfall nicht kampflos zu ergeben und wuchsen unmäßig; so trug er drei Bärte im Gesicht, denn unter dem Kinn sprießte es schwarzgrau und drahtig. Die Augen waren groß und leuchteten. Der Mund war wild und gleichzeitig weich.

Des Meisters Schweigen hatte beträchtliche Wirkung.

»Ständig geschieht dem Menschen Unbegreifliches«, sagte Kaso nach langer Pause. Er musterte den Neuen interessiert. Ließ sich Zeit.

»Ab in die Halle«, sagte er schließlich. »Dort warten.«

Sojun gehorchte.

Als er über die Schwelle gestolpert und verschwunden war, hob Yoso seine Stimme protestierend auf Marktweibshöhe – das war gewagt –: »Wie könnt Ihr, Meister, diese Frechheit von gestern auf Euch sitzen lassen? Lächerlich gemacht hat er Euch – und das auch noch vor uns allen!«

»So bin ich nun also lächerlich?«, fragte Kaso ruhig.

Yoso drehte sich hilfesuchend im Kreis. Die anderen Mönche schauten weg.

»Na wenn schon«, fuhr der Meister fort, »dann lacht doch, lacht mich aus! Damit ihr euch auch traut, beginne ich selbst: Hahaha!«

Yoso schnaubte. Die anderen schwiegen.

»Lasst mich nur machen«, fuhr der Meister fort.

»Aber ...« Yoso ging sehr weit.

»Schluss jetzt!« Kaso erhob die Stimme, was selten geschah. »Schluss!«

»Dieser Kerl hat keinen Respekt ...«

»Er hat *respektlosen Respekt*. Das gefällt mir und ist als Anfang nicht das Schlechteste. *Dein* erster Auftritt, Yoso, war langweilig dagegen. Also halt die Klappe!«

Der Zurechtgewiesene trollte sich mit einer extratiefen, gleichzeitig gehorsamen und wütend federnden Verbeugung, während Kaso dem Neuen nach innen folgte, um ihm sogleich die erste Lektion zu verpassen, denn natürlich durfte jener nicht ungeschoren davonkommen.

Kaso setzte sich. »Du bist also der, der lieber ins Freudenhaus geht als in den Tempel?«, fragte er.

»Nicht immer«, antwortete Sojun wahrheitsgemäß.

»Name?«

»Sengiku... Sojun«, sagte Sojun. »Abt Shukan hatte mich Shuken genannt, Meister Keno hingegen ...«

Er verstummte. Kaso schwieg, sah dem Neuen in die Augen und atmete tief aus und ein.

Lange konnte Sojun die Stille nicht ertragen.

»Eine Bodenheizung müsstet Ihr legen lassen«, maulte er, »ja, draußen vor dem Tor. Dann hättet ihr einen gewaltigen Andrang an Aufwachern! Könntet Euch die besten herauspicken. Eine Heizung, so wie sie meine Mutter ... wie die Reichen sie haben: die Feuerhitze wird durch Kanäle im Fußboden geleitet, der unter den Bohlen mit Pergament und Wachs abgedichtet ist. Anderenfalls friert man sich ja den Hintern ab, wenn man drei Tage und drei ...«

Wieder verstummte er. Das hatte ein Witz sein sollen.

Der Meister aber lachte nicht. »Wie ich dir schon sagte«, begann er, »jeder Trottel kann ein paar Tage in Eis und Schnee sitzen. Das wissen wir beide. Also lass das Theater!«

Sojun wollte zu einer Antwort ansetzen.

»Bis jetzt hast du mir Spaß gemacht«, fuhr Kaso fort. »Hier erlebe ich nicht viel. Deine Einmannvorstellung war durchaus etwas Neues, ja, in der Tat, eine schöne Abwechslung. Nun aber zu Ernsterem: was willst du überhaupt bei uns? Was hast du gelernt?«

»Gelernt habe ich: das Beobachten des Atems, wie es mir Meister Keno erklärte und auch schon Abt Shukan, ...«

»Also: nichts.«

»... und wie man es ja auch in den Schriften liest. Manchmal gelingt es mir, in dieser Haltung bis auf zehn zu zählen, oder auch auf zehn mal zehn, doch gerade besagtes Atmen wiederum ist es, das mich vom Tiefergehen abhält, das Geräusch der Luft im Hals, das Heben und Senken der Brust ...«

»Du musst dich *zwischen* die Atemzüge begeben. Dort herrscht Ruhe.«

»Dann stört mich mein Herzschlag: dieses ständige Pochen und Klopfen.«

»Dann musst du dich zwischen die *Herzschläge* begeben. Dort herrscht Ruhe.«

»Dann stört mich das Denken, dieser ständig turnende Affe.«

»Dann musst du dich zwischen die *Gedanken* begeben. Dort herrscht Ruhe.«

»Dann, ...« Sojun gab nicht klein bei, schon gar nicht bei der ersten Unterweisung, »... dann beängstigt mich die Stille, und das ist das Schlimmste von allem.«

»Dann musst du dich *jenseits der Stille* begeben.«

»Wie? So?« Sojun schnarchte einmal, rülpste einmal, hustete einmal. »Auf Anhieb furzen kann ich leider nicht«, fügte er hinzu.

Kaso seufzte, konnte aber sein Grinsen nicht verbergen: »Also gut. Irgendwie hast du dir hier den Zutritt ergaunert, ohne die geringste Ahnung von auch nur irgendetwas zu haben. Auch, wie gesagt, gebe ich zu, dass dein Schauspiel erheiternd für mich war. Nun aber wird es ernst. Wage nicht, mir jemals wieder dergestalt zu begegnen. Und schon gar nicht, mir zu widersprechen! Bis jetzt hast du nur Unsinn geredet, du Witzbold – und Schweigen kannst du auch noch nicht. Was folgt daraus? Ganz einfach dies: *sitze, sitze*, arbeite, iss, halt den Mund, geh in der freien Zeit – die ich für dich übrigens ganz besonders werde zu beschränken wissen –, wohin du willst. Meinetwegen auch in die Kneipe. Du bist ein Mann. Zumindest so etwas Ähnliches. Aber *hier drinnen* ist Rinzai-Gebiet. Du weißt, was das bedeutet.«

»Jawohl.«

»Geh *sitzen*.«

»Jawohl.«

»Und? Und? Und? Was hat er gesagt?«, fragten die anderen Schüler, während sie ihn umringten. Nur Yoso schmollte und hielt sich fern.

»Alles Blödsinn! Das hat er gesagt«, gab Sojun freimütig preis. »Nur Blödsinn rede ich. Nur Blödsinn tue ich. Ein Dummkopf bin ich. Und wenn ich schweige, ist alles noch viel schlimmer, denn das kann ich schon gar nicht.«

»Nur dies? Das ist gut!«, sagte Nanko, einer der Schüler. Die anderen flüsterten ehrfürchtig. »Das ist ein großes Lob!«

»Was wäre denn dann ein Tadel gewesen?«

»Na: Hau ab, du Schwachkopf, bevor ich dir eins mit dem Stock verpasse, und lass dich hier nie wieder blicken! zum Beispiel. Mit oder ohne wirklichen Stockhieben, je nach dem. Oder: du Scheißspatel, du Faulenzer, Tagedieb, Taugenichts, du wandelnder, stinkender Misotopf ... ach, da gibt es so viele Möglichkeiten ...«

»O ja«, pflichtete ein anderer bei, wobei dies fast ein wenig neidisch klang: »Uns hat er noch nie so gelobt.«

Das Leben in Katata war hart, härter noch, als es in Kenos Kloster gewesen war. Geheizt wurde nie. Zwar war es drinnen, gefühlt zumindest, etwas wärmer als draußen, denn die Wände hielten äußere Luftbewegungen fern, aber trotzdem verfiel man beim Sitzen immer wieder in unkontrollierbares Zittern, wie viele Decken und Umhänge man auch übereinander häufte.

»Wovor fürchtet ihr euch denn so, ihr Schnattergänse?«, pflegte der Meister dann zu spotten. An ihm zitterte nichts.

Gegessen wurde wenig. Offenbar hatte man die Rationen nach des Meisters Größe berechnet. So fror man nicht nur, sondern hungerte auch.

Der Meister war nicht gesprächig. So schwieg man viele Stunden am Tag.

An Kerzen und Öllampen wurde gespart. So verbrachte man viele Stunden im Dunkeln.

Trat man nachts hinaus, war man dankbar für das Mondlicht im Schnee. Ab und zu mochte sich ein Eichhörnchen blicken lassen, stets in Bewegung, elegant als wie nackt, als gebe es kein Frieren. Auch Vögel hüpften von Ast zu Ast. Krähen flogen auf, in Schwärmen oder vereinzelt, und schrien. Kein Tier saß lange Zeit still.

Sojun kamen Zweifel.

»Für Vögel«, sagte er eines Tages zu Kaso, »bedeutet meiner Meinung nach bewegungsloses Sitzen den Tod. Ich zweifle.«

»Mit Recht«, antwortete der Meister und schwieg.

»Folglich können diese nicht erwachen?«

»Sie sind es schon.«

Kaso war nicht in die Enge zu treiben.

»Wenn man zweifelt«, bohrte Sojun weiter, »dann braucht man Hilfe.«

»Das bezweifle ich«, sagte Kaso. Und dann: »Frag Yoso. *Der* zweifelt nie.«

»Weiß er etwas?«

»Das habe ich nicht gesagt.«

So war Kaso. So war der Winter. Die Kleidung wusch man in Eiswasser – und deshalb so selten wie möglich. Um sich selbst zu säubern, konnte man sich entweder nackt im Schnee wälzen, oder morgens auf dem Bottich die Eisdecke eindrücken und sich mit kaltem Wasser übergießen. Nichts Schöneres gab es als den heißen Tee nach dem ersten *Sitzen*.

»Der Winter geht vorbei – wie alles. Klar?«, sagte Kaso, wenn jemand zu laut mit den Zähnen klapperte. »Bald schwitzt ihr wieder wie die Säue! Davor graust mir jetzt schon! Hahaha!«

Übrigens hielt der Meister sein Versprechen Sojun gegenüber. Hatten die anderen Mönche ihr Tagewerk vollbracht, durfte er als einziger weiteren Verpflichtungen nachgehen: die Ritzen zwischen Balken mit Moos zustopfen, bis seine Finger grün waren, den Gong schmirgeln und einölen, ohne dass ein Geräusch entstand – denn die anderen schliefen ja schon –, auch einmal, falls die angerührte Tusche nicht sofort wieder in eine schwarze Scheibe gefror, ein *sutra* abschreiben oder auch denselben Text fünfmal, oder Reis auf Vorrat kochen, den Essig hineinwalken, dann die Pampe in einen Tonkrug füllen, und was sonst noch alles anstand.

Kaso hatte recht: der Winter ging vorüber, der Frühling kam. Ab und zu besuchte Sojun die Freudenhauskneipe. Das war nicht nur eine Zeit- sondern auch eine Geldfrage. Im Laufe des Winters hatten die Mönche einen Berg Holzpuppen geschnitzt und ihnen winzige, papierne Kleider angezogen. Auf dem Markt wurden die Puppen als Glücksbringer verkauft. So konnte man sich etwas Kleingeld zurücklegen, musste aber sparsam damit umgehen.

Sojun erging es diesbezüglich etwas besser als den anderen, denn ab und zu bekam er ein Paket von seiner Mutter.

Als er sich des Morgens nach einem nächtlichen Besuch bei der Hübschen an seinen Platz zurückschleichen wollte, erwischte ihn Kaso. »Gut gevögelt?«, fragte der Meister, erhob sich mühelos aus dem Lotussitz, in welchem er die Nacht verbracht hatte, machte eine lockere Bewegung aus dem Becken heraus und grinste.

Sojun stotterte ein paar Silben. Er spürte, wie er errötete.

»Nicht einmal *das* tust du aus voller Seele«, seufzte der Meister. »Setz dich.«

Sojun klappte seine Beine zusammen.

Vor kurzem noch hatte er in eines Mädchens Armen gelegen, danach, vor dem Gehen, zwei, drei Schächtelchen Sake geleert, eine Schale Reis mit Gemüse verputzt, und nun stand eine Belehrung des Meisters an. War das ein Widerspruch? Wessen schämte er sich eigentlich? Auch der Meister hatte früher die Kneipe besucht. Tat es möglicherweise sogar noch ab und zu.

»Ich glaube«, begann Sojun, »dass ich mich gar nicht für das Stelldichein schäme, sondern dafür, dass ich mich an Euch vorbeischleichen wollte, ...«

»Hahaha! Letzteres ist auch nicht so einfach.«

»... aber das ist nicht alles. Tatsächlich bin ich heute schwermütig. Was ist Glück? *Das* frage ich mich. Die Hübsche ...«

»... ja, die kenne ich ...«

»... ist in der Tat lieblich, und doch ... Manchmal bin ich, nachdem ich bei ihr war, genauso trübsinnig wie zuvor und fühle mich trotzdem einsam, wie auch oftmals nach Essen und Trinken.«

»Was *dies* betrifft: ganz einfach – du säufst zu viel Sake. Und schlürfst zu viele Nudeln«, warf der Meister ein. »Kater und Bauchweh.«

»Ja. Nein. Das ist es nicht. Nicht nur.«

»Beschreibe.«

Sojun versuchte, sich gewählt auszudrücken, weswegen das Ganze ziemlich verquast herauskam: »Ich grüble vor mich hin. Ist es nicht erniedrigend, dass in des Menschen Kopf, dem Ort der Gedanken, der Sprache, des Augenlichts, auch ein Mund vor sich hin kaut und schluckt? Von der Röhre im Jadestängel, die abwechselnd Nachkommen und Pisse spuckt, gar nicht zu reden ...«

»Du Dummkopf! Wurde jemals jemand zu Tode gepisst? Nun, zugegeben, wir wissen es nicht – die Zeiten sind schlimm. *Ein* Wort des Shoguns aber – das ist gewiss – kann Tausende in die Schlacht befehlen. Was also soll schlimmer sein: sprechen oder kauen? Pissen oder vögeln? Beide Fragen sind ohne Sinn. Aber begreife doch: du denkst zu viel und *erfreust* dich auch noch deiner Gedanken. Halte sie nicht fest! Schätze sie nicht! Lieber noch vögeln ...«

»Jawohl«, sagte Sojun, bohrte aber weiter: »Sich überhaupt ernähren zu müssen, welche Schande! Könnte der Körper sich nicht von selbst versorgen, seine Kraft aus Luft oder Licht nehmen, wie es die Blumen tun? Wäre das von Kannon oder den übrigen Göttern denn so schwer einzurichten gewesen?«

»Der Erhabene selbst«, gab der Meister zu bedenken, »soll einem verdorbenen Stück Wildschweinbraten erlegen sein.«

»Seht Ihr! Andererseits sagt man, es habe große Männer, *arhats*, gegeben, die niemals einen Bissen zu sich nahmen und auch nichts tranken. Folglich ...«

»Sei nicht so leichtgläubig!« Keno lachte. »Des nachts sind sie in die Speisekammer geschlichen und haben sich den Bauch vollgeschlagen.« Wieder ernst fügte er hinzu: »Wenn du dem Körper – ebenso wie dem Geist – seine Bedürfnisse abgewöhnen willst, dann hast du nichts verstanden.«

»Fasten?«

»Blödsinn.«

»Enthaltsamkeit?«

»Unsinn.«

»Hmm ...«

Sojun wusste nicht, ob er enttäuscht oder erleichtert sein sollte. »Dann kann ich mich also ... ohne Reue Ausschweifungen hingeben?«

»Wenn dies dein wirkliches Bedürfnis ist – und wenn es niemandem schadet. Höre gut hin: *wenn!*«

»Ich wusste, dass die Sache einen Haken hat.«

Kaso hielt sich den Bauch vor Lachen.

Die Nächte in Katata waren kurz. Früh, noch bei Dunkelheit wurde man geweckt. Oft hieß es auch abends nach Einbruch der Dämmerung noch *sitzen*. Danach sank man auf seine Matte und fiel sogleich in tiefen, traumlosen Schlaf; der erschöpfte Körper wollte das schwarze Nichts nicht durch verwirrende Bilder verwässern. Einige Male aber hatte Sojun dennoch geträumt, von der Mutter, aber auch anderes, Wirres, das ihn verstörte.

»Ein Traum? Das ist einmal etwas anderes«, sagte der Meister, als Sojun diesbezüglich um ein *dokusan* bat.

»Ja. Mir träumte ...«

»Kannon persönlich schickt uns die Träume, um uns durcheinanderzubringen. Da ist kein Herankommen.«

»Das heißt, sie bedeuten nichts?«

»O doch. Lass hören.«

»Also gut. Da gehe ich um Essen betteln, so wie wir es nun einmal tun. Meinen Napf trage ich vor mir her. Es ist warm. Die Sonne scheint. Der Weg ist angenehm, aber ich sehe die Landschaft durch ein Bruchstück aus Eis, ein Stück, wie man es bei Frost aus dem Waschbottich herauslösen kann. Ich weiß nicht, womit ich es halte, meine Linke ist nicht kalt und in der Rechten halte ich den Napf; schwebt es vor mir? Eigentlich – oder mit einem Mal – umgibt mich das Eis wie eine Kugel, ja, wie ein zweiter, größerer und kühler Kopf. Nun fliegen die ersten Fliegen in dieser Hülle umher. Ich höre sie summen. Immer wieder stoßen sie gegen die unsichtbare Wand, bis sie, eine nach der anderen, zu Boden fallen. Doch es kommen immer mehr, ich weiß nicht, woher, vielleicht aus meinem Mund? Dann plötzlich wandere ich über eine schwarze Wiese. Bis zum Horizont erstreckt sie sich. Der Blick ist frei, die Aussicht wunderbar. Ich sehe schwarze, zarte Grashalme im Wind zittern; doch dann erkenne ich, dass ich nicht durch Gras gehe, nein, unendlich viele Fliegenbeine sind es, die Beinchen der zu Boden gefallenen, rücklings liegenden Fliegen aus der Kugel, die alle im Todeskampf strampeln. Ich höre meine Sandalen auf ihnen knirschen ...«

»Nicht schön.«

»Nein. Ich bekomme Angst und wache auf ...«

»Nun könnte man sagen«, überlegte der Meister, »die Fliegen seien deine Gedanken, ja, wortwörtlich schwarze Gedanken. Das passte, denn du bläst zu viel Trübsal. Ohne Unterlass strömen sie aus dir hervor; bekämpfen willst du sie, gar abtöten, doch ist dies unmöglich; es kommen immer mehr, und schließlich watest du ...«

»Ja! Ja!«, rief Sojun. »Das macht Sinn!«

»Den Sinn musst du selbst machen.«

Da verstand Sojun, dass er verstehen musste: was ist Verstehen?, erkannte, dass er erkennen musste: was ist Erkenntnis?

Und was denken ist, weiß ich auch nicht, dachte er.

»Warum«, sagte der Meister, »sollten deine Gedanken denn verschwinden? Und wie könnten sie dies je, ohne dass du selbst mit draufgehst?«

»Nun, ich dachte ...«

»Ja, du *dachtest* ...«

Erhoben sich die anderen abends aus ihrem Sitz, *saß* Sojun weiter. Kamen sie des Morgens gähnend angehumpelt, *saß* er bereits. Sein Zeitbegriff wurde schwammig. Obwohl der Wind pfiff, standen die Wolken still; ein andermal rasten bei Windstille vereinzelte Fetzen über den Himmel. Einmal glaubte er gar, gesehen zu haben, wie sich die Sonne bewegte. Es konnte tagelang regnen. Dann hämmerte das Wasser unter der Dachtraufe einen dunklen Streifen in die Holzbohlen. Sojun sah hin. Manchmal trafen ihn Spritzer der zerplatzenden Tropfen. Einmal versank er in demjenigen Augenblick, in dem das Klatschen der einzelnen Tropfen zu einem großen Rauschen verschmolz. Er lebte wie verzaubert, empfand das Sitzen nicht als anstrengend und das Schlafen nicht als erholsam.

»Du kommst oft – zu oft. Was soll ich dir denn *noch* sagen?«, murrte Kaso, als Sojun schon wieder zu einer Belehrung herantrottete.

»Das trifft sich gut. Ich habe auch nichts zu fragen.«

Schlagfertig war er.

»Essensschalen auswaschen oder Laub zusammenkehren – oder scheißen – sind genauso wichtig wie *Sitzen*, und genauso gute Übungen«, sagte der Meister. »Aber um *dies* zu erkennen, musst du lange *sitzen*. Das ist das Problem.«

»Oder lange Laub zusammenkehren.«

»Sehr, sehr lange Laub zusammenkehren.«

»Das Laub aller Bäume der Welt.«

»Würde nicht reichen.«

Eine Weile *saßen* sie nebeneinander, nicht mehr einander gegenüber wie Meister und Schüler, sondern in dieselbe Richtung blickend. Am Himmel krächzten ein paar Krähen vorbei. Man hörte auch das Säuseln des Windes.

»Dein Denken wegwerfen, dein Fühlen wegwerfen – ist es das, was du willst?«, beendete Meister Kaso schließlich die Stille. »Gelänge es dir, was bliebe dann? Und wer wäre folglich derjenige gewesen, der das hätte wollen können? Siehst du? Um dich selbst kommst du nicht herum!«

»Ich weiß. Das habe ich begriffen.«

»Als mein Lehrer das große Erwachen erlangte, Sojun, da empfand er beträchtliche Enttäuschung und rief aus – ich war dabei –: *Wie falsch – vermeinte ich doch, endlich etwas gefunden zu haben, dessen Ausübung völlig und gänzlich ohne jeglichen Sinn ist!*«

Sojun lachte schallend.

»Verstehst du das?«, fragte der Meister eindringlich. »Es ist kein Witz.«

»Ich glaube ja. Ja. Ich verstehe.«

»Du siehst, was *ich* davon habe«, fuhr der Meister fort. »Trotz all meinem G*esitze* werde ich bald sterben, nicht wahr?«

»Aber ... vielleicht ist dieses dann nicht so schwer?«

»Hahaha!« Nun brüllte Kaso vor Lachen, bis ihm die Tränen kamen. »Was bist du für ein unglaublicher Dummkopf! Du, du ... Waschweib! Teetante! Alte Oma! Dann nicht so schwer! Ich fasse es nicht! Hahaha!«

»Leider habe ich den Verdacht, dass Erwachen an den Dingen nichts ändert«, seufzte Sojun.

»Schon besser.«

Selten hatte Sojun sich so geschämt. Der Meister merkte es und tätschelte des Schülers Arm. »Ist schon gut. Wenn es so einfach wäre ...«

»Manchmal ist mir«, brach es aus Sojun heraus, »als würde mir all das zu schwer, zu hoch, als hätte ich ein bescheidenes Leben führen sollen, als Bauer, Fischer oder Wirt, nichts wissen wollend, nur lebend – ja, nur fort von hier!, sage ich mir manchmal: ich ersticke vor Ernst, vor Bedeutung, vor Zweifel ...«

Wortlos rappelte sich der Meister auf, wobei Sojun zum ersten Mal klar wurde, dass Kaso ein alter Mann war und Keno bald in den Tod folgen würde, ging zum Tor, schob mit dem Fuß den Stein beiseite, der einen der wackligen Flügel in Stellung hielt und zerrte diesen auf.

»Bitte sehr«, sagte er, stellte sich seitlich neben den Ausgang wie ein Diener, verbeugte sich und zeigte mit einem angewinkelten Arm in Richtung Freiheit.

Sojun brach in unkontrolliertes Weinen aus. Kaso verriegelte das Tor wieder, kam zurück und nahm ihn in den Arm. »Frei ... gefangen ... frei, wo sind wir da bloß hineingeraten?«, murmelte er wie ein Wiegenlied, den Armen schaukelnd.

Von der Tempelanlage führte ein Saumpfad hinab zum Wasser. Hier war der See breiter als weiter südlich, wo Keno gehaust hatte. Oft verschwand das gegenüberliegende, östliche Ufer im Dunst. Dann wähnte man sich am Meer.

Folgte man der Kehren zum Ufer hinab, gelangte man zu einem winzigen Fischer- und Lackmalerdorf: ein paar Hütten, auf Pfählen in den See hinausgebaut. Auch eine kleine Kneipe gab es; einen der Wohnräume auf Stelzen hatte man zur Schänke gemacht. Sake floss da in Strömen, auf der Veranda wurde über einem offenen Feuer Fisch gebraten. Es duftete. Abends hörte man die Männer singen.

Die Lackmaler taten ihre Arbeit draußen auf dem See, damit kein Staub- oder Samenkorn die vollkommene Glätte des auf Schatullen und Gefäße aufgetragenen Lackes beeinträchtigen konnte. Sie pinselten in ihren Booten, solange das Tageslicht ausreichte. Gegen Abend kehrten sie in die Bucht zurück. Zuvor verschlossen sie die frisch bemalten Gegenstände in Kisten. Diese blieben an Bord. Am nächsten Tag, wenn die Männer wieder hinausruderten, wurden die Behälter geöffnet, damit der Inhalt nachtrocknete. Es dauerte Tage, bis der Lack hart war.

Bei Regen konnten die Maler nicht arbeiten. Dann gab es an Land zu tun. Die Boote waren instand zu halten, die gehärteten Schatullen und Schalen zu verpacken und für den Abtransport vorzubereiten, neuer Lack musste angemischt werden und vieles andere mehr.

Gern wanderte Sojun den Wiesenpfad hinab zu den Fischern und Malern, diesen rauen Burschen, und setzte sich abseits auf den Landungssteg, den Sonnenuntergang im Rücken. Es dauerte nicht lange, bis er allein zurückblieb und die anderen nach Hause gegangen waren.

Während die Männer dann in ihren Hütten soffen oder mit ihren Frauen schliefen, saß er da und atmete ein und aus.

Ab und zu, wenn er über den See blickte, dachte er an jenen lächerlichen Tag zurück, an dem er sich in den Fluss hatte werfen wollen, an dem er sich hatte glauben machen wollen, er habe tatsächlich vor, Selbstmord zu begehen. An dem er eine himmlische Antwort hatte provozieren wollen.

Schon erinnerte er sich nicht mehr allzu deutlich, sah aber den Boten, den ihm seine Mutter geschickt hatte, noch vor sich. Wie ein Wunder war das gewesen!

Die Mutter fehlte ihm sehr.

Eines Tages gesellte sich ein Alter zu ihm, betrachtete ihn eine Weile und sagte dann: »Was du da tust, das kenne ich doch! Es nennt sich *zazen*. Gut für die Seele soll es sein, nicht wahr? Na, mir bringt das wohl nichts mehr, bin schon alt und sterbe sowieso in nächster Zeit – aber du, du kannst dich vielleicht aus deinen Fesseln befreien, bevor dir die Zähne ausfallen. Weißt du was? Ich schenke dir mein Boot – wir zwei, es und ich, fahren sowieso nicht mehr hinaus. Ein gemütliches Plätzchen ists, hab oft drin gesessen und Deckel bemalt oder mich versteckt, wenn meine Frau schlechte Laune hatte. Da!«

Er zeigte in den Schilfgürtel zur Seite des Steges. Sojun sah den alten Kahn.

Krähenbild mit Möwe

Unter den Stelzenhütten am Seeufer gibt es Futter. Im Boden einer Kochkammer ist das Ende einer Planke herausgebrochen. Durch das Loch regnen ab und zu Fischgräten herab, auch Muschelschalen, an denen noch der leckere Muskelansatz hängt, oder Garnelenköpfe mit abgerissenen Strängen aus Darm und Adern, auch manchmal weichgekochte Nudelreste sowie viel Schmackhaftes mehr.

Dort tummeln sich Vögel, hauptsächlich Sperlinge und Krähen, manchmal aber auch Möwen, die vom nahegelegenen Meer über den Bergrücken heranreisen, alle umeinander flatternd, die einen wie Schatten der anderen. Das dunkle Wasser ist flach. Es riecht nach Verfaultem. Zum Land hin läuft es in eine breite, nur handtiefe Pfütze aus. Etwas weiter draußen verbirgt sich eine Stufe aus Steinen unter der Wasseroberfläche, ein ehemaliges Fundament. Dahinter ist das Wasser bereits kniehoch, und die Stützen der neueren Bauten reichen immer weiter hinab in den schlammigen Grund. Die Weite des Sees, wie mit verdünnter Tusche angedeutet, verschwimmt im Dunst.

Zwei Krähen und eine Möwe treiben sich gerade dort herum. Die Krähen watscheln in der Pfütze auf und ab, die Möwe sitzt wachen Auges auf einer Querstrebe zwischen zwei Pfosten.

Etwas stürzt aus dem Bodenloch herab: das Rückgrat eines Fisches mit Gräten daran. Die größere Krähe schnappt danach und zerknickt es in zwei Teile; der kürzere segelt ins Wasser, den längeren hält sie im Schnabel fest und zermalmt ihn.

Die Möwe nähert sich, wühlt im Wasser nach dem Rest, wird aber nicht fündig. Sie hebt den Kopf und schaut um sich. Auf den Planken des Stelzenhauses wird umhergetrampelt. Die Möwe, die wieder ihren Platz auf der Strebe eingenommen hat, rückt ein wenig zur Seite, weg von dem Geräusch. Die Krähen drehen die Köpfe und blicken hinauf.

Ein paar Sperlinge tschilpen. Sie fliegen von unten in das Loch, kehren aber sogleich zurück, wohl von einer nun aufbrausenden Stimme verscheucht. Flugs machen sie sich an Land davon.

Oben poltert der Koch, oder wer es sein mag, hin und her. Die kleinere, hungrige Krähe wagt, leise zu krächzen.

Gelächter ist zu hören, auch das Klappern von Schüsseln.

Da regnet wieder etwas herab: ein kurzer Schauer trockener Reiskörner; jemand mag ein Vorratsgefäß umgestoßen haben und fegt nun die Körner über Bord.

Behende schwingt sich die große Krähe auf die knapp überflutete Steinmauer, ohne Furcht davor, im Wasser zu stehen. Sie beginnt, die unerwarteten Geschenke aufzusammeln. Diesmal ist auch die Möwe zur Stelle. Mit einem einzigen Flügelschlag hat sie sich herbeigeworfen und dabei die Krähe fortgestoßen: diese verliert das Gleichgewicht und rutscht ins tiefe Wasser. Dort flattert sie, es spritzt, die Möwe schüttelt sich, der Krähe Flügel saugen sich voll. Wie ein nasser, beweglicher Lappen umrundet sie die Steinreihe, zu der sie nicht zurückrudern kann, denn da steht nun die Möwe und pickt. Mühsam arbeitet sich die Krähe zum Land, bis sie wieder Boden unter den Füßen hat. Langsam breitet sie die Flügel aus – noch würden diese sie nicht wieder tragen –, schüttelt sie und steht trocknend und mit gesenktem Kopf am Grasrand.

Die kleine Krähe flattert herbei und fährt mit ihrem Schnabel wie mit einem einzinkigen Kamm durch das nasse Gefieder ihres Gefährten.

Zum dritten Mal tut sich der Krähenhimmel auf. Eine ganz besondere Gabe will herabfallen, verfängt sich aber auf halber Höhe: ein Bündel aus Gedärmen und anderen Innereien. Blut tropft ins Wasser; zur Darstellung wäre hier rote Tusche von Nutzen. Die Sehnen und Häute haben sich in der Bodenöffnung verhakt; verführerisch pendelt das rottriefende Bündel vor den Krähen. Vergeblich hüpfen sie danach und tunken dann ihre Schnäbel ins Wasser, dorthin, wo die Blutstropfen verlaufen: nichts. Auch die Möwe kommt nicht an die Beute heran, denn zum Fliegen ist zwischen See und Boden kein Platz.

Ein Fluch ertönt von oben. Das Gebälk knarzt. Ein Reisigbesen, der in der Lücke auftaucht und wieder verschwindet, befreit die blutigen Reste und wischt sie hinab.

Blitzschnell machen sich alle drei, zweimal schwarz und einmal weiß, über die Abfälle her: ein wirres Durcheinander von Schnäbeln, Flügeln und spritzendem Wasser.

»Was ist denn das für ein Geschrei!«, ruft jemand aus der Küche, gefolgt von einem Schwall Waschwasser.

Nur kurz zieht sich daraufhin die Möwe, die Größte der drei, zurück, prescht dann, wie auf dem Wasser laufend, wieder vor und auf die große Krähe zu. Sie erwischt diese mit ihrem Schnabelhaken am Kopf, reißt ihr eine Wunde quer durch das rechte Auge und entlang der Seite bis zum Flügelansatz.

Ein wenig schwarzer Flaum und Federn schwanken umher wie fallendes Laub. Die Krähe kippt seitwärts. Sie rührt sich nicht mehr. Das zerteilte Auge nässt und läuft aus; von ihrem

Schnabel, nun unter Wasser, steigen ein paar Blasen auf.

Die Möwe schlingt den blutigen Restehaufen an einem Stück hinunter, tritt zurück auf die Querstrebe und putzt sich die feinen Federn am Bauch.

Die kleine Krähe ist ob der Unordnung geflohen und hat sich abseits gehalten. Nach einer Weile nähert sie sich wieder der Pfütze, in welcher ihr toter Gefährte liegt, streicht wie unschlüssig um ihn herum, stupst seinen Kopf an und fährt noch einmal mit dem Schnabel durch sein Gefieder. Der rechte Flügel des Kadavers hat sich abgespreizt und schwebt über dem Wasser.

Als ein paar Sperlinge sich dem Unglücksort nähern, um nach Liegengebliebenem zu sehen, breitet die Möwe ihre Schwingen aus, so weit, dass sie an den Stützpfeilern anstoßen. Sie schreit, was die Sperlinge sogleich wieder vertreibt. Nicht aber die Krähe; diese steht regungslos in der Pfütze, mit einem Auge die Mörderin ihres Gefährten fixierend.

Dann schwingt sie sich in die Luft und fliegt davon, nicht über Land, sondern auf den See hinaus, dem im Dunst zart angedeuteten gegenüberliegenden Ufer zu.

Die Möwe folgt. Beide Vögel bilden eine Weile ein seltsames Paar am Wolkenhimmel – Land- und Wasservogel, groß und klein, schwarz und weiß –, bis sie schließlich gemeinsam außer Sicht geraten.

Das Erwachen
27

Während Sojun an seinem Kahn die Spalten im Bootsrumpf abzudichten versuchte, hatte er das Geschehen beobachtet und überlegt, ob sich Tiere sowie möglicherweise sogar andere Wesen wie Geister, Dämonen oder Drachen vielleicht *auch*, gleich dem Menschen, zu befreien haben – entgegen Meister Kasos Ansicht –, nachdem zwischen ihnen offensichtlich unnötige Grausamkeiten vonstatten gingen, denn was gewann die Möwe durch den Mord an der Krähe, die sie ja nicht verspeist hatte, und auch gar nicht hätte verspeisen können?

Er wusste es nicht.

Wie dem auch sei, sagte er sich, zuerst bin *ich* dran – danach meinetwegen auch Vögel, Mäuse und Bären. Er musste grinsen, als er sich einen Bären im *zazen* vorstellte.

Wann immer sich Zeit stehlen ließ, begab sich Sojun auf den See hinaus. Manchmal schlich er sich frühmorgens aus dem Schlafraum, bevor die Sonne aufging, fort von den Schnarchern, lief den Weg zum Ufer hinab zu seinem Kahn und stach in See.

War das Wasser zu unruhig, um sich treiben zu lassen – was zu Tagesanbruch allerdings selten vorkam –, dann schob er das Boot gar nicht erst frei, sondern setzte sich an Land hinein. Grünes Grasmeer, vom Morgenlicht bleiches Wasser, oder rötlicher Himmel, das war doch einerlei: man saß hier schließlich nicht zur Naturbetrachtung!

Trotz der Reparaturversuche blieb das Boot immer ein wenig undicht. Zur Linken und Rechten des Kiels glänzten Wasserlachen, die sich während der Fahrt allmählich ausdehnten, es sei denn, sie waren frühmorgens gefroren. Dann dichtete das Eis das Boot eine Weile ab. Anderenfalls hieß es nach einigen Stunden schöpfen, wollte man keine nassen Füße bekommen. Ein Holzeimer, aus einem Stück geschnitten, war an Bord. Ferner ein altes, zerrissenes Netz.

Die Ruderbank war zu hoch, um mit gekreuzten Beinen darauf sitzen zu können. Sojun hatte das Netz zu einer Wurst gerollt und vor die Bank gelegt. So ruhten die Sitzknochen auf dem Holz, die Knie auf dem Netz.

Bei günstigem Wind glitt der Kahn weit hinaus. Manchmal drehte er sich dabei um die eigene Achse, so dass Sojun, wenn er erst gegen Abend abgelegt hatte, in der Finsternis die Richtung zum Ufer verlor. In hellen Nächten mochte der Silberglanz des Mondes den schwarzen Streifen Uferwald umso deutlicher hervortreten lassen, aber bei Neumond oder einer dichten Wolkendecke war das Schwarz in alle Richtungen – auch nach oben und unten – gleich und undurchdringlich.

War es sehr spät, brannten keine Feuer mehr in der Fischersiedlung. Auch leuchteten dann keine Lampen von dort herüber. In diesem Fall kam es vor, dass er bis zum Morgengrauen auf dem See blieb. Dies bedurfte keiner großen Überwindung, denn Sojun hatte stets Heißhunger aufs Sitzen: davon konnte er nicht genug bekommen. Und die Stille tat ihm gut.

In solchen Nächten schlief er nicht.

Beim ersten Tageslicht griff er über die Bordwand, schöpfte Wasser und trank aus der hohlen Hand. Manchmal sprang nicht weit entfernt ein Fisch.

Unter normalen Umständen wurde das *zazen* in regelmäßigen Abständen durch *kinhin* unterbrochen, einem langsamen Schreiten mit vor der Brust gehaltenen Armen und ineinandergelegten Händen. Das half gegen schmerzende Beine und Schläfrigkeit.

Auf dem See musste man sich anderweitig behelfen. So zog Sojun, wenn ihm die Augen zufallen wollten, seine *shakuhachi* aus dem Gewand. Die einfache Flöte aus einem ausgehöhlten Stück Bambus trug er immer bei sich wie einen Talisman.

Dann spielte er so leise, dass lediglich ein getöntes Luftgeräusch entstand. So färbte er sein Ausatmen, wählte dabei verschiedene Griffe und spielte jedes Mal, bei jedem Atemzug, eine andere Melodie aus nur einem Ton. Den Klangfetzen lauschte er nach und stellte fest, wie sich in ihnen das Heben und Senken von Bauch und Brust abbildete.

Bis er das Instrument wieder verstaute und prüfte, ob die Pfützen zu seinen Füßen größer geworden waren und man schöpfen musste, oder bis er – falls nicht – wieder ins *zazen* versank.

»Wo hast du nur wieder deinen Kopf?«, schimpfte der Malermeister. Sein Lehrling grinste. ›Hier‹, hatte er schon antworten und sich dabei an die Stirn tippen wollen, denn der Meister ging ihm mit seiner schlechten Laune auf die Nerven, doch Lehrling bleibt Lehrling. So sagte er lieber nichts; doof grinsen war ja auch schon etwas.

»Jetzt rudern wir schon so weit auf den See hinaus«, setzte der Alte seine Tirade fort, »damit nichts, aber auch gar nichts am Lack kleben bleibt, kein Staub, kein Grassamen, keine Fussel, nichts – und du Lümmel hast deine Kappe nicht auf! Schon wieder nicht! Wo ist sie überhaupt?«

»Vergessen«, murmelte der Lehrling. Der Meister seufzte: »Sollen sich etwa deine Läuse auf der Schatulle verewigen?

Das wäre eine schöne Verzierung. Bleib mir bloß weg!«

Der Lehrling rückte in den Bug des Bootes. Es schwankte.

»Wirst uns auch noch versenken!« Resigniert schüttelte der Meister den Kopf. »Wie willst du je diese Kunst erlernen? Manchmal frage ich mich, ob du überhaupt Lust dazu hast. Du mit deinen Bauernpfoten!«

»Doch«, widersprach der Junge einsilbig.

»Na gut«, sagte der Meister, ein wenig besänftigt. »ein letztes Mal verzeihe ich dir. Noch sind wir ja nicht bei der obersten Lackschicht angekommen; in diese dürfte dann wirklich nicht ein einziges Staubkorn ... Also, sieh zu: in die vorletzte Lage streuen wir ein wenig Gold- und Silberpulver; so mögen es die vornehmen Damen ...«

In der Mitte des Bootes, auf einer Holzkiste, stand eine schwarz leuchtende Schatulle. Der Maler löste zwei mit Lederstreifen verschlossene Säckchen, die er am Gürtel trug aus ihrer Halterung, öffnete sie, hob mit einem Teespatel je ein winziges Häuflein glitzernden Staubes heraus und verteilte die Mineralien auf dem Deckel der Schatulle, vorsichtig gleich einem Koch, der einen wertvollen Braten würzt.

Wie zwei einander durchdringende Schwärme überlagerten sich nun eine goldene sowie eine silberne Punkteschaar auf dem Lack.

»So. Nun nochmals *urushi*, die vorletzte Schicht. Gib den Napf.«

Der Lehrling reichte ihm das Gefäß mit der Lackflüssigkeit. Behutsam, um nicht zu viel von der kostbaren Substanz zu erwischen, tunkte der Meister seinen Pinsel in das Töpfchen und legte eine weitere Folie, und zwar die neunundneunzigste, auf den Deckel der Schatulle.

»Frauenhaar«, sagte der Gehilfe andächtig, während er dem Pinselstrich des Meisters folgte.

»Ganz recht. Habs mir besorgt«, sagte der Meister, versöhnt und nun leutselig, »von der Kleinen, du weißt schon, drüben in der Kneipe; *danach* lässt sie mich immer eine Strähne abschneiden. Eigentlich müsste sie bald kahl sein, sooft wie ich dort zu Besuch bin, hahaha! Ist im Preis inbegriffen ... ach, das verstehst du noch nicht, ...«

»Doch«, widersprach der Lehrling.

»... und einen besseren Pinsel kann man nicht machen. So! Fertig.«

Der Meister setzte eine größere Schachtel aus unbearbeitetem Holz über die Schatulle, damit diese unbeschmutzt trocknen konnte. »Morgen: die letzte Schicht. Du dann mit Kappe! Sonst setzts was. Wehe!«

Wie bei einem Hütchenspiel mit Würfelbechern hatte der Deckel eine andere, ebenfalls schwarzlackierte Schatulle freigesetzt, die bereits trocken war.

»Nun darfst du stauben, soviel du willst«, sagte der Maler. Er gab seinem Lehrling den Schmirgelblock, gefertigt aus der Schale eines Tintenfisches.

Jede neu aufgetragene Lackschicht war damit zu glätten und zu polieren. Insbesondere Ecken und Kanten musste man wieder und wieder bearbeiten, damit die Schatulle später, überall weich gerundet, den Händen ihrer zukünftigen Besitzerin schmeichelte. Man arbeitete für die Reichsten der Gesellschaft. Kundinnen waren Hofdamen von Shogun oder Kaiser und vornehme Familien sowie in zunehmendem Maß auch Erst-, Zweit- und Drittfrauen wohlhabender Geschäftsleute.

»Drei Schächtelchen in verschiedenen Formen und Größen, alle schwarz, doch innen purpurrot und weich ausgelegt«, pflegte der Malermeister zu scherzen, »*das* wär ein Auftrag für mich! *Die* würde ich gern bepinseln und abschmirgeln.«

Der Lehrling grinste und rieb schneller.

»Nun«, sagte der Meister, »lass mal sehen« und: »Ein Spiegel wirds zwar nie werden – aber eigentlich machst du das gar nicht übel«, während er sich den Deckel vor die Nase hielt, und nachdem er seinem Lehrling den Schmirgelstaub ins Gesicht gepustet hatte.

»Das genügt für heute, Junge.«

Hustend klopfte sich der Lehrling den Staub aus dem Gewand.

»Nun nicht bewegen! Sehen wir unser Meisterstück noch einmal an, dasjenige mit Silber- und Goldeinlage.«

Der Lackmaler lüftete den Deckel von dem frischen Stück und deckte ihn wieder über die andere Schatulle.

In der Tat: Silber- und Goldstaub hatten sich in die letzte Lackschicht gesenkt; so hatte das Material Tiefe bekommen: durch die Metallpartikel besaß der glänzende Lack nun ein Dahinter.

»Wunderschön«, sagte der Maler andächtig. »Nicht berühren!«

Auch der Lehrling war in Stille versunken. Ja, *das* war es, was er mit seinem Leben anfangen wollte.

Der Schrei einer Krähe ließ die beiden wieder zu sich kommen.

»So weit draußen auf dem See? Merkwürdig«, murmelte der Meister. Er sah nach oben, woraufhin ein Spritzer Vogelkot seine Nase benetzte. Ein zweiter traf den Deckel der

Schatulle und verzierte sie nun als drittes Element neben Gold und Silber.

»Das haben wir nicht bedacht«, sagte der Malermeister.

Der Lehrling bekam einen Lachanfall.

»Dort drüben – sieh nur!«, flüsterte der Meister plötzlich und deutete auf die Seefläche hinaus.

Dem Lehrling blieb das Lachen im Hals stecken.

Sojun trieb in seinem Boot vorbei, aufrecht sitzend und unbeweglich – im Dunst ein gespenstisches Bild.

»Ein Dämon«, wisperte der Lehrling. Ihn schauderte.

Es dunkelte. Weit draußen, vom Seewind befördert, schob sich der spukhafte Schattenriss davon, weg vom Land und in den Nebel, der über dem Wasser lag.

Nach getaner Arbeit trafen sich die Fischer und Lackmaler in der Kneipe auf Stelzen. Diesmal durfte der Lehrling mit.

Noch immer war der Malermeister wütend wegen der zerstörten Schatulle.

»So viel Arbeit für nichts und wieder nichts«, klagte er, während er sich einen Schluck Sake genehmigte. Als er erzählte, was geschehen war, brach die Runde in Gelächter aus, was seine Stimmung nicht gerade hob. Missmutig starrte er in seinen Becher, den der Wirt flugs und ungefragt nachfüllte.

»Also mich hat es heute richtig gegruselt«, sagte der Lehrling unvermittelt.

»Wegen der Vogelscheiße?«, fragte einer und wollte schon wieder loslachen.

»Nein. Wir haben das ...«

»Lass doch«, unterbrach ihn der Malermeister.

»... das Gespenst gesehen.«

Die Lacher verstummten.

»Die schweigende Statue im Boot?«, fragte einer.

»Welche manchmal bei Nebel erscheint?«, ein anderer.

»Auch ich habe sie schon einmal gesehen«, ein dritter. »Als besäße sie kein irdisches Gewicht. Das *muss* ein Geist sein.«

»Man sagt ja, es könnte sich um den Fährmann handeln, der die Toten fortbringt; ja, manchmal soll er sich den Sterblichen zeigen, besonders in der Dämmerung ...«

»Glaubst du das?«

»Wem er erscheint, heißt es«, fuhr der alte Fischer fort, »der ist als Nächster dran«

»Hast *du* ihn denn schon einmal gesehen?«, fragte ein Jüngerer.

»Wer? Ich? Nein«, log der Alte.

»Unbeweglich und schwarz, als wäre er aus Lack«, sagte einer.

Nun tranken alle schweigend. Nach einer Weile unterbrach ein Kollege des Lackmalers die Stille: »Vielleicht hat *er* ja die Krähe verhext?«

»Damit sie zielgenau scheißt? So ein Quatsch.«

»Hahaha.«

»Dämonen spielen den Menschen gern Streiche. Das weiß doch jeder.«

»Nun ist es aber genug!«, rief der Wirt, der Gespenstergeschichten eigentlich liebte. »Macht doch den armen Jungen nicht verrückt! Es ist nur der komische Mönch von Katata.«

»Derjenige, dem ich mein vergammeltes Boot geschenkt habe?«, bemerkte der Alte. »Sag bloß, er hat den Kahn wieder flott gemacht!«

»Na, ich weiß nicht ... mir ist das nicht geheuer«, murmelte einer.

Der Lehrling grinste verstört und doch ein wenig beruhigt; dennoch ging ihm die geheimnisvolle Gestalt noch nicht aus dem Kopf.

»Wie dem auch sei. Ihr kennt doch das Sprichwort aus dem Norden«, sagte der alte Fischer, »welches lautet: selbst ein schwarzer Rabe kackt weiße Scheiße?«

»Kenne ich nicht«, entgegnete der Maler. »Was soll das heißen? Willst du dich *auch* über mich lustig machen?«

»Nein, nein. Wie käme ich dazu?« Der Alte dachte nach. »Ich nehme an, es soll bedeuten, dass ... auch Schlechtes Gutes gebären kann ...«

»Was soll an *diesem* Tag gut gewesen sein? Nun muss ich den Schachteldeckel abbrennen, um Gold und Silber zurückzugewinnen, dann das Ganze wieder glattschleifen – wenn das überhaupt möglich ist –, und danach den Lack wieder neu aufbauen. Kostet mich drei Tage – mindestens!«

Sojun wusste davon nichts. Allmorgendlich oder auch erst gegen Abend – wenn er in Katata entbehrlich war – nutzte er seine *zazen*-Sonderausgangsgenehmigung, um sich zum Boot zu verdrücken.

So auch an jenem besonderen Morgen, der sich dennoch nicht von allen anderen unterschied.

»Eine Reise, die nirgends hingeht«, murmelte er, als er sich in den morschen Kahn setzte, der nun schwer auf dem Ufer lastete. »Besser noch: ...« – er stieg wieder an Land, schob das Boot weiter ins Wasser und sprang hinein – »... eine Reise, die sich von alleine tut.«

Sojun setzte sich auf die Ruderbank und begann das alte, lächerliche Spiel: den Versuch, keine Gedanken zu haben – war dies doch ganz und gar unmöglich ...

So fuhr er dahin: etwas Lustiges oder Gespenstisches. Eine zu verschiffende Statue des Erhabenen. Der Transport schien nicht zu eilen.

Wasser und Himmel leicht rosafarben. Als brenne dahinter ein Feuer. Der See spiegelglatt wie Eis.

Atmen, sitzen, vielleicht lauschen, vielleicht nicht; vielleicht denken, vielleicht nicht ...

Sojun sah über das Wasser und benannte es: Wasser.

Er benannte die Wolken: Wolken.

Ihn fröstelte ein wenig: frösteln.

Dann benannte er nichts mehr.

So still war der See, dass der Kahn wie festgefroren stand. Da schrie über ihm eine Krähe: »Kraa! Kraa!

Kraa! Kraa! Kraa! Kraa! Kraa! Kraa! Kraa! Kraa! Kraa!
Kraa! Kraa! Kraa! Kraa! Kraa! Kraa! Kraa! Kraa! Kraa!
Kraa! Kraa! Kraa! Kraa! Kraa! Kraa! Kraa! Kraa! Kraa!
Kraa! Kraa! Kraa! Kraa! Kraa! Kraa! Kraa! Kraa! Kraa!
Kraa! Kraa! Kraa! Kraa! Kraa! Kraa! Kraa! Kraa! Kraa!
Kraa! Kraa! Kraa! Kraa! Kraa! Kraa! Kraa! Kraa! Kraa!
Kraa! Kraa! Kraa! Kraa! Kraa! Kraa! Kraa! Kraa! Kraa!
Kraa! Kraa! Kraa! Kraa! Kraa! Kraa! Kraa! Kraa! Kraa!
Kraa! Kraa! Kraa! Kraa! Kraa! Kraa! Kraa! Kraa! Kraa!
Kraa! Kraa! Kraa! Kraa! Kraa! Kraa! Kraa! Kraa! Kraa!
Kraa! Kraa! Kraa! Kraa! Kraa! Kraa! Kraa! Kraa! Kraa!
Kraa! Kraa! Kraa! Kraa! Kraa! Kraa! Kraa! Kraa! Kraa!
Kraa! Kraa! Kraa! Kraa! Kraa! Kraa! Kraa! Kraa! Kraa!
Kraa! Kraa! Kraa! Kraa! Kraa! Kraa! Kraa! Kraa! Kraa!
Kraa! Kraa! Kraa! Kraa! Kraa! Kraa! Kraa! Kraa! Kraa!
Kraa! Kraa! Kraa! Kraa! Kraa! Kraa! Kraa! Kraa! Kraa!
Kraa! Kraa! Kraa! Kraa! Kraa! Kraa! Kraa! Kraa! Kraa!
Kraa! Kraa! Kraa! Kraa! Kraa! Kraa! Kraa! Kraa! Kraa!
Kraa! Kraa! Kraa! Kraa! Kraa! Kraa! Kraa! Kraa! Kraa!
Kraa! Kraa! Kraa! Kraa! Kraa! Kraa! Kraa! Kraa! Kraa!
Kraa! Kraa! Kraa! Kraa! Kraa! Kraa! Kraa! Kraa! Kraa!
Kraa! Kraa! Kraa! Kraa! Kraa! Kraa! Kraa! Kraa! Kraa!
Kraa! Kraa! Kraa! Kraa! Kraa! Kraa! Kraa! Kraa! Kraa!
Kraa! Kraa! Kraa! Kraa! Kraa! Kraa! Kraa! Kraa! Kraa!
Kraa! Kraa! Kraa! Kraa! Kraa! Kraa! Kraa! Kraa! Kraa!
Kraa! Kraa! Kraa! Kraa! Kraa! Kraa! Kraa! Kraa! Kraa!
Kraa! Kraa! Kraa! Kraa! Kraa! Kraa! Kraa! Kraa! Kraa!
Kraa! Kraa! Kraa! Kraa! Kraa! Kraa! Kraa! Kraa! Kraa!
Kraa! Kraa! Kraa! Kraa! Kraa! Kraa! Kraa! Kraa! Kraa!

Kraa!«, woraufhin Sojun erwachte.

Eine Krähe, weit über den See hinausgeflogen, hatte das Stichwort gegeben, während Sojun gleichzeitig erkannte, dass schon immer *alles* Stichwort gewesen war, auch ein springender Fisch und das Geräusch, wenn er ins Wasser zurückfällt, auch ein stürzender Kormoran und *dessen* Geräusch ...

Auch eine Blume hätte es sein können.

Oder ein Scheißspatel – doch ja, ein Vogel in schwarzem Gewand, das traf sich gut.

Er benannte sich selbst, sein Ich: wer ist das?

»Ich bin *Weristdas*.«

Ikkyu
27

Als Sojun nach Katata zurückkehrte, saß Meister Kaso auf einer Bank im Garten. Hatte er auf ihn gewartet? Es sah so aus.

Sojun trat heran und verbeugte sich.

»Immer noch kannst du dich nicht richtig verbeugen! Was gibt es denn jetzt schon wieder?«, murrte Kaso, obwohl man wochenlang nicht miteinander gesprochen hatte.

»Eine Krähe. Hat gekräht. Über dem See«, stotterte Sojun.

»Red nicht rum. Was ist los?«, sagte der Meister.

»Na gut. Es war so«, begann Sojun, und sofort wurde ihm klar, dass es nichts zu sagen gab. Er flatterte mit den Armen wie eine Krähe und krächzte: »Kraa! Kraa! Kraa! Kraa! Kraa! ...«

»Mhm. Naja«, sagte Kaso. »Hab noch nicht verstanden. Fahre fort. Erkläre dich näher.«

»... Kraa! Kraa! Kraa! Kraa! Kraa! Kraa! Kraa! Kraa! Kraa! Kraa! Kraa! ...«

Der Schweiß rann Sojun von der Stirn, doch er schrie immer weiter. Schweigen war unmöglich und erklären auch, ...

»Kraa! Kraa! Kraa! Kraa! Kraa! Kraa! Kraa! Kraa! Kraa! Kraa! Kraa! Kraa! Kraa! Kraa! Kraa! Kraa! ...«

... denn er hätte kein natürliches Schweigen zustande gebracht – das Schwerste von allem. Und so alles zerstört.

»... Kraa! Kraa! Kraa! Kraa! Kraa! Kraa! Kraa! Kraa! Kraa! Kraa! Kraa! Kraa! Kraa!«, ächzte er, wurde allmählich heiser, brüllte aber umso lauter.

»Ja, das behauptest *du*«, unterbrach ihn der Meister, »aber was hat die Krähe dazu gesagt? Erzähl schon!«

»... Kraa! ...«

»Warum sprichst du nicht weiter? Willst dein Erwachen wohl für dich behalten! Bist verstockt!«

»... Kraa! Kraa! ... Ihr lasst mich ja nicht zu Wort kommen! Kraa! Kraa! Kraa! ...«

Er konnte nicht mehr.

»Kommt der Sache nahe. Gut, dass du nicht geschwätzig bist«, grinste Meister Kaso. »Das triffts ungefähr. Aber noch nicht ganz.«

»... Kraa! Kraa! Kraa! ...«

Mit jedem Krächzen war Sojun mehr zu einer Krähe geworden und zu allem, was er in jenem Augenblick und jemals gesehen, gespürt, gedacht und erfahren hatte. »Kr...« Hatte er überhaupt gekräht, oder wirkte der Vogelschrei in seinem Inneren nach?

Er verstummte und glotzte den Meister hilfesuchend an.

Dieser stieß seinen berüchtigten Schrei aus. »*Katsu!* Du gehst mir auf die Nerven! Halt die Klappe! Verzieh dich, sonst ...!« Er griff nach dem Stock.

Sojun verbeugte sich, drehte sich um und schleppte sich hinaus, krächzend oder auch nicht.

»Komm zurück! Hast du mir wirklich nichts zu sagen? Gar nichts? Letzte Gelegenheit!«, rief ihm Kaso hinterher. »Bist doch sonst nicht so schweigsam!«

»Kraa!«, machte Sojun ein allerletztes Mal.

Ächzend erhob sich der Meister, marschierte ihm nach und setzte sich neben ihn. Sojun weinte.

»Leider höchstens *arhat*, also Weiser«, sagte der Meister nach einigem Schweigen. »Höchstens. Anfänger magst du sein. Leider noch kein Erwachen.«

»Na und?«, knurrte Sojun. »Dann eben nur Weiser. Reicht mir völlig. Muss gar nicht erwachen. Schlafe gern.«

»Dann ...«, sagte Kaso mit plötzlich tiefstem Ernst, grenzenloser Liebe und Wahrhaftigkeit, »dann bist du *doch* erwacht«, damit die Angelegenheit ein für alle Mal klärend. »Schluss mit dem dämlichen Gekrächze.«

Sojun blickte ihn erschrocken an und erstarrte. Das Krächzen hallte immer noch in ihm nach.

»Ich habe Angst«, sagte er dann.

Kaso lachte und konnte gar nicht mehr aufhören. »Hat sich denn irgendetwas geändert? Hat der Mond nun eine andere Farbe? Regnet es ab jetzt Suppe? Dann Kopf nach oben und das Maul auf! Zeig mir deinen Hintern: einen Fußtritt sollst du haben! Hahaha!«

Dann senkte er die Stimme: »Natürlich hast du Angst. Zu verschwinden. Nicht mehr Mensch zu sein. Weiterzuleben, oder nicht weiterzuleben, das ist die Frage.«

»So oder so ...«

»So oder so – keine Lösung. Nun sei still, zerstöre nichts. Wirst du sowieso noch tun. Nichts bleibt. Ach ja, noch eine kleine, lächerliche Formalität: von nun an nenne ich dich: ...«

»Schon wieder ein neuer Name!«

»Das gehört sich nun einmal so. Lass mich nachdenken: Ikkyu. Ja, das passt zu dir Spinner. Hahaha! Es sind zwei Zeichen.«

Ikkyu vormals Sojun vormals Shuken vormals Sengikumaru verbeugte sich im Sitzen.

»Na schön, schon wieder zwei Zeichen«, sagte er. »Wie schreibt man denn nun *diese*, und was bedeutet folglich mein neuer Name?«

»Die Zeichen bedeuten ungefähr: *eine Pause* ... oder: *ein Zwischenraum*. Sie finden sich schon in alten Schriften und können dort meinen: halt ein! Aber auch: das Menschenleben, von der Geburt ...«

»Sengikumaru.«

»... bis zum Tod ...«

»Staub.«

»... ist nur eine Pause zwischen Nichts und Nichts. Passt dir das?«

»Das Nichts legt in mir eine kleine Pause ein – ja, das gefällt mir.«

Ja. So zerbrechlich ist das Leben. Ein Blümchen zwischen zwei Schluchten. Aber trotzdem allumfassend – mehr ist da nicht.

Erkenntnis für immer? Nein.

»Sei vorsichtig«, sagte der Meister und legte ihm die Hand auf die Schulter. »Verspiele nichts.«

Ikkyu erkannte, dass auch dieser neue Zustand nicht unverändert oder gar für immer würde bestehen bleiben, da sich ja *alles* stets wandelte: also auch dieser; dass er ihn immer wieder aufs Neue würde aufsuchen oder gar suchen müssen.

Zugleich verstand er aber auch, dass jenes Erwachen des Menschen ureigene Befindlichkeit darstellte, die jedem zusteht, auf die jeder ein Recht hat, und die auch jeder erreichen kann. Da empfand er tiefes, schmerzliches Mitleid mit allen, denen solches dennoch niemals widerfahren würde.

»Genau das«, sagte Kaso, der seine Gedanken gelesen hatte, falls Ikkyu sie nicht doch laut geäußert hatte – schwer zu sagen das, wenn man neben sich steht –, »macht dich zum *bodhisattva*, zu mehr als nur einem *arhat*, der, auf Bergeshöhen sitzend, in der Versenkung vor sich hin dämmert. Würdest du *das* wollen?«

»Nein. Das bin ich nicht. Das will ich nicht sein.«

»Bist du nicht. Nein. Ein *bodhisattva* bringt es nicht übers Herz, sich zu erlösen, bevor nicht alle anderen erlöst sind – doch bedauerlicherweise wird dies niemals der Fall sein. Es geht also um die Haltung: Da sind die anderen. Du bist nicht von ihnen getrennt. Auf einem Berggipfel sitzend würdest du sie allein lassen: solches vermagst du gar nicht zu wollen. Denn wenn *sie* leiden, leidest *du* auch. Dagegen kannst du nichts machen.«

»Also wieder zurück zum Anfang.«

»Mit jedem Menschen, der dir begegnet, aufs Neue zurück zum Anfang.«

»Und ich dachte einen Augenblick lang, es wäre geschafft.«

»Es ist nie geschafft.«

»Nach dem Erwachen, dem *kensho*«, sagte Ikkyu, »ist also nichts geklärt.«

»Das stimmt. Überhaupt nichts. Es schließt sich, wie ich dir sagte, sogleich die Frage an: *arhat* oder *bodhisattva?* Weiser oder Helfer? Dein Erwachen oder das der anderen?«

In diesem Moment nahm Ikkyu, ohne es bereits zu wissen, Abschied von seinem Meister. Alles war getan und gesagt. Einen Augenblick lang waren sie eins gewesen. Trennung oder Verbundenheit, das spielte nun keine Rolle mehr.

»Ich schreibe dir schon noch dein *inka*, nur Geduld«, sagte Kaso.

»Will ich nicht«, sagte Ikkyu.

»Sei nicht so stur.«

»In tausend Fetzen werde ich es zerreißen.« Er hielt inne, wurde nachdenklich. Zweifel? »Verraten wir nicht die höchste Wahrheit durch unseren Klamauk?«, grübelte er.

»Ich weiß, was du meinst«, antwortete Kaso. »Doch nur so können wir es wagen, uns der geheimnisvollen ... Angelegenheit zu nähern. Höre doch selbst: ›höchste Wahrheit‹ – wie klingt denn das? Pah! Dann schon lieber: Kraa!«

»Das ist wahr. Oder Schweigen.«

»Oder Schweigen – aber auch dieses kann zu bedeutungsvoll sein, zu gewollt. Dann ...«

«... ist es nicht *Das Schweigen*.«

»Nein. Dann nicht.«

Stille. Vogelgezwitscher.

»Selbst Belehrung durch Nichtbelehrung ist Belehrung«, sagte Kaso.

»Das weiß ich«, antwortete Ikkyu. »Ihr belehrt mich gerade darüber.«

Kaso grinste. »Was ist zu tun?«

»Ich werde versuchen, Verwirrung zu stiften.«

»Das ist eine Möglichkeit.«

Meister Kaso rappelte sich auf. Schon wollte Ikkyu ihm seine Ehrerbietung erweisen, den Gruß mit aneinandergelegten Handflächen, aber der Meister winkte ab: »Des *gassho* bedarf es nicht mehr. Denn von nun an müssten wir uns *gegenseitig* voreinander verbeugen, und dann würden wohl unsere Köpfe zusammenstoßen.«

»Dabei klänge es möglicherweise hohl«, grinste Ikkyu. Er erhob sich ebenfalls.

»Nun muss ich fort«, sagte er.
»Die Wanderschaft. Ich weiß. Du wirst mir fehlen. Aber eines Tages werde ich dich rufen, wenn ... du weißt schon.«
Nachdem Meister Kasos Schrei in die Stille eingebrochen war, hatten sich einige Mönche genähert, auch Yoso, waren aber, wie es sich gehörte, im Hintergrund geblieben.
»Die Wanderschaft«, fuhr der Meister fort, »ist nicht leicht. Mit Krähe oder ohne; das spielt keine große Rolle. Du kannst alles wieder verlieren. Die Pfade sind gefährlich, und dies nicht nur wegen der Räuber und Soldaten, sie sind ein unendliches Netz – wer weiß, wo die Enden der Welt sind; jenseits des Berges Sumeru oder noch ferner gar? –, eine Landkarte aus Messerklingen, die sich kreuzen, verzweigen, zusammenfinden ... ja, wie ein Netz, das dir die Füße zerschneidet, und doch musst du es gehen, denn dazwischen liegen undurchdringliches Dickicht und unendliche Abgründe, in die das Blut deiner Sohlen tropft. Ach, vergiss es. *Du schreibst bessere Gedichte.*«
Das war in der Tat dichterisch gewesen und eigentlich gerade deswegen Kasos nicht würdig – ja, auch in *ihm* gab es offensichtlich noch Anhaftung und Stolz. Nun, Meister Kaso war ein Mensch ...
»Geh packen«, sagte Kaso. Ikkyu gehorchte und trollte sich in Richtung des Tempels.
»Was ist denn hier los?«, fragte Yoso und stellte sich ihm entgegen. »Hast du Streit mit dem Meister?«
»Das Krähen einer Krähe hat ihn aufgeweckt. Er heißt jetzt Ikkyu«, sagte Kaso wie beiläufig, als er das Spalier der neugierigen Mönche durchschritt.
»Wie? Was? Der?«, rief Yoso. Sein Mund blieb offen stehen.

»Ich verrate dir etwas«, flüsterte Ikkyu ihm zu und schob ihn beiseite. »Da hat niemals eine Krähe gekräht. Es gibt gar keine Krähen.«

Dann ging er, um seine Siebensachen zu holen.

Nanko, der Freund war gekommen. Er wollte sich verabschieden. Was sagt man bei einer solchen Gelegenheit?, überlegte er, kam aber zu keinem Schluss. ›Gratuliere‹ vielleicht? Nein, das wäre lächerlich. Er sagte nichts.

Sie tauschten *gassho* aus, dann umarmte Ikkyu seinen Gefährten.

»Wir sehen uns wieder. Ganz bestimmt«, sagte er.

Meister Kaso kam noch einmal aus dem Tempel gehumpelt: »Hier. Das hätte ich fast vergessen.«

Er reichte Ikkyu einen in Tuch eingewickelten Gegenstand.

Ikkyu schlug das Tuch auseinander. Es barg eine kleine, mit einem Siegel verschlossene Schriftrolle. »Die Erleuchtungsbescheinigung? Also doch! Hahaha! Nur, wenn du mir gleichzeitig auch eine Verfinsterungsbescheinigung ausstellst! Für alle Fälle!«

»Gut geantwortet – nichts leichter als das! Hole sie dir eines Tages bei mir ab!«

»Das werde ich tun.«

»Lebewohl.«

Ikkyu wickelte das Röllchen nicht auf. Er steckte es ungelesen in seinen Reisesack.

Halt! Augenblick! Nachdem Ikkyu das Kloster verlassen und vom Pfad auf den Hauptweg eingebogen war, blieb er stehen und dachte nach. Wann hatte Keno dieses *inka* eigentlich geschrieben? Es war verpackt und versiegelt, das Siegel getrocknet. Doch nicht etwa schon auf Vorrat? Dieser alte Gauner!

»Ich sags nicht gerne«, bemerkte Meister Keno, als sie Ikkyu über Stock und Stein davonstolpern sahen, »auch werdet ihr es nicht gerne hören – besonders du nicht, Yoso –, aber sollte ich einmal meinen Nachfolger wählen, dann werde ich wohl oder übel diesen Verrückten nehmen müssen.«

Nein, Yoso hörte das nicht gern.

Zweiter Teil

Wanderschaft
28

Es war dieser einzigartige und einmalige Brückentag, der zwei Jahreszeiten miteinander verknüpft, von welchem an der Sommer in den Herbst gleitet und die Bäume mehr Feuchtigkeit verlieren, als an Saft nachfließt, denn die Erde wird trocken und staubig. Über Nacht hatte sich dem Grün der Blätter ein kaum wahrnehmbarer Grauton beigemischt. Das zerbrechliche Licht des Herbstes kündigte sich an. Vögel sammelten sich zu Schwärmen. Wie ein schwarzes Glitzern punktierten sie den Himmel hundertfach.

»Wanderschaft«, hatte ihm Kaso mitgegeben, »ist eigentlich nichts anderes als fortwährendes *kinhin*, ein *Sitzen* im Gehen letztendlich. Wir im Tempel trotten immer im Kreis – doch *du* wickelst deinen Weg ab wie von einem Wollknäuel. Das führt dich weit. Ich beneide dich.«

Ikkyu beschloss, sich zunächst nach Südwesten zu wenden und die Hafenstadt Sakai aufzusuchen.

Eingepasst zwischen Reisstrohhut und Reissandalen schritt er aus. In einer Kiepe aus Schilfrohr trug er seine Habseligkeiten: ein Gewand zum Wechseln, die Ess- und gleichzeitig Bettelschale, Stäbchen und Messer, Nadel und Zwirn, eine Börse, seine Flöte sowie einen kleinen Papiervorrat, einen in Tuch eingewickelten Tuscheblock, Tuschegefäß und Pinsel; des weiteren einen Beutel mit zum Verkauf bestimmten handgefertigten Puppen, aus Kirschholz geschnitzt und mit feinen Kleidchen versehen sowie ein paar Säckchen mit Räucherwerk.

Er kam gut voran. Die Hauptstadt ließ er links liegen. Dann wanderte er an den Bergen entlang, die das Stadtgebiet von Osten über Norden bis Westen halbkreisförmig umschlossen. Bald hatte er die letzten Ausläufer der Bergkette erreicht, vereinzelte Waldflecken nurmehr, die ihre Buckel aus der Tiefebene streckten. Eine allerletzte Anhöhe hinabsteigend betrat Ikkyu die vor ihm liegende weite Fläche. Mit einem Mal änderte sich die Umgebung, als wäre die Landschaft gefaltet und man schritte über eine Kante.

Nun war der Weg nicht mehr steinig, sondern feucht und weich. Auch wechselte er nicht mehr ständig die Richtung, sondern führte schnurgerade und scheinbar endlos zwischen Reisfeldern hindurch, die in regelmäßigen Abständen von Entwässerungsgräben durchzogen wurden. Manche Felder, auf denen man eine dritte Ernte versuchte, waren vom Wasser blank wie poliertes Metall und bereit für neue Schösslinge; Wolkenbilder zogen ihren Weg darauf, begleitet von myriadenfachem Zikadenruf.

Es begegneten ihm wenige Menschen, mal ein barfüßiger Knecht, mal ein paar Bauern, die neben einem Ochsenkarren ausschritten, oder eine alte Frau mit einem Reisigbündel auf dem Rücken. Die meisten der Entgegenkommenden verbeugten sich vor seiner Mönchskutte, wollten ihm gar Almosen zustecken, eine Münze oder eine getrocknete Frucht, was er stets dankend ablehnte, die Verbeugung aber erwiderte und weiterging.

Hütten säumten den Weg in großen Abständen. Vor ihnen spielten Kinder.

Am späten Nachmittag wollte ihn eine Frau hereinbitten – ob ihr Mann wohl zuhause war? –, doch er verneinte, mochte noch nicht aus seinem Tritt.

Gemächlich sank die Sonne. Alles war friedlich. Möwen berichteten schreiend vom nahen Meer, bevor sie auf einem Kanal oder einem Feldspiegel niedergingen und verstummten.

Natürlich trog der abendfriedliche Schein. Wie überall, so fand sich auch hier, in der Reiskammer vor den Toren der Hauptstadt, mehr und mehr Armut. Zwischen den bewirtschafteten Flächen lagen aufgegebene oder verwilderte Felder; in der Nähe verlassener Gehöfte fanden sich ausgetrocknete Kanäle und Risse im hartgewordenen Boden, all das nur vereinzelt, doch zunehmend, je weiter man die Stadt hinter sich ließ.

Einige der nur handtiefen Bewässerungskanäle waren verwahrlost und wuchsen zu, von innen durch Wasserpflanzen, von außen durch Gräser. Manchmal fehlten an den Gabelungen der Kanäle die steckbaren Wehre, die Wasser zuteilten oder verweigerten; ein Zeichen dafür, dass der betreffenden Reisbauer nicht einmal mehr die ausstehende Gebühr hatte bezahlen können. In einem solchen Fall hieß es, sich anderswie zu ernähren. Das Wasser vom Himmel war kostenlos, wenn es denn herabfiel. War der Boden dann feucht genug, konnte man – auch wenn es für Reis nicht genügte – anderes anpflanzen: Kohl, Rüben, Melonen oder Kürbisse. Man hielt Hühner, auch Enten und Gänse, welche die Kanäle und gefluteten Felder nach Kleingetier und Wasserlinsen durchpflügten. Ab und zu verirrten sich Fische so weit in die Verästelungen der Kanäle, dass ihnen das Wasser nur noch bis zum Maul reichte, oder sie wurden von den veränderlichen Wehren überrascht, oder auch absichtlich eingeschlossen. Trotzdem kämpften sie sich unermüdlich weiter fort, mehr rutschend als schwimmend, bis man sie mit bloßen Händen herausgreifen konnte: ein besonderer Tag für den jeweiligen Glückspilz und seine Familie! – falls nicht Kraniche oder Möwen schneller gewesen waren.

Den Bauern ging es schlecht. Fast alle hatten sich verschuldet. Die Obrigkeit, zu der neben den örtlichen Kriegsherren, den *daimyo*, auch so manches Kloster gehörte, war unersättlich, um den Luxus ihrer Paläste und Tempel zu finanzieren. Immer neue Steuern und Abgaben wurden verhängt.

Seit einiger Zeit war an den Eingängen zur Hauptstadt eine Zollgebühr zu entrichten, so dass die Bauern manchmal ärmer vom Markt zurückkamen, als sie hingefahren waren, selbst wenn sie etwas verkauft hatten. Die Geldverleiher wurden reich. Was man nicht unbedingt brauchte, verpfändete man, in der Hoffnung, dieses wieder auslösen zu können – was selten geschah –, und bekam dafür eine Handvoll Münzen.

Immer weniger konnte man tauschen, immer mehr musste man kaufen. Geld wurde knapp, weil mehr und mehr zum Handeln benötigt. Die alljährlichen Schiffe aus China schleppten sackweise alte Kupfermünzen herbei, auf welche die Profile alter, längst gestorbener Kaiser geprägt waren sowie unbekannte Schriftzeichen.

Vereinzelt hatte es Aufstände gegeben. Manchmal, so erzählte man sich, verbündeten sich dabei die Samurai mit dem Volk und wandten sich gemeinsam mit diesem gegen ihre Unterdrücker.

Immer mehr Bauern riefen nach einem *Akt der Gnade*, dem sogenannten *tokusei*. Solches war schon vorgekommen, wenn hohe Herren ein Herz hatten, oder auch, wenn die Gefahr eines bewaffneten Aufstandes zu groß wurde. Unter *tokusei* verstand man einen allgemeinen Schuldenerlass. Zwar durften die Verleiher alles Verpfändete behalten – von dem sowieso kaum je etwas zurückgekauft wurde –, aber sie verloren das anderweitig Geliehene, also zumeist Kredite, auf Nimmerwiedersehen. Nichts davon war mehr zurückzuzahlen. Allerdings musste jeweils ein Elftel – denn die Zehn war eine böse Zahl – an die Obrigkeit abgeführt werden. Konnten die Bauern dies stemmen, dann waren sie schuldenfrei, nur für kurze Zeit allerdings, denn, wen wunderte es: sogleich begann das üble Spiel wieder von vorn.

Mittlerweile trabten Ikkyus Füße wie von allein. Größerer Anstrengung hätte es bedurft, sie anzuhalten, als weiterzugehen.

Die Nacht war klar. Der Mond zeigte nur eine feine Sichel. Im Dunkel tat sich der Sternenhimmel auf.

Nie ist der Geist da, wo man sich wirklich befindet. Wer in den Herbst hineinwandert, denkt schon an die Kälte des Winters, und Ikkyus Wanderschaft würde lange dauern. Doch noch war die Luft lau. Er fror nicht. Der Weg wurde dunkel, der Himmel pechschwarz. Eine Zeitlang noch behielten die Reisfelder, von den Himmelskörpern beleuchtet, ihr helles Schillern. Sanft zog der Wind über sie hinweg. In den Wasserspiegeln der Felder hingen die Sterne und, wenn Ikkyu günstig ging, auch der Mond.

An einem verlassenen Gehöft machte er halt. Inzwischen sah er nicht mehr genug, um weitergehen zu können. Das

Holzgebäude bestand nur aus einem einzigen Raum. Alles, was diesen ausgestattet hatte, war verschwunden. Ikkyu trat ein. Es roch muffig. Er kehrte wieder um. Vor dem Eingang konnte man es sich bequem machen: da gab es ein schmales, vorstehendes Dach gegen Wind und Regen. Die Schwelle, wenn mit dem Ersatzgewand gepolstert, würde als Kopfkissen dienen.

Er setzte sich und rastete vor der Nachtruhe noch eine Weile. Proviant besaß er: gekochten Reis, in Algen gewickelt. Es schmeckte gut. Ikkyu erhob sich nochmals und schöpfte Wasser aus einem nahegelegenen Reisfeld, sicher nicht das Wohlschmeckendste, aber es ging nicht anders. Morgen dann ...

Er freute sich auf Tee und Gemüse, vielleicht auch Fisch, in Sakai.

Nun noch gepisst ...

Erschöpft, aber zufrieden lehnte er sich an den Eingangspfosten. Mit einem wohligen Gefühl summte er vor sich hin. Dann holte er einige seiner Püppchen aus dem Gepäck, strich ihre Kleider glatt, stellte sie im Kreis vor sich ins Gras und spielte ihnen sein Lieblingslied auf der Flöte vor.

Er sehnte sich nach dem Körper einer Frau. Sieh an, die Begierden waren noch da – *so* erleuchtet fühlte er sich nun auch wieder nicht!

Eine Krähe rief in der Dunkelheit – Ikkyu ergänzte das Bild von einst im Boot auf dem See.

»Nun bin ich also erwacht. Erwacht. Erwacht«, sprach er laut und langsam vor sich hin und wunderte sich über den Klang seiner Stimme. Bald schlummerte er ein.

Sein Gedankenaffe hoppelte in die Traumwelt fort. Wirre Geschehnisse, des Affen Spiel, überfielen den Schläfer, unsteuerbar, denn ihnen waren die Bestandeile seines Ich ausgekämmt wie Heidelbeeren aus Buschwerk, kleine blaue Kugeln, die beim Sammeln in eine Holzschachtel fallen, wenn die Blätter wieder zurückspringen und nur Grün zurückbleibt, nur Grün, nur undurchdringliches Dickicht ...

Nichts ist schlimmer, als morgens, wenn man erst vor kurzem das endgültige Erwachen, das *kensho*, erfahren hat, – oder auch nur erfahren zu haben glaubt –, nach traumverwirrtem Schlaf aufzuwachen, denn die ganze Welt ist noch da. Man schlägt die Augen auf: das Leiden ist noch da, der Hunger, der Tod; am ehesten ist dieses Gefühl vergleichbar mit einem fürchterlichen Kater oder der Enttäuschung eines Kranken, der im Traum gesund gewesen war und dort umhergetanzt hatte wie einst.

Die Puppen waren feucht vom Tau. Ikkyu hatte vergessen, sie wegzupacken. Behutsam trocknete er sie mit seinem Gewand.

Ein Klatschen hatte ihn geweckt. Es kam aus einem Bewässerungskanal, wo es sich in unregelmäßigen Abständen wiederholte. Er erhob sich, ging dem Geräusch nach und stand vor einem im Schlamm versiegenden Rinnsal. Ikkyu griff in hinein und holte einen dicken Fisch heraus. Sogleich entglitt ihm der Fisch. Peitschend schnellte er im Gras zu seinen Füßen hin und her.

Ikkyu betrachtete das Wesen lange, zu lange, denn es litt. Dann suchte er nach einem Stein, fand keinen, aber einen dicken Ast. Damit schlug er dem Fisch auf den Kopf. Endlich, nach mehreren Schlägen, lag dieser bewegungslos. Ikkyu wusste nicht, ob er erstickt oder durch die Schläge verendet war.

Wie einen Säugling trug er den Wels in den Armen und ging den Weg von Vortag zurück bis zu der Hütte, an der ihm eine Frau Essen hatte aufdrängen wollen.

»Nein, nein, das ist nicht nötig. Ich bin satt«, hatte er beteuert, aber die Frau mit dem kleinen Kind, beide ärmlich gekleidet und dünn, hatte sich nicht abweisen lassen und ihm – wenigstens – eine Handvoll Getrocknetes in seine Schale gedrückt.

Eigentlich hatte Ikkyu nun, bei seinem zweiten Besuch, erwartet, dass die Frau seine Gabe ablehnen und sich ungehalten darüber zeigen würde, dass er den ganzen Weg zurückgegangen war, ja, ihm dies vielleicht sogar übelnähme. Doch nichts dergleichen geschah. Mit dunklen Augen blickte sie ihn an, als wären sie Mann und Frau. Sie sagte nichts. Er schob den schweren Fisch von seinen Armen auf die ihren, ebenso ausgestreckt. Behutsam ließ sie ihn auf den Holztisch neben dem Hütteneingang gleiten. Das Mädchen kam herbeigerannt und bestaunte den Fisch, dessen Kopf sich auf der Höhe seines Gesichtes befand: »Er schläft.« Sie ging ganz nahe heran, betrachtete das tote Auge und die Zähne im halb geöffneten Mund unter den wurmförmigen Tast- oder Barthaaren. Dann versuchte sie, mit ihrem Mittelfinger die Kiemen aufzuklappen, hinter denen es rot leuchtete.

»Lasst ihn euch schmecken«, sagte Ikkyu. Seine Stimme klang rau. Er vermeinte, etwas Dummes gesagt zu haben.

»Jawohl«, antwortete das Kind ernst, als handle es sich um einen Befehl.

»Ich kann nichts bezahlen«, sagte die Frau der Form halber. Sie wusste, dass es darum nicht ging.

»Ein andermal. Macht Euch keine Sorgen – bestimmt komme ich wieder vorbei«, erwiderte Ikkyu, um ihr die Scham zu nehmen.

Die Frau verneigte sich. Er wandte sich zurück gegen Sakai. Das Gewicht des Fisches hatte sein Gehen beschwert; nun schritt er wieder leichtfüßig aus, hatte aber Tränen in den Augen, wobei er nicht recht wusste, wieso.

Im Laufe des zweiten Nachmittags näherte sich Ikkyu der Hafenstadt Sakai. Am Horizont erschien ein Streifen Licht: das Meer im Sonnenschein. Auf dem Küstenstrich davor drängten sich hölzerne Gebäude, ein paar Tempel und Lagerhäuser mit Lehmwänden. Der Verkehr auf seinem Weg wurde dichter. Manchmal galoppierte ein Reiter vorbei, dann musste man seitwärts ins Gras ausweichen. Auch Sänften mit Trägern sah man ab und zu.

Der Posten am Stadteingang hielt alle Reisenden an und kassierte – auch der Eintritt in Sakai war also nicht mehr gratis –, dies allerdings nach seltsamen Regeln: Reiter, Personen mit Bediensteten und Mönche zahlten nichts. Es war Ikkyu unangenehm, als sich der Soldat vor ihm verbeugte und ihn ohne weiteres vorbeiließ.

Sakai war nicht edel wie die Hauptstadt, sondern wild und schmutzig. Man sah Chinesen und sogar Personen in mongolischen Kostümen und mit ebensolchen Gesichtszügen. Nach langer Zeit war der Handel mit China wieder aufgenommen worden, eigentlich per Dekret begrenzt auf ein Schiff pro Jahr. Doch es gab Mittel und Wege ...

Auf der Hauptstraße bettelte ihm eine Gruppe von Mönchen entgegen, vom Hafen heraufkommend. Das würde nichts werden. Ikkyu beschloss, sich seitwärts in eine Gasse zu schlagen und erst einmal eine Kneipe aufzusuchen. Er war hungrig. Puppen und Räucherwerk waren noch nicht verkauft, aber ein paar Münzen hatte er noch in der Tasche.

Also bestellte er sich zu trinken sowie Reis mit Gemüse und geräucherten Fisch.

Die Sonne ging unter. Der Wirt zündete ein paar Lämpchen an. Ikkyu aß langsam, um für wenig Geld lange sitzenbleiben zu können. Er grübelte über seine Wanderschaft nach. Wohin würde sie ihn führen? Was würde er lernen? Zwei, drei Tage gedachte er in Sakai zu bleiben, dann wollte er einige Zweigtempel der *gozan*-Klöster in der Umgebung aufsuchen. Alles Weitere würde sich ergeben. Nur noch nicht an ein Ankommen denken!

Er sah sich in der Kneipe um. Allmählich füllte sich der Raum. Der Sakekrug war bald geleert, schneller, als er geplant hatte, aber der Wirt eilte herbei und füllte nach. »Ein trinkender Mönch!«, feixte er gutgelaunt. »Wohl bekomms. Was es in diesen Zeiten nicht alles gibt!«

Eine Mönchsrobe, auch wenn zerschlissen und geflickt, war in Sakebuden ein seltener Anblick. Manche der Bauern und Hafenarbeiter starrten ihn an oder blickten zumindest verstohlen zu ihm herüber.

Der Schnaps war stark und richtete sich in Ikkyus Kopf ein – den man übrigens wieder einmal hätte kahl scheren müssen, wie es sich für einen Mönch gehörte. Ikkyu war das egal. Er fühlte sich wohl.

»Flicken auf der Robe und Härchen auf dem Schädel«, hörte er jemanden lästern. »Na, *das* ist mir vielleicht einer!«

Ikkyu tat so, als habe er nichts gehört, und lauschte weiter, was die Anwesenden plapperten, wie sie Alltägliches austauschten, Eitelkeiten, Gelogenes und Unwichtiges. Wie schade, dachte er, als er den Tagelöhnern beim Essen zusah, dass am Gesicht, dieser wunderbaren geistigen Landschaft, ein Kiefer hängt, der nur dazu da ist, Unsinn zu reden und Nahrung zu zermalmen.

Er horchte, seufzte, nahm Schluck auf Schluck, zu dem Schluss kommend, *etwas anderes* spreche aus diesen Menschen, die eigentlich alle nur glücklich und zufrieden leben wollten, etwas Unwirkliches, das die Ängste des Daseins, um die es letzten Endes doch immer ging, mit Absicht überdeckte und so zum Schweigen brachte, damit die Menschen nie, niemals ihre bedauernswerte Lage fühlten.

Etwas Böses.

»Es gibt sie also. Dämonen.« Zuerst murmelte er dieses Wort, dann sprach er es, vom Sake benebelt, laut vor sich hin.

Das war die *Gegenbewegung.* Sie hatte kommen müssen: das Erwachen wollte in den Sumpf des Lebens, aus dem es gekommen war, zurücksinken.

»Der Mönch dort ist ja besoffen«, hörte er.

»Bin ich nicht«, widersprach er.

»Sucht Ihr Streit?«, sagte ein Taglöhner und machte Anstalten, sich zu erheben.

»Das ist kein gewöhnlicher Mönch«, sagte ein zweiter, den Stänkerer neben sich zurückhaltend. »Das ist doch ... Augenblick mal ...«

»... Sojun!«, rief ein dritter, der schon einmal in Katata gewesen war, wo er als Zimmermann ausgeholfen hatte.

»Mittlerweile nicht mehr Sojun, sondern Ikkyu«, sagte Ikkyu verblüfft.

»Hast es also geschafft! Du Teufelskerl!« Der Bursche kannte sich mit klösterlichen Gepflogenheiten ein wenig aus. Er wusste, was ein neuer Name zu bedeuten hatte.

»Geschafft? Teufel? Nun ...« Ikkyu wusste nicht, was er sagen sollte.

»Noch einen Krug!«, rief der Bursche, »für meinen Freund – wie war das doch gleich? – Ikkyu: die ... Pause? Ja? Dann lasst uns Pause machen und gehörig einen trinken!«

»Eigentlich ist mein Name anders gemeint«, widersprach Ikkyu, »nämlich ...«, doch man hörte ihm nicht zu.

»Herr Pause! Pause! Pause!«, riefen die Tagelöhner lachend durcheinander.

Ikkyu musste sich zu ihnen gesellen. Die Dämonen waren verschwunden. Man fragte ihn aus, ungebildet, aber aufrichtig. Er schämte sich seiner vorherigen Gedanken.

»Ja, gibt es denn überhaupt dieses Erwachen, von dem ihr Mönche erzählt, und das du angeblich geschafft hast?«, fragte einer der Bauern.

»Zweifellos«, erwiderte Ikkyu. »Es ist nur nicht in Reichweite der Person.«

»Was soll das heißen? Die Person, das wäre doch in meinem Fall zum Beispiel ich ...«

»Ganz genau.«

»Dann ... versuche ich es vielleicht doch lieber nicht! ...« Der Bauer wandte sich seinem Becher zu.

»Hahaha!« Ikkyu lachte schallend. »Was für eine wundervolle Antwort!«

»Ich bin doch nicht *nicht* da! Sowas!«, bekräftigte der Bauer empört.

Mit den Knöcheln des linken und rechten Zeigefingers klopfte Ikkyu gleichzeitig auf das Tischholz und den Bauernschädel. »Da bist du also? Da drin? In dieser behaarten, abgestoßenen Schatulle, die glänzt als wie lackiert?«

»Wo denn sonst?«

»Und Ihr, Meister Pause, solltet Euch wieder einmal den Kopf rasieren lassen!«, unterbrach ein anderer.

»Und am besten gleich lackieren, damit er glänzt!«, ein weiterer.

»Hahahaha!« Man lachte wild durcheinander, und auch Ikkyu musste grinsen.

So ging der zweite Tag der Wanderschaft zu Ende. Der Bursche, der Ikkyu erkannt hatte, bot ihm ein Nachtquartier, eine Matte zwischen anderen fahrenden Gesellen, hart und auch laut, denn es wurde viel geschnarcht.

Ikkyu dachte an den vergangenen Tag zurück. Zum ersten Mal hatte er gelehrt. Ohne es zu wollen. Der Gedanke gefiel ihm nicht.

Verrückt!
29

So wanderte Ikkyu hin und her zwischen den Meeren, die das Land umgaben und den hohen Bergen, welche die Täler säumten. Immer weitere Kreise zog er um Katata, kehrte jedoch in regelmäßigen Abständen zu seinem Meister zurück und sah dessen Krankwerden und Altern. Doch darüber sprach man nicht. Gerne aber ließ sich Kaso von seines Schülers Reisen erzählen.

Yoso, der Rivale hatte sich inzwischen im Kloster fest eingerichtet, wobei ihm die Gebrechlichkeit des alten Mannes zupass kam. Es war zu spüren, dass er sich bereits als dessen Nachfolger sah, obwohl er sich stets höflich, ja bisweilen sogar unterwürfig gab: auch wenn dort draußen irgendwo Kasos Liebling, ein gewisser Ikkyu Sojun umherstolperte und sich ab und zu mit drolligen Geschichten blicken ließ – wie könnte man je seine, Yosos, eigene Bestimmung verkennen oder gar übergehen? Nein, eines Tages würde dieser lästige Landstreicher auf Nimmerwiedersehen verschwinden. Wer mochte sich dann noch an dessen unwürdige Späße erinnern? Natürlich, in seinem derzeitigen Zustand konnte Meister Kaso Aufheiterung gebrauchen, nun, sollte er sie doch von diesem Spinner bekommen! – aber eines Tages würde sich der wahre Ernst, das Erhabene der Lehre, verkörpert durch ihn, Yoso, durchsetzen! So dachte dieser, stolz auf sein *kensho*, das ihm der Meister in einer schwachen Stunde schriftlich gegeben hatte.

Doch hatte Mönch Yoso sich in seinem vermeintlichen, leider nur schemenhaften Erwachen eingemauert, hatte es somit zwar gewonnen, aber sogleich wieder verloren, denn solches muss gepflegt werden wie ein Tierjunges: jederzeit kann es entlaufen, kann in Gefahr geraten. Nicht hatte Yoso das Fließen aller Dinge erkannt, das sich unter anderem in Wachsein und Schlaf darstellt, wie auch in Tag und Nacht.

Meister Kaso rollte die Augen, nachdem sich Yoso nach einiger Schmeichelei verzogen hatte, und zuckte mit den Schultern.

»Also gut«, erklärte er, ohne auf Ikkyus Frage gewartet zu haben: »Er *war* für einen Augenblick erwacht; ist wie ein Wal, der nur ab und zu an die Oberfläche kommt, um zu atmen, dann aber wieder in der Tiefe versinkt.«

»War erwacht – und schlief dann wieder ein.«

»Wie die meisten der wenigen, denen überhaupt ein einziger vollkommener Atemzug gelingt.«

Beide lachten und klopften sich auf die Schenkel. Nochmals ließ sich Yoso blicken, streckte seinen Kopf durch das Tor, wobei er eifersüchtig grinste.

»Lassen wir ihm seinen Stolz«, sagte Kaso, als Yoso wiederum verschwunden war. »Er kann gut Briefe schreiben, haushalten und rechnen. Das ist nützlich für uns – du, Ikkyu, könntest das nicht. Was macht übrigens dein *inka?* Die Bescheinigung?«

»Ich ... glaube, sie liegt zusammengerollt in meinem Reisegepäck.«

»Habe ich gute Worte gewählt? Und hast du sie denn verstanden?«

»Bin noch nicht dazugekommen, die Rolle aufzuwickeln.«

Kaso grinste und seufzte: »Das habe ich mir gedacht. Doch treibs nicht zu weit, mein Lieber – nicht meinet- sondern deinetwegen. Auch Ablehnung ist Gefangenschaft. Ist auch Ich.

Noch bist du nicht im Gleichgewicht. Noch bewertest du, bevor du wahrnimmst.«

Ikkyu wollte etwas erwidern, doch nichts passte.

»Ach!«, lachte Kaso, »eines Tages wirst du mein Geschreibsel lesen. Solange tu, was du willst!«

So lernte Ikkyu bei seinen Besuchen stets hinzu und ging dann wieder fort, irgendwohin.

Manchmal war er seinen Schritten voraus und stellte sich vor, was ihm wohl bei seinem nächsten Aufenthalt widerfahren würde; manchmal hinkte er diesen auch hinterher und konnte sich vom Erlebten nicht losreißen, sei es der Anblick eines schönen Mädchens, ein Bad in einem stillen See, ein kranker Bettler, dem nicht zu helfen war, oder die Trauer um des Meisters Verfall nach einem seiner Besuche in Katata.

Manchmal aber *ging* er auch nur. Tat seine Schritte just im Moment des Tretens, so, wie es in den alten Sutren beschrieben war.

Auch *saß* er immer wieder, doch begann sich die Grenze zwischen Sitzen und Nichtsitzen mehr und mehr zu verwischen. Er tat, was zu tun war, half beim Reispflanzen, trug schwere Lasten, hüpfte auf einem Bein, was ihn an seine Kindheit erinnerte – dies wiederum an seine Mutter –, schnitzte Figuren und verkaufte sie, verschenkte Waldpilze an die Bettelweiber, die sie auf der Stelle in dünne Scheiben schnitten und zum Trocknen in die Sonne legten.

Manchmal stopfte er sich eine Handvoll roher Pilze gleich in den Mund, bevor er den Rest weggab, und spülte mit Quellwasser nach, manchmal auch, wenn er genügend Gebasteltes verkauft hatte, speiste er Fisch, Seeigel und Reis bei Sake und Tee.

Viele Menschen traf er. Manchmal spendete er Trost, manchmal spendete er nichts. Die Jahreszeiten kamen und gingen. Oft dachte er an Kasos Worte: nichts bewerten! Nicht auf etwas warten ...

Doch auf nichts warten ist auch eine Art Warten. So wurde der Gedankenaffe nicht müde, herumzuturnen, als wäre Ikkyus Schädel innen mit Haltegriffen beschlagen und ansonsten leer.

Im Herbst zogen sich die Vogelschwärme zusammen. Dann flogen sie zu südlichen Küsten davon. Des Winters blieben nur die Krähen: deren Spuren von Schreien im Frost und Krallen im Schnee.

Dann, wenn es wieder wärmer wurde, kamen die anderen Vögel, die Reisenden zurück und zerstreuten sich in Bäume und Büsche der Heimat, die sie nicht vergessen hatten.

So war Yatagarasus, der Riesenkrähe jährliches Atmen; sie plusterte sich auf, wischte über den Himmel, hauchte aus, zerstob und sammelte sich von Neuem. Yatagarasu, der Krähenseelen Einheit? Das Ich, der Menschen Einheit?

Ach – Grübeleien.

Ein Fest zum Gedenken an Gongai Shuchu, den Meister Kasos, stand an. Wieder einmal war Ikkyu auf dem Weg nach Katata.

Obwohl viel Zeit vergangen und die Frau nur noch ein Schatten ihrer selbst war, erkannte Ikkyu sie sofort. In ihren Armen hielt sie das Mädchen, so wie damals den großen Fisch und mit demselben ernst-erstaunten Ausdruck. Das Kind war kaum gewachsen. Es schien zu schlafen. Ikkyu erinnerte sich, wie das Mädchen des Welses tote Augen und Maul studiert hatte und wie er sich abwandte und weitermarschierte.

Wiederholt rief die Frau das Kind beim Namen. Dann begann sie zu schluchzen. Ikkyu sah, dass das Mädchen tot war. Die Frau brach zusammen und sank zu Boden. Umstehende fragten sie, woher sie käme. Nüchtern, als stünde sie vor Gericht, erzählte sie: »Den ganzen Weg von Kawachi;« – das war der Weiler in der Reisebene, die Ikkyu damals durchschritten hatte – »wir litten unter einer furchtbaren Dürre. Der Reis spross nicht einmal aus dem Grund. Die Beamten sind grausam und habgierig. Ohne Mitleid treiben sie die Steuern ein; diese aber sind unbezahlbar. Wenn man nichts gibt, bringen sie einem um. Es ist ihnen gleichgültig. Wir mussten flüchten. Mein Mann ist tot. Ich hatte gehofft, uns durch Betteln ernähren zu können. Doch ich bekomme nichts, nicht einmal für das Kind. Ich bin ausgezehrt an Körper und Seele. Ich kann nicht mehr.«

Als sie zu Ende gesprochen hatte, begann sie wieder zu schluchzen.

Ikkyu holte alle Münzen hervor, die er besaß, und gab sie ihr – erkannte die Frau ihn wieder? Das war ungewiss. Er sprach sie an: »Nehmt das. Bezahlt jemanden, Euer Kind zu begraben und kauft Euch zu essen. Lebt weiter. Trotz allem ist das Leben ein Geschenk, das einem nur selten widerfährt. Wenn Ihr es wünscht, dann will ich den Erhabenen anrufen, damit er Eurem Kind die Natur des Erwachten ...«

»Wieviel?«, unterbrach sie ihn. Zunächst verstand er nicht. Dann hob er abwehrend die Hände: »Natürlich nichts!« Er war entsetzt: dergestalt dachte man also über die Mönche! Für so verkommen hielt man sie!

»Kostenlos«, bekräftigte er, im Ton der Zöllner, und es klang falsch wie Hohn.

»So nehme ich es gerne an«, antwortete sie. Ikkyus Verwirrung war ihr entgangen.

»Wird mein Kind dann ...« – sie hielt inne, fuhr aber sogleich fort: »... jenseits, im Reinen Land ...?«

»Ja. Das weiß ich gewiss«, log er.

»Nicht hier?«

»Nein. Hier nicht.«

»Das Reine Land befindet sich also nicht hier«, wiederholte sie langsam und schien angestrengt zu überlegen, was sich daraus zu ergeben hatte: »Folglich ...«

Da näherte sich eine Reiterhorde. Ikkyu sprang zurück. Alle anderen Anwesenden verzogen sich. Die Frau mit dem Kind blieb am Wegrand sitzen. Die Pferde machten einen Bogen um sie.

Es war eine Gruppe Edler, die ausritten, um sich an der Blumenblüte zu erfreuen. Bedienstete, zu Fuß und im Laufschritt, trugen Sträuße frisch gepflückter Feldblumen. Die Pferde bäumten sich auf.

»Platz da!«, rief der Vorderste, obwohl alle Dörfler bereits das Weite gesucht hatten; dann wieder: »Kommt heraus! Wir haben Durst! Und Hunger!«

Die verängstigten Armen blieben in ihren Verstecken oder aber brachten heran, was sie hatten. Manche Edle stiegen vom Pferd und verzogen die Miene: »Hier stinkt es. Lasst uns weiterziehen.« Einer zückte zum Spaß das Schwert und fuchtelte der Frau ins Gesicht – dass das Kind tot war, fiel ihm nicht auf –, ein anderer, schwer betrunken, lehnte sich gegen sein Pferd und übergab sich.

Bald jedoch, nachdem er sich den triefenden Mund am teuren Ärmeltuch abgewischt hatte, war auch er, wie die anderen Reisenden, wieder aufgestiegen. Gestärkt ritt der

Trupp davon. Riesenhaft, wie eine dräuende Gewitterwand, hatte die Reiterschar über den Bauern geschwebt, oder als wäre die Welt in Schädelhöhe entzweigeschnitten und besäße dort nun einen zweiten Horizont; darunter Hunger und Leiden, darüber Reichtum, Frechheit und Macht.

Die Dorfleute nahmen es hin. Beim Auseinandergehen blickten sie einander nicht an. Die Frau trug ihr Bündel davon. Ikkyu sah ihr nach und blieb allein zurück. So gut kannte er sich inzwischen, um zu wissen, dass ihn die Wiederbegegnung mit der Frau auch deshalb so überaus schmerzhaft getroffen hatte, weil er schon im Jahr zuvor ein Fünkchen Begehren nach ihr und sogar Liebe verspürt hatte. Doch wäre ihre Qual weniger schlimm, würde er sie nicht als Besondere empfinden? Nein! Man hatte ihm lediglich etwas, von dem er schon immer gewusst hatte, unmittelbar vor die Nase gehalten. Ganz wie der Meister, wenn er den Prügel hob – das wurde Ikkyu schlagartig klar. Er hatte die üblichen Floskeln von sich gegeben. Wie hätte das die Frau trösten können? Ikkyu schrie und tanzte einen verzweifelten Tanz, wollte gegen etwas schlagen, sich den Kopf blutig donnern oder sich etwas abreißen, einen Finger oder ein Ohr: »Warum erst im Reinen Land? Warum nicht hier? Warum nicht jetzt? Wenn überhaupt je ...«

Eine Alte erschien im Türrahmen der gegenüberliegenden Hütte. Verwundert blickte sie ihn an.

»Wo geht das Kind hin?«, rief er ihr zu. »Wisst *Ihr* es, alte Frau?«

Sie blieb stumm, schürzte verständnislos und mit hochgezogenen Brauen die Lippen. Dann verschwand sie wieder im Dunkel.

Ikkyu marschierte weiter nach Katata. Es kam ihm vor, als hinke er oder zöge ein Gewicht; nun ging er mit schwerem

Schritt, begrüßte die sich herabsenkende Nacht, empfand weder Hunger noch Durst noch Müdigkeit. Bis zum Morgengrauen wanderte er, wobei ihm der Mond die Tritte wies.

Langsam, aber sicher wuchs ihm eine neue Erkenntnis, ein zweites und vielleicht noch gewichtigeres Erwachen: dass nämlich das Leben *nach* der großen Befreiung, dem *kensho*, weit schwerer noch wog als jene – und auch die eigentliche Aufgabe darstellte.

Am Portal von Katata begrüßten ihn Shoiku und Nanko.

»Sie sind schon alle drinnen«, flüsterte Shoiku und deutete hinter sich in die offene Versammlungshalle, aus der Gemurmel drang.

»Nur langsam.« Ikkyu freute sich, die beiden Freunde wiederzusehen. Gleich Nanko war auch Shoiku Kasos Schüler geworden.

Wie verschieden die zwei auch waren – so schien der eine, Shoiku, stets fröhlich, der andere hingegen traurig –, beide fühlten sich Ikkyu tief verbunden, und er ihnen.

Seltsam war folgendes: obwohl die Verpflegung für alle Mönche aus demselben bestand, blieb Shoiku rundlich und Nanko dünn, wie viel oder wie wenig sie auch aßen. Allerdings war Nanko beträchtlich größer als sein Freund. Saß er im *zazen*, dann wirkten seine Gliedmaßen wie eine zerbrechliche Holzkonstruktion, die jederzeit einstürzen konnte. Shoikus Geschmeidigkeit war fleischhaft, diejenige Nankos hingegen, wenn er die Beine zusammenklappte, wie ein Mechanismus. Nur sein langer, gestreckter Hals schien den Kahlkopf mit den großen Ohrflügeln am Davonschweben zu hindern – *der vollkommene Sitzer* hatte Ikkyu ihn mehr als einmal genannt. Trotz seines traurigen Gesichtsausdrucks lachte auch Nanko ab und zu – wie Shoiku, Ikkyu und eigentlich die meisten Mönche. Sein Gelächter allerdings ereignete sich unvorhersehbar, blitzartig und nicht durch ein Lächeln oder Grinsen eingeleitet, als öffne sich plötzliche eine Schachtel, und ein lustiger Kobold spränge heraus.

»Da«, sagte Shoiku und reichte Ikkyu ein Bündel. Dieser schnürte es auf: darin fand sich eine frisch gewaschene und sorgfältig geglättete Robe. Seufzend blickte Ikkyu an sich herab. Die Strohsandalen waren zerfetzt und schmutzig, sein eigenes Gewand hatte sich in einen störrischen Kartoffelsack verwandelt, geflickt, mit Flecken übersät und abgewetzt.

»So kannst du nämlich nicht ...«, begann Shoiku, doch Ikkyu hob unterbrechend die Rechte und horchte in den Saal hinein. Yoso war gerade dran und rezitierte aus einem alten Text: »... ist Leere. Leere ist Form«, ach ja, wieder einmal das *hannya shingyo*. »Na, das passt doch wie die Faust aufs Auge«, murmelte Ikkyu. »Hat keine Ahnung, was er da redet.«

In der vordersten Reihe sah Ikkyu seinen Meister sitzen, gekrümmt ob des Alters und der Krankheit, als wie schon halb mit dem Boden verwachsen. Die Augen beinahe geschlossen, verriet sein Gesicht keine Regung.

Shoiku hielt die neue Robe, lindgrün, wie es einem mittleren Rang zustand, zum Hineinschlüpfen bereit. Ikkyu rührte sich nicht. »Nanko nimmt dein altes Gewand, lässt es waschen und stopfen, wenn ... du so daran hängst.«

»Ich weiß nicht«, zögerte Ikkyu. Plötzlich fühlte er sich unsäglich einsam und verzweifelt, als sei sein ganzes Leben verpfuscht: »Vieles habe ich erlebt und gesehen – auch viel Schlimmes. Soll alles einfach so weitergehen wie zuvor?«

Nein. Staubig und zerzaust trat er in den Saal und sagte laut, Yosos Singsang unterbrechend: »Leere Robe ist volle

Robe, goldverziert? Ob das wohl stimmt? Draußen hungert man nämlich.«

Mühsam wandte Meister Kaso den Kopf wie ein Reiter, der, gebückt auf seinem Ross, hinter sich blickt, ob ihn jemand verfolgt: »Mein Ikkyu!«

»Der ist ja verrückt!«, rief einer der Mönche.

»Und stört die Totenruhe!«, ein anderer.

Yoso war sprachlos und blickte von Kaso zu Ikkyu und zurück.

»So leicht lässt sich Meister Gongai nicht stören«, sagte Kaso.

»Die *Lebenden*ruhe – um diese geht es«, widersprach Ikkyu dem zweiten Rufer und betrachtete all die reiche Kleidung, die wertvollen Statuen, Kommoden, Gefäße, die man als Gaben nach Katata geschleppt hatte. Bedeutende Äbte aus den *gozan*- und *jissetsu*-Häusern saßen beisammen und starrten ihn voller Entsetzen an.

»Da fror einst einen Bettelmönch bitterlich«, fuhr Ikkyu fort, »so verbrannte er einen holgeschnitzten Erhabenen, um sich an dem Feuer zu wärmen. Die Geschichte ist bekannt. Er wurde Patriarch.«

Erschöpft ließ er sich auf eine seitliche Stufe fallen und wies auf all die bunten Gegenstände. »So viel Reichtum für einen Toten!«

»Wo bleibt die Ehrerbietung?«, keifte ein Abt. »Die Bescheidenheit? Du stinkst.« Ein höherer Beamter rückte von ihm ab.

»So wie ich«, dröhnte da Meister Kaso, gewaltig, als habe er durch den Boden Zugang zu Donner und Gebrüll. »Ja, wie ich, wenn ich in meiner eigenen ... Scheiße sitze!«

Totenstille. Dann schrien alle wild durcheinander: »Meister Kaso«, macht diesem Treiben ein Ende! Das ist nicht Euer Ernst! Werft ihn hinaus!«

Mit letzter Kraft hatte sich der Meister umgewandt und überblickte den Tumult. Langsam schüttelte er den Kopf. Unklar blieb, ob er sich amüsierte oder traurig war.

»Verzeiht, Meister«, begann Ikkyu, »ich wollte nur ...«

»Hört zu«, sagte Kaso und brachte mit einem Zittern seiner Finger alle zum Schweigen, auch Ikkyu. »Denkt nach über das, was er sagt. Jede Erschütterung muss uns willkommen sein. Bis zum letzten Tag, bis zum letzten Atemzug. Ich bin alt – er aber kämpft noch. Das ist gut. Dennoch, Ikkyu Sojun, finde andere Wege. Fange bei dir selbst an. Nun gehen wir. Das Gedenken an meinen Meister ist zu Ende. Die Feier war angemessen.«

»Aber ...« Doch auch Yoso musste sich fügen, wenn der Hausherr sprach.

Kasos Tod
35

Ikkyu hatte schlecht geschlafen, wirr geträumt, war auch während des frühmorgendlichen *zazen* mehrmals eingenickt, so dass es ihm schwer fiel, auseinanderzuhalten, was Tag- und was Nachtträume gewesen waren. Vielleicht hatten sich beide Welten auch berührt und waren ineinander übergegangen.

Von seinem Meister hatte er geträumt: Kaso ritt an der Spitze der Edelleute, von denen jeder einen gewaltigen Blumenstrauß vor sich auf den Sattel drückte. Immer wieder blickte der Meister sich um. Führte er die anderen an oder jagten sie ihn? Kasos Gaul ließ eine nicht enden wollende Spur Pferdeäpfel hinter sich erscheinen. Doch Pferd und Reiter waren in eins verschmolzen, und nach und nach leerte sich deren ganzes Inneres, bis nur noch eine Hülle blieb, die um die arbeitenden Knochen flatterte. Trotzdem drehte sich der Reiter – handelte es sich überhaupt um den Meister? – wieder und wieder nach Ikkyu, der dies träumte, um und gab jedes Mal dasselbe unverständliche Handzeichen, rief dabei auch etwas, das aber der Wind fortwehte, bevor es zu hören war.

Während der ersten *kinhin*-Pause scherte Ikkyu, nachdem er einige Male im Kreis mitgeschritten war, nach draußen aus. Im Garten setzte er sich auf eine Holzplanke.

Auch die arme Frau hatte sich in seine Träume verirrt. Jetzt erinnerte er sich genau: sie saß vor ihrer Hütte. Dort putzte sie den großen Fisch. Die Schuppen stoben davon und erglänzten im Sonnenlicht, wobei sich ein Regenbogen zeigte. Dann hielt sie plötzlich anstelle des Fisches ihr Kind im

Arm, und das Messer saß ihm an der Kehle – hier war Ikkyu aufgewacht.

Er atmete die kühle Luft. Ein Tag mit *zazen* beginnt früh. Die Sonne schob sich gerade erst über den Horizont.

Ob der Meister noch schlief?

Auch Shoiku und Nanko kamen herangeschlichen; nach den Ereignissen des vorigen Tages war an ruhiges *Sitzen* nicht zu denken.

»Der Meister hat gestern nicht übertrieben, weißt du«, sagte Shoiku.

»Womit?«

»Die Krankheit schreitet immer weiter fort. Oft kann er wirklich seine ... Abfälle nicht mehr bei sich behalten, und dann ...«

»... stinkt er«, ergänzte Nanko. »Man riecht es durch die Wände.«

»Und niemand hilft?« Ikkyu war erschüttert.

»Doch. Meistens kümmern *wir* uns darum. Aber es ist nicht so einfach. Er will es nicht. Und er sagt auch nicht, wann es jeweils ... soweit ist.«

»Und Yoso? Er leitet doch inzwischen Katata.«

»Yoso ... lüftet.«

»Lüftet?«

»Er findet den Geruch beim *zazen* hinderlich und meint, man müsse auch die Jüngeren und die Neuzugänge, von denen es sowieso nie genügend gibt, bedenken – nicht nur den Meister.«

»Ich gehe hinein«, sagte Ikkyu und erhob sich, »muss auch für mein gestriges Erscheinen um Verzeihung bitten.«

Kaso lag auf seiner Matte. Er hatte sich beschmutzt, sah an die Decke und atmete angestrengt, aber regelmäßig.

»Wenn wir die Dauer der Welt in unsere Berechnungen miteinbeziehen, bin ich dir nur ein klein wenig voraus, Ikkyu. Nicht der Rede wert«, sagte er, nun wieder, anders als tags zuvor, mit erschöpfter, schwacher Stimme.

»Meister Kaso ...«

»Kein Meister mehr! Nichts mehr zu lehren. *Ich* kann, was ich kann. Du musst nun selbst lernen. Ja, mein *zazen* hat sich in letzter Zeit ein wenig gewandelt; nun tue ich es im Liegen, zähle aber den Atem wie eh und je, nun gut, das Einatmen ist neuerdings oft parfümiert, das Ausatmen hingegen eine Wohltat wie von Anfang an.«

»Kaso ...«, flüsterte Ikkyu; der Name allein, ohne Beiwerk, fühlte sich fremd an, ungehörig und wie nackt.

»Zum gestrigen Tag: Ikkyu, ich bin alt. Auch stamme ich aus einer anderen Zeit. Für Gongai, meinen verehrten Lehrer, war die Form wichtig, ja, sie war alles, diente dazu, die geistigen Kräfte zu bündeln und durfte nicht verletzt werden. Robe waschen, Sandalen bürsten, Laub fegen, die Reisschale polieren, die Umgangsformen und Anreden wahren, all das war wichtig und unantastbar. So habe ich es gelernt. Du weißt, dass es tausend Arten gibt, zu lehren – auch tausend übrigens, zu lernen. Damals war es eben *so*. Doch du, du bist anders, und auch die Zeiten sind im Begriff, sich zu ändern. Ihr Jungen seht keinen Sinn mehr im ständigen Verbeugen, Lächeln, Unterwerfen. Das verstehe ich, und ein wenig beneide ich euch sogar. Übrigens: warum ist Katata wohl in derart heruntergekommenem Zustand? Natürlich verkaufen wir, wie immer, alle Gaben und Geschenke. Den Erlös spenden wir. Wofür hältst du uns? Also sei nicht so streng.«

Der Meister war sehr schwach. Ikkyu rollte ihn auf die Seite, formte die Rechte zu einem Löffel und schob das Ausgeschiedene zusammen und auf ein Tuch, dessen Zipfel er mit der Linken zusammenfasste, so dass er die Last zum Müll tragen konnte. Mit einem anderen Tuch kam er zurück und säuberte damit den Hintern des Meisters sowie – so gut es ging – die Matte, auf der er lag.
»Das tust du für *dich*«, sagte Kaso, »und nicht für mich.«
»Mag sein.«
»Du verstehst, was ich meine?«
»Ja.«
»Kennst das ja auch schon von Meister Keno.«
»Ja.«

Nach einigen Tagen erholte sich Kaso ein wenig. Es kehrte wieder eine gewisse Regelmäßigkeit in den Tageslauf zurück. Das Flüstern, das Warten auf des Meisters Tod war verfrüht gewesen. Kaso konnte wieder aufrecht sitzen, nahm am *zazen* teil sowie auch an den Gesprächen, die sich daran anschlossen. Früher hatte man zumeist Sutren gelesen, aber nun bevorzugte der Meister das persönliche, zwanglose Gespräch.

Jeden Tag beschloss Ikkyu, am nächsten Morgen aufzubrechen und weiterzuwandern. Aber er konnte sich nicht von seinem kranken Meister trennen. Einige Mönche, besonders die jüngeren, strichen verlegen um ihn herum, zögerten, ihn anzusprechen, waren aber begierig, seine Gedanken und Ansichten zu erfahren, denn sein Aufbegehren gegen die Alten und Mächtigen hatte Eindruck gemacht, war es auch bei Worten geblieben. Doch hieße die Bitte an Ikkyu, zu lehren, nicht, des alten Meisters Stellung zu untergraben? Man zögerte.

Yoso blieb empört. Wenn man zusammensaß, beklopfte er unruhig seine Schenkel und mied Kasos wie auch Ikkyus Blicke.

»Wem, Meister, wollt ihr denn nun die Nachfolge übergeben?«, platzte er auf einmal heraus, ohne Beziehung zum gerade Gesprochenen.

»Ich befürchte«, sagte Kaso, »das ist klar. Dem Verrückten da.«

»Ikkyu?!«

»Seht ihr einen größeren Wirrkopf unter uns?«

Yoso begriff nicht und war entsetzt: »Was ist denn so besonders an dem? Er hat keine Manieren, beleidigt uns fortwährend – und widerspricht überdies.«

»So einfach ist das nicht.« Kaso hielt inne, nach einer zutreffenden Formulierung suchend: »Ja: zwar widerspricht er *uns,* aber nicht *sich selbst.*«

»Das verstehe ich nicht.«

»Nein, das verstehst du nicht, Yoso.«

Wütend trollte sich dieser. Der Meister trug auch den anderen auf, wieder an die Arbeit zu gehen. Dann nahm er Ikkyu beiseite: »Die Jungen sind neugierig. Du hast sie verwirrt, nun musst du Rede und Antwort stehen. Sprich mit ihnen. Lehre. Du wirst sehen, wie schwer das ist. Deine Art wird wohl sein – zumindest solange du jung bist –, sie vor den Kopf zu stoßen. So bist du eben. Dagegen kann man nichts machen, zumindest jetzt noch nicht. Andererseits ist es auch nicht das schlechteste, um zu lehren – ja, ich kenne dich gut.«

Noch immer war Ikkyu der Gedanke zuwider, Meister für andere zu sein, wusste er sich doch selbst noch als Anfänger, ja, konnte sich nicht einmal vorstellen, jemals etwas anderes zu sein als das, doch Widerstand dem eigenen Meister gegenüber war nicht angebracht. Auch glaubte Ikkyu, zu verstehen, dass Kaso, in Anbetracht des bevorstehenden Endes, seine Schüler in eine andere, neue Richtung lenken wollte, damit sie nicht in den Abgrund der Verlassenheit stürzten. O ja, Ikkyu erinnerte sich gut seiner eigenen Gefühle nach Meister Kenos, seines ersten Lehrers Tod.

Also empfing Kaso seine Mönche eines Tages nach dem *zazen* nicht mehr selbst, sondern schickte sie zu Ikkyu.

»Wir haben gesehen«, sagte einer, «dass du ... dass Ihr den Meister mit eigenen Händen gesäubert habt, ohne einen Bambusspatel zu verwenden. Wie fühlte sich das an? Wieso tatet ihr das? Wir alle lieben unseren Meister, aber trotzdem ...«

»... stinkt er. Ja«, vollendete Ikkyu. »Sprich es aus! Was mich betrifft: da es sich um meines Meisters Scheiße handelt – was sollte ich dagegen haben? Er hat sie gemacht.«

»Nun, ... Meister, ...« – der Fragende zögerte, denn noch ging ihm der Titel schwer über die Lippen, und noch hörte auch Ikkyu diesen nicht gern – »Meister Ikkyu, das verstehen wir. Aber die Wahrnehmung, in diesem Fall insbesondere diejenige der Nase, hat sie nicht ebenfalls ihre Wirklichkeit und dadurch große Macht auf uns?«

»Wie alle Wahrnehmung. Was wollt ihr hören? Ihr wisst: wo man auch geht oder steht, ja, wo auch immer man ist und was man tut, immer übt man *zen:* Gehen-*zen*, Stehen-*zen*, Sitzen-*zen*, und alles als Vorbereitung auf das letzte, das Sterben-*zen*. Also: Essen-*zen*, Trinken-*zen*, Pissen-*zen*, Kacken-*zen*, Vögeln-*zen* ...«

»Wir kennen Eure Vorlieben, Meister. Euer Ruf eilt Euch voraus«, sagte einer der Zuhörer. Manche lachten. Auch Ikkyu musste grinsen. Ja, das war die neue Zeit! Die Unterwürfigkeit bröckelte; man kam sich näher.

»Man berichtet«, versuchte ein zweiter, das Gespräch in andere Bahnen zu lenken, »dass Ihr bei einem Krähenschrei ...«

Was sagt man dazu?

»Als ich damals auf dem See unversehens in diesen Zustand hineingerutscht war«, versuchte Ikkyu allen Ernstes, seine Empfindungen zu beschreiben – was unmöglich ist –, »da ergriff mich sogleich eine starke Furcht, mit der ich nicht gerechnet hatte, diejenige nämlich, das durch die Beruhigung der Sinne Verschwundene könnte tatsächlich und zur Gänze verschwunden sein und nie mehr zurückkehren – so muss es demjenigen gehen, den der Wahnsinn anfallen will –, das aus der Wahrnehmung Gelöschte könnte also für immer gelöscht und unwiederbringlich dahin sein – ja, *dergleichen* wollte ich doch nicht! Versucht, dies zu durchdenken ...«

»Du Klugscheißer!«, rief da Yoso, der hinzukam, nachdem er ein wenig gelauscht hatte, »lehrst unberechtigt, hast doch dazu gar keine Bescheinigung, ...«

»Wollte zwar keine, doch habe ich sie schon«, murmelte Ikkyu, »fand nur noch keine Zeit, sie zu lesen.«

»... weißt alles besser! Ja, Klugscheißer! Das ist das richtige Wort!«

Entrüstet blickte er in die Runde und sammelte das Grinsen ein. Man liebte Streitgespräche, je wilder, desto besser.

»Klugscheißer? Hmm«, machte Ikkyu, erhob sich wie in Gedanken, ging nach draußen, setzte sich auf den Abortbalken, vor den Blicken der anderen kaum geschützt, verrichtete seine Notdurft – man hörte ihn ächzen – und kam schließlich zurück.

»Von wegen Klugscheißer«, sagte er. »Ganz normale Scheiße. Ich hab nachgesehen.«

Die jungen Mönche lachten. Yoso war sprachlos.

»Tja. Was immer du auch isst«, sagte Ikkyu, »die Kacke ist braun.«

Wieder Gelächter, doch Yoso schüttelte den Kopf. »Was soll das? Ist das dein respektloser Respekt? Erst die fleckige Robe, die zerfetzten Sandalen und dann dies! Was willst du damit bezwecken?«

»Edle Stoffe missfallen mir mehr als staubige Gewänder«, erwiderte Ikkyu, »solange draußen gehungert wird.«

»Zuallererst müssen wir die Lehre hochhalten. Das ist unsere wichtigste Aufgabe. *Zazen* üben, die Sutren studieren. Alle wichtigen Schriften habe ich gelesen, manche sogar mehrmals. Und es hat mir geholfen.«

»Geholfen? Wobei? Manche Sutren«, spottete Ikkyu, »sind dicker mit Scheiße beschmiert, *bevor* man sie zum Arschabputzen hernimmt, als *danach*.«

Yoso schrie auf. »Das geht zu weit!«

»Nimm doch nicht alles so ernst! Das sind Schriftzeichen auf Papier, erstarrte Worte, Lebloses ...«

»Es *ist* ernst. Da kann ich einfach nicht aus meiner Haut.«

»Kannst du denn *in* deine Haut?«, brüllte Ikkyu auf einmal los, »weißt du denn, was da pumpt, fließt, rinnt ...? Nichts weißt du davon! Ich hingegen war drin – ein kurzer Besuch beim Krähenschrei.«

»Hab ich dich.« Yoso grinste. »Du bist eitel.«

Das saß; und Yoso schob nach: »Deshalb auch die Arschabwischerei! Bei offener Schiebetür: damit es auch jeder mitbekommt! Besser willst du sein als wir.«

Daran war etwas Wahres. Ikkyu hatte es lange schon gespürt; nun ging ihm auf, was ihn geplagt hatte. »Da hast du recht, Yoso. Wir sind Menschen, keine Götter. Vielleicht«, sagte er bedächtig, »vielleicht ist es das Allerschwerste, etwas in Selbstlosigkeit zu *tun*, schwerer noch, als diese Selbstlosigkeit zu entdecken. Wahrscheinlich kann ich das noch nicht. Ich gebe es zu.«

»...«

»Auch«, überlegte Ikkyu laut, »bin ich wohl Schauspieler, so wie Zeami im *no*, muss immer etwas darstellen, muss immer übertreiben, dicke, fette, schwarze Tuschestriche malen. Es macht mir Spaß. Was macht *dir* Spaß, Yoso? Bilanzen auflisten?«

»Ordnung muss sein. Wie auch Höflichkeit, wie auch Zügelung. Auch in der Sprache. So haben wir es gelernt.«

»Die neue Zeit ...«

»Eine neue Zeit mit dir? Hahaha!«

Einige Zuhörer lachten mit, andere nicht: überwältigend fiel das Echo keineswegs aus. Yoso war beleidigt, warf die Hände in die Luft, schüttelte den Kopf, rollte die Augen und schritt davon.

Ein Mönch hob den Finger, nicht allzu schüchtern: »Meister, wir verstehen, was Ihr meint, auch Euren Zorn. Doch kann das Tragen einer zerrissenen Robe jemanden vom Hungertod bewahren?«

»Auf geradem Weg nicht«, gab Ikkyu zu. »Dies ist eine gewichtige Frage. Übrigens muss ich nicht recht haben. Es würde euch auch nichts nützen. Denkt *selbst*. Mir allerdings ist unwohl, wenn ...« – er rieb eine Falte seines frischen Gewandes zwischen Daumen und Zeigefinger – »... ich zu sehr dufte und feine Kleider trage. Mein Bauch flüstert mir das zu.«

Eine Pause entstand. Die Schüler dachten nach.

»Gib uns ein *koan*«, bat einer, der noch nichts gesagt hatte.

»Eines für alle? In der Öffentlichkeit? Das ist neu.«

»Ganz recht – neu.«

Ikkyu verstand. Aber so leicht wollte er es seinen Zuhörern nicht machen, denn ein *koan* war keine Denksportaufgabe, sondern etwas Tiefes, Persönliches, Heiliges, ein Gleichnis für die ewige Frage, auf die es keine Antwort gab – oder aber, sobald durchschaut, Millionen von Antworten. Zu schwer für ein entspanntes Gespräch und auch hier fehl am Platz. Also musste man die Anfänger ein wenig an der Nase herumführen, ohne ihnen aber die Hoffnung zu nehmen, eines Tages besser zu verstehen.

Einen langen Augenblick schaute Ikkyu als wie beseelt gen Himmel; dann sagte er: »Die Wolken sind an der Unterseite glatt und quellen bauschig in die Höhe, und dies stets verschieden.«

»Oh!«, riefen die anwesenden Möchtegernweisen. »Ist er also doch nicht nur verrückt! Was will er uns damit sagen? Alles muss auf festem Grund stehen?«

Alle redeten durcheinander.

»Dasselbe Ding kann zugleich gerade und krumm sein? Auch in dem weichen Gewölk findet sich feste Form und nicht nur Leere? Er meint das *hannya shingyo!* Natürlich! Lesen wir es wieder einmal: Leere ist Form, und Form ist Leere!«

Nur Shoiku und Nanko schwiegen, Ikkyu verwundert anblickend. Dieser konnte sein Grinsen nicht ganz verbergen.

»Alles falsch«, sagte er. »Sitzt, sitzt, sitzt!«

Kasos Tod war keiner von denen, die man in den Schriften findet. Er richtete sich nicht ein letztes Mal vor versammelter Schülerschaft auf und sprach ein bewegendes Wort. Auch hatte er nicht am Vorabend im Wissen um sein Ableben zu

Tusche und Pinsel gegriffen und ein letztes Gedicht verfasst. Nicht brach er sich das störrische Bein, um wenigstens ein einziges Mal in vollkommener Lotushaltung verweilen zu können. Nicht fiel erster Schnee auf sein Haupt, nicht blühten die Kirschen verfrüht.

Er war im Schlaf gestorben. Frühmorgens fand ihn Ikkyu, auf seiner Matte liegend, ein zusammengeschnurrtes Nichts, die Augen geschlossen, der Mund in erhabener Symmetrie, die Matte von Ausscheidungen verschmutzt.

Aber Ikkyu roch nichts, setzte sich neben den Meister und wunderte sich über seine Gewissheit: das ist er nicht, das ist er nicht. Kaso ist fort. Nicht tot, sondern fort.

Lange saß Ikkyu da. Niemanden holte er herbei. Er betrachtete die Fäkalien. Auf einmal regte sich Wut: was war das für ein letzter, gemeiner Streich! Warum den Menschen so zerschmettern und das Reine Land hinter den Mauern des Todes verschließen, so dass niemand sehen kann, was dort vor sich geht? Vielleicht gar nichts? Weshalb nur diese Geheimnistuerei?

Doch wo war jemand, den man hätte fragen können?

Es war still und dunkel. Ikkyu fuhr dem Meister über die Stirn. Sie fühlte sich kühl an, doch seine eigenen Finger waren eisig.

Als der erste Vogel zu singen anhob und die ersten Mönche aus dem Schlafsaal wankten, missmutig und, wie immer nach zu kurzem Schlaf, übernächtigt, da sahen sie ihn. Ikkyu, neben dem Toten kniend, wandte seinen Blick ihnen zu, flehend, doch wonach? Es gab nichts zu sagen, niemand sprach. Zwei ältere Mönche gingen hinaus, um Wasser, Lappen, Tücher und eine frische weiße Robe zu holen.

»Zazen«, sagte Ikkyu dann. Er und die übrigen setzten sich auf ihre Plätze, nicht, als wäre nichts geschehen, o nein! – es war das einzig Richtige zu tun.

Eine Ewigkeit lang saß Ikkyu, sah und hörte nichts, verpasste das *kinhin*, blieb einfach sitzen, allein, und starrte auf das torlose Tor des Nichts.

Der Kaiser
40

Diesmal traf Ikkyu der Tod seines Lehrers nicht mit derselben Wucht wie derjenige Kenos. Seine Trauer war erwachsen geworden, zwar groß, doch nicht in solchem Maß von Angst um die eigene Endlichkeit durchtränkt, dass er zu unüberlegten Handlungen verleitet würde. Sie war nicht von jener Verzweiflung, die in den ersten Tagen nach Kenos Tod sein Herz so eingeengt hatte, dass er sich von der Brücke stürzen wollte.

Die Zeremonie zu Ehren des Meisters war einfach, so wie dieser es zu Lebzeiten verfügt hatte. Ikkyu, in frischem Gewand und auf neuen Sandalen, rezitierte das *hannya shingyo*, Yoso las aus dem *mumonkan*. Es gab keinen Streit.

Für Ikkyu blieb das Gefühl bestehen, Kaso sei nur fortgegangen, habe zwar einiges von Belang zurückgelassen, das Wichtigste aber mitgenommen. Über diese seltsame Ahnung nachzudenken, machte keinen Sinn: das sagten die Schriften, und auch das *zazen* half hierbei nicht, denn, sobald man sich in den Lotussitz setzte, verschwand der Verdacht auf ein Fortleben nach dem Tod im übermächtigen Jetzt. Trotzdem blieb nach dem *Sitzen* etwas Tröstliches – wie Blütenduft im Frühlingshauch.

Der Meister war nicht mehr dazu gekommen, Ikkyu als seinen Nachfolger auszurufen. Vielleicht hatte er es auch vergessen oder letztendlich doch nicht gewollt. Ikkyu war das gerade recht.

»Noch bin ich nicht soweit«, sagte er zu Nanko und Shoiku, »zuerst muss ich wieder fort. Bin noch zu sehr verstrickt in ... alles. In mich selbst.«

»Ja, wer soll denn dann ...«
»Yoso natürlich.«
Die Freunde blickten Ikkyu entgeistert an.
»Stellt euch nicht so an! Er wird das Kloster ordentlich führen, wird an dieser Aufgabe wachsen und vielleicht sogar milder werden, besonders, zumal ich eine Weile fort bin und er sich nicht mehr an meinem schmutzigen Gewand ... reiben kann – hahaha! Ein lustiges Bild!«

An demjenigen Tag nun, an dem Ikkyu seine Wanderschaft fortzusetzen gedachte – das Bündel war schon gepackt –, just an diesem Tag wurde eine dunkle Sänfte vor Katatas bescheidener Pforte abgestellt.

Ikkyu durchströmten alte, beinahe vergessene Bilder. Es dauerte eine Weile, bis er nach der passenden Erinnerung gekramt hatte: mit solch einem Ding wurde doch einst der Vater herbeigetragen, wenn er heimlich die Mutter besuchte! Dieselbe Sänfte, schwarz gestrichen, diesmal aber nicht inkognito. Das Zeichen an allen vier Seiten des Sänftenwürfels – ja, jetzt erkannte er es! –, es war das kaiserliche: eine gelbe, fein ziselierte Chrysanthemenblüte!

Nicht der Vater beziehungsweise Kaiser stiegen aber aus; die Sänfte war leer.

Yoso, der amtierende Klostervorstand, eilte herbei. Als er die gelbe Blüte entdeckte, schlotterten ihm die Knie.

Vier Träger hatte man geschickt, in prachtvolle Gewänder gekleidet. Stramm standen sie um die Sänfte herum, jeder neben seinem Griff. Dann trat einer von ihnen vor und teilte das Anliegen mit. Umständlich las er von einem Blatt ab: »Der ehemalige *tenno*, seine Hoheit Gokomatsu, inzwischen im Ruhestand, und dennoch stets interessiert an den Klöstern des *zen*, wünscht sich jemanden aus Katata zu Gast, um mit diesem erbauliche Gespräche über die Lehre zu führen, nämlich ...«

Yoso strahlte und entspannte sich wieder.

»... Meister Ikkyu. Yoso, der vorübergehende Vorstand, möge ihn eine Zeitlang entbehren. Hier ist der kaiserliche Stempel.«

Der Bote drehte das Blatt um, hielt es am oberen Rand und streckte es Yoso entgegen.

Yosos Gesichtszüge verfinsterten sich. Suchend blickte der Bote in die Runde. Die gesamte Klosterbesatzung war herbeigeeilt.

»Das bin ich«, sagte Ikkyu. Ein zweiter Träger verließ seinen Platz und öffnete ihm die Sänftentür.

»Jawohl«, sagte Ikkyu. »Sofort.« Das Bündel hatte er ja schon gepackt; er holte es aus seinem Quartier, verbeugte sich vor Yoso, wobei er jegliches Grinsen vermied, stieg ein, und der Marsch begann.

Erst allmählich begriff er, dass es nun, nach fünfunddreißig Jahren, zu seinem Vater ging. Noch nie war Ikkyu in einer Sänfte gereist. So also wurden Kaiser und feine Damen transportiert! Er blickte hinab auf seine Füße: diese durften nichts tun, doch schneller als zu Fuß ging es auch nicht, es sei denn, die Träger würden in Trab übergehen, doch war dies wohl nur dem *tenno* selbst vorbehalten. So wankte man gemächlich durch die Landschaft. Der Sitz war gepolstert, hatte aber ansonsten Ähnlichkeit mit einem Abortbalken. Die Vorhänge hatte man zugezogen. Ikkyu schob sie zurück und sah hinaus.

Das Anwesen des ehemaligen Kaisers lag außerhalb der Stadt, westlich des Katsura, des zweiten, kleineren Flusses, der die fruchtbare Ebene und das Stadtgebiet durchfloss und sich dann mit dem großen Kamogawa vereinigte, welcher bei Sakai in das südliche Meer mündete. Hier häuften sich vornehme Wohnsitze einflussreicher und wohlhabender Familien. Durch die sumpfigen, sich ständig verändernden Uferstreifen des Katsura, über den eine Holzbrücke führte, hatte man einen Damm gezogen, auf dem man trockenen Fußes in das Quartier der Reichen gelangen konnte.

Ikkyu sah die Reisfelder vorbeiziehen. Es war Sommer. Drückend lag die Hitze über der Ebene, auf der sich das ärmliche Leben der Bauern abspielte, bei jedem Wetter, tagein und tagaus. In der Ferne türmten sich Gewitterwolken. Ikkyu erinnerte sich seines aus dem Stegreif erfundenen *koan* und musste lächeln. Wahrscheinlich zerbrachen sich die Jungen immer noch darüber den Kopf – eigentlich war es ja gar nicht so schlecht gewesen! Er betrachtete die Wolken und sah vergängliche Gestalten, schwellende Nasen, Mäuler, Segler in voller Fahrt, Drachen ...

Unvermittelt durchflog die Sänfte den Eingang in des Exkaisers Anwesen. Gärten in leuchtendem Grün, von Wasserläufen durchzogen, lösten auf einen Schlag das Gelbbraun der Reisfelder ab. Die Schritte der Träger knirschten plötzlich auf Kies. Ikkyu sah die verschiedensten Bäume, Büsche und Blumen. Der Garten war schön.

Die Sänfte wurde abgesetzt. In Ikkyu schwankte es ein wenig nach.

Er stieg aus, wurde sogleich in das Haupthaus geleitet und darin in den Audienzsaal. Die Diener entfernten sich. Er stand vor einem leeren Podest. Es war still und kühl.

Dann trat Gokomatsu ein und setzte sich. Ikkyu vollführte eine tiefe Verbeugung und wagte dann, nach einem Wink des *tenno*, ebenfalls Platz zu nehmen. Ein Kissen war für ihr bereitgelegt.

Das war also der Vater.

Aus zweierlei Gründen vermochte Ikkyu nicht, eine Verbindung zu ihm herzustellen: zum einen war zu viel Zeit vergangen, ohne dass man einander auch nur ein einziges Mal begegnet wäre, und der Kaiser hatte kaum mehr Ähnlichkeit mit dem Jüngling von damals. Noch war er zwar schlank, eher klein und mit gepflegten Händen, hatte einen edlen und ein wenig abwesenden Gesichtsausdruck, doch höchstens die Augen kamen Ikkyu bekannt vor, dunkel und abwartend, dies wohl noch mehr als früher, und auch misstrauischer, so wie einer eben blickt, der ständig mit Wünschen und Bitten belagert wird.

Zum anderen war Ikkyus Vaterbild auch damals schon von der eigenen Wahrnehmung überfärbt gewesen: hier er, das Kind, für das sich der Begriff Vater niemals mit Leben angereichert hatte, dort jener geheimnisvolle Fremde, der hin und wieder aus dem Nichts erschien, ihn hochhob, ein- oder zweimal im Kreis schwenkte, dann wieder absetzte und mit Mutter in Decken und Kissen verschwand.

Nun saß da ein Mann am Beginn des Alters. Ein Fremder.

Beide schwiegen eine Weile. Auch für Gokomatsu war es offensichtlich nicht einfach, einen Anfang zu finden.

»Der hundertste Kaiser war ich – wusstest du das eigentlich, mein Sohn?«, begann er und sprach weiter, leise und zögernd, als rede er mit sich selbst: »Das sei etwas Besonderes und überaus Wichtiges, sagten mir meine Berater sowie auch jene, die sich seherischer Begabung rühmten. Alles Unsinn! Bedeutendes würde ich schaffen ... was denn bitte? Ich war jung, als man mich auf den Thron hob, sechzehn Jahre, wie du weißt, und wollte leben, nicht regieren! Letzteres war übrigens sowieso nie der Fall – wieso also ließ man mich nicht einfach in Ruhe? –, denn die Shoguns sind es, welche die Macht ausüben, Entscheidungen treffen und unsere Krieger befehligen. Nicht, dass ich solches je gewollt hätte ... Doch mehr und mehr fühlte ich mich wie eine Puppe, glaubte, wenn ich die Stufen zum Thron emporstieg, an Fäden zu hängen, die doch jeder sehen musste! Wieso lachten sie dann nicht? Meine Bewegungen wurden mir selbst fremd, ungelenk, als watete ich durch einen unsichtbaren Sumpf.

Doch das ist lange her. *Tenno* bin ich jetzt nicht mehr, was mir übrigens durchaus zusagt.

Nun zu uns: Mein Wunsch nach Gesprächen über die Lehre des Erhabenen, ja sogar nach Unterweisung darin, war nicht nur ein Vorwand, Euch ... ein Treffen zwischen uns arrangieren zu können – dies natürlich auch –, sondern ...«

Gokomatsu fiel es schwer, eine passende Anrede zu finden und den richtigen Ton zu treffen.

»... mein Interesse daran ist wahrhaftig. Siehst du, Sohn – seht Ihr, Meister Ikkyu – ich bin alt und beginne, mich zu fragen, wieso alles ist wie es ist und war wie es war, und auch, wo ich am Ende hingehen werde ...«

»Das, verehrter Herr *tenno*, kann ich Euch nicht sagen. Ich weiß es nicht.«

»Nicht? Ich verstehe. Die Lehre bezieht sich also nur auf das Jetzt und wie man dieses bewältigt, ist das zutreffend?«

»So könnte man es ausdrücken.«

»Gut. Zunächst aber: verzeiht mir, dass ich Euch damals im Stich gelassen habe, dass ich in all den Jahren nie ...«

Ikkyu winkte ab.

»Doch, doch, es belastet mich. Entschuldigen kann ich nichts, höchstens vielleicht erklären. Man wollte Euch schützen, wie auch Eure Mutter. Die ich sehr liebte. Obwohl ich jung war und lebenslustig. Alles konnte ich tun und lassen. Solches macht gedankenlos. Inzwischen ist mir das klar, aber damals? Wie dem auch sei; meinen Beratern erschien es vernünftig, euch beide an einen sicheren Ort zu bringen. Ich dachte nicht selbst, sagte einfach *ja*, konnte euch doch auch besuchen, wann immer mir danach war. Und zu Beginn war dies durchaus oft – doch die Staatsgeschäfte belasteten mich mehr und mehr ... ach, lassen wir das, ich versprach ja, mich nicht rechtfertigen zu wollen. Dann brachte man dich weiter fort. Auch weg von der Mutter – ich weiß. Aber bedenke, wie oft schon ein vermeintlicher Anwärter auf den Thron vorsorglich beiseitegeschafft wurde; und du warst ein solcher, ja, bist es eigentlich heute noch, denn was wäre, wenn meinem anderen Sohn etwas zustieße?«

»Ich habe kein Interesse.«

»Das weiß ich, habe ja deinen Werdegang verfolgt, zwar aus der Ferne, aber stets mit Anteilnahme. Und übrigens: ist es nicht ein Glück, dass das Klosterleben, das Studium der Lehre also, die Saiten deines Herzens zum Schwingen brachte? Es hätte auch anders sein können. Selbst Yoshinori, der Shogun ...«

Der Vater senkte die Stimme, als lausche jemand.

»... hat die Lehre von Grund auf studiert, gibt dies zumindest vor, doch mit welchem Ergebnis? *Seiner* Natur entsprach das Kloster gewiss nicht. Ja, was die Macht der Shoguns betrifft: jetzt ist Yoshinori dran.« Nun geriet Gokomatsu gar ins Flüstern: »Hüte dich vor ihm. Er ist böse. Sooft er mich besucht, fragt er nach meinem ersten Sohn – also nach dir.

Stets versichere ich ihm, dass du keinen Wunsch nach weltlicher Macht hegst, ...«

»Den hege ich auch nicht.«

»... und er nimmt es mir ab. Dennoch ist seine Grundverfassung: Misstrauen. Also Vorsicht! Doch nun zu meiner Frage. Bitte gestatte sie mir.«

Immer wieder schwankte Gokomatsu zwischen höflicher und persönlicher Anrede.

»Ich spreche zu dir, zu Euch, wie ein Schüler zum Meister: Wie kann ich die Lehre verwirklichen? Was ist die Natur des Erhabenen? Kann ich sie erreichen? Habt Ihr sie erkannt beim Krähenschrei, von dem man berichtet?«

»*Vier* Fragen waren das«, antwortete der Sohn. »Doch spielt die Zahl keine Rolle: zu jeder einzelnen kann man nicht viel sagen, denn nur die *eigene* Anstrengung nützt letztendlich etwas. Nur dies: Ihr tragt sowohl das Problem wie auch die Lösung ständig mit Euch herum: es ist der Gedankenaffe, der in Eurem Schädel tobt.«

Letzterer hatte sich in Ikkyus Kopf gerade in ein seltsames Doppelwesen verwandelt: eine Kreuzung zwischen Mitleid und Liebe zu diesem traurigen Mann.

»Der Gedankenaffe?«

»Jeder hat solch einen lästigen Gefährten.«

»Hmm«, machte der *tenno*.

»Gebt ihm zu fressen, werft ihm, wenn Ihr wollt, ein *koan* vor, das er sich vornehmen kann ...«

»... wie eine Frucht?«

»Eine unschälbare Frucht allerdings. Oder tragt ihm auf, Eure Atemzüge zu zählen und keinen einzigen zu verpassen. Oder das Heben und Senken des Bauches, egal was: gebt ihm zu tun!«

»Dann werde ich erwachen?«
»Schläft der Affe denn je?«
»Hmm.«
Eine Pause trat ein, Zeit für Ikkyu, sich umzusehen. Der Raum lag im Dunkel, die Raumteiler waren aus edlem Holz und schwarz lackiert, die Papierbespannung von reinem Weiß, leicht durchsichtig, so dass die Wände aus sich heraus zu leuchten schienen. Es gab keinen Schmuck, keine Bildrollen und auch keine Blumenvasen oder Kommoden. Ja, so mochte das Gemach eines Mannes aussehen, dessen Geist hinter das Glitzern der Dinge schauen will.

Der Kaiser schien nachzudenken, vielleicht darüber, dass das Ganze – seine Befreiung nämlich – möglicherweise doch nicht so einfach war, wie er gehofft hatte.

Als habe Ikkyu des Vaters Gedanken gelesen, murmelte er, allerdings mehr zu sich selbst: »Angst vor dem Alter und Angst vor dem Tod genügen nicht. Sie sind selbstverständlich. Es sind lediglich zwei der vier Grundpfeiler des Leidens, ...«

»Neben Geburt und Krankheit – ich kenne die Schriften.«

»... die jedem gleichermaßen widerfahren. Und doch gibt es, wie Ihr wisst, kaum jemanden, dem das Erwachen gelingt.«

Es missfiel Ikkyu, in die Rolle des Lehrenden gedrängt worden zu sein. Doch was sollte er tun?

»Ich verstehe, dass es grundsätzlich nicht leicht ist«, sagte der Kaiser bedächtig, »Anleitung zu geben und in Worte zu fassen, was zu unternehmen ist.«

»Ja. Nein. Das ist es nicht. Zumindest nicht nur. Zwischen uns hat sich die natürliche Abfolge der Dinge verkehrt.«

»Wie das?«

»So wie die Söhne nicht vor den Vätern – verzeiht – sterben *sollen*, so wie die Söhne nicht vor den Vätern geboren werden *können*, ...«

»Das versteht sich.«

»... so sollen die Söhne die Väter auch nicht lehren – belehren ja, wenn nötig, falls das Alter die Urteilskraft trübt; aufbegehren: sicherlich; neue, eigene Wege suchen: ja. Doch Unterweisung ist etwas anderes, insbesondere, wenn das Verhältnis so durcheinander ist wie das unsrige.«

»Durcheinander? Inwiefern?«

Ikkyu wunderte sich darüber, dass Gokomatsu nicht von selbst begriff, doch hatte wohl auch dieser in seiner Kindheit keine väterliche Liebe erfahren, war wie Ikkyu einer Puppe gleich mit schönen Kleidern behängt und darüberhinaus auch noch zum Kindkaiser zurechtgeknetet worden, wobei elterliche Zuwendung wahrscheinlich keine große Rolle gespielt hatte, ja sogar unangebracht gewesen sein mochte, denn auch ein junger *tenno* ist nur halb Mensch, dafür aber halb auch Gott, der über den Regungen der Menschen steht – und das muss er frühzeitig lernen.

Halb Gott? Ja, glaubte man dies tatschlich? Ikkyu nicht. Der Vater?

Behutsam versuchte Ikkyu zu erklären: »Durcheinander, weil zum schon Gesagten noch dazukommt, dass wir nicht wirklich Vater und Sohn sind, sondern ...« Er zögerte, sprach es dann aber aus: »... Fremde. Kaiser und Bettler. Herrscher und Tagedieb. Oder sogar ...« – hier konnte sich Ikkyu ein leichtes Grinsen nicht verkneifen – »... Gott und Mensch?«

»Mein lieber Sohn« lachte Gokomatsu, »letzteres glauben wir doch beide nicht. Das sagt man so fürs Volk!«

»Mit dem Volk habe ich oft zu tun«, entgegnete der Sohn, »und bezweifle einerseits, dass dieser Glaube dort tatsächlich so verbreitet ist, wie man annimmt, und andererseits, dass er dem Volk von großem Nutzen ist.«

»Mag sein«, sagte der *tenno* unwirsch, als habe man ihm etwas Wertvolles weggenommen. Ikkyu lächelte: Aha! Ein halber Gott wäre man trotz allem gern ...

»Es ist wahr, wir sind nicht wie Vater und Sohn«, fuhr der Kaiser fort, »waren es nie, können es nicht auch mehr werden und sind einander deswegen fremd. Ich spüre es. Aber unterschätze den roten Faden nicht, ...«

»Den roten Faden?«

»... der uns dennoch verbindet und uns vielleicht sogar dazu getrieben hat, sich denselben Fragen zuzuwenden – gut, *du* hast dies viel früher getan als ich, doch andererseits gezwungenermaßen: was blieb dir anderes übrig als Kind zwischen lauter Mönchen? Aber liest man nicht, allgegenwärtig sei nur das Jetzt, und nur dieses zähle? Nun bin eben *ich* bereit, viel später zwar als du – doch ist das von Bedeutung?«

Ikkyu dachte über den roten Faden nach, der sie ja in der Tat verband, nicht nur sie beide, sondern alle Lebenden, über die Nabelschnur zwischen Mutter und Kind, in der sich Blut und Wärme den Weg bahnen; beides wird von Mensch zu Mensch weitergegeben – nie darf das Blut versiegen, nie dürfen die Körper erkalten, denn dies wäre das Ende allen Lebens.

»Ja ...«, sagte er nachdenklich.

»Andererseits«, fuhr der Exkaiser fort, »widerspricht sich auch ein *tenno* gelegentlich, wie du siehst: die Zeit ist sehr wohl von Wichtigkeit, denn es ist spät, und es eilt. *Du* hast gut reden, Sohn, befindest dich noch nicht auf der letzten Strecke des Weges wie ich.«

»Ganz recht«, wiederholte Ikkyu, »vergesst das nie – *ich* befinde mich noch nicht auf der letzten Strecke des Weges wie Ihr. Zieht daraus Eure Schlüsse: etwaige Unternehmungen könnten in der Tat dringlich sein.«

Der Kaiser lächelte. »Das sind deine Tricks: Verwirrung, nicht wahr?«

»Zweitens aber«, fuhr Ikkyu fort, » ist unklar, ob es sich tatsächlich so verhält. Kann nicht zum Beispiel über dem Eingangstor dort draußen ...« – er zeigte hinter sich – »... ein Balken locker sein und mir auf den Kopf fallen, wenn ich mich auf den Heimweg mache? Es kann.«

»Also gut. Gebt mir ein *koan*.«

Ikkyu zögerte. Damit spielte man nicht. Doch mehr und mehr erschien ihm des Vaters Verlangen nach Erkenntnis überzeugend und aufrichtig.

»Also gut«, sagte er. »*Wer* atmet? Findet das heraus.«

»Wer atmet? Hmm.«

Gokomatsu schwieg, und schon sank seine Achtsamkeit in den Bauch, den *tanden* hinab. Es war still bis auf das Zwitschern der Vögel im Garten und das Geräusch der ein- und ausströmenden Luft. Der Kaiser schien zu seufzen. »Warum der Atem?«

»Man kommt leicht an ihn heran, denn er ist immer da – wenn nicht, dann sind wir tot, und es ist wirklich zu spät. Zur Beobachtung haben uns die Götter nun einmal den Atem gegeben. Könnten wir dabei zusehen, wie im Bauch die Scheiße gemacht wird, dann wäre das auch in Ordnung.«

Der *tenno* rümpfte die Nase. »So spricht man bei uns nicht. Das höre ich ungern. Bauernsprache ohne Anstand.«

»*Gerade deswegen* habe ich es in diesen Raum hineingesagt. Hier finden sich feine Stoffe, edle Kleidung, teure Düfte, doch ist das nicht die ganze Wirklichkeit. Bei weitem nicht. Wir beide wissen das.«

»Hmm.«

»Studiert Rinzai. Es ist seine Methode, die ich mir gerade geborgt habe – man könnte auch sagen: gestohlen.«

»Das werde ich tun. Eure Kommentare werden mir dabei helfen.«

»Meine Wanderschaft ...«, sagte Ikkyu unschlüssig, und nun war es der Kaiser, der schnell begriff: »Ich verstehe. Du musst weiterziehen. Das schmerzt mich sehr, aber geh! Ab und zu werden wir uns wiedersehen, das muss genügen. So viel Zeit ist verstrichen, ungenutzt, von mir verschwendet. Niemand kann sie zurückholen. Reue ist eine schwere Last.«

Das klang ernst, ehrlich und voller Trauer. Doch sogleich fasste sich der *tenno* wieder: »Ich freue mich auf unsere nächste Zusammenkunft. Bis dahin werde ich *sitzen* und warten ...«

»... ohne zu warten.«

Gokomatsu lächelte. »Ja. Übrigens ersehnt sich auch deine Mutter Unterweisung.«

»Meine Mutter ...«

»Nach meiner Abdankung«, fuhr der Kaiser fort, »wurde die Vereinbarung verletzt, nach welcher Nord- und Südhof abwechselnd des Kaiser stellen. Denn mein ehelicher Sohn, dann Gohanzano genannt – dein Bruder – übernahm das Amt. Du weißt.«

Ikkyu nickte.

»Was folgte daraus? Wieder wurden Beziehungen jeglicher Art zwischen Nord und Süd unerwünscht, genau wie damals, als ich deine Mutter kennenlernte, die Südfrau. Und wieder –

ja, bis zum heutigen Tag – konnte und kann ich sie nur heimlich treffen. Man fürchtet Rache, spinnt ihr ein zweites Mal einen Dolch in den Ärmel. Was für ein Unsinn! Aber Heimliches hat ja auch seinen Reiz, ...« Der abgedankte Kaiser lächelte wie ein Junge, der einen Streich aushecht: »... und so kann ich dir heute eine Überraschung bereiten.«

Die Papierwand hinter Gokomatsus Podest schob sich beiseite, und ihr Rascheln ging über in dasjenige eines Gewandes. Tsubone Iyono, die Mutter, trat herein, faltete die Beine wie ein junges Mädchen und setzte sich.

Wie viele Jahre waren vergangen, seitdem auch der kleine Yoshinori die Mutter hinter einem Vorhang hervorgezaubert hatte!

»Mama!«, rief Ikkyu, eilte zu ihr und drücke seinen Kopf an ihre Wange. Sie weinte. Ikkyu sah, wie sie gealtert war. Leicht wie eine Feder erschien sie ihm, doch noch anmutiger als früher. Nun war sie die Kleine und er der Große – und dennoch wurde er wieder Kind.

Sie trocknete sich die Tränen, ergriff seine Hand und lächelte.

»Wie geht es dir?«, fragte sie. »Was tust du? Ich höre oft von dir. Man erzählt Gutes und auch Lustiges. Schreibst du noch so schöne Gedichte? Doch erst lass dich ansehen!«

»Nichts vergesse ich Euch jemals«, entgegnete er, »und *eines* ganz besonders nicht: dass Ihr mir damals das Leben gerettet habt!«

»Ach! Tausendlilienbub, du übertreibst! Sicher, immer wieder habe ich versucht, dich zu schützen, nie jemandem verraten, wo du bist, habe dafür gesorgt, dass es dir bei Meister Keno gut geht: die Extraportionen, weißt du noch?«

»Das meine ich nicht«, unterbrach er, »sondern den Boten. Er kam im letzten Augenblick. Ich war bereits dabei, von der

Brücke ... schon längst wollte ich Euch dafür danken. Er war verschwunden, bevor ich ihm eine Antwort hätte mitgeben können.«

»Der Bote?«

»Der Bote mit Eurem Brief. Auf der Brücke hatte er mich eingeholt, gerade bevor ich ... und Ihr schriebt mir, ich solle zu Meister Kaso gehen – was ich auch tat.«

»Meister Kaso? Ich kenne keinen Meister Kaso.«

»Bei ihm bin ich doch nach Meister Kenos Tod gewesen und habe weitergelernt! Auch Euretwegen – denn eines Tages sollte ich doch auch Euch lehren, wie man *sitzt;* so stand es in dem Brief – wisst Ihr das denn nicht mehr?«

Die Mutter schüttelte langsam den Kopf. Sojun sah die Falten um ihre Augen und die grauen Haarsträhnen im Schwarz.

»Ich weiß nicht, wovon du sprichst«, sagte sie. »Habe dir nie einen Boten geschickt.«

Yoshinori
41

Drei Jahrzehnte waren seit ihrer Begegnung vergangen, und doch kam es Ikkyu vor, als wären es dieselben schwarzen Männer wie damals.

»Kommt mit«, sagten sie, nachdem sie ihn in Sakai aufgespürt hatten. »Wir bringen Euch zu ...«

»... Shogun Yoshinori«, flüsterte er und bekam Schluckauf vor Schreck.

»Woher wisst Ihr das?«

»Die schwarzen Gewänder – sind diese nicht seiner Garde vorbehalten?«

»Keine Sorge! Er hat Sehnsucht nach Euch.«

»Die Vergangenheit holt mich ein«, murmelte Ikkyu. »Erst der Kaiser, nun der Shogun ...«

Die Männer nahmen ihn in die Mitte, ergriffen aber nicht wie damals seine Arme. Hatte er seinerzeit, als Zehnjähriger, versucht, davonzulaufen, und waren sie beziehungsweise jene Gleichgekleideten ihm damals nachgeeilt? Er erinnerte sich nicht.

Die Reise war angenehm und nicht allzu lang, erfolgte sogar teilweise zu Pferd. Nach einer halbwegs bequemen Übernachtung im Quartier einer Wachmannschaft vor der Stadtgrenze gelangte man am Nachmittag des folgenden Tages zum Hof des Shoguns.

Die schwarzgekleideten Männer verloren keine Zeit. Sie begleiteten Ikkyu in die Empfangshalle, verbeugten sich vor Yoshinori, der bereits, von Vertrauten, Hofdamen und Dienern umringt, auf seinem Podest saß, und traten ab.

Wie damals, und wie stets vor Mächtigen, blieb Ikkyu nichts anderes übrig, als sich ebenfalls tief zu verbeugen.

»Wofür habt Ihr mich zu Euch gebracht?«, erdreistete er sich zu fragen.

»Nicht *gebracht*«, tadelte der Shogun. »Eingeladen.« Überschwänglich fuhr er fort: »Mein Jugendfreund, mein Ikkyu! Wisst Ihr nicht mehr?« und weihte die Umstehenden ein: »Oft haben wir als Buben zusammen gespielt – meine hölzerne Yatagarasu war etwas ganz Besonderes, nicht wahr, Mönch? Niemand außer mir besaß dergleichen. Ihr durftet an der Schnur ziehen; ...«

Oft? Einmal. Ikkyu erinnerte sich dunkel.

»... übrigens habe ich auch unser Gespräch über Kirschkerne nicht vergessen, ...«

Ikkyu erinnerte sich gut.

»... mittlerweile verstehe ich ihn besser, den fehlenden Wesenskern, habe ja auch im Tempel gedarbt und es immerhin zum Abt gebracht – da kennt man das Grundlegende der Lehre natürlich. Doch wem sage ich das? Dennoch, ich bin kein Mann des Sitzens, sondern der Tat! Und nun bin ich Shogun!«

Ja, Yoshinori war tatsächlich Shogun geworden, allerdings später als erwartet: erst in seinem fünfunddreißigsten Jahr. An die Macht hatte es mehr Umwege bedurft als gedacht, denn unerwartet war seinem Bruder, dem Shogun Ashikaga Yoshimochi noch dessen Sohn Yoshikazu gefolgt, der aber schon nach zwei Jahren starb; darauf folgten vier Jahre der Ungewissheit, die mit Kriegswirren und Aufständen einhergingen, insbesondere in den Regionen Harima und Tamba, welche aber niedergeschlagen wurden.

Erst dann hatte Yoshinori das Shogunat übernommen, dies zunächst durchaus widerwillig, da er inzwischen, nach mehreren Jahren Ausbildung, zum Abt des Shoren-Klosters aufgestiegen war, eine Aufgabe, mit der er sich erstaunlicherweise schnell angefreundet hatte, allerdings auch hatte anfreunden *müssen*, denn Befehl der Familie war Befehl.

Mit dem beinahe militärischen Drill in jenem Kloster wusste er gut umzugehen, zumal es im Stufensystem der *shozan-*, *jissetsu-* und *gozan-*Tempel Aufstiegsmöglichkeiten in Hülle und Fülle gab – warum also nicht, zumindest vorübergehend, diesen Weg einschlagen?

Yoshinori war ehrgeizig: selbst in die Übung des *zazen*, die ihn anfangs unsäglich langweilte, stürzte er sich nach einer Weile mit der ihm eigenen Verbissenheit, was der Sache zweifellos nicht dienlich war; aber wer würde letztendlich einem Ashikaga das Erwachenszeugnis verweigern?

Nein, besagtes Papier hatte er in der Tasche, beziehungsweise es hing, auf eine Bambusmatte aufgezogen und für jeden sichtbar, hinter dem Podest, auf dem er seine Audienzen abhielt.

Ein erleuchteter Shogun? Solches, wenn überhaupt, kam nur selten vor! Nichts allerdings wäre in diesem Fall der Wahrheit ferner gewesen, denn schon bald hatte Yoshinori seine Vergangenheit als frommer Abt so vollständig vergessen, als habe es sie nie gegeben, und seinen wahren Charakter entdeckt – oder wiederentdeckt? Ein grausamer Regent wurde aus ihm, unberechenbar, aufbrausend, nachtragend und allseits gefürchtet.

Wie dem auch sei, jedenfalls hatte er seinen Bruder Yoshimochi doch noch beerbt, dies übrigens, nicht zu vergessen, durch eine ungewöhnliche Prozedur: durch Los!

Nach Yoshikazus frühem Tod nämlich hatte eine illustre Schar aus Familie, *daimyos* und anderen Kriegsherren im

Iwashimizu-Schrein nahe der Hauptstadt zwischen mehreren in Frage kommenden Personen das Los entscheiden lassen, wobei Yoshinori der Ausgang dieser Lotterie – wie gesagt – zunächst keineswegs genehm gewesen war.

Obwohl sich letzteres bald änderte – stets schwebte selbiger Makel des Zufälligen über Yoshimochis Shogunat, auch noch, nachdem er sich in seine neue Rolle gefunden hatte, ja, ihm diese sogar ans Herz gewachsen war: nicht durch eigene Kraft habe er das höchste Amt erreicht, sondern durch Glück.

Darüber sprach man verächtlich, selbst unter den Ashikagas, von denen nicht wenige die Wahl Yoshinoris nicht gutgeheißen und auf einen anderen Ausgang gehofft hatten.

Der eine bemängelte, jener sei ja nur ein Verlegenheitskandidat gewesen. Der andere munkelte, er habe seinen Neffen Yoshikazu vergiften lassen, damit die Lotterie überhaupt hatte stattfinden können. Ein dritter behauptete gar, auf allen Losen im Korb habe derselbe Name gestanden.

Derlei Nachreden blieben Yoshinori nicht verborgen, denn neben einem feinen Gespür für Stimmungen konnte er, viel wichtiger noch, auf einen großen Kreis von Zuträgern bauen, sowohl am Hof wie auch draußen, so dass es bald lebensgefährlich geworden war, unliebsame Vermutungen über den Shogun anzustellen.

Yoshimochi lebte in ständiger Angst davor, jemand, zum Beispiel irgendein untergeordneter Kriegsherr, könne ihm in den Rücken fallen und ihn töten. Klug, wie er war, versuchte er, dem mit allen Mitteln vorzubauen. Er hatte eine eigene Militäreinheit aufgestellt, die *hokoshu*, welche, unter Umgehung der Provinzgouverneure, unmittelbar ihm unterstellt war. Aus ihnen rekrutierten sich mittlerweile auch die schwarzen Männer, eine Spezialeinheit, die bereit war, jedweden Auftrag, und sei er noch so gefährlich, auszuführen. Nicht so im Fall Ikkyus natürlich: dessen Geleit war eine angenehmen Abwechslung gewesen.

Der Meister hatte das Zertifikat hinter Yoshinoris Sitz erspäht, sagte aber nichts.

»Den Daitoku-Tempel«, fuhr Yoshinori fort, dem Ikkyus Seitenblick nicht entgangen war, »habe ich kurzerhand aus der *gozan*-Bande hinausgeworfen: was für ein korrupter Verein! Sicherlich doch, obgleich Ihr hierzu nichts zu sagen habt, auch mit Eurer Billigung, Meister Ikkyu?, zumal dort Yoso am Hantieren ist, Euer Feind, nicht wahr? – genauer gesagt, nicht im Daitoku-ji selbst, sondern mittlerweile in der mit dem Muttertempel verbundenen Klause von Yoshun-an in Sakai. Zweifellos ist Euch das bekannt. Wurmt es Euch auch schön?«

»Nein«, log Ikkyu. »Das ist mir egal.«

»Natürlich!«, fuhr Yoshinori grinsend fort: »Gegründet übrigens in demselben Jahr, in dem Ihr, zusammen mit Sogen Nanko, die *zen*-Klause Shuun-an eröffnet habt. Welch ein Zufall aber auch!«

Das stimmte. Mit Nanko und Shoiku, den Freunden, hatte Ikkyu einem seiner Unterstände auf den Wanderschaften besagten Namen gegeben. Regelmäßig hielt er sich dort auf, um für Ratsuchende erreichbar zu sein.

»Klausen kann es in diesen Zeiten nicht genug geben«, murmelte Ikkyu.

»Ja ja«, sagte Yoshinori gönnerhaft, »*sitzt* Ihr nur dort herum, während meine Wenigkeit regiert. *Ich* habe die Quälerei überstanden, doch all die Mühe ...« – er deutete an die Wand hinter sich – »... ist selbstverständlich zertifiziert!«

Eine Pause trat ein, während derer, auf ein Handzeichen des Shoguns, weiteres Personal erschien: ein Diener und zwei Träger, die auf einer Art Totenbahre eine Reihe überkopfgroßer Tongefäße herbeischleppten sowie ein Koch mit seinem Gehilfen. Die zwei hatten allerlei Kochgerät bei sich, Geschirr, Messer, Schalen, einen großen Bottich sowie einen Tisch, auf den sie eine kleine Feldküche zauberten. Ein herbeigeschobener Kasten mit glühenden Kohlen vervollständigte das Ensemble.

»Mein lieber Ikkyu«, sagte Yoshinori, während die Vorbereitungen zum Mahl vorangingen, »bald gibt es eine kleine Stärkung. Doch zuvor: Eure Einladung möchte ich zu einer Bitte nützen. Einer kleinen Bitte, die Ihr mir sicherlich leichten Herzens erfüllen könnt. Wir sitzen ja ...« – wiederum wies er hinter sich nach der Wand – »... in demselben Boot, wobei ich das Wort *sitzen* bewusst verwende. Haben vergleichbare, umwerfende Erfahrungen gemacht, ...« – was keineswegs stimmte – »... und dennoch erkenne ich Eure überragende Wachheit an. Wie gesagt, ich bin ein Mann der Tat, Ihr aber der Weisheit. Die Spatzen pfeifen es von den Dächern; das ganze Volk erzählt sich Anekdoten von Euch und über Euch. Ihr nehmt kein Blatt vor den Mund, schlichtet Streit oder entfacht ihn, rüttelt auf oder beruhigt, macht Euch lustig oder auch nicht, klagt an; und stets, wie man mir berichtet, tut Ihr dabei das Richtige! Einen Berater wie Euch könnte ich gebrauchen, nein, brauche ich unzweifelhaft!«

»Also mich als Hofnarren«, entfuhr es Ikkyu, doch der Shogun lachte nur: »Spaß wollen wir auch haben, o ja! Wenn Ihr mir nur stets rundheraus sagt, was Ihr denkt.«

Ikkyu wusste, dass er nicht ablehnen konnte. Er versuchte, möglichst unmerklich zu nicken.

»Wunderbar!«, rief Yoshinori, verschwörerisch zwinkernd. »Ich wusste, dass wir uns einig sind. Nötigenfalls werden also meine Männer bei Euch vorbeischauen.«

Eine Meisterleistung, dieser feine, drohende Unterton! Damit war die Sache für den Shogun erledigt. Er war in bester Laune: »Lasst uns nun eine Kleinigkeit zu uns nehmen. Danach gibt es eine Überraschung.«

Auf ein weiteres Handzeichen Yoshinoris holte der Koch einen prächtigen Tintenfisch aus einem Bottich, armlang und glitzernd. Mit dem Messer schnitt er das Kopfstück aus Tentakelkranz und Schnabel vom Rumpf und schob es beiseite. Dann zerteilte er die Hülle des Tieres in vier Längsstreifen, wobei sich der innere, durchsichtige Sack aus Eingeweiden löste. Der Koch warf ihn weg. Die Körperstreifen richtete er auf einem schwarzen Lacktablett an, welches das Durchscheinende der lebendigen Substanz noch verstärkte. Das obenliegende Stück zitterte, seine flossenartigen Fortsätze kräuselten sich, als gehe eine Brise darüber hinweg.

Inzwischen hatte sich das Kopfstück erhoben und stand mittels seiner acht Arme aufrecht wie eine umgekehrte, unsagbar fein gefertigte Krone, ein Bild von ebensolcher Schönheit wie Schrecklichkeit.

Ikkyu vermeinte, einen Schrei zu hören, doch natürlich war dieser Rest des Geschöpfes ebenso stumm wie zuvor das Ganze.

Nun setzte sich der Kranz mit Beinen in Bewegung: offenbar hatte er beschlossen, den Tatort zu verlassen. Der Koch aber setzte mit der Messerklinge eine Barriere.

»Ho ho ho!«, rief er, »hiergeblieben!«

Dann drückte er den Ring aus Beinen flach – der Schnabel in der Mitte krachte dabei –, säbelte die acht Fortsätze ab und verteilte sie behutsam, gar liebevoll über die Filets, wo sie weiterhin, nun jeder auf sich gestellt, Fluchtwege zu ertasten versuchten.

»Esst, Mönch. Frisch«, sagte der Shogun.

»Jawohl.« Ikkyu räusperte sich ohne Appetit und griff nach den Stäbchen.

»Das ist eine neue Zubereitungsart«, fuhr Yoshinori fort, »ein neues Schnittmuster sozusagen – übrigens nehmt Salz –, welches viele Vorteile hat. So, und nur so, gehen die Lebenskräfte der Speise unmittelbar in den Verzehrenden über. Kein Sterben, kein vergiftender Hauch kann sich irgendwo ansiedeln.«

Der Koch nickte eifrig und grinste, die zittrige Reise des Happens in Ikkyus Mund verfolgend. Auch der Shogun schob sich einen Streifen zwischen die Zähne und schmatzte: »Spürt Ihr, wie es an der Zunge bebt?«

»Jawohl«, sagte Ikkyu.

»Habt Ihr Bedenken?« Dem Shogun war des Meisters angewiderter Blick nicht entgangen. Also musste Ikkyu etwas sagen: »Durch die Zerdehnung des Todes«, versuchte er zu erklären, »der lediglich ein Punkt ohne Zeit ist, ein nicht messbarer, unbegreiflich kurzer und sowieso in jeder Hinsicht unfassbarer Augenblick, schaffst du, Koch, unnötiges Leid. Durch dich stirbt das Tier erst nach und nach.«

»Die Tintenfische sinds gewohnt«, warf der Koch ein.

»Ja, da denkt er wieder laut, mein Mönch«, lachte Yoshinori, »geht in die Tiefe, tiefer, als dieser Achtfüßler je zu tauchen vermochte, als er noch die Meere durchstreifte, ...«

Du schlechter Dichter, dachte Ikkyu.

»... doch unsereins – hahaha! – soll wieder einmal nichts verstehen.«

»Aus menschlicher, unvollkommener Sicht ist das unschwer zu begreifen«, murrte Ikkyu, »Was aber *wirklich* der Fall ist, das ist freilich eine andere Frage: auch ich habe letztendlich keine Ahnung ...«

»Nun kokettiert Ihr wieder. Schämt Euch!«

»Nein«, protestierte Ikkyu. Doch da war etwas Wahres dran.

»Einfacher ausgedrückt«, fuhr der Shogun fort, den Anwesenden seine Gewandtheit, ja, Überlegenheit im Disput zu zeigen, »heißt es: man soll nicht quälen.«

»Das wäre als Anfang zu empfehlen. In jenem reinen Land, von dem neben vielen anderen auch Meister Honen erzählt ...«

»Wer? Wie? – Ihr wisst nicht, ob die Welt schlecht ist oder gut?«

»Es mag von uns selbst abhängen. Auch wenn es das Böse gibt.«

»Wie das?«

Mit einem Tyrannen musste man vorsichtig umgehen. »Da mag es Abstufungen und Verhaltensweisen geben«, schlug Ikkyu vor. »Wenn Ihr tötet, ...«

»O ja, das muss manchmal sein. Ich habe Feinde und Neider. Kaum zu glauben, nicht wahr? Doch ist es so.« Stolz blickte er um sich.

»... dann hackt ihr dem Tier – oder dem armen Kerl – mit einem Schwert den Kopf ab: das schnellste ist hier sicherlich das beste, nicht wahr?«

»Na jaa«, sagte der Shogun gedehnt und nicht ganz überzeugt, dachte an seine Feinde und rieb sich das Kinn. »Nicht unbedingt.«

»Und am allerbesten hinterrücks«, fuhr Ikkyu unbeirrt fort, »so dass weder Ahnung noch Furcht entstehen können.«

»Nun wollen wir den Verurteilten ja nicht essen«, gab der Shogun zu bedenken – er liebte derartige Gespräche –, »im Gegensatz zu diesem Meerestier. Ein Nachschlag? Nein? Mein Ikkyu!«, lachte er. »Kaum verspeist er erlesene Kost, entwirft er auch schon ein Sutra.«

»Erwartet Ihr das nicht von mir?«

»Es amüsiert mich – durchaus!«

Ikkyu schämte sich: was hatte er da wieder alles behauptet!

Mittlerweile hatten die Bediensteten die Tafel vervollständigt. Auf einem Rost über den Kohlen krümmten sich längliche Meerestiere, Aale und Kopffüßler. *Katsuobushi*-Flocken vom Thunfisch wedelten in der Hitze, langsam wie Flammen in Gelee, Reis dampfte, Algen und eingelegte Gemüse standen bereit.

»Esst! Greift zu«, sagte der Shogun, langte selbst zu einigen Kostbarkeiten und nahm gleichzeitig den absurden Disput wieder auf. »Was sollten wir Eurer Meinung nach zu uns nehmen? Blätter vielleicht? Die müsste man wenigstens nicht töten – sie sind unbelebt.«

»Nichts ist unbelebt. Nicht Gräser, nicht Blumen. Es gibt keine Lösung.«

»Stroh.«

»Nicht Stroh, nichts.«

»Dann futtern wir Steine stracks vom Berg«, lachte der Shogun. »Du, Koch, wirst sie schon weichzukochen wissen – und falls nicht ...« Er fasste sich um den Hals und rieb sich unter dem Kinn, als drücke der Kimonokragen.

Der Koch nahm seinen Herrn beim Wort und begann zu zittern.

»Steine, das wäre eine Möglichkeit«, sagte Ikkyu, konnte aber nicht umhin, den Shogun weiter zu provozieren: »Doch nicht einmal *hierbei* bin ich mir *ganz* sicher.«

»Mir wird das zu spitzfindig«, entgegnete der Shogun mürrisch. »Wie dem auch sei: soviel zu Speise. Nun aber zu Trank. Sowie zu der Überraschung.«

Er klatschte in die Hände: »Die Krüge her, und in der Mitte des Raumes aufgebahrt!«

Sogleich packten die Träger an. Im Gleichtakt hoben sie die Sänfte mit den großen Gefäßen vom Boden. Das Ganze war schwer und geriet ins Schaukeln, als es wie ein fliegender Tisch auf den Shogun zustrebte.

»Platz!«, rief dieser. »Platz für die Überraschung!«

Beinahe hätte der Transport sein Ziel erreicht, doch der hintere Träger stolperte, als er sich gerade auf Ikkyus Höhe befand. Zwar konnte er sich gerade noch aufrecht halten, aber das hinterste Gefäß geriet ins Schwanken und kippte um.

Ein Schwall roter Sake ergoss sich über Ikkyus Beinkleider. In dem nun auf der Seite liegenden Gefäß wurde etwas Großes und Haariges sichtbar. Langsam rollte es hervor und nahm die Stufe herab auf die Trage; dann sah Ikkyu ein Haupt mit zwei blutunterlaufenen, rollenden Augen bis an die Tischkante kugeln – und darüberhinaus. Der Kopf fiel zu Boden, kullerte ein wenig im Kreis und blieb dann zu des Meisters Füßen liegen.

Vieles war der Hofstaat von Yoshinoris Flausen gewohnt – aber das? Die Anwesenden schrien auf, kreischten durcheinander und untersuchten ihre Gewänder nach Spritzern: einiges Rosarot fand sich auf den edlen Seidenstoffen. Ein Mädchen lachte schrill, verstummte aber sogleich.

Der Kopf hatte mit dem Halsquerschnitt auf dem Fußboden aufgesetzt und war stehengeblieben. So schien es, als befände sich der dazugehörige Körper in einem unteren Geschoß, und nur dessen Haupt habe den Fußboden durchstoßen. Oder als wüchse in der Mitte des Audienzsaales ein großer, seltsamer Pilz.

»Kannst du schon wieder nicht aufpassen? Dummkopf!«, schrie Yoshimochi den Lakaien an. Es schien nicht dessen erster Fehltritt gewesen zu sein. »Das war das allerletzte Mal! Führt ihn ab!« Voller Wut stieß er dem Missetäter die Faust ins Gesicht.

»Ich habe ihm ein Bein gestellt. Er kann nichts dafür«, sagte Ikkyu, ohne nachzudenken.

Der Shogun starrte ihn mit offenem Mund an. Im Saal herrschte Totenstille. Dann grinste er.

»Gut«, sagte er. »Weil *Ihr* es seid. Ihr wollt ihn schützen. So seid ihr weisen Männer nun einmal. Lernt also meinen Großmut kennen.«

Er beugte sich nieder und inspizierte das nun kopflose Gefäß. Nicht aller Sake war verschüttet worden. Eine gehörige Portion befand sich noch in Seitenlage im Krug.

»Ausnahmsweise bin ich gnädig«, sagte Yoshimochi zu dem vor Angst schlotternden Träger, ruhig und mit einem breiten Lächeln im Gesicht. »Überdies hat mich die Vorstellung, wenn ich es recht bedenke, prächtig amüsiert: aus der Schachtel hüpfte ein Kobold! Welch ein Schreck, hahaha! Gut gemacht! *Ich* hätte es mir nicht besser ausdenken können. Doch Strafe muss sein. Trink.«

Der Diener gehorchte, ergriff mit beiden Händen das Gefäß und setzte es an den Mund. Links und rechts des Kinns liefen ihm rosafarbene Rinnsale bis an den Hals und weiter in die Kleidung. Mehr Schnaps als gedacht befand sich noch im Krug. Es verging eine ganze Weile, bis alles getrunken war.

»Auch den allerletzten Tropfen«, sagte Yoshimochi ruhig. Der Diener hub nochmals an. »Es gehört alles dir«, fuhr der Shogun fort. »... Ein ...« – er studierte das erste der beiden Etiketten auf dem Krug – »... erlesener Tropfen aus der Provinz Harima. Der Kopf ist übrigens derjenige von ...« – nun versuchte er, den anderen Zettel zu entziffern – »... ach je, ein niederer General lediglich, gedient unter – ich kann es nicht lesen – na, egal, nicht der Rede wert!«

Mit seiner Schuhspitze stupste er gegen den am Fußboden wachsenden Pilz. Dieser fiel um.

Der Träger setzte das Gefäß endgültig ab; Yoshimochi ergriff es und drehte es mit dem Boden nach oben: ein paar Tröpfchen regneten noch heraus.

»Oh!« Ein Raunen ging durch die Runde der Anwesenden, als wäre man soeben Zeuge einer großen Tat geworden. Der Träger grinste und schwankte ein wenig.

»Ich kann nicht alles alleine machen«, begann der Shogun zu erklären, wobei er sich wieder Ikkyu zuwandte. »Nicht alle Verräter kann ich persönlich besuchen. So *muss* ich ab und zu meine schwarze Garde entsenden, um ihrer habhaft zu werden und sie dann angemessen zu bestrafen. Wie aber, ...«, hier grinste er, stolz auf seine Idee, »... wie kann ich sicher gehen, dass es auch die Richtigen trifft? Dass nicht einer von ihnen doch noch frei herumläuft? Nun, einen Menschen, hat man ihn denn schon einmal gesehen, erkennt man nicht am leichtesten an Füßen oder am Bauch, sondern? – am Kopf!, nicht wahr? Deswegen also ...« – sein Arm fuhr über die Reihe der Krüge hin – »prüfe ich hin und wieder nach. Und welche Flüssigkeit konservierte besser als Schnaps?«

Er ging die Gefäße entlang und studierte die Etiketten, als wolle er einen der Krüge kaufen. »Das da – beziehungsweise der da – ist eine ganz besondere Marke, o ja, und dieser ... ja, *das* könnte eine würzige Mischung abgegeben haben.«

Ikkyu wusste, was kommen würde.

»Natürlich!«, rief Yoshimochi, »*Damit* stoßen wir an! Ich gehe mit gutem Beispiel voran!« Er ergriff eines der bereitstehenden Holzschächtelchen, die man zum Saketrinken verwendet.

Mit gutem Beispiel? Yoshinori war in seinem Element: einer Mischung aus Grausamkeit, Humor und einem Schuss Wahnsinn – wie die Blutschlieren im Schnaps. Ikkyu verstand, dass der Shogun nicht anders konnte, als jedem, also auch ihm, seine grenzenlose Macht zu zeigen, um ihn zu erniedrigen.

Wohl wollte er sich darüberhinaus für Ikkyus vorlaute Bemerkung rächen, die ihn beinahe bloßgestellt hätte. Ikkyu spürte, wie sich sein Magen verkrampfte. Ein gewaltiger Brechreiz stieg in ihm auf. Doch was tun? Dem Befehl eines Shogun sich zu verweigern, war unmöglich. Nicht einmal der Kaiser, angeblich doch Abkömmling der Götter, vermochte das. Wie also er?

»Ein Würfelchen vielleicht«, sagte er und hob ebenfalls eine der Schachteln vom Tisch.

Der Shogun lachte. »Na los, eingeschenkt – und nicht zu knapp!«

Zwei Bedienstete wuchteten den Krug mit dem eingelegten Kopf in die Höhe und gossen rosarote Flüssigkeit in der beiden Gefäße, bis sie überflossen.

»Lieber Sake im Kopf als Kopf im Sake«, gab Ikkyu als Trinkspruch von sich und setzte an.

»Ein Punkt für Euch!« Der Shogun lachte ausgiebig. Dann tat er es dem Meister gleich.

Erstaunlicherweise roch die Brühe nicht übel. An der konservierenden Wirkung des Schnapses schien etwas dran zu sein.

»Es schmeckt nicht einmal schlecht«, sagte Ikkyu, was nicht ganz gelogen war.

»Nicht wahr? Das war doch gar nicht so schlimm«, sagte der Shogun und schaute dabei um sich: »Noch jemand? Es ist genügend da.«

Niemand hob die Hand. Yoshinori zuckte mit den Schultern und setzte das leergetrunkene Kästchen ab; Ikkyu ebenfalls.

»Nun zum Kopf der Bande«, sagte der Shogun und blickte der Reihe nach in die noch übrigen Gefäße – »*Kopf* der Bande – hahaha! Welch herrliches Wortspiel übrigens! Dieser Punkt geht eindeutig an mich. Müsste es allerdings vielmehr lauten: *der Kopf des Kopfes* der Bande, hahaha! Ach, da ist er schon.«

Auch durch den trüben Sakespiegel erkannte Yoshinori ihn sofort, den Anführer des Aufstandes von Harima. Traurig blickte dieser aus seinem feuchten Grab empor. »Davon *müssen* wir noch probieren.«

Ikkyu seufzte.

»Trink! Diesmal ohne Schächtelchen.« Mittlerweile bediente sich der Shogun einer eher kumpelhaften Anrede.

Also setzte Ikkyu den schweren Krug an, wobei er darauf achtete, dass ihm dabei der Kopf nicht entgegenrutschte, nahm einen kleinen Schluck, hielt inne und schmatzte lautlos, so wie man es beim Kosten von gutem Sake macht.

»Hmm – nicht so gut wie zuvor ... irgendwie ... flach.«

Er zog eine Waagrechte in die Luft.
Stille.
»Flach!«, brüllte Yoshinori los. »Flach! Hahaha! Das ist gut! Zwei zu eins für dich! Ja, so war er, mein Lieblingsfeind: flache Witze, flache Stirn, platte Füße – ganz bestimmt kein Samurai!«

Die Anwesenden lachten mit.

»In Sake unsterblich zu werden«, fuhr der Shogun fort, an den Kopf gewandt, »*das* hättest du wohl gern. Wärest für immer in deinem Element. Doch daraus wird nichts. *Du* wirst aufgespießt.«

Gesagt, getan. Natürlich war das Schauspiel vorbereitet: Ein schwarzgekleideter Adjutant stieß mit dem Dolch in den Krug, so wie man in der Suppe nach einem Fleischbrocken fischt, und zog den Kopf heraus. Ein anderer fasste diesen an den Ohren und spießte ihn auf eine bereitstehende Stange mit einem schön ziselierten Holzfuß.

Yoshinori betrachtete das Arrangement lange, so wie ein Maler sein Bild, prüfend, ob nicht hie oder da noch ein Pinselstrich fehlt.

Nein. Er war zufrieden und hob beide Hände in die Höhe. Damit waren Audienz und Schauspiel beendet.

»Meister Ikkyu, mein lieber Freund!«, rief der Shogun, nun wieder in förmlicher Anrede, »wacker habt Ihr Euch geschlagen. Alles Wichtige ist ja besprochen. Lassen wir nicht nochmals Jahrzehnte verstreichen, bis wir uns wiedersehen! Einen letzten Spruch um Abschied, Meister?«

»Erleuchtung ist Verfinsterung. Verfinsterung ist Erleuchtung.«

»Ja, ja.«

Ikkyu verbeugte sich vor Yoshinori, ein wenig unsicher, denn auch bei ihm forderte der Sake Tribut; das Publikum zerstob in alle Richtungen, möglichst schnell, war man doch froh, wieder einmal eine von Yoshinoris gefürchteten Extravaganzen schadlos überstanden zu haben. Der Shogun zog sich in seine Privatgemächer zurück, während auf Ikkyu schon die schwarzen Männer warteten, um ihn wieder nach Hause zu geleiten.

»Ihr habt ihm das Leben gerettet«, flüsterte der erste Krugträger, auf seinen Gehilfen deutend, als Ikkyu an ihm vorbeischritt.

»Klar wie trüber Sake«, seufzte der Meister.

»Llleben ... gerettet«, lallte der Gehilfe, während er versuchte, sich aufrecht zu halten.

»Wirf nicht schon wieder etwas um«, raunte ihm der andere zu und machte die Kopf-ab-Geste.

Ikkyu war missgelaunt und enttäuscht von sich. Doch was hätte er tun sollen? Was hätte er sagen sollen? Er war ein Feigling.

Über die abgeschlagenen Köpfe führte man Buch. Die Namen derer, die eindeutig identifiziert waren, strich man auf der Verräterliste durch.

Dennoch wurde die an der Wand des Beratungszimmers aufgehängte Liste nicht kürzer, denn immer kamen neue Namen hinzu.

Wichtige Köpfe wurden eine Zeitlang auf Stangen ausgestellt, wie soeben mit dem Anführer aus Harima geschehen. Dann warf man sie fort. Mitläufer und Sonstige landeten gleich auf dem Müll, wo sich die Vögel um sie stritten.

Der Sake wurde weggeschüttet. Obwohl man sich andererseits erzählte, dass der Shogun seinen Gästen ab und zu Reste derartiger Überraschungen auftischen ließ, insbesondere in der Abenddämmerung oder nachts, wenn der Rotstich der Flüssigkeit nicht erkennbar war.

Es ist wieder Nahrung angekommen. Ein halbes Dutzend Köpfe rollt wie riesige Kartoffeln auf den Acker hinter dem Shogunatsanwesen.
Als erstes landet eine Krähe und nähert sich neugierig. Die ungewöhnlich großen Kartoffeln sind fleischig und sättigend. Mit dem scharfen Schnabel lassen sich leicht Fetzen aus Backen oder Hälsen abziehen. Der eigenartige Geschmack stört die Krähe nicht. Sie ist hungrig und schlingt möglichst viel herunter, bevor Artgenossen oder gar Geier die Futterstelle entdecken.
Nach einer Weile gerät die Krähe ins Wanken, torkelt eine Spirale ins Gras, kippt um und bleibt, mit in die Luft gestreckten Krallen, auf dem Rücken liegen. Ihr Schnabel zuckt ab und zu; dabei entsteht jeweils ein klickendes Geräusch. Dann krächzt sie und rappelt sich wieder auf. Doch die Beine tragen sie nicht. Sie bleibt auf dem Bauch liegen, die Flügel halbherzig ausgebreitet, als müsse sie brüten und habe keine Lust.

Schwert!
42

Gerade hatten Krieger das Dorf durchritten, da fuchtelte Ikkyu mit einem Schwert durch die Gassen. Entweder machte er dabei seine Stimme tief und kehlig, wie es die Samurai beim Angriff tun, und schwang das hölzerne Schwert dazu, aber zögernd, als wäre es das Schneuztüchlein einer Hofdame, die ihrem Liebsten winkt, oder er piepste mit Fistelstimme wie ein vornehmes Fräulein, dazu kriegergleich, mit beiden Händen am Griff, die Luft entzweihauend. Nichts passte da zusammen, nichts machte Sinn, ganz zu schweigen von dem, was er sagte. »Der Kriegerberuf«, rief er, während er weiter durch die Gegend fuchtelte, »ist zwar weniger gefährlich als das Leben, denn letzteres endet immer tödlich. Dennoch: ergreift ihn nicht!«

Krähen schrien. Andere Vögel sammelten sich. Als unsichtbarer Schwarm fuhr ein Windstoß den Vögeln voraus durch die Baumkronen. Das Blattwerk war ihm im Weg, wurde gelängt wie Flammen, einem unsichtbaren seitlichen Kamin zu, rot, denn es war Herbst. Die meisten Blätter hielten nicht mehr und flogen ab. Über dem Fahrweg huschte eine Staubwolke vorbei.

Im windstillen Winkel zwischen zwei Hütten brannte ein Feuer. Man hatte Reisig aufgeschichtet. Etwas briet am Spieß. Ein paar Männer standen um die Feuerstelle, wärmten sich und rieben die Hände.

»Das ist doch der Verrückte«, sagte einer der Bauern. Die anderen grinsten. »Ja, das ist Meister Ikkyu. Lasst uns sehen, was er wieder treibt. Kommt!«

Sie umringten ihn wie einen Gaukler auf dem Markt und sahen seinem Luftkampf eine Weile zu.

»Hu! Hu!«, rief er und schwenkte die Klinge. Sie blinkte nicht in der Sonne, blitzte nicht.

»Aber ... aber«, sagte ein Bauer, der recht schnell von Begriff war, und zeigte auf das Schwert: »Das Ding ist ja aus Holz!«

Ikkyu hieb ihm auf die Finger.

»Au! Au!«

»Trotzdem schmerzt es, nicht wahr? Auch wenn dir nicht gleich Daumen und Zeigefinger wegspritzen. Doch du hast recht, ...« – er schob die Klinge in die Scheide, die an seinem Gewand baumelte, mit einer Schnur notdürftig befestigt – »... und ich sage euch eins: dieser Tage ist die Welt voll falscher Weisheit, voller Schwerter, die nicht schneiden. In das Futteral zurückgepackt – schaut her – sieht das durchaus echt aus. Welch edler, beeindruckender Griff ragt da hervor! Aber zücke ich die Waffe, dann gibts nur zu lachen, nicht wahr? Eines haben Wurzelholz und Eisen übrigens gemeinsam: wieder zum Leben erwecken können sie nicht.«

Das alles war eigentlich zu hoch für die Landleute, aber sie hatten ihren Spaß.

»Kommt euch dies nicht bekannt vor?«, fuhr Ikkyu fort. »Einer setzt zur Predigt an, doch sind seine Worte nur Geschwätz, ergeben keinen Sinn, hindern euch gar am Selbstdenken – und trotzdem glaubt ihr sie, seid geblendet durch deren Beigaben, ja, hört euch das an: seid geblendet durch eine Klinge, die nicht glänzt!«

»Er meint die Priester.«

»Die Beamten, ...«

»... die unsere Habe stehlen.«

»Und sich unsere Weiber grabschen. Manchmal zum Glück! Hahaha!«

Ikkyu fuhr fort: »Des weiteren bedenkt: noch reden wir nur vom *hölzernen* Schwert. Dieses nimmt euch Freiheit und Verstand – doch das kalte, glänzende nimmt euch auch das Leben.«

So versuchte er, die Grausamkeit der Macht und den Unsinn des Krieges bloßzustellen. *Er* durfte das, weil man wusste, dass er unter dem Schutz der kaiserlichen Familie stand. Auch deswegen, weil er bekannt war wie ein bunter Hund. Sein Verschwinden fiele auf. Ein anderer hätte derartige Reden keinen Tag überlebt. Niedergetrampelt hätten ihn die Reiter der Obrigkeit oder kurzerhand geköpft, im Vorüberpreschen und ohne Aufhebens.

An *sein* Leben aber konnten sich nur die Allerhöchsten wagen, die Shoguns höchstselbst oder des Kaiser Wachen, niemals Untergebene. Insbesondere, nachdem sich herumgesprochen hatte, dass er Kaiser Gokomatsu beraten und dafür keine Gegenleistung verlangt hatte, keinen Lohn, kein Amt, keinen Titel ...

»Wieso kämpft Ihr nicht selbst gegen den Krieg, anstatt ein Kinderschwert umherzuschwenken?«, getraute sich ein Bursche zu fragen.

»Auch dies wäre Krieg«, entgegnete Ikkyu. »Kann man gegen den Hunger hungern? Ermordest du dich aus Angst vor dem Tod?«

Da kam der Maler Bokusai auf seinem allwöchentlichen Spaziergang nach Sakai des Wegs, wo er sich nach neuem Papier, Pinseln und Sonstigem umsah, und bei dieser Gelegenheit auch den Händlerkram nach neuen chinesischen

Arbeiten zu durchstöbern pflegte. Köstlich amüsierte er sich über seinen Freund Ikkyu und rief ihm zu: »Ja! So werde ich dich malen, mit einem Schwert in der Hand – verboten dies eigentlich für einen Mönch – und mit einer Inschrift auf der Scheide ...«

»Ist gut«, lachte Ikkyu. »Ich dichte dir was drauf; lass mich nachdenken ... ja, ich habs: *hier drin steckt der Priester Geschwätz – poliere es so lange du willst, niemals wird es blitzen.* Wie klingt das?«

Wieder zog Ikkyu seine Waffe aus der Scheide, doch nun glänzte sie feucht, denn er hatte zuvor Öl in das Futteral gegossen. Mit dem Schwert trat er an das Lagerfeuer heran und schob es bis ans Heft in den Leib aus Flammen.

»He! Unser Braten!«, riefen die Bauern. Funken stoben. Als Ikkyu die Holzklinge zurückzog, brannte sie lichterloh.

»Noch besser!«, rief Bokusai, »ein *noch* schöneres Bild! Dazu male ich dir rote Haare!«

»Alles steht in Flammen«, deklamierte Ikkyu, ohne Wissen der anderen Rinzai zitierend, »spürt ihr es nicht? Woher kommt die Hitze eurer Körper? Selbst im Winter ist die Pisse heiß, dampft sogar. Doch ehe ihr es euch verseht, ist alles zu Asche verbrannt. Selbst das Eisen schmilzt und vergeht. Schaut her!«

Er schob das brennende Holz einem Gaffer unter die Nase.

»Gesetzt, euer Haus stünde in Flammen, würdet ihr dann Kommoden und Bildrollen, *tatamis* und Schiebewände zurechtrücken? Würdet ihr ...«

»All das können wir uns gar nicht leisten«, unterbrach ihn einer.

»... in aller Ruhe die Möbel umstellen, das Zusammenspiel der Gegenstände zu vervollkommnen suchen, das Wasser in den Blumenvasen erneuern, bevor es als Dampf zum Himmel zischt? Würdet ihr das? Oder würdet ihr nicht vielmehr schnellstmöglich den Ausgang suchen und fliehen, bevor das Ganze über euch zusammenbricht?«

»Nun ja ...«

»So ist unser Leben. Kalter Stahl durch den Hals: rotes Blut!« Er fuhr sich unter dem Kinn entlang, so dass die Bartstoppeln zischten. »Feuer am Gebälk: rote Flammen! Es ist eins und dasselbe. Nun hört nochmals Meister Rinzai: In den Welten ist kein Friede, ganz wie in einem brennenden Haus – wie ihr nun versteht, ist das Bild nicht von mir –, und dies ist kein Ort, an dem ihr lange verweilt. Der Todesbote kommt zu beliebiger Zeit, wobei er nicht wählt zwischen vornehm und gemein oder alt und jung. Also rettet euch aus der Feuersbrunst – und zwar jetzt!«

»Das ist nicht mehr lustig«, murrte einer der Bauern. Andere wandten sich ab.

Bokusai lachte: »Bist und bleibst ein Dichter, mein lieber Ikkyu. Verpackst in schöne Worte, was wir alle wissen, aber nicht hören wollen.«

Die Klinge war verkohlt. Sie fiel ab. In Ikkyus Faust blieb der Griff zurück. »Ich probe noch«, grinste er, keineswegs entmutigt. »Habe noch genügend Klingen auf Lager.«

Wiederum galoppierten die Reiter vorbei – hatte man ihnen so schnell berichtet? Die restliche Versammlung stob auseinander.

Bokusai winkte und wanderte weiter nach Sakai. Ikkyu stand allein. Sein Mut war noch nicht gekühlt.

Auch zur Ablenkung dienten ihm seine Spielereien, denn Gokomatsu, der Vater war gestorben. Dies hatte Ikkyu tiefer getroffen, als er erwartet hatte. Obwohl Kaiser und Sohn sich nur wenige Male begegnet waren, hatte offenbar der rote Faden sein Werk getan und eine Verbindung zwischen ihnen gewoben. Die väterliche Suche nach Befreiung war Ikkyu lauter erschienen und hatte ihn berührt, insbesondere weil ihm klar geworden war, dass auch der Kaiser, wie jeder Mensch, diesen Weg alleine gehen musste und abkürzende Hilfe nicht möglich war.

Nun also hatte der Vater seinen Weg zu Ende geschritten. Was mochte er noch erfühlt, was noch erreicht oder erkannt haben?

Der Mutter Verbleib hatte Ikkyu nicht in Erfahrung bringen können. Man hatte sie fortgeschafft, doch niemand wusste, wohin, oder niemand wagte, ihm einen Hinweis zu geben. Wie zu erwarten hatte sie bei der Zeremonie für den verstorbenen Kaiser nicht anwesend sein dürfen – auch *er* war ja nicht zu den Feierlichkeiten geladen worden. Möglicherweise hatte man zu verhindern versucht, dass die Mutter Ansprüche auf Hinterlassenschaften geltend machen würde, seien es Gegenstände oder auch eine Abfindung irgendwelcher Art. Dies jedenfalls vermutete Ikkyu, wobei er wusste, dass Teruko dergleichen niemals getan hätte. Vielleicht aber hatte man sie auch einfach vergessen – gab es doch keine offizielle Verbindung zwischen ihr und dem Kaiser.

Das Anwesen, in dem sie als Nebenfrau mit Ikkyu, ihrem Tausendlilienbub gelebt hatte, war jedenfalls leer.

Unschlüssig ging Ikkyu auf dem verwaisten Platz auf und ab. Er war hungrig. Ihn fror. Wandermönch zu sein, war harte Arbeit. Immer noch hasste Ikkyu das Betteln, denn er mochte nichts ohne Gegenleistung bekommen. Doch wie sollte es sonst gehen? Nun, wären die Schale und dann der

Magen einmal gefüllt, würde er sich ein paar Münzen leihen, diese vielleicht in einer Kneipe anschreiben lassen, und sich damit ein paar gute Scheite Kirschholz sowie Stoff, Bändchen und bunt bemaltes Papier kaufen. Püppchen schnitzen und ankleiden, das war zweifellos keine Arbeit für einen gestandenen Mann, doch ließen sich diese auf dem Markt gut verkaufen. Ikkyus Schnitzwerk war beliebt. Er hatte ja auch Zeit, faltete die Roben seiner Mönchlein liebevoll und immer ein wenig anders, so dass jede Figur ein Einzelstück war, verschnürte deren Gewänder mit abnehmbaren Gürtelchen über dem kugelrunden Bauch und schnitt ihnen ein fettes Grinsen ins Gesicht.

Doch Ikkyus Seele war noch bei Vater und Mutter. »Verdammter Abschied«, murmelte er, »lasst ihn uns jetzt schon nehmen. Jetzt – und von allen. Bevor wir es *müssen*. Wir kommen ihm zuvor, dann kann er uns nicht mehr überraschen.«

Er marschierte den Fahrweg entlang. Dann pochte er an die erstbeste Tür.

»Ich möchte mich verabschieden«, sagte er zu der wildfremden Frau, die den Eintrittsvorhang beiseiteschob.

»Dein Narr steht draußen«, rief die Frau hinter sich ins Dunkel. Ihr Mann, der Fischer des Dorfes, kam zum Eingang geschlurft.

»Ich möchte mich verabschieden«, wiederholte Ikkyu.

»Geht Ihr auf Reisen? Wieder auf Wanderschaft?«

»Nein. Wieso?«

»Wieso? Nun, Ihr ...«

»Ich wollte mich nur von Euch verabschieden, wie nach und nach von allen im Dorf – irgendwo muss ich ja anfangen –, für den Fall, dass ...«

»Für den Fall, dass ...?«

»Nun, dass man sich nicht wiedersieht. Dies kann immer geschehen; dessen seid Ihr Euch doch bewusst, nicht wahr? Man kann plötzlich tot umfallen, ein Stier kann einem aufspießen, man kann an einer Fischgräte ersticken, in der Tat, gerade Ihr als Fischer ...«

»Jaja, aber das weiß ich doch alles!«

»Eben. Seht Ihr – und für den Fall, dass so etwas passiert, ob mir oder Euch, ist es doch gut, wenn wir uns sicherheitshalber schon einmal ...«

»Bis morgen«, grunzte der Fischer, Ikkyus Rede abschneidend, »wie immer in der Kneipe«, schlurfte zurück ins Dunkel seiner Hütte und legte sich wieder aufs Ohr.

Auf solch ungewöhnliche Weise nahm Ikkyu Abschied von seinem Vater, gleichzeitig das Dorf Vergänglichkeit lehrend – mit geringem Erfolg allerdings.

An der letzten Hütte vor den Reisfeldern angekommen, atmete er tief durch und klopfte auch an dessen Pforte.

Die Behausung schien verlassen. Efeu und andere Kletterpflanzen berankten die Wände und schienen den schiefen Balken Halt zu geben. Ein Huhn stapfte schweigend um die Ecke, sah sich um und verschwand wieder. In Holzkästen, halb in den Boden eingegraben, wuchsen Kräuter und Bohnengesträuch, von Unkraut belagert. Ein Vogelpaar flog aus einem Busch. Ikkyu sah ein zerzaustes Nest auf halber Höhe.

Schritte waren nicht zu hören, aber die Tür öffnete sich. Ein Mädchen stand im Rahmen, schön, und lächelte Ikkyu zu. Die Kleine war barfuß. Ein großes, zerfranstes Tuch hatte sie sich gegen die Kälte über ihr Gewand geworfen. Mit der Faust hielt sie es vor der Brust zusammen.

»Ich möchte mich verabschieden«, begann Ikkyu seine Litanei, diesmal etwas stotternd ob der unerwarteten Begegnung.

»Meister Ikkyu!«, lachte die Kleine, nicht im Geringsten erstaunt über seine Worte. »Natürlich kenne ich Euch, habe Euch mehrmals schon gesehen und Eure Späße verfolgt. Was führt Ihr diesmal im Schilde? Abschied? Damit kenne ich mich aus. Mein Mann ist fort. Er musste vor den Reitern fliehen. Schon eine Weile ist das her. Nicht einmal eine Decke hat er mitgenommen. Er konnte unsere Steuern nicht bezahlen – wovon auch, seht Euch um.« Sie drehte sich im Kreis, die Unterarme abgewinkelt, die Handflächen nach oben gedreht, als zeige sie Schätze. »Man sagt, vielleicht ist er nach Korea ... oder tot.« Unvermittelt weinte sie.

»Verzeih mir meinen dummen Streich«, sagte Ikkyu. »Ich bin beschämt. Nicht *ich* lehre, sondern *du*.«

Er nahm sie in die Arme, legte sein Kinn auf ihre Schulter und seufzte.

»Gibts denn überhaupt was zu lehren?«, fragte sie mit ihrer ländlichen Aussprache, die Ikkyu wunderbar erschien. Er wollte bejahen, doch hätte er damit Natürlichkeit durch Klugheit zerstört. Sie verharrten umarmt und waren sich ganz nah. »Ich weiß es nicht«, sagten sie gleichzeitig.

»Was das Verabschieden betrifft: also dann, auf Wiedersehen«, sagte Ikkyu und rührte sich nicht.

»Leb wohl«, antwortete sie und rührte sich nicht.

Er blieb einige Tage.

Bild mit Sperlingen und Krähe

»Ich erzähle dir eine Geschichte, Kleiner.« Der Mann beugt sich herab. »Hör zu. Von Rinzai, deinem Namensvetter, berichtet man folgendes: Als jener dabei ist, in die große Verwandlung einzugehen, setzt er sich auf sein Kissen und spricht: ›Lasst nach meinem Tod meine wahre Lehre nicht vergehen.‹ Einer seiner Schüler tritt vor und sagt: ›Wie könnten wir die wahre Lehre des Meisters je vergehen lassen? Sie bedeutet uns so viel!‹ Rinzai antwortet ihm: ›Nun, wenn es später jemanden gibt, der dich danach fragt, was willst du ihm sagen?‹ Der Schüler stößt einen ohrenbetäubenden Schrei aus. Rinzai seufzt: ›Wer hätte gedacht, dass meine wahre Lehre mit diesem blinden Esel vergehen würde! Traurig!‹ Nachdem er diese Worte zu Ende gesprochen hat, geht er in aufrechter Haltung ins *nirwana* ein.

Was war dieser Schüler für ein Narr, nicht wahr, Kleiner? Hahaha! Glaubt, mit einem *katsu*-Gebrüll sei die Sache erledigt. Was hältst *du* denn davon?«

»...«

»Wie?«

»...«

»Recht hast du – ach, was gehts *uns* an?«

»Piep«, sagt Rinzai.

Rinzai ist ein Sperling. Einer von zweien, die bei dem Mann, der sich diese verlassene Hütte zur Klause gewählt hat, ein ruhiges Leben führen, jeweils in einem Bambuskäfig, die jener für sie hat binden lassen. Der andere heißt Daito.

Die Käfige sind an Ästen aufgehängt. Sie schwanken ein wenig im Wind. Geräumig sind sie und dennoch leicht. Die Bambusfasern ihrer Hüllen sind so fein verkreuzt, dass sie wie aus durchsichtigem Stoff gemacht scheinen. Das Dahinter liegt in zartem Dunst; die Vögel, das Federkleid mit graubrauner Tusche gemalt, sind wie zwei schnelle, kühne Pinselstriche eines Meisters, hingeworfen ohne Rücksicht auf Treue der Abbildung.

Einer der Sperlinge flattert gerne auf und ab, den beschränkten Luftraum für rasend schnelle Rundflüge nützend, wobei er nirgends anstößt.

Der andere, genauso heftig tschilpend, kann nicht fliegen. Sein linker, gebrochener Flügel ist noch nicht verheilt.

Beide, vielleicht aus dem Nest gefallen oder von einem Raubvogel gejagt, hat der Mann, der sich oft über die Käfige beugt, am Boden aufgelesen und gepflegt. Nun sind sie groß und tragen schon ihr endgültiges Federkleid.

Der Mann heißt Ikkyu. Manchmal kommt sein Kopf ganz nahe an die Stäbe heran. Dann ist er größer als der Mond. Oft bringt der Mann Futter, das er mit seinen riesigen Fingern in die Schalen am Boden des Käfigs streut. Manchmal macht er Grimassen, streckt die Zunge heraus oder versucht zu zwitschern.

»Es ist eine unglückliche Täuschung«, sagt er, mehr zu sich selbst als zu den Kleinen, berührt dabei einen der Käfige beinahe mit der Nase, wobei er den Mund zu einer Schnute formt. »Das, was wir um uns herum sehen, ist so groß und so weit, beinahe endlos, nicht wahr? Auch wenn man nur zwischen den Käfigstangen hinauslugt, geht es überall bis zum Horizont, und noch darüberhinaus, doch wenn wir unsere Augen rückwärts zu wenden versuchen, in unser Köpfchen hinein, dann scheint dort nur ein kleiner Raum zu liegen: was mich betrifft, höchstens von der Größe eines Kürbis, nicht mehr. Bei Euch mag das Innenmaß eher einer Erbse gleichen. Ist es nicht so? Ja, seht euch meinen Schädel an. Da soll etwas Wichtigeres drin sein als in den unendlichen Weiten um uns herum? Wie soll man *das* bloß glauben? ...«

Der Vogel stellt den Kopf schräg und hört eifrig zu.

»Eigentlich«, fährt der Mann fort, »wollte ich dich Hsü-t'ang nennen, nach meinem verehrten Meister im alten China; doch wäre das gar zu lustig gewesen: war ich jener nämlich einst selbst. Dann wäre er nun ich, und du wärest er. Wie – du glaubst nicht, einmal Hsü-t'ang gewesen zu sein? O doch, das ist möglich. Der Weg zur Befreiung geht nicht geradeaus. Einmal Mensch, immer Mensch? Keineswegs. Ganz zu schweigen davon: was wäre der größere Fortschritt – vom Sperling zum Menschen oder umgekehrt? *Du* tust niemandem etwas zuleide. Weißt du, ich frage mich: wenn ich vor sieben Generationen tatsächlich Hsü-t'ang war, wo habe ich mich dann in der Zwischenzeit, von damals bis heute, herumgetrieben? Und warum erinnere ich mich nicht daran? War ich möglicherweise ebenfalls eine Zeitlang Spatz und habe euch beide deswegen so gern? Danach vielleicht Pflanze, Drache oder, schlimmer noch, hungriger Geist? Oder ein Ochse? Da fällt mir eine lustige Geschichte ein. Ihr wisst, so gerne wie ihr zwitschert, dichte ich. Einmal spießte ich ein beschriebenes Papier auf das linke Horn eines Ochsen. Darauf stand geschrieben: ›Wenn ich jetzt auch nur zum Pflügen und Karrenziehen tauge, so war ich doch im vorigen Leben Mönch. Etwas davon ist noch da: dieses Gedicht habe ich mit meinen eigenen Klauen verfasst.‹ Der Bauer, dem der Ochse gehörte, war mein Freund. Als er das las, musste er lachen und sagte zu dem Tier: ›Du musst ja ein fauler Mönch gewesen sein, dass du dich in ein Tier zurückverwandelt hast!

Und wenn ich es mir recht überlege: die Faulheit hast du mitgebracht! Das erklärt mir einiges!‹ Wir hatten großen Spaß, doch am nächsten Tag war der Ochse tot – ein seltsamer Zufall –, und wir beide fragten uns: wo mag er nun sein?«

»...«

»Wer weiß. Woher kommen wir? Wohin gehen wir? Da sitzen wir also beisammen, wir drei. Du, Rinzai, dessen strenges Auge immer über mir wacht – ja ja, ich pisse, scheiße und bin gewöhnlich, ganz wie du befiehlst, Meister; und du, Daito, Strolch, der unter der Brücke bei den Bettlern hauste – hab ja versucht, auch *dir* nachzueifern –; sowie letztendlich ich selbst, oder soll ich lieber sagen: Hsü-t'ang ist tatsächlich wieder da? Ach, mir wird ganz schwindlig.«

Ikkyu, der riesenhafte Mann, nestelt mit seinen riesenhaften Händen an den Riegeln, dann springen die Käfigtüren auf. Die Sperlinge trippeln an den Rand, blicken nach links und rechts, Daito mit dem gebrochenen Flügel verharrt, Rinzai aber dreht eine Runde und kehrt dann zurück. »Auch gefangen seid ihr frei genug!«, lacht Ikkyu. »Wie ich in dieser Hütte. Sie gefällt mir. Hab sie einfach besetzt. Nun sitze ich hier, ob der Regen durch das Dach tropft oder nicht. Mal sehen, wie lange ich bleibe ...«

Eine Krähe schreit, die Spatzen, Raubvögel fürchtend, ducken sich. Ikkyu blickt auf.

Feuer!
44

Rinzai lag auf dem Rücken. Tot, die Beine in die Höhe gestreckt wie zwei winzige Regenschirmchen ohne Wachspapier.

Da wurde Ikkyu traurig und beschloss, dem Spatzen ein Gedicht zu schreiben. Er tat dies im *hihaku*-Stil, der die Grenze zwischen Bild und Schriftzeichen zu verwischen sucht. Wieder und wieder tupfte er die zwei obersten Striche des Zeichens für *kleiner Vogel* auf das Papier, bis sie tatsächlich an die Silhouetten zweier Sperlinge erinnerten, die sich über dem dritten, horizontal darunterliegen Strich wie auf einem Nestrand gegenübersaßen.

Das wiederum darauf folgende Muster aus je drei Quer- und Längsstrichen: stellte es nicht einen Käfig dar?

Endlich war Ikkyu zufrieden, fasste die unbrauchbaren Entwürfe zusammen und legte sie beiseite. Deren Rückseiten würde man für Gedichtentwürfe verwenden können. Papier war teuer.

›Ich hatte mich um einen Sperling gekümmert‹, schrieb er nach dem Vogelzeichen, das zugleich Überschrift des Gedichts sowie dessen Illustration darstellte, ›doch er starb. Hier ein Gedicht, traurigen Herzens geschrieben, um mich ein wenig zu trösten:

Gestern tschilpte mein Vogel noch und hüpfte umher.
Obwohl ich kein Sperling bin, glaube ich zu wissen, dass er fröhlich war.
Heute betrachte ich ein lebloses Federbündel.
Die kurze Zeit dazwischen bedenke ich, von mir verschlafen –
was ist da geschehen, was ist entwichen?

Geheim und wortlos ist die Lehre vom heiligen Berg.
Spatzen zwitschern dort, wo der Erhabene lehrte, Krähen und Elstern schreien.
Diesen Morgen flog mein kleiner Freund schnurstracks ins Reine Land.‹

Ikkyu spießte das Gedicht auf einen kahlen Ast. Den Spatzen begrub er im Garten. Es war kalt, die Erde schneebedeckt. An des Grabes Stelle blieb ein dunkles Viereck.

Wieder einmal hatte Ikkyu das Quartier gewechselt und die Klause Shuun-an verlassen. Herr Minamoto, ein hoher Beamter am Hof, hatte ihn gebeten, sein Haus zu bewachen, während er auf Geschäftsreise ging. Natürlich war das ein Vorwand, um dem Meister etwas Gutes zu tun, nachdem der Beamte ihn in der zugigen Klause aufgesucht und hustend und frierend vorgefunden hatte. Übrigens war Minamotos Besuch mit der Bitte nach Unterweisung verbunden gewesen – ja, die Gefolgschaft Ikkyus begann, sich zu vergrößern und auch in höhere Kreise hineinzuwachsen.

Eigentlich gefiel Ikkyu das nicht. Nach wie vor scheute er gesprochene Lehre jeglicher Art, da er um ihre Begrenztheit wusste. Doch Herr Minamoto war zugleich bescheiden und hartnäckig gewesen, so dass der Meister nach einigem Zögern das Angebot, in dessen Haus zu wohnen, angenommen hatte, wohl wissend, was dadurch auf ihn zukäme.

Als er mit seinem Bündel im neuen vorübergehenden Zuhause eintraf, war ihm klar, dass er sich um ein Lehrgespräch nicht würde drücken können.

Des Beamten gepackte Reisetruhe stand bereit. Die Träger waren bestellt. Ein letzter Tee wurde serviert. Ikkyu verbeugte sich allertiefst und dankte für die Einladung. Herr Minamoto, sichtlich verlegen, kicherte, als habe der Meister etwas Unziemliches gesagt.

Dann äußerte er sich mit unerwarteter Klarheit. »Ich weiß«, sagte er, »dass ich in der Falle sitze. Bösen Menschen diene ich, unterschreibe schlimme und ungerechtfertigte Erlässe, welche die Armen noch ärmer machen. Was man mir befiehlt, das führe ich aus. So sind wir Beamten nun einmal. Wir haben Frauen und Kinder, für die wir uns verbiegen und sogar verleugnen. Darüberhinaus – zu allem Unglück – bin ich kein mutiger Mensch. Im Gegenteil: so furchtsam bin ich, dass es mir vorkommt, als würden selbst meine eigenen Gedanken nicht zu mir *reden*, sondern *flüstern*, ...« – hier hatte er, ohne es zu merken, die Stimme gesenkt – »... und doch, obwohl ich weiß, dass ich die Befreiung niemals werde erreichen können, habe ich eine unstillbare Sehnsucht nach ihr, nach dem, was Euch gelungen ist, wenn denn wahr ist, was die Leute sagen. Ist das nicht schrecklich?«

»Ja«, antwortete Ikkyu. »Ich muss ehrlich zu Euch sein. Das ist schrecklich. Doch vieles ist schrecklich.«

Lehrgespräch und Trost stehen einander feindlich gegenüber. Deshalb durfte Ikkyu nun nicht den Fehler begehen, sich, was seine Rede betraf, von Mitleid oder Bedauern leiten zu lassen.

»Ihr habt die Wirklichkeit beschrieben«, hub er an. »Das ist schon einmal gut, denn es ist der erste Schritt – zugleich aber auch bereits der letzte.«

»Wie das?«, fragte Minamoto verblüfft.

»Nun: wirklicher als die Wirklichkeit: das geht nicht.«

»Bin ich denn schon am Ziel? Es kommt mir nicht so vor.« Ungläubig schüttelte Herr Minamoto das Haupt.

»Ja – und nein. *Immer* seid Ihr dies, denn außer dem gegenwärtigen Zustand gibt es nichts. Doch erkennt Ihr jenen nicht, so wie der Fisch das ihn umgebende Wasser nicht erkennt, da dieses ihn überall gleichermaßen umschließt und er so nicht *unterscheiden* kann.«

»Was wovon unterscheiden?«, sagte Herr Minamoto, der als Beamter eine genaue Ausdrucksweise schätzte, welche er hier vermisste. »Auch bin ich kein Karpfen.«

»Empfehlen kann ich nur«, fuhr Ikkyu unbeirrt fort, »*zazen* zu betreiben. Sooft es geht und solange es geht. Dies bringt Euch auf jeden Fall eher voran als alles, was ich zu sagen imstande wäre.«

»Das tue ich bereits. Trotzdem: sprecht weiter.«

Ikkyu seufzte. »Natürlich ist eigentlich auch das *Sitzen* letztendlich ohne Nutzen, das heißt, ...«

»Ja, soll ich denn nun oder soll ich nicht?«

»... *zazen* ist ungefähr so sinnlos, als ... wie kann ich Euch das nur erklären ... als führt Ihr auf einem Schiff der Heimat zu und renntet zum Bug, um früher da zu sein.«

»Doch die Aussicht vom Bug ...«, sinnierte Minamoto.

»Mein lieber Herr«, lachte Ikkyu, »so wird keine überzeugende Entgegnung daraus. Ein besserer Versuch wäre gewesen: dergestalt verhalten sich Kinder. Nicht wahr – neugierig wie sie sind? Es diesen nachzutun, ist zugegebenermaßen nicht das schlechteste.«

»Also setze ich mich *doch* auf mein Kissen und ...«

»Das ist schon alles. Des Schiffes Heimreise geschieht von allein. Nur noch eine Bemerkung zur Schwierigkeit der Ausführung: das *Sich-Erheben* aus dem *zazen* ist die eigentliche Herausforderung. Nicht das Beginnen, das Sich-Setzen, nein! Auch nicht das *Sitzen* selbst. Das erste, das Setzen, versteht ihr, ist der *Entschluss* – das zweite, darauffolgende Sich-Versenken entspricht dem Sich-Ergeben, dem Loslassen, dem *Aufgeben*, versteht Ihr? Beides ist nicht allzu schwer.

Aber kann man, als drittes dann, einfach so wieder aufstehen? Nein, das kann man nicht, denn, wenn es einem wirklich ernst wäre, müsste man bis zum endgültigen Erwachen, also bis in alle Ewigkeit sitzen bleiben ...«

»... es sei denn, man muss ... pissen.«

Unwillkürlich war Minamoto dieses unanständige Wort, das er seit seiner Jugendzeit nicht mehr verwandt hatte, über die Lippen gerutscht.

»Ganz recht. Oder scheißen, essen, trinken; oder man sinkt vornüber und schläft ein – oder die Beine schmerzen zu sehr und werden steif. Und was ist das alles? Das Leben! Es schluckt Euer *zazen*, wenn Ihr Euch zu lange dort aufzuhalten gedenkt – das ist auch gut so –, überall wuchert es hin wie eine Schlingpflanze, bis in Eure Arschspalte hinein. Verzeiht. Also steht Ihr auf ...«

»Verwirrend«, murmelte Minamoto.

»Wie alles. Stellt Euch vor, wie denn folgendes wäre: fröhlich erhebt man sich von seinem Kissen, streckt und reckt sich, lobt sich selbst und ruft: ›Na, da bin ich dem Erwachen heute doch ein gutes Stück nähergekommen! Morgen setze ich mich wieder daran, aber zuvor vergnüge ich mich erst, gehe spazieren, esse danach etwas Leckeres ...‹ – klänge das richtig? Nein.«

»Nun verstehe ich schon ein wenig besser.«

»Das ist gut. Natürlich ist jeder Mensch anders beschaffen; auch gibt es ein hartes und ein weiches Erwachen. Das harte: nun, dieses ist klar. Es schlägt Euch um wie einen Baum im Sturm. Das weiche: jenes ist eine schleichende Entwicklung in der Folge von stetem *Sitzen* und großer Verwirrung: die Erkenntnis nämlich, das *alles*, was Ihr tut, nur Sinn ergibt, wenn Ihr es wie *zazen* tut.«

Unvermittelt wechselte Ikkyu das Thema, nachdem ihn die Unterweisung, zu welcher er sich letztendlich immer noch nicht befugt fühlte, gehörig ins Schwitzen gebracht hatte: »Ihr schreibt?«

Herr Minamoto fühlte sich ertappt. »Nun ja ... Gedichte ... ab und zu. Niemand weiß es, außer nun Euch. Woher übrigens?«

»An der Wortwahl habe ich Eure dichterische Begabung erkannt: unstillbare Sehnsucht ... flüsternde Gedanken ...«

»Aber nicht doch!« Der Beamte fühlte sich geschmeichelt.

»O ja. Das sind schöne Bilder – da kenne ich mich aus, besser noch als mit Erwachen, *kensho* und ähnlichem Unsinn. Es ist gut: dichtet! Die Kunst, das Schreiben, das Malen, oder was auch immer, transportiert das *Sitzen* ins *Tun* – und das ist überlebenswichtig, für manche zumindest, wie beispielsweise auch für mich.«

Ein Leuchten zeigte sich in Minamotos Augen. War er vielleicht ein Dichter? War das Beamtentum doch nicht der Endzweck seines Daseins? Sollte er noch einmal von vorn beginnen? Frau und Kinder verlassen, Romane, *rengas* oder *no*-Dramen verfassen? Berühmt werden? Die Verbindungen am Hof hatte er ja. Er könnte ...

Ach! Das Leuchten erlosch.

»Ich weiß nicht«, sagte er tonlos, »ob ich eher gegen die Verzweiflung ankämpfen soll oder gegen die Hoffnung.«

»Und wieder eine schöne Zeile für ein Gedicht oder ein *no*-Spiel!« lachte Ikkyu.

Minamoto lächelte schwach. Es war still. Das Wasser in der Teekanne zischte.

»Nun sollte ich allmählich ...«, sagte er. »Doch eines darf ich zum Abschied nicht vergessen. Noch etwas verbindet uns, und zwar, ohne dass Ihr es wisst: Meister Kaso.«
»Meister Kaso?«
»Auch ihn fragte ich ab und zu um Rat, den er mir in seinem Großmut auch gewährte.«
»...?«
»Er gab mir Euer *inka* – Eure Bescheinigung – zur Verwahrung.«
»Mein *inka*? Aber das habe ich doch ...«
Hier grinste Herr Minamoto zum ersten Mal: »Meister Kaso ging davon aus, Ihr würdet es verbrennen, zerreißen, verlieren, wegwerfen oder vergessen ...«
In der Tat hatte Ikkyu die ungeöffnete Rolle, in den Tiefen seines Gepäcks von Aufenthalt zu Aufenthalt durchgeschaukelt und zerquetscht, völlig vergessen und irgendwann festgestellt, dass sie verschwunden war.
»... und so fertigte er ein Duplikat, das er mir zur Aufbewahrung anvertraute. Dort liegt es ...«
Minamoto deutete auf ein Kästchen im Alkoven unter einem Wandbild mit Krähen und Kiefern.
»... und harrt einer gnädigeren Aufnahme, als sie dem Original beschieden war. Zu gegebener Zeit sollte ich Euch das Duplikat übergeben. Ich denke, dieser Augenblick ist gekommen. Nehmt es an Euch. Verfahrt damit, wie Ihr es für richtig haltet, denn natürlich gehört es Euch, und nur Euch allein. Eine weitere Abschrift gibt es nicht – dies soll ich Euch, genau in diesen Worten, ausrichten.«
Ikkyu war sprachlos. Dann musste er grinsen: Kaso, dieser Gauner! Alles hatte er bedacht – so gut hatte sein Meister ihn also gekannt und durchschaut!

Minamoto erhob sich. Ikkyu tat es ihm gleich. »Nun bin ich *wirklich* reisefertig«, sagte der Beamte. Er verbeugte sich tief, Ikkyu tiefer.

»Bewacht mir das Haus gut! Ich zähle auf Euch. Damit es mir nicht abbrennt!« – ein Scherz, aber nicht ohne Hintersinn; anscheinend kannte der Herr Ikkyus Gedichte, denn er verwendete die Metapher vom brennenden Haus in dessen eigenen Worten.

Ikkyu war allein. Minamotos Familie besuchte, wie meistens, wenn der Hausherr verreiste, Verwandte. Die Bediensteten hielten sich im Hintergrund.

Obwohl in einer Ecke des Raumes ein Feuer brannte, war es kalt. Ikkyu sah sich um. Er betrachtete das Wandbild in der Ecke über dem Kästchen. Wie aufmerksam! Nicht zufällig befand sich eine Krähe darauf.

Das Kästchen war von angenehmen Proportionen, schwarz lackiert, die Oberfläche glatt geschliffen wie ein Spiegel, sicherlich zu just diesem Zweck angefertigt. Trotzdem fühlte sich Ikkyu unwohl; hielt man in der Schatulle nicht einen Teil seiner Person gefangen? – eine einmalige, unmöglich vermittelbare Erfahrung, vergeblich mit Tinte auf Papier geschwärzt ...

»Andererseits«, sagte er zu sich, »schreibe ich Gedichte, habe ja selbst mein Erwachen in Verse gezwängt.« Er näherte sich dem Kästchen. »Kaso, du fehlst mir!«

Ikkyu öffnete das Behältnis, nahm das zusammengerollte Dokument heraus, brach dessen Siegel auf, glättete das Papier, indem er es entgegen der ursprünglichen Krümmung wickelte, und hielt es sich dann, nun ein wenig in der Senkrechten gewölbt, vor die Nase.

›Hiermit bestätige ich‹, las er, ›dass mein Schüler Sojun – dem ich heute den Namen Ikkyu gebe – vollständiges Erwachen erfahren hat. Wie er mir glaubhaft versicherte, war es der Ruf einer Krähe, der ihn, eines Nachts und in einem Kahn auf dem See Biwa treibend, zur Wirklichkeit durchstoßen ließ. Letztendlich spielt es keine Rolle, was es war. Die Veränderung seines Wesens und Verhaltens konnte ich klar erkennen. Möge das Erwachen – oder wenigstens die Erinnerung daran – anhalten. Im Jahr soundso, im Monat soundso, am Tag eins des Ikkyu, vormals Sojun. Kaso.‹

»Nicht so voreilig! Nichts hält an für immer«, murmelte Ikkyu, als habe er sich zu rechtfertigen.

Da stand er, das Dokument in der Hand wie eine unbezahlte Rechnung oder eine Einberufung in den Krieg. Er wusste nicht, was er tun sollte.

Das heißt – er wusste es ganz genau! »Auch du, mein verehrter Kaso, hattest ein solches Dokument einst abgelehnt«, sagte er, wobei sein Meister anwesend zu sein schien, aber schwieg und unsichtbar blieb. »Lächerlich. Gib es zu!«

Ikkyu warf das wertvolle Papier mitsamt der Rolle ins Feuer. »Erleuchtungsgeprüft! Hahaha! So ein Unsinn!«

Die hölzerne Seele der Rolle gloste wie ein vollkommener Ast. Schon bereute Ikkyu seine Tat.

»Mein Meister!«, rief er unter Tränen, »verzeiht mir! Wo seid ihr jetzt?«

Er gab dem Kästchen, in dem das Dokument gelegen hatte, einen Tritt und schob es der Rolle hintennach ins Feuer. Der Lack bog sich in Plättchen weg, wurde rauh, warf Blasen und verkohlte. Es stank nach Harz oder Horn.

»Wärmt«, sagte er zu der besorgten Dienerin, die auf einmal, von seinen Selbstgesprächen angelockt, hinter ihm stand. Wie zum Beweis streckte er die Hände in Richtung Feuer, die Gelenke abgewinkelt.

Der Kasten verkohlte wie ein kleines Häuschen in einem Feuersbrünstchen, hübsch anzusehen; anstelle des herausgefallenen Schlosses und der Griffe hatten sich Fenster und eine Tür aufgetan.

»Wärmt für kurze Zeit. Das ist alles.«

Die Dienerin lächelte, sich für ihre Anwesenheit entschuldigend, und huschte davon.

Was geschehen war, war geschehen. Ikkyu starrte ins Feuer, wo sich das kleine Haus zusammenkrümmte und in einen schwarzen Klumpen zurückzog.

Da entdeckte Ikkyu etwas Weißes neben sich auf dem Boden. Von draußen hereingetragener Schnee? Nein. Es war ein Stück Papier. Ein zweites Blatt musste in die Schriftrolle gewickelt gewesen sein. Er hob es auf. Das Schriftstück war klein und eng beschrieben. Inzwischen war es Abend geworden. Das Feuer war beinahe heruntergebrannt. Ikkyu ging nach draußen, um in den letzten Lichtstrahlen besser lesen zu können:

›Ikkyu Sojun! Nach deinem Erwachen schrieb ich dir das Übliche auf ein Papier. Wahrscheinlich hast du dieses schon verloren, du Schlamper. Oder verbrannt. Hoffen wir, dass dieser bescheidene Nachtrag deiner Zerstörungswut oder Nachlässigkeit entgeht. ›Wozu einen Esel festbinden‹, hattest du gesagt und gingst fort. Ja, gar nichts lässt sich festbinden, denn wie Tiere und Menschen wird auch der Strick einst zu Staub zerfallen. Du willst der blinde Esel sein und ein sturer dazu. Gut. Ich verstehe. Aber die Lehre verfällt, die Schriften vergammeln, deren Bindungen lösen sich auf, und der Wind möchte sie fortblasen. Du – mein einziger wahrer Sohn –

solltest die Blätter auflesen, bevor es zu spät ist. Denke darüber nach. Kaso.‹

»Was ist denn so schlimm an Staub und Asche?«, murmelte Ikkyu. Die Dienerin streckte ihren Kopf aus der Eingangstür: hatte man sie gerufen? Er schüttelte den Kopf und winkte sie weg.

Ikkyu war verwirrt. Dieses zweite, das *wirkliche inka,* ließ sich nicht so einfach beiseiteschieben. Alles zu Staub und Asche? Er spürte, wie er sich selbst belog. Nicht gleichgültig war es, was mit Rinzais, Daitos, Kenos und Kasos Vermächtnissen geschah. Und *er* durfte nicht – noch nicht – ohne Aufgabe leben und nur nach eigener Vervollkommnung streben.

»Gut! Kaso, ich denke darüber nach. Trotzdem!« Er zerriss das Blatt in hundert Teile, begab sich zurück ins Anwesen und dort in sein Schlafgemach.

In einer Mischung aus Beflissenheit und Neugier hatte man ihn – wie schon die ganze Zeit – beobachtet. Nun eilten zwei Dienerinnen ins Freie. Sie wussten, wer er war.

Kaum hoben sich die Schnipsel vom Schnee ab. Doch das Papier schimmerte grau auf dem Weiß, und so trugen die beiden Frauen nach und nach alle Fetzen zusammen.

»Kirschblüten im Winter«, kicherte die eine. »Oder beschrifteter Schnee!«

»Dürfen wir denn das?«, fragte die andere.

»Wieso hat er wohl die Schnipsel nicht ebenfalls ins Feuer geworfen? Er ist auch nur ein Mensch.«

»Du meinst, ein Teil von ihm will es so?«

»Hol Kleister!«

Ikkyu wälzte sich auf seinem Lager, dick eingemummt gegen die Kälte.

»Eigentlich hatte der Tag so gut begonnen«, seufzte er, »habe ich doch heute morgen bei vollem Bewusstsein meine Reisschale ausgewaschen.«

Krähe und weinender Mann

Niemand unterschätze die Rabenvögel. Sie sind klüger, als es den Anschein hat.

Die Krähe auf dem Ast rührt sich nicht. Schon lange sitzt sie dort. Unten, auf der Schwelle des Häuschens verweilt ein Mann auf seinem Kissen, ebenso unbeweglich wie der Vogel. Er versucht, sich in Gleichmut zu üben und Ruhe zu finden, doch es gelingt ihm nicht. Dann weint er. Boten haben ihm eine traurige Nachricht überbracht: seine Mutter, Tsubone, die Südfrau ist gestorben, fern von hier und bei ihrer Familie. Hätte er gewusst, dass sie krank war, dann hätte er mit allen Mitteln versucht, sie noch einmal zu sehen, doch ist es unklar, ob ihm dies gelungen wäre, denn auch in den letzten Jahren ihres Lebens hatte man sie von der Außenwelt abgeschirmt und beinahe wie eine Gefangene gehalten. Allerdings sagt man auch, sie habe den vollständigen Rückzug aus dem öffentlichen Leben letztendlich aus freien Stücken vollzogen, die noch verbleibenden Fäden zur Gesellschaft abgeschnitten und sich der Lehre des Erhabenen zugewandt.

Nun weint Ikkyu herzzerreißend. Es schüttelt seinen Körper; doch erkennt er auch, dass ihm die Tränen gut tun. Beim richtigen *Sitzen* lassen sich keine Schleusen verbarrikadieren. Es geschieht, was geschehen muss.

Wenn es sich nicht vermeiden lässt, schleichen des Mannes Freunde und Mitmönche an ihm vorbei, ansonsten lassen sie ihn allein trauern. Sie wissen, wie sehr er an seiner Mutter hing, obwohl widrige Umstände die beiden seit langer Zeit getrennt gehalten hatten.

Tränen kullern über Ikkyus Gesicht; der Maler Bokusai würde diese andeuten, indem er mit seinem kleinen Finger senkrecht mehrmals durch einen noch feuchten Tuschestrich führe.

Ikkyu wischt sie weg und zieht die Nase hoch. Das Geräusch scheint die Krähe zu beunruhigen. Mehrmals rückt sie auf ihrem Ast hin und her. Dann flattert sie auf und landet im Kies vor dem Weinenden.

Krähen ändern ihre Kopfstellung und damit auch den Blick stets ruckartig; das Auge gemächlich über eine Landschaft schweifen zu lassen, vermögen sie nicht. So betrachtet der Vogel Ikkyu zuerst mit dem linken Auge, dann, nach einer schnellen Drehung und Schrägstellung des Kopfes mit dem rechten, was etwas Rührendes hat.

»Du schon wieder«, sagte der Mann und seufzt. »Willst mir mit dem Schnabel die Tränen trocknen? Nein danke – das kratzte wohl zu sehr.«

Die Krähe hüpft näher, erklimmt mithilfe eines Flügelschlages die Stufe, auf der Ikkyu sitzt. Sie pickt nach einem hellen Gegenstand auf seinem Gewand; aber es ist kein Samenkorn und auch kein Wurm, sondern lediglich das Ende eines Fadens. Der Vogel zieht daran, doch bekommt er es nicht los, nur beult sich das Gewand ein wenig. Die Krähe gibt auf, bleibt aber in Ikkyus Nähe, in dieselbe Richtung blickend wie er.

»Trauerst du mit mir?«, sagt Ikkyu halblaut, »hast *auch* jemanden verloren, der dir teuer war – den Gefährten, die Gefährtin? Fehlt nur, dass du sprichst. Bist du eigentlich alt oder jung? Ich kann es nicht erkennen.«

So sitzt das wundersame Paar eine Weile nebeneinander, bis Ikkyu noch einmal tief seufzt und sich dann erhebt. Respektvoll hüpft die Krähe auf Abstand: nun ist der seltsame, atmende Berg wieder ein Mensch und vielleicht gefährlich.

Doch dem ist nicht so. Ikkyu greift sich den an der Wand lehnenden Reisigbesen, um die Blätter auf der Veranda zusammenzufegen.

Gilt das mir?, scheint sich der Vogel zu fragen. Er flattert und hüpft die Stufe wieder herab. Ein Windstoß fährt in den mittlerweile zusammengetragenen Haufen und bläst ihn auseinander. Ikkyu beginnt von vorn. Diesmal holt er rechtzeitig eine Schaufel, schiebt die Blätter darauf und trägt das Zusammengefegte, vom aufgesetzten Besen festgehalten, zum Komposthaufen. Die Krähe beobachtet ihn argwöhnisch.

Nun stellt der Mann den Besen weg. Er ergreift den Rechen! Dann steigt er die Stufe herab und harkt Kies. Parallele Linien formt er, legt Wellenmuster an wie auf einer Wasserfläche. Die vereinzelten großen Steine und Holzstümpfe im Vorhof werden zu Inseln. Neugierig betrachtet die Krähe das Geschehen. Würmer? Nein, das ist kein Acker, der gerade umgegraben wird. Nichts wird aus dieser Kieswüste auftauchen.

»Wer nicht arbeitet, der soll auch nicht essen«, murmelt Ikkyu mehrmals vor sich hin, im Singsang, als wäre es ein schönes Lied. »Ist das wirklich alles? Wozu? Wenn wir doch alle verschwinden ...«

Die gleichmäßige Bewegung beruhigt den Mann. Er weint nicht mehr. Das Rauschen der Steine ist wie eine beschleunigte Brandung, als rase die Zeit der Welt ihrem Ende zu.

Siebentagsabt
47

Manchmal besuchte Ikkyu das Mädchen im Dorf und verabschiedete sich dann stets aufs Neue zweimal: einmal, als er kam sowie einmal, als er ging. Das Spiel war ihnen lieb geworden. Nach dem Lebewohl zur Begrüßung lag Ikkyu neben ihr. Manchmal kochte er Suppe aus Kräutern und Pilzen, die er im Wald auf dem Weg zu ihr gesammelt hatte. Sie fragte nicht nach Belehrung. Das war erfrischend. Ikkyu fühlte sich frei. Wenn er im Garten hinter der Hütte hackte, sang er vor sich hin. Ruhte er sich auf der Türschwelle aus, zog er seine Flöte hervor und versuchte, sein eigenes Geträller nachzuspielen. Sie lachte ihr glasklares Lachen, wenn er sich dabei irrte. Dann schmiegte sie sich wieder an ihn. Manchmal brachte er einen Krug Sake mit.

Sie hatte sich in eine erwachsene Frau verwandelt. Ihr Mann war nicht zurückgekommen. Wohl war er tot, denn die Schiffe vom koreanischen Festland hatten nie eine Nachricht von ihm an Bord. Sie trauerte. Doch auch diesbezüglich fragte sie Ikkyu nichts, nie: warum? oder: wohin gehen wir? oder gar: was kommt danach? In einer Ecke vor einem Lämpchen und einer Götterfigur kniete sie oft. Manchmal fielen ihr dabei die Augen zu, sie sank seitwärts zu Boden und schlief ein. Dann beugte sich Ikkyu über sie und betrachtete die Geliebte eindringlich, als wolle er in sie kriechen, ihr Gesicht, die Wimpern, ihren Körper, aber auch das flackernde Licht des Lämpchens, wenn es den letzten Tropfen Öl aus der Schale sog und die Götterfigur im Dunkel verschwand.

Dein Nichtfragen, dachte er, geht tiefer als alle Fragen. In solchen Augenblicken fühlte er sich zugleich innig mit ihr verbunden wie auch einsam.

So verstrich die Zeit. War Herr Minamoto unterwegs – das war oft und lange –, dann bewachte er wie verabredet das Haus. Dazwischen setzte er seine Wanderschaften fort, *saß* an den unmöglichsten Orten, unbeweglich wie eine gespenstische Statue, die hier und da aus dem Nichts auftauchte, half einmal, eine Hütte vor dem Einsturz zu bewahren oder ein anderes Mal, ein Reisfeld zu bewässern. Auch lehrte er oder trieb seine Späße, welche wohl die wirklichen Unterweisungen waren. Beim Volk war er beliebt. Die Mönche hingegen fürchteten seine scharfe Zunge und machten sich über ihn lustig. In den Kneipen und Freudenhäusern war er – sofern er Geld in der Tasche hatte – ein gern gesehener Gast. Manchmal traf er dort, oder auch unterwegs, seine Freunde Shoiku und Nanko, die ebenfalls auf Wanderschaft waren.

»Eines Tages«, träumte man dann beim Sake, »suchen wir uns eine eigene Klause, fläzen uns davor ins Gras und betrachten die Wolken am Himmel. Das wird Schwerstarbeit! Hahaha!«

Immer wieder dachte Ikkyu über Kasos zweites *inka* nach, wie auch über die darin festgehaltene Verpflichtung zum Tun. Diese hatte er verstanden. Die Zeit dazu würde kommen. Auch die Aufgabe.

Eines Tages, als er wieder einmal bei Minamoto logierte, standen plötzlich die beiden Dienerinnen vor ihm. Sie hielten ihm einen in Seide gewickelten Gegenstand entgegen. Ikkyu öffnete die Verpackung: ein zusammengerolltes Stück Papier kam zum Vorschein.

»Nanu?«, sagte er, »ein *drittes inka?*«

»Ja ... und nein«, sagte eines der Mädchen. »Seht selbst.«
Das Papier war steif und leistete beim Aufrollen Widerstand. Sogleich erkannte Ikkyu Kasos zweite Botschaft. Die Fetzen waren, recht und schlecht zusammengesetzt, auf ein daruntergelegtes Papier geklebt, zwar einige Schnipsel verkehrt herum und somit manche Schriftzeichen auf dem Kopf stehend, auch gab es ein paar Lücken, aber im Großen und Ganzen war der Text lesbar.

»Hahaha! Aus dem *inka* ist ein Federkleid geworden«, lachte er.

»Ihr seid nicht böse?«, stotterte das zweite Mädchen, und das erste fügte hinzu: »Wir können nicht gut lesen, kennen zwar nicht alle *kanji*, aber da steht bestimmt etwas sehr Wichtiges – und dazu von einem weisen Mann geschrieben –, das kann man doch nicht einfach ... Verzeihung ...«

»Wir dachten auch, dass Ihr es vielleicht bereut«, fuhr die andere fort. »Seht: da heißt es zum Beispiel ...« – sie drehte das Blatt zu sich und fuhr mit dem Finger über das Schnipselgefieder – »... Erwachen ... Strick zu Staub ...« – oder hier: »... die Lehre ... und auch: denke darüber nach! Verzeiht, wenn ich dummes Mädchen ...«

Das Mädchen verstummte, den Meister erwartungsvoll anblickend. »Ihr seid nicht böse?«

»Ach was!«, rief Ikkyu. »Ich wusste gar nicht, wie wertvoll mir dieser Zettel ist. Umarmen könnte ich euch!«

»Dagegen hätte *ich* nichts«, kicherte die zweite, die Freche, in einem Anflug von Übermut. Ikkyu grinste und schürzte die Lippen, als erwäge er das Angebot.

»Es ist das letzte, was ich von Meister Kaso noch habe«, sagte er dann, wieder ernst, während er versuchte, die Fetzen zu glätten. »Bin ja auch nur ein Mensch.«

»Siehst du!« Die Erste lächelte ihrer Freundin zu.
Von nun an trug Ikkyu den Zettel immer bei sich.

Wieder einmal nahte Kasos Todestag. Diesmal sollte seiner in besonderem Maße gedacht werden. Man hatte sich vorgenommen, innerhalb des Daitokuji, der größten Tempelanlage in der Hauptstadt, ein kleineres Gebäude zu Kasos Ehren zu errichten. Einen Namen dafür hatte man schon: Daiyu-an – was soviel bedeutete wie *Einsiedelei großer Errungenschaften* –, aber noch kein Geld. So bat man Ikkyu, bei reichen Gönnern vorzusprechen, um Spenden zu erbitten. Was er auch tat. Es war nicht gerade die Aufgabe, auf die er gewartet hatte, aber zumindest ein Anfang, vom Leben auf Wanderschaft zu geregelter Beschäftigung zurückzukehren.

Herr Minamoto gab reichlich. Auch andere wohlhabende Freunde Ikkyus und des Daitokuji erwiesen sich als spendierfreudig.

Die Holzkonstruktion des Daiyu-an zu errichten, dauerte nicht allzu lange. Bald stand der Rohbau. An Kasos Todestag sollte die Einweihung stattfinden. In diesem Zusammenhang hörte Ikkyu Befremdliches von seinem alten Widersacher Yoso, der mittlerweile im Daitokuji beschäftigt war: offensichtlich streute dieser das Gerücht, Kaso habe die Bezeichnung seines Gedächtnistempels als *Einsiedelei der Errungenschaften* noch zu Lebzeiten selbst verfügt und habe als größte Errungenschaft die Ausbildung und Erweckung seines Meisterschülers, Yosos nämlich, betrachtet. Somit würde des Tempels Namensgebung letztendlich auf ihn, Yoso, und nicht auf den Meister hindeuten.

Was für eine Frechheit und Selbstüberschätzung, aber auch: welche Schlauheit! Ikkyu musste lachen.

Oft zog er das zweite *inka* hervor und grübelte über Kasos Vermächtnis nach. Im Lauf der Zeit waren die Schnipsel von der Unterlage abgeblättert, so dass Ikkyu nur noch ein leeres Blatt mit Kleisterspuren in der Hand hielt, aber er kannte den Text längst auswendig. Wieder und wieder sprach er ihn sich im Geist vor.

Als zöge das feinstoffliche Nachdenken grobstoffliche Folgen nach sich, stand eines Tages eine Abordnung des Daitokuji vor ihm.

»Ihr wisst ja«, holte einer der Mönche nach der Begrüßung umständlich aus, »dass unser Tempel nach Meister Daito benannt ist, und, wie dieser unser verehrter Namensgeber, der unter Brücken hauste, wo er so gut wie nichts sein eigen nannte, lebt ja auch Ihr, Meister Ikkyu ...« – der Mönch stockte und beäugte misstrauisch Herrn Minamotos vornehme Räumlichkeiten – »... recht bescheiden.«

»Hahaha!«, lachte Ikkyu. »Das ist alles nur geborgt – bin sozusagen der Nachtwächter.«

»Ach so. Also, kurz gesagt: man bietet Euch an, im neu errichteten Daiyu-an zu wirken. Als dessen erster Abt. Ihr wart Meister Kaso eng verbunden, Ihr verehrt Meister Daito und lehrt nach der Methode des großen Rinzai. Die Jüngeren wünschen sich jemanden wie Euch, jemanden, der imstande ist, die durch jene Namen beschriebene Linie des *zen* fortzusetzen. Zu diesen Jüngeren gehören, wie Ihr seht, auch wir. Die Älteren ... nun, sie haben zwar größtenteils andere Ansichten, könnten aber überzeugt werden, zumal Ihr offensichtlich nicht wenige einflussreiche Persönlichkeiten zu großzügigen Spenden zu überreden im Stande wart – dies lässt so manchen mächtigen Abt der *gozan*, der fünf Berge, über Eure ... Eigenarten hinwegsehen ...«

»...«

»Was haltet Ihr davon? Man hat uns aufgetragen, nur mit einer eindeutigen Antwort, einem Ja – oder eben einem Nein – zurückzukehren. Keine Bedenkzeit. Selbstredend wäre uns ersteres lieber. Dessen seid bitte gewiss!«

»...«

»Ihr sagt nichts? Es scheint, Ihr werdet das Gesuch ablehnen, Meister Ikkyu ...«

»...«

»Das ist sehr bedauerlich. Doch wie dem auch sei; unseren Auftrag haben wir hiermit erfüllt ...«

»...«

»... und machen uns dann wohl oder übel wieder auf den Rückweg, leider unverrichteter Dinge ...« Unschlüssig traten die Boten von einem Bein auf das andere. Danach setzten sie zu einer tiefen Verbeugung an, die allerdings in spitzem Winkel zum Stehen kam, als sei ein unsichtbarer Balken in die Luft eingelassen. Denn:

»Einen Augenblick!«, rief Ikkyu, wobei er beiseite zu sich sagte: »Meister Kaso, woher wusstest du *das?* Ich soll also?«

So wurde er Abt des Daiyu-an. Der Tempel war winzig, eher eine Art Unterstand, der im Inneren durch ein paar verschiebbare Wände unterteilt werden konnte. Ikkyu trennte zunächst ein Schlafquartier ab und ließ sich aus den größeren Anwesen Kochgeschirr, Decken und das übrige Notwendige liefern.

Nun war er bereit, seine Arbeit aufzunehmen.

Doch woraus bestand diese eigentlich?

Mönche gab es nicht, kein *sangha*, keine Tempelgemeinschaft also. Für deren Unterbringung wäre auch kein Platz gewesen. In einer dem Schlafquartier gegenüberliegenden Ecke würde der Schrein für Meister Kaso entstehen. Dazu brauchte man ein Rollbild, das eine Beziehung zum Verstorbenen herstellte: vielleicht eine Tuschemalerei von Katata, verwischt im Nebel, umgeben von einem Wäldchen, nur durch ein paar Zweige angedeutet, mit einem einsamen Pilger darin, in Rückansicht, ja, das hätte Kaso gefallen. Bokusai würde es malen. Davor eine Vase mit ein paar echten Zweigen – eine Verbindung zum Rollbild schaffend –, aber nicht zu viele, drei vielleicht, einer davon kahl und nur ein einziger, ungewöhnlich in sich verschraubter Ast, sowie eine Blüte, die stets zu erneuern wäre. Durch diese vier Bestandteile wären die Jahreszeiten dargestellt wie auch das Paradox ihrer Gleichzeitigkeit sowie damit das – in eines Erwachten Wirklichkeit – Nichtvorhandensein von Zeit.

Der übrige Raum zwischen Eingang und Nischen war blankgescheuert. Er bot leidlich Platz für *zazen* mit einigen wenigen Getreuen. Ein paar mit Kirschkernen gefüllte Sitzpolster waren in der Ecke aufgehäuft. Sehr aufmerksam. Ikkyu zog eines hervor. Er setzte sich in die Mitte des Raumes, den Blick zum Ausgang gewandt. Der Boden war hart. Man würde Matten benötigen, denn so schmerzten Knöchel und Fesseln.

Am darauffolgenden Tag regnete es. Ikkyu lauschte den Tropfen, die auf den Kiesweg vor dem Gebäude prasselten, zwischen die Steine schlüpften und dann verschwanden. Als ein Sonnenstrahl die Wolken durchdrang, erglänzten die Rundungen der Kiesel speckig. Der Meister war allein. Für den Nachmittag hatte man eine Besprechung anberaumt, an der auch Yoso teilnehmen würde. Ikkyu freute sich nicht, ihn wiederzusehen.

Er saß.

Die Gedanken kamen und gingen, wurden weniger – oder auch nicht.

Er betrachtete.

Da kam auch schon die Krähe. Sie marschierte heran, als habe sie einen langen Weg zu Fuß zurückgelegt, schwankend und mit schräggedrehtem Kopf.

»Reisest du mir also hinterher«, grinste Ikkyu. Mit ein paar Flügelschlägen schwang sich der Vogel in den Raum, dann auf den erhöhten Tempelboden, schritt ein wenig hier- und ein wenig dorthin, pickte auf das Holz, obwohl es da nichts zu holen gab, und behielt das sprechende Ding auf dem Kissen stets im Auge. Dann drehte er sich um, krächzte einmal, flog hinaus und davon.

Die Stille, nur durch den Regen perforiert, tat gut. Nichts Dringendes gab es zu tun, nichts Wichtiges zu denken.

Die Besprechung hatte stattgefunden, sich aber hauptsächlich in Ehrenbezeugungen und formalen Ansprachen erschöpft. Yoso war nicht aufgetaucht. Noch immer fragte sich Ikkyu, was man eigentlich von ihm erwartete.

Doch bald kam die Arbeit zu ihm – und dies nicht zu knapp.

Er hätte es sich denken können: seine Anwesenheit hatte sich bereits herumgesprochen. Am zweiten Tag standen die ersten Neugierigen vor seiner Behausung, ältere und jüngere, alle einfach gekleidet, durchnässt, barfuß oder in Strohsandalen. Vor lauter Verbeugungsschüben kamen sie kaum vorwärts.

»Meister Kasos Schrein ist leider noch nicht fertig«, sagte Ikkyu in der vergeblichen Hoffnung, der Besuch gälte nicht ihm. Bald war er von mehreren Dutzend Gesichtern umringt, darunter auch einigen weiblichen.

»Das wissen wir, Meister«, wagte endlich ein Alter zu sagen. »Wegen *Euch* sind wir gekommen, ...« – da geriet er auch schon ins Schwimmen – »... das heißt, verzeiht, natürlich ebenfalls wegen Eures Meisters, Kaso. Sobald der Schrein in Betrieb ist, werden wir auf jeden Fall ... und selbstverständlich auch wegen des noch älteren, lange verstorbenen Herrn, der unter Brücken hauste – wie hieß er doch gleich? ...« Er verstummte.

Ikkyu lächelte und erhob sich. »Das war Meister Daito«, ergänzte er, «der größte von allen. Was kann ich für euch tun?«

Da sprudelte es aus den einfachen Bauern heraus:

»Ist es wahr, was man sich berichtet? Seid Ihr wirklich des Kaisers Sohn?«

»Hat tatsächlich eine Krähe zu Euch gesprochen? Was hat sie gesagt?«

»Was es Yatagarasu?«

»Gibt es Dämonen? Wie können wir uns vor ihnen schützen?«

»Gibt es das Reine Land?«

»Wie kommen wir dorthin? Wir sind arm.«

»Wenn Ihr unbeweglich sitzt, Meister – wie soeben –, was geschieht dann mit Euch?«

»Wir haben dafür keine Zeit. Müssen arbeiten. Was sollen wir anstelle dessen tun?«

»Die Reichen nehmen uns alles weg. Helft uns! Auch die Tempel sind hinter unserem Geld her – aber wir haben keins ...«

»Nun seid Ihr Abt, habt Macht!«

Böses schleuderte Ikkyus Gedankenaffe daraufhin um sich: ›Das sind einfache Leute. Wie könnten sie, wenn du erklärtest, je verstehen?‹ Oder auch: ›Erzähle ihnen das Übliche, dann sind sie zufrieden. Danach schicke sie weg, sonst ist deine Ruhe dahin. Ganz recht, du bist Abt – nun denke zuerst einmal an dich!‹

Doch Ikkyu gab sich einen Ruck und verscheuchte diese allzu bequemen Gedanken. »Das sind viele Fragen, die natürlich teilweise zusammenhängen«, sagte er. »Was kann das Kloster tun, um euer Leben zu erleichtern – außer, dass man natürlich in selbiges eintreten könnte; aber wenn man Frau und Kinder hat, dann ist solches schwer, wenn nicht gar unmöglich. Das verstehe ich schon. Ich werde darüber nachdenken – noch bin ich ja neu hier in Daitokuji: nicht zu vergleichen ist dieser Ort mit Katata, dem Tempel meines Meisters, vor dessen Tor ich im Schnee saß, wisst ihr? Daitokuji ist reich. Das gibt mir allerdings zu denken.«

»Sehr reich, Meister Ikkyu.«

Das stimmte. »Vielleicht solltet ihr euch zusammentun«, wagte Ikkyu laut nachzudenken, wusste aber, dass er mit derartigen Vorschlägen vorsichtig sein musste, zumal auch er nicht völlig unangreifbar war. Überdies würde die Obrigkeit bei jeder Zusammenrottung erbarmungslos zuschlagen; oft schon war dies geschehen, und danach ging es dem verarmten Volk meistens schlechter als zuvor. Wie also konnte man die Zustände ändern – wie konnte *er* die Zustände ändern?

»Ich werde mit den Gönnern reden«, seufzte er. »In den nächsten Tagen sollen sie uns ja besuchen. Wir bewirten sie großzügig – hoffentlich sind sie dann guter Laune. Man wird sehen. Etwas anderes allerdings sind eure Fragen nach dem

Sitzen, nach der Lehre. Ihr müsst es einfach selbst versuchen.«

»Das wollen wir! Helft Ihr uns dabei?«

»Jeden Morgen bei Sonnenaufgang sitze ich hier. Wem es ernst ist, der mag mir gerne Gesellschaft leisten.«

»Ja! Ja! Das werden wir tun!«

Am dritten Tag, in aller Frühe, erschien tatsächlich ein halbes Dutzend Dorfbewohner. Folgsam setzten sich die Männer zum *zazen* und blickten den Meister erwartungsvoll an. Nun würde er ihnen den Sinn des Lebens – sowie überhaupt *alles* – erklären!

»Nur Stottern ist meine Rede«, sagte der Meister aber, nachdem man eine Weile schweigend zusammengesessen hatte. »Wie das Gekrächz der Raben, die am Himmel Wirrnis zeichnen.« Er konnte es nicht lassen, seine Zuhörer – ganz im Sinne der Lehre natürlich – ein wenig zu verwirren. »Ein Abt bin ich jetzt also«, kicherte er. »Wohl eher ein Äbtchen, nicht wahr? Seht euch um. Nehmt all dies nicht so wichtig!«

Ächzend erhoben sich die Anwesenden und gingen auseinander. »Da braucht man aber viel Geduld. Schnell gehts gerade nicht«, hörte Ikkyu jemanden murmeln.

Am vierten Tag begaben sich nur noch zwei Besucher mit Ikkyu in den *zazen*-Sitz.

Am fünften Tag saß er wieder allein. Nur für kurze Zeit war er enttäuscht. Was hatte er denn erwartet? Das Leben der Landbevölkerung war hart, die Arbeit auf den Reisfeldern *ihr zazen*, welches vielleicht sogar schwerer wog als dasjenige Ikkyus. Darüberhinaus – wer weiß –: vielleicht hatte er bei dem einen oder anderen doch den Grundstein für eine spätere Entwicklung gelegt?

Er grämte sich nicht, tauchte in den zeitlosen Zustand ein, aus dem er sich bald wieder heraushob, denn für den Nachmittag war die Gedenkzeremonie zu Kasos Todestag anberaumt. Es gab viel zu tun, insbesondere zur Vorbereitung des anschließenden Festmahls, zu dem alle wichtigen Personen des Daitokuji erwartet wurden, wie auch die Reichen der umliegenden Provinzen, von denen Spenden geflossen waren oder noch fließen sollten, unter anderem auch für Ikkyus neuen Untertempel, den Daiyu-an.

Eine saubere neue Robe lag für Meister Ikkyu bereit, die er aber erst im letzten Augenblick anzulegen beabsichtigte: schon im Voraus spürte er, wie der störrische Stoff am Hals kratzen und seinem Auftreten etwas Eckiges geben würde.

Er hatte es sich nicht nehmen lassen, in der Küche, die mehrere Tempelanlagen gleichzeitig zu versorgen hatte, auszuhelfen, schälte Rüben, rieb Rettich und versuchte, sich auch anderweitig nützlich zu machen.

Mittlerweile brachte Yoso, der den Ablauf der Feierlichkeiten beaufsichtigte, die Räumlichkeiten in Ordnung, bereitete die Gastquartiere vor, ließ schwere Decken und edle Kleidung bereitlegen, aus einer Liste Rollbilder aussuchen und aufhängen, wobei diese auf die Gäste abzustimmen waren, damit nicht zum Beispiel eine Zeichnung des fetten Bodhidharma auf einen ebenso beleibten Gast stieße; kurz, Yoso hatte alles im Griff. Das musste auch so sein, denn es ging ja um Geld, um Zuwendungen, die Daitokuji dringend benötigte!

Aber Ikkyu gefiel das trotzdem nicht. »Bei uns in Katata wurde jeden Morgen nach dem *zazen* geschuftet, gehackt, gegraben; alle Tage haben wir nur Reis und Gemüse gegessen – und damit ging es auch«, grummelte er vor sich hin, als er die erlesenen Kostbarkeiten sah, die da angerichtet wurden, und damit die Köche verwirrte.

Als Yoso bei seinen Rundgängen auch die Küche besichtigten wollte, zog er den Kopf schnell wieder zurück, als er Ikkyu erblickte. Noch immer waren die beiden einander nicht wiederbegegnet.

Die Zeremonie war feierlich, aber, aus Rücksicht auf die Gäste von außerhalb, nicht allzu lang. Es gab einige Ansprachen, teilweise in Gedichtform – wobei sich Ikkyu geweigert hatte, auch ein Gedicht vorzutragen –, man zündete allerlei Lämpchen sowie Räucherwerk an und rezitierte aus bedeutenden Sutren. Viele Besucher waren gekommen, ernst und in vornehmer Kleidung, wichtig dreinblickend und mit Scharen von Bediensteten.

Zu guter Letzt hatte Ikkyu die steife Robe anlegen und sich von den geliebten Strohsandalen trennen müssen. Er fühlte sich wie eine seiner Puppen, die er zum Verkauf anbot, nun riesengroß aufgebläht und nur begrenzt biegsam, als ließen sich weder Knie- noch Armgelenke frei bewegen. So stand er wie ein Ausstellungsstück umher, unbeholfen und wissend, dass jedermann einen Blick auf ihn warf, war er doch *der Neue* und darüberhinaus bekannt wie ein bunter Hund.

Das Festbankett zu Ehren der Toten Daito und Kaso, welches gleichzeitig die Einweihungsfeier des neuen kleinen Tempels darstellte, fand in einer geräumigen Gebetshalle eines der Haupttempel statt, nur einen Steinwurf vom Daiyuan entfernt.

Nach der Zeremonie besichtigten die meisten Gäste Ikkyus Gebäude, wobei dieser wie ein Hausdiener in einer Ecke zu verharren und sich vor jedem Eintretenden zu verbeugen hatte. Manche Besucher allerdings waren schnurstracks zur Nahrungsaufnahme geeilt. Für alles war gesorgt – keine Mühe hatte man gescheut und auch seltene Kostbarkeiten herangeschafft wie Seegurken und -igel, auch gebratene Vögel sowie natürlich Fisch aller Art. Sake floss reichlich: sowohl Herzen wie auch Münzbeutel sollten sich ja öffnen und, wenn möglich, sogar überfließen.

Auch Ikkyu hatte sich schließlich an die Tafel geschlichen und an einer Ecke Platz genommen. Sogleich entdeckt, lobte man sein neues Tempelchen, bat um eine Ansprache, welcher Bitte der Meister nur in gedrängtester Form nachkam, denn er erhob sich lediglich kurz, rollte seine Wirbel zum millionsten Mal zu einer halsbrecherischen Verbeugung ein, die seine Bartstoppeln beinahe die Suppe auftunken ließen, und wünschte den Anwesenden ›guten Appetit.‹

Yoso, der Ikkyu vor dem Festessen schließlich doch noch begrüßt hatte, wobei ihm keine Gefühlsregung anzumerken gewesen war, saß entfernt vom Meister, eingezwängt zwischen zwei dicken Gutsherren, denen ausgedehnte Ländereien in der Umgebung des Daitokuji gehörten. Die Gelegenheit beim Schopfe packend, sprang Yoso auf und holte das Versäumte, nämlich die Dankesbezeugungen der Anwesenden Spenden betreffend, überschwänglich nach, wobei er hinzuzufügte, ›dass es nun einmal nicht Ikkyus Sache sei, gewählt oder gar höflich daherzukommen, lägen doch seine Stärken *angeblich* woanders.‹

Die Betonung des vorletzten Wortes war von erlesener Bosheit, kaum verdächtig, und doch ein vergifteter Pfeil, nicht einmal aus dem Hinterhalt abgeschossen, sondern in aller Öffentlichkeit.

Einige Gäste lachten: »Ach ja, unser Ikkyu. Aus dem soll einer schlau werden!«

»Meister«, sagte ein älteres Männchen, das Ikkyu nicht kannte, »Ihr seid mir noch aus früheren Zeiten mit Namen Sojun erinnerlich. Nun aber heißt Ihr Ikkyu – wieso?«

Unmittelbar angesprochen, musste sich Ikkyu erneut erheben. Er rappelte sich auf, wobei er eine Schale heißer Brühe umstieß. »Eine Pause«, erklärte er, während er sich Nudeln und Flüssigkeit vom Ärmel wischte, »eine Kammer zwischen zwei Unendlichkeiten, die wir nur für kurze Zeit bewohnen – doch mit Fenstern und Luken da- und dorthin, um diese Unendlichkeiten zu schauen. Dies können wir, mehr nicht – und das bedeutet mein Name: eine Pause.«

»Aha«, grübelte das Männchen. »Fenster und Luken ...«

Bald ließ man Ikkyu in Ruhe und widmete sich ganz dem Essen und Trinken. Die Gespräche begannen, ausschließlich um weltliche Dinge zu kreisen. Überschwänglich wurden die Speisen gelobt, wobei so mancher sich beeilte, hinzuzufügen – dies selbstredend lautstark –, dass man all diese Häppchen natürlich kannte und sie eigenen Gästen alle Tage vorsetzte. Was, den Reichtum des einen oder anderen in Betracht gezogen, durchaus stimmen konnte.

Einige jüngere Mönche hatten ebenfalls den Weg an die illustre Tafel geschafft. Sie drückten sich um Ikkyu herum, der aber so grimmig vor sich hinstarrte, dass keiner es wagte, ihn anzusprechen.

Immer ausgelassener wurde die Runde. Man scherzte, machte Witze, lachte über alles mögliche.

»Ja ja«, rief einer, »hart ist der Mönche Dasein. Auf Kaso!«

»Auf Kaso – und Daito!«

»Auf Daito! Hat dieser nicht in einem Schweinestall gehaust?«

»Nein, auf einem Baum. Oder auf einer Insel?«

»Aber nicht doch: unter einer Brücke!«

»Richtig – derjenigen über den Kamo-Fluss. Dort saß er tagein und tagaus bei den Bettlern und bettelte mit.«

»Das soll ihm erst einmal jemand nachmachen.«

»Meine Hochachtung! *Wir* betteln ja nicht – bei uns *wird* gebettelt«, lachte ein Dicker.

»Oder aber wir *lassen* betteln!«

»...?«

»Na, um Steuern! Und *unsere* Bettler sind nicht gern gesehen! In ihren Schalen pappt kein Reis – da muss es klingeln! Hahaha!«

Auch Yoso stimmte mit ein: »Hahaha!«

»Doch seid unbesorgt«, sagte der Dicke, wobei er seine Hand auf Yosos Arm legte. »Ein Teil unserer Einnahmen – hart verdient! – fällt stets für Euch ab, wie Ihr ja wisst, für Eure bewundernswerten Stätten, Tempel – und auch Tempelchen!« Hier schielte der Dicke zu Ikkyu hinüber. »Sehr schön! Was all das wohl gekostet haben mag?« Mit der Rechten wies er um sich, deutete auf das Dachgestühl von schweren, aus einem Stück gehobelten Balken, auf die Reihen lackierter Schalen, Becher, Tabletts, auf die mit Malereien verzierten Schiebewände, und was es sonst noch zu bewundern gab.

»Nun ja«, sagte Yoso, »wie Ihr seht, ist Euer Geld gut angelegt. Wenn Ihr also Lust verspürt, uns wieder zu spenden, nur zu.«

Dergleichen Schmeichelei gefiel dem Dicken. Er gab dem Obermönch einen Klaps auf den Rücken: »Das werden wir sehen!«

Schlimmer konnte es nicht kommen? Doch.

Am nächsten Morgen, Ikkyus sechstem Arbeitstag, war gemeinsames *Sitzen* verabredet – das erste *sesshin*.

Das Gelage am Vortag hatte sich bis in die späten Abendstunden hingezogen. Noch spukte der Sake in vielen Köpfen umher. Draußen war es dunkel und still, als der Gong zum ersten Mal geschlagen wurde.

Allmählich aber wurde es hell. Der Regen hatte aufgehört. Es war dunstig und feucht. Wassertropfen hingen im Grün an Nadeln und Blättern, fielen herab und wurden sofort durch neue ersetzt. Ikkyu, schon seit einer Weile auf seinem Platz, betrachtete das Schauspiel. Die Schiebewände der Halle waren geöffnet. Der Blick in den Garten war eingerahmt wie ein Bild.

Der Meister saß nicht allein. Einige der jungen Mönche, die schon tags zuvor um ihn herumgeschlichen waren, hatten sich dazugesellt und saßen mit ihm, die Rücken gestreckt, und auch sonst in ausgezeichneter Haltung. Ikkyu war gerührt, mitanzusehen, wie die jungen Burschen ihren Ernst und ihre Hingabe kundtaten. ›Nun entspannt euch doch erst einmal‹, hätte er gerne gesagt, doch wollte er ihren Eifer nicht bremsen.

Dann kamen die ersten Gestalten aus dem Schlaftrakt gewankt, Dämonen im Nebel gleich, gebückt als wie bucklig, ächzend. Die zwei reichen Dicken waren darunter sowie auch andere Zecher. Yoso ließ sich nicht blicken. Nach und nach erklommen die Frühaufsteher die drei hölzernen Stufen um das große Podest, ließen sich auf den für sie vorbereiteten Sitzgelegenheiten nieder und versuchten, Beine und Füße unter sich zu verstauen. Dies vollbracht, wurde es eine Weile still.

Ihr guter Wille mag ja lobenswert sein, dachte Ikkyu, aber das hat doch alles keinen Sinn! Die Anspannung der Glieder und Bäuche war mit Händen zu greifen. Wie auch die Unlust. Aus dem nahegelegenen Schlafsaal drang Schnarchen herüber – nun gut hörbar, da die Sitzenden ja versuchten, keinen Laut von sich zu geben –, lautes, schnappendes Schnarchen.

Wieder schlug Ikkyu den Gong.

»Es geht los«, stöhnte ein Gast, der sich anscheinend zum ersten Mal in dieser Lage befand. Schnaufen, Husten und Räuspern war zu hören, Sake war zu riechen.

Eine Weile ging das Sitzen trotz allem leidlich gut. Dann verließen die ersten ihre Kräfte. Oder die Lust. Oder beides.

»Kalt hier«, seufzte einer mitten in das *zazen* hinein, »wo bin ich denn da bloß hineingeraten?« Wohl hatte er die Nacht durchgebechert und war noch benebelt: einige kicherten. »Nun ja«, fuhr die Stimme fort, »sein *inka* muss man sich wahrlich hart erarbeiten, im wahrsten Sinn des Wortes sozusagen er-frieren. Hahaha!«

»So wird das nichts mit Eurem *inka*, es sei denn, Ihr habt *sehr* viel Geld. Alles ist käuflich. Nicht wahr, Meister Yoso? Wo ist der denn überhaupt?«, klang es von irgendwo.

»Psst!«, fuhren andere dazwischen. Einige ernsthafte *Sitzer* schien es also doch zu geben. Allerdings hielt die Stille nicht lange an.

»Ich muss mal«, tönte irgendwo eine Bassstimme. »Wer viel trinkt, muss auch viel pissen. Die Lehre von der bedingten Entstehung.«

Gelächter. Ein Dicker erhob sich ächzend: »Au au. Meine Knie. Ich kann nicht mehr. Verzeiht.« Er trollte sich in Richtung Haupthaus.

Ikkyu gab auf. Vorzeitig schlug er von neuem den Gong, was bedeutete, dass nun eine kurze Weile *kinhin* auszuführen war. Einfach ausgedrückt: man erhob sich und vertrat sich die Beine, so langsam wie möglich im Kreis schreitend.

Während dieser Gehübung, in Erwartung des zweiten Sitzens, dem ja noch weitere folgen würden – eine schreckliche Aussicht –, begann sich der Kreis der Getreuen zu lichten. Nicht wenige *Sitzer* schlugen sich in die Büsche, das heißt, sie versuchten, im Moment des größten Abstands vom Meister, unbemerkt aus dem Kreismarsch auszuscheren, wobei allerdings einer der Flüchtigen stolperte und die drei Stufen hinabpolterte. Er blickte sich nicht um und entwich.

»Das geht nicht gegen Euch, Meister Ikkyu«, wagte ein junger Mönch zu flüstern, nachdem er all seinen Mut zusammengenommen hatte.

»Man kann alles betrachten«, antwortete Ikkyu, wieder ganz der Lehrer, »ja, alles ist beobachtbar, nicht wahr?«

Trotzdem neigte sich seine Geduld dem Ende zu. Eine ächzende Schlange von Greisen im *kinhin?* Nein, dies alles war ganz und gar sinnlos.

»Katsu!«, rief er in die Bande von Taugenichtsen hinein, ein Schrei, der eigentlich der Erweckung eines fortgeschrittenen Schülers vorbehalten war.

»Was? Schon?«, erdreistete sich der Pisser zu frage. Nun hatte Ikkyu endgültig die Nase voll. »*Sesshin* beendet«, sagte er und ging fort.

Am siebten Tag wachte Ikkyu spät auf, hatte Kopfschmerzen, als habe er getrunken. Er erinnerte sich, schlecht geträumt zu haben.

Die meisten Gäste waren abgereist. Als er vor seinen Tempel hinaustrat, war er allein. Die Sonne schien. Es ging schon auf Mittag zu. Das morgendliche Sitzen hatte er verschlafen. Ob jemand aufgetaucht war und sich dann wieder davongeschlichen hatte?

Zu spät erinnerte Ikkyu sich daran, dass er die reichen Gäste auf das Los der Bauern hatte ansprechen wollen.

Doch hätten sie ihm überhaupt zugehört? Machten sie sich nicht sowieso nur über ihn lustig?

Yoso konnte dergleichen besser. Das musste man ihm lassen. Er vermochte sich zu erniedrigen, ohne dies selbst zu merken, eine Gabe, die er mit Erfolg einzusetzen vermochte, ganz gleich, ob er um sie wusste oder nicht.

Ikkyu trank Tee und löffelte einen Rest Reis. Was nun? Er sah Yoso im Garten vor dem Haupttempel herumlungern und hier und da Unkraut ausreißen, sichtlich schlecht gelaunt, nicht in der Pose eines Gärtners, sondern derjenigen eines Vorgesetzten, der mangelhaft getane Arbeit ausbessert. Er blickte nicht herüber. Ikkyu sprach ihn nicht an.

Der Meister tat, was er meistens tat, wenn es ihm nicht gut ging: nichts. Nicht einmal *sitzen*. Mal ging er auf und ab, dann schnippte er mit dem Finger gegen seine Reisschale, die einen dumpfen Ton von sich gab. Einige übriggebliebene Körner am Rand zitterten. Dann fielen sie herab, wobei Ikkyu an die Puppen von Ameisen dachte.

Als die Sonne hoch am Himmel stand und die Schatten der Bäume rundgeschrumpft waren, erschienen, in verlegener Lautlosigkeit, einige junge Mönche. Wie hatten sie bloß den Kiesweg zum Tempel überwunden? Wohl war Ikkyu in Gedanken versunken gewesen. Die meisten der Burschen kannte er schon. Sie begrüßten ihn ehrerbietig. Auch er erhob sich zum Gruß. Sofort eilte Yoso herbei, misstrauisch dreinblickend, als handle es sich bei den Jungen um weiteres Unkraut.

»Wir wollen mehr von Euch erfahren, Meister Ikkyu«, erdreistete sich einer der Burschen zu fragen. Yoso starrte böse, doch die Jungen hatten Mut und ließen sich durch seine Anwesenheit nicht zum Schweigen bringen.

»Worüber?«, fragte Ikkyu.

»Nun«, sagte ein zweiter, »über Eure Lehre.«

Ikkyu musste lachen. »Meine Lehre? Ich habe keine – bin doch kein Schulmeister.«

»Aber Ihr *lehrt* – das wissen wir doch, wissen alle –, durch Eure Worte sowie auch durch Widerworte, durch beispielhafte Taten, ...«

»Zum Beispiel die Angelegenheit mit dem hölzernen Schwert«, warf der erste Frager ein.

»... verteidigt die Armen, nehmt jedermann gleichermaßen ernst, helft, wenn Hilfe not tut, seid freiwillig mittellos ...«

»Na, na!«, unterbrach Ikkyu, »wenn dem so ist: da habt ihr ja die Lehre! Macht es nach. Was wollt ihr denn noch?«

»So ist es«, mischte sich Yoso ein. »Das ist seine Lehre. Ganz einfach. Was wollt ihr denn noch?«

Unsicher blickten die Fragenden einander an, ließen sich aber nicht mundtot machen.

»Es gibt Unsicherheiten«, sagte der erste nach einer längeren Pause, »nicht zuletzt, was die Zukunft des Daitokuji betrifft. Wie stellt Ihr Euch diese vor? Draußen toben Unruhen. Die Zeiten sind schlecht. Was ist zu tun?«

Ikkyu atmete tief und Yoso erstarrte – übergangen hatte man ihn, als sei er Luft.

»Also gut«, sagte Ikkyu. »Dann denke ich laut. Hört zu. Ich habe mich hier umgesehen, habe eine Liste angelegt. Vollständig ist sie nicht.«

Yoso schnaubte vor Wut, wagte aber nicht, einzugreifen, zumal Ikkyu im Daiyu-an, auf dessen Boden man sich befand, das Sagen hatte.

Ikkyu würdigte ihn keines Blickes. »Geflochtene Bodenmatten«, begann er, »lackierte Tabletts für die Reisküchlein, Teeschalen, erlesen geformt, ziselierte Wasserkessel, hölzerne Teeschachteln, Tonschalen aus der Provinz Fukien, die für solche berühmt ist, Teeaufschäumer aus Bambus, haarfein aufgespalten und auch noch verziert, Kleiderständer für die Gewänder, schwere Schlüssel für noch schwerere Schlösser, Netze gegen die Insekten, Gemüsekörbe, fein geflochten, Fleischkörbe, Gefäße für Reis und Sake, verschiedenfarbig lackiert und mit Bändern und Siegeln versehen – alles schön und gut, doch mehr als essen, trinken, pissen und scheißen, geht das denn? Das Gewirr all dieser Gegenstände – für mich ist es unnütz. Lange bin ich gewandert, nur mit einem Überwurf gegen den Regen versehen und einem Strohhut gegen die Sonne. Aus dieser Aufzählung wird übrigens ein gutes Gedicht, nur die Schlusszeile fehlt mir noch ... da, ich hab sie schon: *wer tut es mir gleich?* Du vielleicht, Yoso?«

Unvermittelt hatte er sich seinem Widersacher zugewandt.

»Ungerecht ist das«, erwiderte dieser erbost, »ganz und gar ungerecht. Meine Widerrede ist folgende: eine edle Umgebung lockt edle Gedanken an. Und hält man die Stechmücken ab, dann fällt die Versenkung leichter; das weiß doch jeder! Die schöne Schale hebt den Wert selbst der geringsten Speise hervor. Und so weiter und so fort. Wohlgemerkt: nichts von alledem gehört uns, sondern alles dem Kloster, und wird von Generation zu Generation weitergereicht. Was, im Namen des Erhabenen, soll daran verkehrt sein? Nicht nur Dinge übrigens, sondern auch unsere innere Entwicklung tragen wir weiter, und zwar durch Hinüberreichen in eine neue Geburt. Deswegen: alles, was die geistige Entwicklung hier und jetzt erleichtert – sei ein eine warme Decke oder etwa ein Teegefäß, das die Seele beflügelt –, wird einer zukünftigen Existenz zugutekommen.«

»Einem zukünftigen Ochsen dann das Teegefäß?«, spottete Ikkyu. »Oder der Kleiderständer?«

»Meister Yoso«, sagte nun der zuvor Fragende, »so haltet Ihr also die Lehre von der Widergeburt für zutreffend?«

»Weder hat sich der Erhabene dazu geäußert«, antwortete Ikkyu an Yosos Stelle, »noch hat er sich *nicht* dazu geäußert.«

»Aber natürlich gibt es die Wiedergeburt!«, rief der Gefragte, heftig widersprechend. »Gerade deswegen müssen wir uns in diesem Leben bemühen! Sonst könnten wir in allen möglichen Formen – und zwar höchstwahrscheinlich für die geistige Entwicklung ungünstigeren – wiedergeboren werden: als Ochse, Dämon, hungriger Geist, Fliege ...«

»Oder Ratte?«, warf ein Zuhörer ein.

»Ganz recht, auch das – doch *ich* jedenfalls will das nicht! Deshalb tue ich hier mein bestes! Furchtbar wäre doch eine derartige Wiederkehr! Ganz furchtbar! Lieber stürbe ich, als dass ich als Ratte wiedergeboren würde!«

Ikkyu trommelte sich auf den Bauch vor Lachen.

»Aber«, wagte einer der Burschen, dem der Widersinn von Yosos Äußerung entgangen war, Ikkyu gegenüber einzuwenden,

»hat nicht Meister Yoso – der schon länger hier ist als Ihr – möglicherweise die größere Erfahrung?«

»Hahaha! Erfahrung mit Wiedergeburt! Ich muss gleich pissen vor Lachen! Oder ...« – da beugte er sich zu Yoso hinüber und fasste ihn verschwörerisch am Arm – »... erinnert Ihr Euch gerade an ein früheres Dasein als Ochse?«

»Mag ich auch einst ein Ochse *gewesen* sein«, parierte dieser, »so könnt Ihr immer noch einer *werden*, wenn Ihr so weitermacht und den Jüngeren Flöhe ins Ohr setzt.«

»Flöhe? Welche Armee mag denn da wiedergekehrt sein?«

Unwillkürlich griff sich ein Mönch ans Ohr, wo es ihn auf einmal zu jucken schien.

»Macht Euch nur über alles lustig«, schimpfte Yoso. »Ihr werdet schon sehen!«

»Also gut. Abgemacht«, lachte Ikkyu. »Sollte ich als Ochse wiederkehren, spieße ich Euch auf meine Hörner – so wisst Ihr gleich, dass ich es bin.«

»Wenigstens könnt Ihr dann keinen Unsinn mehr erzählen – und nur noch muhen.«

»Wer weiß? Es gibt Wunder: krächzende Krähen, warum nicht auch sprechende Ochsen ...« – hier schob er den Kopf nahe an Yosos Nase heran – »... und was alte Weiber sonst noch erzählen ...«

Mittlerweile hatte sich eine Schar Neugieriger um die zwei Streitenden versammelt. Auseinandersetzungen dieser Art waren eigentlich beliebt, allerdings ließen hier beide, Ikkyu wie auch Yoso, die üblichen Verweise auf die Schriften vermissen – und somit letztendlich die notwendige Tiefe.

»Mit Euch zu *sitzen*, Meister Ikkyu«, murmelte einer der Burschen, »hat mir besser gefallen.« Ein anderer beschwerte sich gar: »Nun wissen wir immer noch nicht, ob es eine

Nachwelt gibt, oder doch nur Leere.«

»Woher soll *ich* das wissen«, seufzte Ikkyu. »Ich war nicht dort. Noch nicht.«

»Aber«, beharrte der Bursche, «Ihr habt Dinge gesehen und erkannt – so erklärt sie uns doch!«

»Ja, erklärt sie uns doch!«, wiederholte Yoso. »Was wisst Ihr? Was wisst Ihr eigentlich mehr als andere?«

Ikkyu spürte Wut in sich aufsteigen.

»*Gar nichts* weiß ich«, rief er. »Und selbst wenn: könnte ein Kormoran *erklären,* wie er fischt? Nein! Selbst müsst ihr euch in den See stürzen, selbst das Gefieder benetzen, selbst jagen und endlich, nach vielen vergeblichen Stößen, einen Fisch aufspießen, ihn, wieder aufgetaucht, in die Luft werfen, dann auf dem Schnabel tanzen lassen, bis er richtig sitzt, dann blitzartig den Schnabel öffnen, so dass er geradewegs in den Magen hinabrutscht.«

»Wie sollen wir das verstehen?«

»Gar nicht. Nicht denken. Tun.«

»Den Gedankenaffen zähmen?«

»Das begreift sich doch wohl von selbst. Und auch den anderen ...«

»Den anderen? Sind es denn zwei?«

»Es sind zwei: neben besagten Gedankenaffen, dessen Streiche und Unfug in vielen Geschichten und Sutren beschrieben werden, gibt es auch noch den *Gefühlsaffen.* O ja! Gerade werkelt *dieser* in mir.«

»Ihr ärgert Euch.«

»Aha«, grinste Yoso. »Keine Selbstbeherrschung.«

»Während der erstere«, fuhr Ikkyu fort, »an den man sich schon gewöhnt, mit dem man sich schon abgefunden hat, in einem umherturnt, erwacht plötzlich auch jener zum Leben –

und *er* kann noch viel aufdringlicher sein! Nicht nur springt er auf und ab, sondern beißt dabei und kratzt, schlägt um sich, zerrt dich hierhin, dorthin, bis du endlich ...«

Mitten im Satz hielt Ikkyu inne.

Eine Einsicht überkam ihn, zwar nicht vergleichbar mit seinem Erwachen auf dem Biwa-See, aber von ähnlicher Wucht: nun musste er wieder lernen, zu schweigen! Nicht durch Worte zu lehren, keine Fragen zu beantworten, nicht zu widersprechen, aber auch nicht zuzustimmen – Enthaltsamkeit diesbezüglich musste sein, zumindest für ein Weile.

Nicht reden. Tun. Genau das hatte er doch gerade gesagt! Aber eben nur: *gesagt*.

Anderenfalls würde er zum Schwätzer werden, zu einem harmlosen Spaßmacher, zum Zerrbild seiner selbst – war er dies gar schon? Der Irrglaube, das Leben ließe sich erklären, würde von ihm erneut, genau wie vor dem *kensho*, Besitz ergreifen. Hatte er nicht bereits gewusst, ja erkannt, dass es eigentlich nichts zu lehren gab?

Also: Halt! Und zwar auf der Stelle.

»Jetzt muss ich schweigen«, sagte er. Nichts konnte man mehr aus ihm herausbekommen.

Kopfschüttelnd waren Zuhörer und Beteiligte auseinandergegangen.

»Da habt ihr es wieder einmal gesehen«, hatte Yoso zufrieden geschimpft. »Er ist verstockt. Macht, was er will. Hat keinen Benimm.«

Auch die jüngeren Mönche, verwirrt ob Ikkyus plötzlichen Schweigens, hatten sich entfernt. Es ging gegen Abend. Das Tempelchen lag still in der sinkenden Sonne. Seine Balken warfen lange Schatten. Ikkyu saß allein auf der Schwelle zum Garten. Die Entscheidung war getroffen: noch war er kein Abt, ja, würde solches möglicherweise auch nie sein. Die Wanderung musste weitergehen.

»Es ist nicht so einfach wie du vermeintest, Kaso!«, rief er aus. Dann begab er sich in sein Schlafquartier, holte bäuerliches Regengewand, Sandalen und Strohhut und kleidete sich so, wie er gekommen war. Das kratzende Dienstgewand warf er in eine Ecke.

Doch sang- und klanglos sich davonzuschleichen? Das war nicht seine Art. Im Alkoven war ein Stoß Papier gelagert. Er nahm davon ein Blatt, kramte sein Schreibzeug hervor, rührte etwas Tusche an und schrieb:

Kleines Abschiedsgedicht für Yoso

Nach sieben Tagen in Daitokuji schwirrt mir der Kopf.
In meinen Adern, dem roten Netz der Leidenschaft, klopft es.
Wollt ihr euch auf die Suche machen,
dann seht nach mir in der Fischkneipe, der Sakebude – oder am besten gleich im
Freudenhaus.

Das Gedicht nagelte er an einen Pfosten und machte sich davon.

Freudenhaus
47

Nicht die Streitigkeiten mit Yoso und den Tempelgästen hatten also letztendlich den Ausschlag gegeben, Daitokuji wieder zu verlassen, sondern die Erkenntnis, dass Ikkyu im Begriff gewesen war, einen falschen Weg einzuschlagen, oder auf diesem möglicherweise schon eine Weile marschierte.

Als er die Kneipe betrat, hielt er sich mit Daumen und Zeigefinger die Lippen zu. Man kannte ihn schon. War allerhand gewöhnt.

»Heute spricht er anscheinend nicht«, sagte der Wirt. »Hat vielleicht ein Gelübde abgelegt. Oder büßt für irgendetwas. Genug stellt er ja wahrlich an.«

»Aber trinken wird er doch wohl. Tut er doch sonst auch immer«, warf des Wirtes Gehilfe ein.

»Richtig! So kennen wir ihn, und so knöpfen wir ihn von oben her wieder auf. Hol Sake!« Der Gehilfe schenkte reichlich ein. Ikkyu setzte sich, nahm den Becher und schob die Finger am Mund ein wenig nach rechts, so dass er seitlich trinken konnte.

»Später dann bei den Mädchen«, fuhr der Wirt grinsend fort, »wirds auch stumm gehen. Mal was Neues allerdings. He, ihr Kleinen, die Arbeit ruft: ein stummer Liebhaber steht an – wer mag?«

Zwei, drei Hübsche zeigten sich; auch ihnen waren Ikkyus Kapriolen vertraut.

»Ich!«, rief eine, »auch wenn er heute seinen Mund nicht ins Spiel bringen wird – schade eigentlich! Sprechen müsste es ja gar nicht sein ...« Die Mädchen kicherten.

Doch Ikkyu war noch nicht gut genug aufgelegt. Mit der Rechten führte er eine kreisförmige Bewegung vor seinem Bauch aus, woraufhin der Wirt Suppe brachte, Trockenfisch und geriebenen Rettich.

Ikkyu aß mit Genuss und schmatzte dabei.

»Nun bin ich aber erleichtert«, sagte der Wirt, als Ikkyu die geleerten Schalen von sich schob. »Geräusche machen kann er noch.«

»Jetzt?«, fragte das vorlaute Mädchen. Ikkyu musste grinsen, reckte sich, als wäre er müde. Dann nickte er. Jetzt. Das Mädchen nahm sein Gestenspiel auf, formte mit Daumen und Zeigefinger der Linken einen Ring, durch den es seinen rechten Zeigefinger hinein- und hinausbewegte. »Derartiges?«

Ikkyu nickte erneut.

»Meine eigene Stummheit kann ich leider nicht garantieren, hängt sie doch nicht unwesentlich von Eurem Verhalten ab«, sagte die freche Kleine. Die beiden verschwanden im Hinterzimmer.

In der Tat blieb es nun ungewöhnlich still; einige Geräusche von dort konnten zwar als Grunzen gedeutet werden, mochten aber auch sich biegende Balken sein. Dann hörte man weibliches Lachen und Seufzen – das kannte der Wirt schon.

Nach einer Weile erschien weitere Kundschaft. Eine Gruppe von Mönchen hatte sich durch die Pforte gebückt und stand nun, nicht wenig verlegen, im engen und niedrigen Raum.

Ihre Augen waren auf Ikkyu gerichtet, als dieser aus dem Nebenzimmer stieg und dabei beinahe über die Schwelle stolperte. Die Kleine hinter ihm hatte sich zur Wand gedreht.

Ein Mönch, der es wagte, an Ikkyu vorbeizuschielen, sah ihren schönen nackten Rücken.

»Haben wir Euch endlich gefunden«, lallte der Mönch wie nachdenklich, während er versuchte, den Frauenkörper so gut wie möglich im Blick zu behalten.

»Wir wussten gar nicht, wie viele Kneipen es in der Umgebung gibt«, ergänzte der zweite Bote, auch er der Sprache nicht mehr ganz mächtig, woraufhin der dritte hinzufügte: »Und überall spendiert man uns zu trinken.«

»Hier ebenfalls«, lachte der Wirt. »Meister Ikkyu ist uns bekannt. Seine Freunde sind auch unsere Freunde. Sollten diese des Weiteren Wünsche über das Trinken hinaus hegen ...«

»Nein, nein«, winkte der erste ab, während er immer noch hinter Ikkyus Rücken in das Nebengemach spähte.

»Vielleicht ein andermal«, platzte der zweite heraus, sogleich verlegen innehaltend.

»Gegen einen letzten Schluck allerdings hätte ich nichts einzuwenden«, sagte der dritte, »nun, da wir am Ziel unserer Suche angelangt sind.«

Der Wirt nickte. »Setzt Euch erst einmal. Ihr schwankt ein wenig.«

Ikkyu sagte nichts und kreuzte die Hände vor der Brust. Schon wollte er sich umwenden, um in sein Gemach zurückzuklettern, da überlegte er es sich anders und setzte sich zu den Dreien.

»Es wäre nun doch zu unhöflich«, sagte er, »Euch mit Schweigen abzufertigen. Zwar bin ich dort hinten auch ohne Worte gut aufgehoben – hier vorne hingegen muss erklärt werden. Ja, das ist ein schöner Rücken, nicht wahr? Die Antwort heißt nein.«

»Aber wir haben doch noch gar nicht ...«

»Die Zeile, mich im Freudenhaus zu suchen, war nicht wörtlich gemeint. Es handelte sich um ein Gedicht.«

»Um ein schönes obendrein«, antwortete der erste. »Übrigens kam nicht lange nach Eurer ... Abreise Euer Freund Bokusai vorbei und nahm es mit. Für die Sammlung, wie er sagte.«

»Aber da hatten es schon alle gelesen.«

»Nicht wenige mit Genuss.«

»Was man von Meister Yoso allerdings nicht behaupten kann.«

»Ihr seid ein großer Dichter, ...«

»Ohne Zweifel.« Die drei sprachen aufgeregt durcheinander. Nebenbei griffen sie nach den Sakeschalen, die der Wirt flugs bereitstellte.

»... doch wir hätten Euch lieber wieder als Abt.«

»Nein«, wiederholte Ikkyu. »Es ehrt mich, dass man nach mir suchen lässt. Aber ich bin noch nicht bereit. Meine Zusage war voreilig. Ihr habt es gesehen: noch trage ich Zorn und Ungeduld in mir, muss erst versuchen, meinen Gefühlsaffen zu besänftigen. Gedanken sind das eine – diese kann ich kommen und gehen lassen –, Regungen des Gemüts das andere.«

»Ihr hattet mit vielem recht. Geld und Besitz werden im Daitokuji höher geachtet als die Lehre.«

»Das ist für jedermann sichtbar. Ändert es. Dazu bedarf es meiner nicht.«

»Wir haben nicht die Macht, und auch nicht die nötige Kraft der Rede.«

»Ich ebenfalls nicht, wie man sieht. Noch nicht. Kann mich nicht benehmen. Will mich nicht benehmen.«

Da war nichts zu machen. Die Abordnung machte kehrt und trollte sich.

»Bleibt doch noch ein wenig!«, rief der Wirt ihnen hinterher. »He!, ihr habt nicht bezahlt!«

»Das übernehme ich«, sagte Ikkyu, aber einer der drei kam zurück und kramte eine Münze aus seinem Rock.

»Es tut mir leid«, sagte Ikkyu aufrichtig. »Gebt mir Zeit, bis ich ...«

»Wir verstehen.« Der Mönch eilte den anderen nach. »Gefühlsaffe, na sowas«, hörte Ikkyu ihn murmeln und sah ihn den Kopf schütteln.

Yoshinori
48

Hatte Yoshinori, der Shogun, Ikkyu nicht zu seinem Berater ernannt? Lange Zeit schon hatte jener nichts mehr von sich hören lassen. Der Meister hoffte, er habe ihn vergessen. Vielleicht war besagte Abmachung ja im Suff erfolgt oder lediglich als Einschüchterung gedacht gewesen, um den unberechenbaren Mönch und Kaisersohn bei der Stange zu halten.

Ikkyu wusste es nicht, hoffte sich aber, solange Schweigen herrschte, außer Gefahr. Immer seltener dachte er an die grausige Sakeverkostung dereinst.

Dann allerdings erschienen wieder schwarzgekleidete Männer und brachten Arbeit. Diese aber war harmlos: er sollte Kunstgegenstände schätzen, zumeist Tuschezeichnungen auf Papier, sogenannte *kakemono*, die man in den Alkoven eines vornehmen Hauses hängte und je nach Stimmung oder Besuch wechselte. Die besten dieser Werke kamen aus China; unter den Originalen fanden sich aber auch Kopien, teils bereits im Ursprungsland hergestellt – manchmal in großer Zahl –, teils, nach dem Import der Vorlage, in der Hauptstadt oder in Sakai. Immer mehr einheimische Künstler hatten die chinesische Tradition studiert und sich deren Besonderheiten angeeignet; dabei entstanden oft Blätter ohne Vorbild und mit neuen Motiven, den Originalen ebenbürtig, ja, diese sogar oft übertreffend, denn sie waren weniger überladen, frischer und gewagter im Strich.

Ikkyu versuchte, die ihm vorgelegten Werke unvoreingenommen zu begutachten. Yoshinori musste ein Vermögen in den Ankauf chinesischer Werke investiert haben. Da hieß es vorsichtig sein.

Nimmt man einen dicken Pinsel, so beginnt der Strich ungleichmäßig. Erst nach und nach setzen die Haare auf dem Blatt auf; auch franst das Ende beim Abheben aus. Dadurch entstehen Formen zu beiden Seiten der dicken schwarzen Linie: links, oder links oben – denn immer streicht man nach rechts, sei es horizontal oder diagonal abwärts – können es rundliche, von Spritzern gesäumte Tupfer sein, aufgeplusterten Sperlingen gleich, auf der anderen Seite eher Gestricheltes, vielleicht fliegende Schwalben darstellend. Eine große Kunst ist es, solche Formen kontrolliert hervorzubringen und in aus mehreren Strichen zusammengesetzte Schriftzeichen einzupassen, vielleicht, im allerbesten Fall, mit jenen sogar die Bedeutung des Zeichens illustrierend.

Jeder Strich wird in einem Zug geschrieben. Der Pinsel darf nicht abgesetzt werden. So geschieht der Malvorgang rasend schnell: er muss folglich gut geplant und vor dem inneren Auge bereits in Vollkommenheit durchgeführt sein.

Zumeist malt der Künstler in rascher Folge mehrere Blätter desselben Motivs. Dann wählt er das gelungenste aus. Oder aber – denn auch Maler müssen essen und trinken –, er verkauft sie nach und nach *alle:* das beste natürlich an den edlen Auftraggeber, die übrigen an andere, zweitrangige sowie möglichst weit entfernte Liebhaber seiner Kunst, damit jeder ein Einzelstück zu besitzen vermeint. Allerdings ist die Grenze zwischen Original und Kopie bereits von Anfang an verschwommen, denn zum einen muss die erste Ausfertigung, wie gesagt, nicht unbedingt die beste sein, und zum anderen: wer entscheidet? Ist des Künstlers endgültige Wahl ebenso sicher wie seine Haltung während des Malens? Nicht unbedingt.

Wie also beurteilt man ein Blatt? Ikkyu ging gründlich vor, bewertete jede Arbeit, als sei sie ein Einzelstück. Yoshinoris

Zorn in Betracht gezogen, könnte eine andere Vorgangsweise nicht wenige Beteiligte in Lebensgefahr bringen: zunächst den Künstler natürlich – sofern er nicht gestorben war oder unerreichbar im fernen China lebte –, aber auch die Zwischenhändler oder den Überbringer der Bildrolle, nicht zuletzt auch jene, die es, eingeladen am Hof, dann wagten, ein Werk als fehlerhaft zu kritisieren, und solches, wenn Ikkyus Expertise unzutreffend war, möglicherweise zu Recht.

Nein, derartige Risiken musste Ikkyu vorauseilend selbst auf sich nehmen, indem er dafür sorgte, dass nur makellose Arbeiten sein Auge passierten: Yoshinoris Kunstvorkoster war er somit! Die Wut des Shoguns über schlecht ausgegebenes Geld würde *er* allein zu tragen haben.

Dazu kam es allerdings nie. Kritik an des Shoguns Besitz in dessen Beisein war nämlich höchst unwahrscheinlich, denn dies würde ja bedeuten, aus freien Stücken seinen Selbstmord in die Wege zu leiten!

Wie gefährlich der Umgang mit Yoshinoris Wertgegenständen war, hatte folgender Vorfall gezeigt: vor nicht allzu langer Zeit hatte der Shogun einen Gartenarbeiter zurechtgewiesen, der bei der Lieferung eines besonders edlen Kirschbäumchens diesem einen Zweig abgebrochen hatte, und dem Mann eine schwere Strafe angedroht, welcher jener aber zuvorkam, denn er ging schnurstracks nach Hause, verabschiedete sich von seiner Familie und nahm sich durch *seppuku*, indem er sich also den Bauch aufschlitzte, das Leben.

War Ikkyu auch selbst in Gefahr? Das glaubte er nicht, bis ...

... eines Tages die schwarzen Männer wieder auftauchten, und zwar in größerer Zahl und ohne Bildrollen unter dem Arm. Sie nahmen ihn mit.

»Heute gibt es Theater«, begrüßte Yoshinori den Meister ohne Umschweife, als träfe man sich allabendlich.

»Das ist schön«, erwiderte Ikkyu. Gerne allerdings hätte er genauer gewusst, was der Shogun mit ihm vorhatte. »Ich freue mich immer«, fuhr er fort, »ein neues Stück von Meister Zeami kennenzulernen.«

»Zeami? Ha!«, rief Yoshinori. »Den habe ich hinausgeworfen! Davongejagt und auf eine einsame Insel verbannt!«

»Wie? Aber er war doch Euer ganz besonderer Schützling!«

»Dieser altmodische Kram. Ich kann ihn nicht mehr sehen.«

»Aber ...«

Eigentlich begann man dem Shogun gegenüber niemals einen Satz mit *aber* ..., doch Yoshinori schien gut gelaunt: »Sein Neffe, Onnami, *der* kann dichten! *Ihm* habe ich die Stelle am Hof nun anvertraut. Zeami soll auf Sado schmoren; dort mag es so langweilig sein wie in seinen Stücken: keine Gespenster, keine Ungeheuer, keine Drachen – Ihr wisst, wie sehr ich dergleichen liebe.«

Ikkyu dachte an seine erste Begegnung mit dem Shogun zurück und erinnerte sich an den beweglichen Holzdrachen, mit dem dieser gespielt hatte.

»Deswegen nämlich seid Ihr hier:«, erklärte Yoshinori nun. »Dem Neffen Onnami gehört die Zukunft. Er wird den alten Kram entstauben. Theater für betagte Herren und Blumenzüchter? Nein, so etwas brauchen wir nicht. Nicht mehr. Ich bin mit meiner Meinung nicht allein, obwohl schon diese selbstverständlich genügte; übrigens schätzte selbst der alte Zeami seinen Neffen. Inzwischen allerdings hat der Schüler seinen Lehrer überflügelt. Durch ihn wird das Theater wieder lustig werden, wird amüsieren und zu mir passen ...«

»Ja, die Jugend«, sekundierte Ikkyu halbherzig. Unauffällig betrachtete er den Shogun von der Seite und nahm Veränderungen wahr. Der Mann lachte mehr, doch blickte er grimmiger. Spuren von Größenwahn? Nein, dieser stand längst in höchster Blüte. Doch Ikkyu sah auch Angst; Yoshinori war nicht dumm – auch durchaus sensibel: in einer Ecke seines Denkkämmerchens hatte er zweifellos deponiert, wie sehr man ihn hasste und fürchtete. Stets ließ er seine Speisen vorkosten und umgab sich mit Wachen.

»Obwohl ich meiner Sache sicher bin«, fuhr der Shogun fort, »möchte ich, dass Ihr Onnamis neuestes Stück beurteilt. Ihr seid bekannt für Euren Witz: gebt ihm Ratschläge, wie er sich weiterentwickeln kann. Sagt ihm, was lustig ist, und was noch lustiger sein könnte – aber auch, was erschreckt: Drachen und böse Geister sollen vorkommen, wie gesagt, und zwar in Hülle und Fülle! Wie im wirklichen Leben!«

Ikkyu wusste nicht, ob er sich geschmeichelt fühlen sollte. Immerhin war er erleichtert, hatte er doch Schlimmeres erwartet.

Ein Bediensteter unterbrach seine Gedanken. Der junge Mann stellte sich vor dem Shogun auf und verbeugte sich tief, wobei er beinahe ins Stolpern geriet: »Akamatsu Mitsusuke, mein Herr, sendet Euch ehrerbietig seine Grüße. Er freut sich, Euch heute Abend in seinem Haus zu Gast haben zu dürfen, bittet aber, sich selbst für die Aufführung zu entschuldigen, da er wahnsinnig geworden ist«, rasselte er, der wenig Redetalent besaß, herunter.

»Was?«, lachte der Shogun auf. »Das war er doch schon immer, der alte Akamatsu. Machst du Witze?«

Schlotternd verheddderte sich der Bote nun völlig: »Das nicht. Sein Wahnsinn sei, versichert mein Herr, neuesten Datums, aber so schnell nicht zu kurieren, auch solle dieser bei einem Besuch nicht möglicherweise von ihm auf Euch übergehen, und deswegen sei es besser ...«

Er verstummte, als er merkte, dass seine Lage durch letzteren Redefluss noch schlimmer geworden war.

Yoshinori trat näher und stupste ihm mit dem Finger gegen die Brust, als habe er keine Tiefe und kippe sogleich um.

»Zu dumm, um eine Antwort zu überbringen«, sagte der Shogun kopfschüttelnd zu Ikkyu, »doch werdet Ihr, Meister, ihn wohl dennoch verteidigen, damit ich dem Tölpel nicht den Kopf entfernen lasse, stimmts? Ich erinnere mich noch gut an das letzte Mal – dass Ihr auch nie meinen Ärger mit den Angestellten teilen könnt! Nun gut, die Bitte, Freund Ikkyu, sei Euch schon gewährt, bevor überhaupt geäußert.«

Tatsächlich: der Shogun musste allerbester Laune sein!

Mit einiger Verzögerung war der ungeschickte Bote tatsächlich zu Boden gegangen. Nun saß er auf seinem Hintern, die Arme seitlich abgestützt. Er wagte nicht, sich zu rühren, geschweige denn, sich zu erheben.

»Lasst ihn gehen«, sagte Ikkyu unnötigerweise, denn dies war ja schon entschieden.

»Wischt die Pisse weg!«, befahl Yoshinori seinen Dienern, denn es war üblich, sich in die Hose zu machen, wenn man ihm in Todesangst gegenüberstand. Recht hatte der Shogun: so war es auch diesmal passiert.

»Kommt«, wechselte Yoshinori das Thema, Ikkyu bei der Schulter fassend, »lassen wir dieses erbärmliche Schauspiel hinter uns. Zu einem besseren: in den Theaterpavillon der

Akamatsu! Dort wartet man schon auf uns; es sind nur ein paar Schritte.«

»Der Akamatsu – der Familie des ... Wahnsinnigen?«

»Ja. Wieso nicht? Sie sind dran mit dem *matsubayashi*.«

»Dem matsu...?«

»Mit der alten Tradition. Zwar war sie in Vergessenheit geraten, aber ich habe sie erneuert. Spiele, Tänze und Theater zu Ehren ... nun, meiner Wenigkeit, des Shoguns. Lange Zeit hatte man nur *no* aufgeführt und sich dabei zu Tode gelangweilt, aber jetzt kommt wieder Leben in die Festlichkeit! Zudem sollen die Teiche des Gartens dieses Jahr außergewöhnlich dicht mit wilden Enten und deren Kleinen bevölkert sein. Ach, wird das schön!«

»Und der Wahnsinnige?«

»Wird wohl in seinen Gemächern bleiben. Haus und Familie sind groß. Um diesen Kranken – ha, wers glaubt! Angst hat er vor mir, weiter nichts! – kümmern wir uns später. Vielleicht nehmen wir ihn dann gleich mit. Ja, das ist eine gute Idee!«

Ikkyu wusste, was dies bedeutete. Er war sich sicher: auch vorgespielter Wahnsinn würde den unglücklichen Akamatsu nicht retten können. Dennoch bemerkte der Meister im Gehen und wie beiläufig: »Vielleicht sollte man dem bedauernswerten Herrn Akamatsu die Gelegenheit geben, seinen Wahnsinn ...«

»Später, später.« Der Shogun hörte nicht zu.

»... zumal es lustig sein könnte, sich seine Verrücktheit vorführen zu lassen.«

»Mag sein.«

»Oder man überlässt ihn seinen Qualen, denn sicherlich ist es nicht schön, wenn sich einem der Geist dermaßen verdunkelt ...«

»Ich weiß, worauf Ihr schon wieder hinauswollt«, sagte Yoshinori, nun mit einem mürrischen Unterton, »doch gibt es Grenzen. Überschreitet sie nicht!«

Diese Grenzen – das wusste Ikkyu – waren nicht klar umschrieben, sondern hingen von des Tyrannen jeweiligem Gemütszustand ab. Einerseits konnte Yoshinori großzügig über schwerwiegende Missetaten hinwegsehen, andererseits aber auch grausam strafen, selbst bei Kleinigkeiten – besonders dann, wenn es sich bei den Betroffenen um Leute aus dem Volk handelte.

Viel Schlimmes erzählte man sich diesbezüglich, zur Sicherheit hinter vorgehaltener Hand und nur im Flüsterton. Die Geschichte des Gärtners, der einen Kirschzweig abgebrochen und sich dann vorauseilend getötet hatte, war allseits bekannt. Doch auch anderes wurde berichtet:

Jemand lächelt während einer Zeremonie einem Fackelträger zu, verrät dadurch den Ernst der Angelegenheit. Er wird geköpft.

Auf der Reise zum heiligen Schrein von Ise beschwert sich Yoshinori über das ihm vorgesetzte Essen. Der mitgeführte Koch, obwohl Samurai, wird sogleich in die Hauptstadt zurückgeschickt, wo er es versäumt, sich das Leben zu nehmen. Nach seiner Rückkehr lässt der Shogun ihn verhaften und vorführen: er wird geköpft.

Zwei Jahre später widerfährt drei weiteren Köchen dasselbe Schicksal: sie kochen schlecht und werden geköpft.

Auch minderer Wahnsinn spielt sich ab: vor dem Tor eines gewissen Ichijo Kaneyoshi verfolgt eine Menschenmenge einen Hahnenkampf, wodurch der vorbeizichende Tross des Shoguns behindert wird. Yoshinori beschlagnahmt Haus und Grund, verbietet ab sofort Hahnenkämpfe landesweit – dies vielleicht des Shoguns einzige gute Tat – und lässt sämtliche Hähne, Hühner und Küken gefangen nehmen. »Verhaftet sie alle!«, hatte er in seiner Wut gebrüllt.

Ja, Opfer unter der Bevölkerung gab es unzählige, aber auch der engste Kreis um den Shogun konnte sich nie sicher fühlen. Zum Beispiel wurde bei einer Versammlung herausragender Generäle ein gewisser Yoshitsune Isshiki in die *zweite* Reihe der Anwesenden zurückgesetzt, obwohl sein Vater des Shoguns *erster* Vasall gewesen war. Um weiterer öffentlicher Erniedrigung zu entgehen, meldete sich Yoshitsune krank – wie später auch Akamatsu. Dies genügte, ihn einer Verschwörung zu bezichtigen. Bei nächster Gelegenheit ließ Yoshinori ihn gefangen nehmen, enthaupten und seinen Kopf in einem Gefäß voller Sake zu sich bringen. Noch triefend steckte man das grimmige Haupt auf eine Stange, um es vor dem Palast auszustellen, während Diener den Boden der Empfangshalle schon für den nächsten Gast reinwischten.

Dieser ließ übrigens nicht lange auf sich warten, denn bald bereute ein Schnapsbrenner folgende Worte bitterlich: »Wie gut, dass unser Shogun den Sakeverbrauch über das Trinken hinaus auch durch andere, ungewöhnliche Maßnahmen ansteigen lässt!«, hatte er öffentlich gescherzt und dafür mit seinem Leben bezahlt.

Das Fest war schon im Gang, als man das Gut der Akamatsus erreichte. Auch die Apanage des Shoguns hatte sich bereits eingefunden.

Laternen blinkten zwischen den Bäumen und über verschlungenen Wasserläufen, die ein Dutzend Teiche miteinander verbanden. Hunderte von Enten, paarweise bunt und grau, zogen ihre Bahn, die Jungen, jeweils ihren Eltern folgend, dahinter aufgereiht. Musik spielte. Auf mehreren Bühnen tanzten schöne Mädchen.

Daimyos, Provinzgouverneure und andere hohe Beamte: wie immer führte der Shogun einen umfangreichen Stab mit sich. Trotz Yoshinoris Verspätung hatten sich die meisten schon mit Getränken, Speisen und Erfrischungen versorgt, die allerorten auf Tabletts gereicht wurden. Die Bühne für das Schauspiel war vorbereitet. Männer und Frauen mischten sich zusehends. Die Luft war lau und angenehm, es ging kaum ein Wind. Die Sonne war am Sinken. Ab und zu reiste sie durch einen Wolkenstreif, dann wurde es ein paar Atemzüge lang kühl. Der westliche Himmel leuchtete orangefarben.

Als die Gesellschaft des Shoguns Ankunft gewahr wurde, erstarrte das schöne Bild wie in einem allgemeinen Schreck, der zugleich die ganze Natur durchfuhr; die Gespräche verstummten, alle Augenpaare richteten sich auf den Kriegsherrn, dessen Anblick und Furcht eins waren, was man aber – schwierig das! – zu verbergen suchte. Man verbeugte sich tief, mindestens rechtwinklig, wenn nicht noch tiefer. Dann spielte die Musik an derjenigen Stelle fort, an welcher sie verstummt war, die Tänze liefen wieder an, das Gemurmel erhob sich zu alter Stärke – Mädchenkichern darin eingestreut –, doch war das Bunte nicht mehr so bunt wie zuvor und das ganze Fest auf einmal wie ergraut: ein böser Vater saß nun über seine Familie zu Tisch, und es schmeckte nicht mehr so recht.

Akamatsu Noriyasu, der Sohn des durch Wahnsinn Verhinderten, begrüßte Yoshinori überhöflich. Das Fehlen des Hausherrn ließ er unerwähnt. Schon drückte man dem Shogun einen Sakebecher in die Hand. Junge Damen umringten ihn mit Kostbarkeiten, von welchen er hier und dort naschte.

Ikkyu hielt sich im Hintergrund, denn er schämte sich, auf des Shoguns Fest Beiwerk spielen zu müssen. Schnell schlug er im Garten eine entgegengesetzte Richtung ein, während der oberste General mit kleinen Mädchen schäkerte, seine Vasallen ansprach und Entscheidungen traf sowie einen Becher Sake nach dem anderen leerte.

Ikkyu schlenderte einen Wasserlauf entlang und sah den Enten bei ihren familiären Geleitzügen zu. Kreuz und quer, doch immer in Linie zogen sie über das Wasser, strampelten hie und da einem Futterbröckchen entgegen, die Küken meist vergebens, und beruhigten sich dann wieder.

Es wurde dunkler. Die ersten Vögel trieben ans Uferschilf, wo sie ihren Kopf unter einen Flügel schoben und einschliefen.

Nun leuchteten Fackeln auf. Die große Bühne war bereit für das Spiel. Für die Mächtigen, zuvorderst Yoshinori, hatte man Podeste errichtet, auf welchen diese nach und nach Platz nahmen, durch Kissen abgestützt und die weiten, bunten Gewänder im Rund ausgebreitet wie Blütenblätter bedrohlicher Blumen. Ikkyu und die anderen Gäste setzten sich im Hintergrund. Die Bediensteten huschten weiter hin und her, lautlos und gebückt wie wandelnde Haken. Auch Onnami, der Autor, musste sich unter den Anwesenden befinden – vielleicht das kleine Männchen dort zur Linken des Shogun? Ikkyu kannte ihn nicht.

Die Bühne war so gestaltet, wie man es beim *no* erwartete: ein Laubengang von rechts kommend, schmal wie eine Brücke und mündend in ein erhöhtes, von vier Pfählen markiertes Viereck, das alles mögliche darstellen konnte: ein Haus, ein Schiff, ein Schlachtfeld, ein Grab ...

Die erste Person des Spiels trat auf, gab sich als Geist eines Toten zu erkennen und rief: »Lang ist der Weg zurück aus dem Schattenreich, oh!« – dabei deutete sie hinter sich, den Steg in Richtung Küche der Festlichkeit verlängernd, was manchen Gästen ein Grinsen entlockte, das sogleich gefror, denn der Shogun blickte ernst wie ein Kind –, »lang, lang, lang, oh! Gesäumt von Abenteuern mit Drachen, Dämonen, oh!«

Wiederum erinnerte sich Ikkyu an Yoshinoris Spielzeug: nun wuselte tatsächlich ein Drache am Steg entlang, ein riesiger, kunstvoll aus farbigem Papier gefalteter Wurm, von einem halben Dutzend Schauspielern an Stangen getragen und zwischen diesen jeweils ein wenig durchhängend. »Er scheint Rückenschmerzen zu haben«, konnte Ikkyu nicht umhin, seinem Nachbarn zuzumurmeln, doch dieser tat, als habe er nichts gehört und blickte starr geradeaus.

Der Drachenkopf, von der vordersten Stange gehalten, war mit einem riesigen, beweglichen Maul bestückt, das vom ersten Schauspieler bedient wurde. Er konnte die Zähne blecken.

Drachen kennen keinen Respekt, und so raste, indem der Schauspieler seine Stange bis über den Kopf hob und wie zum Schlag ausholte, die fürchterliche Fratze auf den Shogun zu und wieder weg, begleitet von schrillem Pfeifen der *shakuhachi* sowie auf- und abschwellendem Wirbel der Trommel.

Yoshinori fuhr nicht zurück, zuckte nicht einmal mit den Wimpern. »Ho!«, rief er, dreimal anerkennend klatschend. Das Publikum tat es ihm gleich: dem Shogun schien das Spiel zu gefallen, und dies konnte einen angenehmen sowie ungefährlichen Abend versprechen.

Ein Dämon folgte dem Drachen. Licht verstärkte seine Wirkung: Fackeln erhellten das maskierte Gesicht von unten, während einige Gehilfen für denselben Augenblick die Leuchten im Raum mit Schirmen verdunkelten.

»Drachen, Dämonen, oh!«, wiederholte derweil der Geist des Toten hinter seiner bleichen Maske.

Nun würde seine Erklärung folgen, weswegen er sich auf den langen Weg zurück hatte machen müssen, – zurück aus der Küche, dachte Ikkyu, wobei er wiederum grinsen musste. So war es auch. Der Geist hatte nämlich während seines Erdenlebens aus Eifersucht einen Freund getötet, aus dem Jenseits aber leider erkennen müssen, dass er sich in besagtem Freund getäuscht hatte, denn jener war unschuldig. Nicht nur das: natürlich besuchte ihn der gerade Gestorbene sogleich. Seltsamerweise aber trug dieser wahrhaft wahre Freund seinem Mörder nichts nach. So beschloss der Held des Stückes, auf die Welt zurückzukehren, um in seinem Lieblingsschrein die Götter um Vergebung zu bitten – seltsamerweise war dies vom Jenseits aus nicht möglich.

Ikkyu hatte schon bessere Geschichten auf dem Theater gesehen, aber auch schlechtere. Nun würde das Stück wohl des Geistes beschwerliche Reise aus dem Totenreich erzählen, vorbei an Drachen, die dieses bewachten, und Dämonen, die des Mörders Rückkehr zu den Lebenden zu verhindern suchten, um seine Seele für ein eigenes, nächstes Leben zu entwenden und sich dergestalt selbst als Menschen – zumindest einer von ihnen, nämlich jener, der letztendlich des Wandelnden Seele zu ergattern vermochte – in das Diesseits schleichen zu können. Doch natürlich würde der Geist ihnen entkommen. Daraufhin würden die Götter des Reuigen Gebete erhören. In einem letzten, wilden Tanz würde dieser zum Schluss seine Schuld abwerfen und danach, endlich geläutert, ins Totenreich zurückkehren, um dort, zusammen mit dem Freund, ewige Ruhe zu finden.

So war der allgemeingültige Plan. Auch dieses neue Stück schien sich daran zu halten. Dessen Sprache war nicht besonders kunstvoll, ja bisweilen sogar ungewollt komisch – was Ikkyu gerade gefiel –, aber die Effekte waren eindrucksvoll gesetzt; das musste man der Truppe lassen.

Als von draußen ein Poltern ertönte, horchte Ikkyu auf. Bezog man auch den Raum außerhalb der Bühne in das Spiel mit ein? Das wäre neu.

Auch Yoshinori, schon ziemlich betrunken, wunderte sich.

»Es könnte sich um fernes Donnergrollen handeln«, überlegte der Sohn Noriyasu dem Shogun gegenüber laut.

Kurze Zeit später jagte eine Horde Pferde durch den Garten, ungesattelt und beinahe einige Gäste niedertrampelnd; jetzt war klar, dass auch der vermeintliche Donner Pferdegetrappel gewesen war.

»Die Pferde sind los!«, rief ein Stallknecht, den Tieren nicht allzu eifrig nacheilend, »schließt alle Tore! Lasst sie nicht entkommen!«

Dies geschah augenblicklich. Niemand konnte mehr das Gelände verlassen. Bewaffnete erschienen, ein Dutzend oder mehr, traten an Yoshinori heran, dessen Hand ihm um den Becher erstarrte, und ergriffen ihn.

»Halt!«, rief er, wollte auch noch etwas hinzufügen, doch zu spät: zwei Männer fassten ihn bei den Armen, zogen ihn vom Kissen und nagelten ihn blitzschnell auf den ausgelegten *tatami* fest. Ein dritter zückte sein Schwert und schlug ihm den Kopf ab.

Welch dramatische Wendung des Stückes! Die Zuschauer spritzten auseinander. In Gegenbewegung dazu versuchten ein paar Getreue, dem Ermordeten zu Hilfe zu eilen, was zu einem wirren Gedränge führte. Sie wurden ebenfalls hingemetzelt. Die Musiker ließen ihre Instrumente im Stich. Verwirrt lugten die Schauspieler hinter ihren Masken hervor, bevor auch sie das Weite suchten.

Ikkyu wollte sich den Fliehenden anschließen, doch die Aufführung war noch nicht zu Ende. Auf einmal stand in dem Bühnenquadrat wie eine Erscheinung: Akamatsu Mitsusuke, der angeblich Wahnsinnige! Er war dies nicht. Oder doch?

»Da«, rief er Yoshinoris Torso zu – oder eher dem Kopf, »da hast du dein Stück in neuer Manier! Und sogar mit Blut geschrieben! Hat es dich gelangweilt? Nein? Recht so. Auch du wusstest mich stets gut zu unterhalten – trotz allem. Das muss ich zugeben. Doch damit ist nun Schluss. Ja, es war mein Plan! Dank auch Dir, mein Sohn – sowie allen Eingeweihten! Nun geht nach Hause! Bringt euch in Sicherheit. Die Tore sind wieder offen. Lebt wohl!«

Nach dieser eindrucksvollen Rede stürzte alles den Ausgängen zu. Die Aufständischen rissen die Fackeln aus ihren Halterungen. Mitsusuke, dem man eine Fackel zugesteckt hatte, begann, sein eigenes Gut zu vernichten. Gerade noch rechtzeitig verließ er die brennende Bühne. Azumi Yukihide, der Jüngling, der den Shogun enthauptet hatte, steckte dessen Kopf auf eine Stange, während andere das Feuer durch die papierenen Wände in das gesamte Anwesen trugen, wo es sich weiterfraß und bald eine gewaltige Feuersäule über den Gebäuden aufsteigen ließ, die selbst im entfernten Kaiserpalast zu sehen war. Im Schein der Flammen flohen die

Attentäter, dem aufgespießten Kopf folgend wie einer Standarte.

Eine Zeitlang stand Ikkyu wie versteinert, bis ihn einer der letzten Fliehenden umrannte. Er sah Ascheflocken auf sein Gewand regnen, rappelte sich auf, klopfte sich ab und ging davon.

Köpfe
48

Was daraufhin geschah, erfuhr Ikkyu erst später und zunächst in Bruchstücken, die sich allerdings nach und nach zu einem abenteuerlichen und tragischen Nachspiel zusammenfügten:

Von seinem Palast aus hatte Kaiser Gohanzano die Feuersbrunst beobachtet. Am darauffolgenden Morgen trägt man ihm zu, was geschehen ist. Noch nie zuvor ist Derartiges vorgekommen. Der Kaiser beschließt, sich aus der Sache herauszuhalten, insbesondere, was die Suche nach einem neuen Shogun betrifft.

Einige Mönche aus dem Shokoku-Tempel, der den Ashikaga seit Generationen verbunden ist, wagen sich in die noch rauchenden Ruinen, um Yoshinoris Überreste zu bergen. Man findet den schwarzverbrannten Torso und legt ihn in einen Sarg.

Umgehend wird ein Treffen der lokalen *daimyo*, also der vormals Yoshinori unterstellten Provinzgouverneure anberaumt. Einige von ihnen sind bei dem Fest getötet worden. Ihre Stellvertreter müssen für sie einspringen. Vier weitere sind entkommen, indem sie aus dem Theaterpavillon krabbelten und über die Gartenmauer kletterten. Unglücklicherweise befindet sich unter ihnen auch Hosokawa Mochiyuki, der Vorsitzende der Zusammenkunft, was deren Entscheidungsgewalt beträchtlich mindert, denn man lacht über ihn und die anderen Feiglinge.

Insgeheim bewundern viele Akamatsus Mut. Auch Erleichterung über das Ende des grausamen Herrschers ist im

Spiel. So gibt man sich auf dem Treffen zwar entrüstet, doch darüberhinaus geschieht nicht viel, außer dass man sich der Frage widmet, wer Yoshinori ersetzen solle, denn vorübergehend ist das Shogunat ja nun – im wahrsten Sinne des Wortes – ohne Kopf, und überall drohen Unruhen und Bauernaufstände, so dass ein derartiger Zustand auf gar keinen Fall länger andauern darf.

Schnell einigt man sich auf des verstorbenen Shoguns ältesten Sohn, Yoshikatsu, der allerdings erst sieben Jahre alt ist. Das Konzil bestellt Mochiyuki, den Vorsitzenden, zum Vormund des Minderjährigen.

Kurze Zeit später lässt der flüchtige Akamatsu durch einen Boten folgendes übermitteln: er sei im Besitz von Yoshinoris Kopf und wolle für diesen eine angemessene Zeremonie abhalten. Dafür bitte er dessen Familie um Erlaubnis. Diese bewahre ja den Torso auf, den man ebenfalls noch nicht bestattet habe. Dergestalt könne der ehemalige Shogun, auf ungewöhnliche Weise zwar, da zweigeteilt, immerhin doch noch seine letzte Ruhe finden, ein Recht, das niemandem, auch nicht dem schlimmsten Feind, zu verwehren sei.

Hosokawa Mochiyuki allerdings findet dieses Ansinnen geschmacklos, ist empört und lässt den Boten köpfen.

Dann eben nicht, lässt Akamatsu ausrichten, packt Yoshinoris Haupt in eine Kiste und begibt sich weiter fort, nämlich auf seinen Landsitz in der Provinz Harima.

In einer zweiten, ausführlicheren Botschaft an Hosokawa – deren Überbringer übrigens ebenfalls geköpft wird, was es noch schwieriger macht, als es schon ist, Freiwillige für weitere Botengänge zu finden – erinnert Akamatsu mit Nachdruck daran, dass seine Familie den jeweiligen Herrschern, wer immer das seit dem verblichenen Shogun Takauji auch gewesen sei, unverbrüchliche Treue geschworen habe. Also auch Yoshinori. Dieser habe jene aber verraten, indem er Akamatsu mitsamt seinem gesamten Clan habe auslöschen wollen. Folglich sei man ihm nur zuvorgekommen.

Für den Fall, dass man ihn, Akamatsu, nun zu jagen beabsichtige, kündigt er *seppuku* an und droht darüberhinaus damit, des Shoguns Verrat im Augenblick seines eigenen Todes zu verfluchen, was diesen bis in die Unterwelt und für alle Zeit verfolgen würde.

Zugleich hält der Flüchtige nun doch eine Zeremonie für den Kopf ab: dreimal verbeugt er sich vor dem in Stoff eingewickelten Haupt. Dabei bittet er die Götter um Yoshinoris Erlösung, wobei er seine Tat nachträglich zwar rechtfertigt, zugleich aber auch bereut und seinen Groll gegen die Ashikaga damit begräbt. Die Anwesenden weinen. Der in Stoff gehüllte Klumpen wird in eine Schachtel aus Sandelholz gelegt und verbrannt.

Der Sarg mit Yoshinoris Körper wird ebenfalls eingeäschert; dazu findet eine weitere Zeremonie statt. Hosokawa Mochiyuki weiß zu diesem Zeitpunkt nicht, dass des Shoguns Kopf ebenfalls verbrannt wurde, und so bietet ein Mönch namens Kikei Shinzui an, sich allein und unbewaffnet zu Akamatsu zu begeben, um den fehlenden Kopf heimzuholen. Akamatsu, beeindruckt von des Mönches Mut, enthauptet diesen nicht, wie befürchtet, sondern schickt ihn zurück, wobei er ihm eine Schatulle mitgibt, die angeblich des Shoguns Haupt enthält. Zwar findet sich darin ein stark verwester menschlicher Kopf, doch wer dieses Ersatzhaupt hatte zur Verfügung stellen müssen, wird nie geklärt werden.

Auch diesen Kopf verbrennt man ordnungsgemäß. Asche sowie Schädel werden den Resten des Körpers beigemengt.

Die letzte Ruhe des Unholds ist also gefunden, aber gestraft wurde noch nicht. Akamatsu erwartet die Armee. Doch sie bleibt aus. Die Stimmung beginnt, sich gegen Yoshinoris Clan zu kehren. Viele Beteiligte möchten die Angelegenheit nun endlich als abgeschlossen betrachten, zumal – jetzt, da man zu reden wagt – mehr und mehr Grausamkeiten des Toten ruchbar werden. Lohnte sich da ein Feldzug überhaupt, der vielen Kämpfern das Leben kosten würde, und dies nur, um dem Gesetz genüge zu leisten?

Andererseits: wochenlang auf sein eigenes *seppuku* warten zu müssen, ist selbst für einen Krieger von Akamatsus Rang nicht gerade angenehm. So verlässt diesen allmählich die Geduld. Er verfasst einen weiteren Brief an Hosokawa, durchaus mit der Absicht, ihn zu provozieren und dadurch zum Handeln zu zwingen. Schon wieder also würde ein Bote um seinen Kopf zu bangen haben.

›Damals hagelten die Köpfe wie Fallobst‹, wird sich das Volk später erzählen, und: ›Man war drauf und dran, Köpfe als Währung einzuführen.‹

»Kommt und holt mich endlich«, heißt es sinngemäß in dem neuen Schriftstück, »lasst uns die Sache endlich zu Ende bringen!«

Nichts.

Nun fühlt sich Akamatsu zutiefst beleidigt ob dieser Missachtung, die für ihn schwerer wiegt als der Tod. Auch er, wie die Gegenseite, zählt Mönche zu seinen Unterstützern. Einen von ihnen, Yoshitaka mit Namen, ernennt er zu Yoshikatsus Gegenkandidaten. Dieser, auf Geheiß Akamatsus natürlich, ruft alle Samurai des Landes zum Beistand und zum Kampf gegen die Ashikaga auf.

Damit ist seine Aufgabe erfüllt; darüberhinaus tritt er nicht mehr in Erscheinung. Man munkelt, Akamatsu habe ihn vorsorglich köpfen lassen.

Nun handelt es sich um einen Aufstand. Ein solcher aber *muss* niedergeschlagen werden.

Unter diesen Umständen kann Hosokawa endlich Kaiser Gohanazono überzeugen, einen Marschbefehl zu unterzeichnen. Das Heer setzt sich in Bewegung.

Auf der Gegenseite folgen viele Samurai dem Aufruf von Mönch Yoshitaka und eilen Akamatsu zu Hilfe. Dieser besitzt drei befestigte Landsitze: in Bizen, Mimasaka und Harima. So verfügt auch der Abtrünnige nun über eine beträchtliche Armee. Dennoch fallen unter dem Ansturm der kaiserlichen Truppen die ersten beiden Orte schnell. Harima dagegen erscheint zunächst uneinnehmbar, doch ein Angriff von Land- wie unerwarteterweise gleichzeitig auch von Meerseite her bringt die Entscheidung. Auch diese letzte Bastion wird eingenommen.

Der Gesuchte, nun mit nur noch wenigen Begleitern, zieht sich auf die Burg Kinoyama zurück, die ihm ein lokaler Samurai zur Verfügung gestellt hat.

Dort endlich ist es soweit: Akamatsu Mitsusuke bereitet seinen Selbstmord vor. Sohn Noriyasu will es ihm gleichtun, doch der Vater befiehlt ihm, zu fliehen. Die Truppen nähern sich. Akamatsu tötet sich durch *seppuku;* als Sekundant dient ihm Azumi Yukihide, der einst den Shogun enthauptete. Nun fällt durch ihn auch Akamatsus Kopf. Fünfzig Krieger waren dem Aufständischen bis zum Ende gefolgt; auch sie töten sich. Yukihide setzt die Festung in Brand. Danach springt er in die Flammen.

Im allgemeinen Wirrwarr nach dem Fest hatte sich Ikkyu davongestohlen und dann versucht, seine Gefühle zu ordnen: natürlich war er erleichtert, der ständigen, aber ungreifbaren Bedrohung durch den Shogun entronnen zu sein; insofern freute er sich wohl über dessen Tod, der so grausig gewesen war wie sein Leben. Doch war solche Freude erlaubt? Wie hatte es übrigens sein können, dass auch Yoshinori – ganz wie er selbst – viele Jahre *zazen* geübt hatte? Entwertete diese Entwicklung zum Bösen nicht das angewandte Verfahren gänzlich? Oder konnte letztendlich niemand gegen seine innere Natur ankommen, das heißt, musste diese unter allen Umständen eines Tages hervorbrechen? Hieß das, wenn zu Ende gedacht, dass es das Böse *doch* gab, und jenes nicht nur aus Unwissenheit geschah und somit keineswegs in jedem Fall in Gutes verwandelbar war, wie es die Sutren behaupteten?

Aber dann dachte Ikkyu an all die Menschen, denen Unglück widerfahren war, und die unfruchtbaren Fragen wandelten sich in Mitleid.

Wie auch in verspätetes Entsetzen. Als Yoshinori der Kopf durch den Schwertstreich wegkippte, war es Ikkyu vorgekommen, als habe er ein grausames Geheimnis erblickt, als habe sich eine Schatulle mit verbotenem Inhalt geöffnet. Die einen Augenblick lang – bevor das Blut hervorschoss – flachglitzernde, rote Scheibe, welche den Hals nun anstelle eines Kopfes abschloss, aber nicht abdichtete und von Kanälen und einem Wirbelquerschnitt belebt war, dieses Bild setzte sich in Ikkyus Gedächtnis fest – wie auch des Kopfes letzter Blick.

Yoshinori, sein Leben einen Augenblick lang in zwei Teile geteilt, dann sterbend. Wie brachte man das wieder zusammen? Wie vergaß man das?

Der Torso hatte mit geballter Faust gezuckt, der Kopf hatte Ikkyu angesehen – er war in eine dafür günstige Position ausgekullert, bevor seine Augen zu Glas wurden.

Noch lange Zeit und bis in die Träume verfolgte den Meister der brechende Blick dieses bösen Mannes. Immer wieder fühlte er den Zwang, sich jenen zu vergegenwärtigen, versuchte nachträglich, darin zu lesen. Furcht? Zorn? Überraschung? Nichts? Alles? Er wusste es nicht.

Da dachte Ikkyu an all den Unsinn, den er bei seinem zweiten Treffen mit Yoshinori zum langsamen, stückweisen Tod des Tintenfisches erzählt hatte. Bedächtig schüttelte er den Kopf und schämte sich.

Traumaffe
54

Es begann die Zeit, in der Ikkyu von Alpträumen gequält wurde.

Eines Nachts erschien ihm Yoshinoris Spielzeugdrache, ins Riesenhafte gewachsen, aber immer noch aus mit Scharnieren verbundenen Holzgliedern zusammengefügt. Klappernd schlängelte er sich voran. Seine hölzernen Rollen polterten und fuhren Ikkyu über die Brust. Yoshinori, das Kind war auch da, näher betrachtet aber nur ein Kopf, der aus einem schnapsgefüllten Gefäß lugte und in einer unverständlichen Sprache rezitierte. Ab und zu sank er in die Flüssigkeit hinab. Dann verschmolzen seine Worte zu einem Gurgeln, bis er völlig verstummte.

›Ersaufen ist gar nicht so unangenehm‹, lehrte Ikkyu im Schlaf, doch sogleich widersprach der Drache, krümmte sich im Kreis und steckte sich mit feurigem Atem selbst in Brand. Bald stand eine Flammenkrone über ihm. Heulend erhob sich Yoshinori aus dem Krug: ›Mein schönes Spielzeug!‹

›Doch‹, entgegnete Ikkyu dem Drachen, immer noch träumend, wobei ein anderer Ikkyu wusste, dass jener log. Eine Wasserwand stieg vor dem Lügner in die Höhe. Fische standen darin. Sie öffneten ihre Mäuler, durch welche sich Blicke auf wunderbare Gärten und Tempel erhaschen ließen. Das Wasser stieg höher und schlug schließlich über Ikkyus Haupt zusammen. Es wurde dunkel. Nun befand sich auch jenes in einem Gefäß, umgeben von Wasser oder Schnaps. So lange wie möglich hielt Ikkyu die Luft an, wobei er sich wunderte, wie er dies als Kopf ohne Körper überhaupt zustande brachte. Als er schließlich, lungenlos, doch einatmen musste, erwachte er schweißnass.

Um die Deutung derartiger Geschichten scherte sich Ikkyu nicht sonderlich, zumal sie in den meisten Fällen recht einfach war. Natürlich hatten sich die Ereignisse um Yoshinori in Ikkyus Kopf eingebrannt und erzeugten des Nachts Furcht um das eigene Leben, Mitleid mit den Getöteten, wohl auch Reue darüber, nicht häufiger und entschlossener eingegriffen zu haben, ungeachtet der Frage, ob solches denn überhaupt erfolgversprechend gewesen wäre.

Nein, all das war nicht schwer zu verstehen. Was Ikkyu vielmehr beschäftigte, war die Feststellung, dass nachts in ihm etwas an die Oberfläche strebte, über das er keine Macht hatte. Woher kam es? Hatte er denn nicht das Flüchtige aller Gedanken und die Unbeständigkeit sogar des eigenen Ich erkannt und die daraus fälschlicherweise entstehenden Abhängigkeiten gemeistert? Wer also schickte ihm aus dem Dunkel der Nacht jene seltsamen Welten, in denen er nicht Herr seines eigenen Handelns war?

Also trieb sich da noch ein *dritter* Quälgeist im Dickicht des Daseins herum! Tagsüber versteckte er sich, nachts kam er hervor: der *Traumaffe*.

Gedankenaffe, Gefühlsaffe, Traumaffe, davon waren die ersten zwei erkannt, doch dem dritten fühlte sich Ikkyu immer noch ausgeliefert!

Natürlich weiß die Lehre des Erhabenen auch etwas über Traum und Schlaf. Diese gliedern sich ein in die vier möglichen Zustände: vollkommenes Erwachen, Wachsein, Schlaf und traumloser Schlaf. An beiden Enden dieser Ordnung winkt Auslöschung, einerseits durch Erkenntnis des Alls, andererseits durch Nichterkenntnis, Nichtsein, Nichts.

Rätselhaft dieser vierte, traumlose Zustand! War man also in diesem vollkommenen Schlaf versunken, wie maß sich dann die Zeit?, überlegte Ikkyu. Vergingen gar unendliche Spannen, ohne dass man von diesen je erfuhr, da es dort keinen Beobachter gab?

Er erinnerte sich an die besondere Art von Angst, die sich zusammenbraut, wenn man sich, noch ungeübt, beim *Sitzen* fallen lässt und dann ungeschützt ist: die Angst, sein Ich für immer zu verlieren und eine Reise ohne Wiederkehr angetreten zu haben. Ja, das Ich zu *durchschauen* und es zu *verlieren*, das waren zweierlei Dinge.

So tauchte möglicherweise bei zu langem traumlosen Schlaf eine ähnliche Angst auf? Dann wären die Träume Anker, um zu verhindern, ins Nichts abgetrieben zu werden? Ein wichtiger Unterschied bestand da allerdings: vollkommenes Erwachen war erlebbar, traumloser Schlaf aber nicht.

Blieb wie immer die Frage nach dem Urgrund, licht- und wesenlos, doch immer etwas hervorbringend, und seien es auch nur Träume. War das beruhigend? Dass immer und überall erschaffen wurde, selbst aus dem Nichts?

So kam Ikkyu nicht weiter. Das war lediglich *Denken*. Es konnte die Unruhe nicht bändigen. Die einzige Möglichkeit bestand darin, sich immer wieder, unermüdlich und geduldig, in das Licht des Krähenschreis zurückzuholen und dessen Verblassen nicht zuzulassen. So gewappnet: sollten die Träume doch kommen ...

Also ergab sich Ikkyu im Lauf der Zeit dem Traumaffen, wann immer diesem danach war, aus seinem Waldversteck hervorzukommen. Trotzdem fürchtete er sich oft davor, einzuschlafen und zögerte dies möglichst lange hinaus, indem er versuchte, sich durch *zazen* wachzuhalten oder aber sich mit Sake zu betäuben, was allerdings seine Traumgesichte nicht angenehmer machte.

Von seiner Mutter träumte er immer wieder; das war zunächst schön, doch stets entschwand sie auf irgendeine Art und ließ ihn allein zurück, sei es, dass sie plötzlich nicht mehr auffindbar war, er sie aber überall und verzweifelt suchte – das schlimmste Gefühl, denn dann war Ikkyu wieder ein hilfloses Kind – oder dass sie kleiner und kleiner wurde, bis sie zwischen den Sandkörnern zu Ikkyu Füßen nicht mehr zu auszumachen war.

Oft träumte er auch, an einem Gedicht zu sitzen, beziehungsweise besser, ein Gedicht zu Papier bringen zu *müssen*. Manchmal zwangen ihn die Götter dazu, manchmal ein kleines Mädchen. Die Kleine war die strengere, verhinderte aber gleichzeitig mit ihrem stechenden Blick, dass er auch nur ein einziges Zeichen zustande brachte, obwohl die Botschaft, die er aufzuschreiben hatte, von lebenswichtiger Bedeutung für ihn war – dies erschien ihm im Traum sonnenklar, und das war dann der passende Augenblick, wieder einmal schweißgebadet aufzuwachen.

Auch die Schriftzeichen selbst kannten Wege, sich ihm zu widersetzen; sie konnten vom Papier zu Boden rieseln, wo sie sich zu schwarzen, stacheligen Haufen sammelten, in denen er mit den Füßen steckenblieb, wobei es kratzte – hier erinnerte er sich an einen Traum, den er vor langer Zeit Meister Kaso erzählt hatte –, auch kehrte sich manchmal der Kraftfluss um, so dass nicht der Pinsel die Linien zog, sondern diese den Pinsel schoben: dann kamen schreckliche Zeichen, ja, ganze Zeilen von erlesener Bosheit zustande, was wiederum zum Erwachen führte. Wer dichtet da?, fragte sich Ikkyu dann. Ich?

Vielleicht bildeten die Träume auch die Furcht vor schlimmen Zeiten ab sowie die Machtlosigkeit dagegen? Oder waren sie sogar Vorahnungen von Niedergang und Krieg?

In dieser Zeit erlebte die Hauptstadt den bisher größten Aufstand ihrer Bewohner. Zehntausende, die ihre Abgaben nicht mehr entrichten konnten, erhoben sich gegen die Unterdrücker. Bis in höchste Kreise ging die Verschuldung, so dass die Fronten zwischen arm und reich verworfen waren, obwohl natürlich, wie immer, Bauern und einfache Arbeiter am meisten zu leiden hatten.

Nachdem Yoshinori ermordet worden war, hatte Yoshikatsu das Shogunat inne, also ein Kind, gesteuert von der mächtigen Hosokawa-Familie, die als seine ›Berater‹ auftraten. Sie regierten mit eiserner Hand, schlugen den Aufstand nieder und versuchten, die Gunst der Stunde nutzend, nebenbei auch die Landschaft der *gozan*, der fünf Haupttempel zu ihren Gunsten umzukrempeln.

Zwei dieser ›Berge‹ waren schon seit langem bitter verfeindet, nämlich der Daitokuji und der Myoshinji. Da ließ sich leicht weiter Zwietracht säen und so die Macht der geistigen Leitgestalten im Land ins Wanken bringen. Also machten die Hosokawa einen hohen Beamten des letzteren Tempels zum Abt des Daitokuji. Yoso warfen sie hinaus.

Korruption und Geldgier hatten den Myoshinji in noch größerem Maß im Griff als Yosos Einrichtung. Darüberhinaus war jener zu einer Kriegerschmiede des Militärs verkommen. *Zazen* übte man dort nur noch zur Vorbereitung auf Kampf, Mord oder *seppuku*.

Es war klar, dass nun auch der Daitokuji in eine Erziehungsanstalt der Hosokawa umgebaut werden sollte. Dies aber würde das Ende der reinen, über dem ständigen Gerangel um die Macht stehenden Lehre bedeuten, wie wohl auch den Untergang der anderen *gozan*, denn gegen einen derartigen Gesinnungswandel an höchster Stelle wären die kleineren, untergeordneten Einrichtungen machtlos: sie würden mit in den Abgrund hinabgezogen werden.

Das alles sah Ikkyu, der das Land kannte wie seinen Reisebeutel, in unerbittlicher Klarheit voraus.

Nicht nur bei ihm aber, sondern überall war das Entsetzen über solche Zerstörungswut dem Geist gegenüber groß. Dies brachte, zumindest für eine Weile, die Rivalen Yoso und Ikkyu einander wieder ein wenig näher: ersterer fühlte sich zutiefst beleidigt, war überfahren und entmachtet worden, und Ikkyu sah die Lehre in ein finsteres Zeitalter abgleiten.

Während Yoso grollte, aber trotz allem keinen endgültigen Bruch mit der Obrigkeit riskierte, nahm Ikkyu den Kampf auf, und zwar auf seine Weise. Wohin auch immer ihn seine Wanderungen führten, rief er zum Widerstand gegen die Übernahme des Daitokuji durch die Hosokawa-Familie auf.

Unruhe erfasste auch den Tempel selbst, da die Mehrzahl der Insassen begann, sich der neuen Führung aus dem Myoshinji zu widersetzen, welche nur aus Strohmännern der Hosokawa bestand, aus denselben, die auch den Kindershogun ›berieten‹, was ja hieß, dass sie ihn in der Hand hatten und lenkten wie eine Puppe am Faden.

So geschah es, dass einer der Mönche aus Protest gegen die herrschenden Zustände Selbstmord beging. Dies allerdings war nichts weiter als ein willkommener Vorwand für die Hosokawa, einen Teil der Tempeloberen zu verhaften, und zwar mit der Begründung, sie hätten die Kontrolle über ihre Einrichtung verloren oder den armen Mönch gar in den

Selbstmord getrieben, steckten folglich mit den Protestierenden unter einer Decke – an letzterem konnte sogar etwas dran sein.

Der Tempel war zu einer Mischung aus Gefängnis und Militärakademie geworden, eine auf die Dauer unhaltbare Lage. In einem erstaunlichen Anflug von Klugheit beschlossen die ›Berater‹ des Shoguns, Yoso als Abt zurückzuholen, um die erhitzten Gemüter zu beruhigen – ihn, der sich zuvor mit Händen und Füßen gegen die Umgestaltung des Daitokuji gewehrt hatte. Yoso wagte es nicht, sich dem Rückruf zu widersetzen, doch die Rechnung, das bekannte Gesicht könne den Tempelfrieden wiederherstellen, ging nicht auf. Daitokuji verwahrloste weiter. Mehr und mehr Kämpfer zogen ein, erzählten grobe Geschichten von Vergewaltigung und Mord und verängstigten die wenigen Mönche alter Schule, die sich weiterhin dem *zazen* zu widmen suchten. Handgreiflichkeiten mehrten sich wie auch nächtliche Prügeleien. Leichte Mädchen gingen in den Schlafsälen ein und aus; statt Suppe mussten die Köche Berge von Fleisch zubereiten und Schnapsfass auf Schnapsfass heranrollen. Die jungen Mönche wurden aus ihrem Sitz gerissen, um Knappendienste zu leisten, wurden gehänselt und verspottet, gar vergewaltigt. Wer nun das Sagen hatte, war überdeutlich.

Mit seinem Getreuen Bokusai machte sich Ikkyu auf den Weg zu einer Klause, die er von früheren Wanderschaften her kannte: nach Izuriha in den Bergen nördlich der Hauptstadt. Überall auf der Reise hinterließ er seine Absicht, die sich bald landesweit herumsprach: Hungerstreik! Er würde sein Leben gegen die Zustände im Daitokuji und im ganzen Land einsetzen. Das Verhalten der Hosokawa bedeutete ja auf lange Sicht – in Zusammenhang mit der furchtbaren

Lage der Landbevölkerung – mehr als nur ständige Unruhen: nämlich letztendlich Krieg! Denn durch die Vorstöße des Hosokawa-Clans in Bereiche, die ihn nichts angingen, verschob sich das Gleichgewicht der einflussreichen Familien auf gefährliche Weise: ›Wenn nun schon die Tempel gegen uns aufgerüstet werden‹, hieß es da oder dort, ›dann müssen wir uns wappnen, müssen auf der Hut sein.‹ So begannen die Mächtigen im Land wieder einmal, Truppen zusammenzuziehen.

Gab es jemanden, den Ikkyu mit seinem Hungerstreik beeindrucken konnte? Das heißt, bestand überhaupt Aussicht auf Erfolg, oder handelte es sich bei Ikkyus Vorhaben letztendlich um nichts anderes als einen angekündigten Selbstmord?

Doch, es gab in der Tat Grund zur Hoffnung: da war die Ungeduld des Volkes und die Furcht der Reichen vor dem Volk – und da war der Kaiser.

Am Vorabend des neunten Tages des neunten Monats erreichten die beiden die Klause in Izuriha. Das Wetter war schlecht. Über dem südlichen Meer hatte sich ein gewaltiger Wirbelsturm zusammengebraut, der landeinwärts gewandert war und nun über die Küstenebene und die angrenzenden Berge hinwegfegte.

Beinahe waagrecht peitschte der Regen. Er schien die schiefe Hütte in den dahinterliegenden Wald hineindrücken zu wollen. Ikkyu schob die Tür beiseite. Sie schlüpften hinein. Draußen tobte der Wind. Des Unwetters Regentropfen prasselten auf die dünnen Wände, als wäre ein Schwarm Spechte dabei, das Gebäude zu durchlöchern. Das Dachgebälk hielt, allerdings war die darauf liegende Schilfdecke so vollgesogen, dass es hie und da auf den Boden tropfte. Einige trockene Ecken fanden sich noch. Dort schlugen die zwei ihre Lager auf. Teegeschirr stand bereit. Ikkyu war erleichtert, zu sehen, dass der Papiervorrat, zusammengerollt auf einem Regalbrett im Alkoven, nicht gelitten hatte. Auch Tusche und Pinsel gab es, sowie ein kleines Tischchen, an dem man im Knien würde arbeiten können.

Mit ein paar Scheiten und Ästen aus dem Speicher machte Bokusai Feuer und bereitete Tee.

Am nächsten Morgen setzte sich Ikkyu an die Arbeit. Der Sturm hatte nachgelassen, nicht aber der Regen. Nun kamen die Tropfen senkrecht, größer, schwerer, aber mit weniger Wucht. Der Wald war ein Raum für Dunst und Dampf, für einsame Vogelrufe und funkelndes Moos; an die Seiten dieses Gefäßes klopfte ab und zu ein wahrhaftiger Specht wie ein Nachklang des Sturms.

Eins

Herbst. Sturm über Daitokuji,
die Stille zerschmettert, Regen, Wind, stürzende Nacht.
Sprich über andere schlecht,
dann knallt dir das torlose Tor auf die Nase.

Das erste Gedicht war Ikkyu leicht auf das Papier geflossen. Die Beschreibung des Sturms spielte natürlich auf die Unruhen im Daitokuji an. Derartige Gegenüberstellungen waren ein in der chinesischen Dichtkunst beliebtes Verfahren, das auch Ikkyu schon oft angewandt hatte.

Ebenfalls aus der chinesischen Überlieferung stammte die Gepflogenheit, just am neunten Tag des neunten Monats neun Gedichte zu verfassen, die auf gegenwärtige Ereignisse Bezug nahmen und diese kommentierten.

So könnte man beinahe – wäre der Anlass nicht so bedauerlich – von Glück sagen, dass der Meister zu ebendieser Jahreszeit beschlossen hatte, seinen Hungerstreik zu beginnen.

Er kniete vor dem Schreibtischchen, trank Tee, aß nichts und dachte nach. Trotz des eindeutigen Zwecks der Gedichte mussten diese auch künstlerisch gelingen, hatten mehrere formale Voraussetzungen zu erfüllen wie eben den Bezug auf Wetter, Jahres- oder Tageszeit, mussten auf mindestens zwei verschiedene Orte anspielen, wie im ersten Gedicht eben auf Tempel und Klause, oder ersatzweise zwei grundlegende, aber nicht unbedingt zusammengehörende Aussagen miteinander in Beziehung bringen. Schließlich sollte die letzte Zeile eine überraschende Wendung beinhalten und gleichzeitig Standpunkt des Dichters sowie Moral des Ganzen klarstellen.

Nicht immer war all das gleichzeitig zu verwirklichen.

Zwei

Schweigen kann ein Verbrechen sein,
wenn noch am Leben und viele Jahre bewandert in der Lehre,
welche in Gefahr. Schon erscheint der Dämonenfürst
über dem Wald, riesengroß, die Wipfel um ihn sein Rock.

»Nicht deine zwei besten«, sagte Bokusai, der Ikkyu über die Schulter gesehen hatte, »aber ganz gut. Gib her.«

Ikkyu grinste, reichte ihm die fertigen Blätter, und Bokusai machte sich an die Arbeit. Es galt, Kopien anzufertigen. Die Botschaft muss ja verbreitet werden: Shoiku und Nanko, die bereits auf dem Weg zur Klause waren, würden das übernehmen.

Drei

Auf- und abgehen, Tasten und Dämmerung,
vergebliche Suche nach Herzensruhe.
Eishitze und Schmerzensfreude zugleich, Blätter, brüchiggelb,
winken und fallen: neunten Monats neunte Nacht.

Vier

Ganz und gar wirklich ist das Reine Land, stets erleuchtet.
Trotzdem starren Höllenfratzen mich an – und ich zurück.

Da kamen Nanko und Shoiku herbeigeeilt, durchnässt und außer Atem. Wieder hatte sich der Sturm erhoben. Der Pfad, den die beiden benutzt hatten, war zu einem Bach geworden. Ihre Sandalen waren schlammbedeckt.

»Beinahe hätten wir uns verlaufen«, keuchte Nanko.

»Wie weit ist er?«, fragte Shoiku.

»Bei Nummer drei oder vier, glaube ich. Er wird es heute schaffen«, antwortete Bokusai.

»Das muss er auch. Sonst wirkt das Ganze nicht.« Shoiku nahm die Regel ernst, die neun Gedichte am neunten Monatstag zu vollenden. Abergläubisch war er. Nanko hingegen nicht: »Da hätten wir uns nicht so beeilen müssen!«

»Psst«, beschwichtigte ihn Bokusai. »Stört ihn nicht, esst erst einmal etwas. Dann ruht euch aus.«

*Lange habe ich in Frieden geübt, doch jetzt
schlage ich mir gegen die Stirn, spüre Blut – von wessen Schwert?*

Fünf

*Mal so – mal so: das soll die wahre Lehre sein?
In unzähligen Welten angeglotzt und doch niemals wirklich:
deine Persönlichkeit. Schwer zu schleppen, schwer abzuwerfen.
Da, ein Schmetterling pausiert darauf, gewichtslos.*

Es war still bis auf das Pfeifen des Windes und den Tropfenfall. Die vier saßen seltsam angeordnet im einzigen Raum der Klause, Ikkyu vor dem Ausblick, Bokusai eng an die Rückwand gepresst, kopierend, und die beiden Neuankömmlinge hier und dort, diagonal ausgestreckt: da das Dach mehr und mehr leckte, gab es nur noch wenige trockene Stellen.

Ikkyu blickte unverwandt in die bewegte Natur. Dort warteten die Bilder und Zeichen, die er brauchte. Der Sturm zerrte die Pflanzen hin und her. Ab und zu lugte ein Busch hinter einem dicken Baumstamm hervor. Im Dachgebälk spielte die Windflöte einen heulenden Ton.

Sechs

*Vor aller Augen liegt der Weg offen da, seit Anbeginn leuchtend,
selbst in Blättersturm und Herbst: frag Rinzai!
Spechtgetrommel nahe im Wald, wie früher auf südlicher Wanderung.
Es kündigt mein Flötenspiel an: diesmal nur eine einzigen Note.*

Sieben

Bei Rinzai weißt du nie: brüllt oder prügelt er,
verpfuschst du die drei Fragen und heißts dann beim Koan: hau drauf?
Da lässt sich ein Herrscher ein Siegel schmieden – vorschnell. Weg damit!
Vielleicht helfen nochmals dreißig Jahre Sitzen?

Acht

Hat doch neulich ein gewisser Mönch, nach allen Regeln der Kunst studiert,
nun selbst an der Reihe, nur Blabla-zen gelehrt, als wärs was Wunderbares!
Hier, in der Verrückte-Wolken-Hütte, setz dich auf meinen dreibeinigen Hocker,
nimm die Reisschale und halt die Klappe.

»Ein gewisser Mönch. Aha«, sagte Bokusai. »Dein alter Freund Yoso.«

»Konnts mir nicht verkneifen.«

Mittlerweile war es dunkel geworden. Nur mit Mühe brachte Ikkyu die letzten Zeichen zu Ende, die Nase dabei näher am Papier als der Pinselgriff:

Neun

Draußen bläst der Sturm, zerrupft Baumkronen, treibt Wolken zusammen.
Furchtsam die Menschen, blicken nicht auf.

Stürzen da Stämme, werden Leben ausgelöscht?
Sake vom billigsten! – auch der macht betrunken.

Das war Ikkyu auch: trinken darf ein Hungerstreikender ja. Bokusai hatte stets reichlich nachgeschenkt.

»So«, sagte Ikkyu. »Fertig. Bringts unter die Leute. Schreibt zu jedem Gedicht: Verfasst von Ikkyu, am neunten Tag des neunten Monats sowie am ersten Tag seines Hungerstreiks aus Protest über den Untergang der Lehre und des Daitokuji.«

Ohne Licht saß man schweigend zusammen. Ikkyu aß nichts. Shoiku und Nanko versuchten, unbemerkt ihre Schalen mit Reis zu füllen, aber es klapperte verdächtig. Ikkyu lächelte: »Niemand hat gesagt, dass ihr mitmachen müsst!«

Der Regen hatte aufgehört. Allmählich legte sich der Sturm. Mondlicht erhellte auf einmal schwach die Klause, als färbe sich die Luft um. Die Wolken waren aufgerissen.

»Eines Tages«, überlegte Bokusai, nur undeutlich sichtbar, »eines Tages wird aus deinen Gedichten ein dickes Buch werden, Ikkyu. Und jeder wird es lesen wollen.«

Ikkyu winkte ab.

»O doch. Bräuchten wir dafür nicht einen Titel?«

»Na gut. Wie wäre es mit: Sammlung der verrückten Wolke?«, schlug Ikkyu vor, ohne zu zögern.

»Verrückt, das bist du wohl!«, lachte Bokusai. »Aber Wolke?«

»Eine Staubwolke, jedes Körnchen ein Gedicht. Oder etwas, aus dem Fruchtbarkeit herabregnet. Oder etwas, das hier- und dorthin reist, vom Wind getrieben. Oder etwas, das nicht von bleibender Natur ist und augenblicklich verschwinden kann. Etwas Formloses eben, das man nicht fassen kann – oder könntest du aus einer Wolke einen Würfel schneiden und in ein Gefäß schließen?«

»Verrückte Wolke. Habs verstanden.«
»Verrückte Wolke«, gähnte Nanko. »Gefällt mir.«
Shoiku schlief schon.

Am nächsten Tag machten sich Nanko und Shoiku auf den Weg, um die Gedichte zu verteilen. Bokusai hatte viel gearbeitet. Neun vollständige Abschriften lagen vor.

»Nochmals die Zahl neun! Wenn das nicht Glück verheißt«, hatte er gestrahlt, die einzelnen Kopien mit einem leeren Deck- und Rückenblatt gegen die Witterung geschützt, dann zusammengerollt und kunstvoll verschnürt.

»Nun tragt die Rohre fort und trompetet nicht darauf herum«, scherzte Ikkyu, als er den beiden nachwinkte.

Ikkyu *saß*, aß nicht, trank reichlich und wartete. Er war ruhig.

Bokusai fühlte sich nicht wohl. Würde er nun bald zum Krankenpfleger werden – oder gar schlimmeres? Sollte er den Meister von seinem Vorhaben abbringen? War das nicht seine Pflicht? Doch wie? Wie ernst meinte dieser es denn? Ikkyu war alles zuzutrauen.

Bokusai hoffte, dass Nanko und Shoiku bald mit guten Nachrichten zurückkehren würden.

Bis dahin vertrieb er sich die Zeit. Er hatte einen Packen Zettel und Papiere mitgebracht: frühere Gedichte und Aufzeichnungen des Meisters, die es zu sortieren und ins Reine zu schreiben galt. Nun wusste er ja, wofür: für die Sammlung der verrückten Wolke. Würde der Meister die Fertigstellung des Buches nur noch erleben!

Zum Glück also gab es zu tun. Manche Gedichte hatte Ikkyu, wenn zu Krisenzeiten – und das war oft – nichts Besseres zur Verfügung stand, auf minderwertiges Papier geschrieben, das schon nach kurzer Zeit in einzelne Fasern zerfiel – und solche Fetzen hatte er nie wieder zusammenzusetzen versucht, ja, ihm gefielen die Bruchstücke sogar. Bokusai bemühte sich, alles so gut wie möglich wieder instand zu setzen.

Viele Blätter hatte Ikkyu allerdings verschenkt, wobei er oft nicht mehr wusste, an wen. Andere hatte er zerrissen, wenn sie ihm nach längerer Zeit wieder in die Hände gerieten und er sich über deren Unreife amüsierte – kaum eines mochte er dann mehr. Ja, immer war es ratsam, dem Meister das Gedichtete so bald wie möglich wegzunehmen! Bokusai tat diesbezüglich stets sein Bestes.

Nach einigen Tagen kamen die Freunde zurück. Die Gedichte hatten sie an alle *gozan*-Häuser weitergeleitet sowie an die Residenzen der Hosokawa und des Shoguns, wie auch, über einen vertrauenswürdigen Zwischenträger, an den kaiserlichen Hof.

»Das ist gut«, sagte Ikkyu.

Aber noch keine gute Nachricht, dachte Bokusai. »Ist dir klar, lieber Meister«, sagte er, »dass, wenn du diesen Hungerstreik ... zu Ende führst, du dann mit *neun* letzten Gedichten dastehst ... oder -liegst? – anstelle von nur einem, wie üblich?«

»Dann suchst du eines der neun für mich aus.«

»Besser fände ich es, du schriebest dieses selbst – und erst im ... Ernstfall.«
»Ernstfall ist immer.« Bokusai hatte gewusst, dass Ikkyu das sagen würde.

Der Meister wurde immer schwächer. Die Freunde wussten nicht, was sie tun sollten.
»Du könntest heimlich etwas essen«, sagte Shoiku zu ihm. »Wir halten dicht.«
»Hahaha!« Ikkyus Lachen klang angestrengt.
»Wenn es gar nicht mehr anders geht«, flüsterte Bokusai in einem unbeobachteten Augenblick, »dann werden wir ihn zum Essen zwingen.«
»Ich halte ihm die Nase zu, und sobald er den Mund aufmacht, ...«
»... stopfe ich Reis hinein.«
»Dieser sture Bock!«

Aber sie wagten es nicht. Noch nicht.
»Worauf warten wir?«, seufzte Nanko. »Auf eine Fügung?«
»Wer soll hier fügen? Die Götter?«
Verzweiflung machte sich breit.

Eines Nachmittags aber erschien eine dickliche Gestalt vor der Klause, schnaufend sich die letzten Schritte hinaufquälend, unter den Sandalen je ein tablettgroßes, fest zusammengebackenes Stück Matsch.
»Meister Ikkyu?«, ächzte er. »Bin ich hier richtig? Ich überbringe ...«
Nachdem Bokusai genickt hatte, musste der Dicke erst einmal durchatmen.

»Ein Bote! Endlich«, riefen Shoiku und Nanko.

»Ein Bote?« Ikkyu erhob sich von seinem Lager. Verwirrt sah er sich um, als blende ihn etwas. Kaum besaß er mehr die Kraft, zu sprechen. »Einst«, murmelte er, »wollte ich mich in einen Fluss stürzen, verzweifelt ob ... was war es doch gleich? Aber da kam ein Bote meiner Mutter ... im letzten Augenblick ... doch war es ein Geist ... und nun schon wieder?«

»Das ist kein Geist!«, rief Bokusai. »Ich erkenne es am Gewand: es ist ein Gesandter ... ein Gesandter ... ja, des Kaisers!«

Der Besucher hatte sich auf die Schwelle gesetzt, immer noch schwer atmend, und zog ein beidseitig verschlossenes Bambusrohr aus seinem Beutel. Er entfernte einen der Pfropfen, wofür er das Siegel aufzubrechen hatte, fischte ein Dokument heraus und strich es glatt.

Ikkyu hatte sich gefangen. Nun saß er aufrecht und war wach.

»Der ist ja noch erschöpfter als ich«, sagte er zu seinen Freunden, während er mit dem Daumen auf den Boten zeigte. »Kann kein Geist sein.«

»Ich habe mich beeilt, dachte, es ginge um Leben und Tod«, antwortete dieser, ein wenig beleidigt.

»Geht es das denn nicht immer?«

»Ja, ja«, sagte Bokusai ungeduldig. »Lest vor!«

Wie üblich war die Nachricht des Kaisers recht verklausuliert und beim ersten Hören nicht leicht zu verstehen, aber doch eindeutig – und bei kaiserlichen Botschaften handelte es sich um Befehle!:

»Sollte der verehrte Meister, dessen neun Gedichte wir soeben mit Bewunderung gehört haben, seinen eingeschlagenen Weg vollenden, wird damit auch der Weg des Erhabenen – und nur dieser ist von Wichtigkeit –, aber auch der kaiserliche selbst in Gefahr geraten. Wer würde dann ersteren lehren und letzterem Gewicht verleihen, zumal wir gerade im Begriff sind, Stellung zu beziehen? Niemand anderen sehen wir, der dieses vermöchte. Wie könnte der verehrte Meister weitere Verwirrung wollen? Wie könnte er uns in diesen Zeiten zu verlassen beabsichtigen – darüberhinaus auf eine Weise, deren Nutzen höchst zweifelhaft ist? Diese Botschaft muss rasch überbracht werden, wie auch anschließend an uns die Antwort darauf.«

Ikkyu beendete seinen Hungerstreik. Die erste Schale Reis war die köstlichste, die er je verspeist hatte.

Noch war die Stimme des Kaisers von Bedeutung, obwohl dem Shogun gegenüber ohne wirkliche Macht. Als man erfuhr, auf welche Seite sich dieser gestellt und dadurch gar den berühmten Meister Ikkyu vom Tod abgehalten hatte, änderte sich die Lage. Die Unruhen in und um Daitokuji ebbten ab. Die Hosokawa-Familie, nicht dumm, zog sich zurück und wartete auf andere Zeiten. Yoso blieb noch sechs Jahre Abt. Ikkyu wanderte weiter durchs Land, nun mit drei Getreuen: Shoiku, Nanko und Bokusai.

Blinder Esel
59

»Ich habe ihn gefunden!«, rief Ikkyu, als er aus dem Unterholz hervorstolperte.

»Wen?«

»Den blinden Esel – endlich habe ich ihn gefunden!«

»Wie?« Die Freunde verstanden nicht.

»Dort drin ist er«, sagte Ikkyu und zeigte auf das Dickicht. »Kommt mit!«

»Ein Esel?«, murmelte Bokusai.

»Mitten im Wald?«, sagte Nanko.

»Blind?«, fragte Shoiku.

Ikkyu ging voraus. »Pilze sammeln war ich und stieg tiefer und tiefer in die Wildnis hinein. Irgendwie war mir sogleich, als fände sich dort etwas Wichtiges. Doch seht selbst.«

Man ging auf einem alten Pfad, kaum mehr erkennbar und beinahe völlig zugewachsen. Das Gebüsch wurde immer dichter. Zwischen den höheren Pflanzen lagen Flecken grünsaftigen Mooses, aus dem sich winzige gelbe Trichterpilze reckten, unhörbare Musik spielend, von mottenartigen Wesen umschwirrt, alles sehr still und »verwunschen«, flüsterte Shoiku, bevor er über eine Wurzel stolperte und sich am Zeh stieß.

Wo sich Bambus erhob, wurde das Waldgrün bläulich und das Licht dunkler. Mit aller Kraft strebten die Bambusstangen in die Höhe, ohne sich auf die knorrigen Umwege der Laubbäume einzulassen. Beim Gehen raschelte es.

Mittlerweile war der Pfad ganz verschwunden. Doch Ikkyu marschierte zielstrebig weiter. Allmählich ging der Bambushain in einen Eichenwald über, lichter und unregelmäßiger als der Wuchs zuvor, dieser dann wiederum in ein Gewirr aus Dornbüschen, ohne Beeren daran. Einzelne Bäume ragten darüber hinaus. Schließlich verwandelte sich das Gebüsch in eine feuchte, von fleischigen Blättern durchschossene Wiese, durch die ein Bach floss.

»Das ist er. Der blinde Esel«, sagte Ikkyu feierlich, als teile er mit den anderen einen Schatz. »In die Mitte kommt die Empfangs- und Sitzhalle, links daneben und dahinter werden wir unsere Quartiere anlegen, und die Küche ...«

»Aber ...«, unterbrach Nanko, sogleich wieder verstummend.

»Ich sehe eine Bruchbude vor mir«, stotterte Shoiku. »Bald stürzt sie ein.«

»Nun ja ... das eine oder andere mag wohl instand zu setzen sein«, gab Ikkyu zu.

Inmitten einer kleinen Lichtung eröffnete sich der Blick auf einen Bretterhaufen. Es mochte sich um eine alte Stallung handeln oder um die aufgegebene Behausung eines Hirten; auf jeden Fall war das Gebäude schon lange ungenutzt und baufällig. Eine Tür gab es nicht. Ohne Hindernis konnte man in das Innere blicken: ein einziger Raum, nicht klein, aber verwahrlost. Als die Freunde näher traten, flatterten wilde Tauben aus dem Dunkel und an ihnen vorbei. Der Zimmerboden lag erhöht über der Feuchtwiese. Ein paar Bohlen waren herausgebrochen, andere wölbten sich nach oben.

Die Umgebung der Bude war schön. In Sichtweite plätscherte der Bach vorbei, dann inmitten der Wiese in die dem Waldpfad entgegengesetzte Richtung hinab. In der Ferne blinkte ein See, hinter dem eine grüne Wand aufstieg, nicht zu hoch, so dass man gegen den Horizont und über mehrere gestaffelte, blaue und blauere Bergkämme blicken konnte.

»Ist das nicht herrlich?«, seufzte Ikkyu.

»Doch, doch«, sagte Nanko.

»Ja, ja«, sagte Shoiku und zupfte Ikkyu am Ärmel. »Aber wollten wir nicht weiterziehen? Nach Sakai – einmal wieder Seeluft schnuppern ...«

»... und Suppenduft?«, fügte Bokusai hinzu.

»Nein! Wir bleiben hier. Unsere Wanderschaft ist zu Ende.«

»Soso. Warum nun ein Stall für blinde Esel? Wie kommst du auf diesen Namen?«, fragte Bokusai.

»Hahaha!« Ikkyu lachte schallend. »Kennst du deinen Meister Rinzai nicht?«

»Meinen Rinzai kenne ich wohl. Worauf willst du hinaus?«

»Ich erkläre es dir. Von Rinzai weiß ich alles, habe alles gelesen und auch im Kopf behalten. Über seine Nachfolge sagt er irgendwo: ›In fünfhundert Jahren wird man mich verstehen und meine Arbeit fortführen – ein Verrückter wahrscheinlich, ein Wahnsinniger, ja, ein blinder Esel!‹ Ein blinder Esel, hört ihr? Hahaha!«

Die Freunde sahen sich an.

»Das ›Hahaha‹ war von mir«, schob Ikkyu nach.

»Und diese Nachfolger sind wir?«, sagte Bokusai ungläubig.

»Ich befürchte: ja.«

»Tja ...«

»An die Arbeit!«, rief Ikkyu begeistert. »Hier ...« – er deutete auf eine Stelle neben der Bude – »... pflanzen wir Kräuter. Nein, dort:« Er deutete auf eine andere Stelle. »Das Wasser holen wir aus dem Bach. Wir müssen uns Eimer und Bottiche besorgen; sie dürfen aber nicht zu teuer sein, fragt im Dorf. Das Dach mag dicht sein oder auch nicht – beim nächsten Regen werden wir es wissen. Auf jeden Fall muss bald eine neue Lage Stroh darauf. Einige Balken werden wir abstützen müssen, die Ritzen in den Wänden zustopfen, so wie man es früher gemacht hat: sammelt Moos! Erst einmal pflanzen wir Rüben und Kohl, dazu müssen wir umgraben und hacken. Was machen wir mit den Steinen? Die verteilen wir um den Eingang herum, das wird schön! Seht nach, was für Geräte hinter dem Haus zu finden sind!«

»Er nennt dieses Ding allen Ernstes: Haus«, sagte Nanko kopfschüttelnd zu Shoiku.

Das Kräuterbeet war noch nicht angelegt, die Möhren waren noch nicht gesät, niemand hatte gehackt, die Balken waren nicht gestützt ...

Doch die vier lagen vor der Hütte im Gras und streckten ihre Bäuche der Sonne entgegen.

Ikkyus Freude über die neue Klause kannte keine Grenzen. Noch hatte es allerdings nicht geregnet.

»Seht euch um«, schwärmte er. »Ist das nicht viel besser als *Sitzen*?«

»Wie bitte?« – »Liegen besser als sitzen – auf einmal?«

»Ihr wisst schon, wie ich das meine. Jetzt!, ruft das Eichhörnchen und springt. Jetzt!, ruft der Vogel und stürzt sich in die Luft.«

»Du dichtest uns noch alles weg«, sagte Bokusai.

»Rinzai, hurra, ist tot! Kein strenges Auge, das auf uns ruht! Frühling, nichts als Frühling!«

»Was lästerst du da über deinen Rinzai, den hochverehrten? Bist du nun vollends übergeschnappt?«

»Ist er nun tot oder nicht? Er war streng, ich dagegen bin faul. Ist das nicht wunderbar?«

»Ich weiß nicht ...«

»Dazu kann ich euch ein Koan aufgeben«, sagte Ikkyu. »Hört zu: Keno prügelte mich, wenn ich *zazen* machte. Kaso prügelte mich, wenn ich *nicht zazen* machte. Doch beide taten es aus demselben Grund. Klar?«

Lange hatte sich Ikkyu des Lehrens enthalten, so wie er es bei seinem unglücklichen Aufenthalt in Daitokuji beschlossen hatte. Den Mund konnte man ihm natürlich nicht verbieten. Nach wie vor sagte er stets, was er dachte. Doch lehren – und damit Wissen über die letzten Dinge zugeben –, das vermisste er nicht.

Andererseits war ihm klar, dass sich sein Aufenthalt im Blinden Esel bald herumsprechen und Ratsuchende anlocken würde.

Er versuchte, sich darauf vorzubereiten, versuchte, eine *andere* Art des Lehrens zu finden, etwas, das bei aller Wissensvermittlung immer mitsprach: ich weiß nicht.

»Lehre uns etwas«, sagte da Shoiku, als habe er des Meisters Gedanken gelesen, wobei er nicht einmal den Grashalm aus dem Mund nahm.

»Muss das sein?«

Die Freunde nickten.

Ikkyu dachte nach. »Hört euch das an:«, rief er, »*Von nun an trinke ich nichts mehr,* dies sagte ich wohl hundertmal, nachts, nachdem der letzte Krug geleert war, oder auch morgens, wenn der Schädel brummte. Werds wohl auch noch hundertmal sagen. Doch ihr, tut das nicht! Sagt nie mehr *von nun an* oder *ab morgen* oder *ab jetzt!* Dem Palast der Vergangenheit wollt ihr einen Balken vor das Tor klemmen, so dass kein Geist von dort entweichen kann: doch baut ihr nur ein weiteres Gemach an, in dem sich sogleich ein neues Monstrum einrichtet – und schon braucht es einen neuen Ab-heute-Balken, und so weiter und so fort.«

»Gut hast du das erklärt, Meister«, sagte Shoiku. »Das werden wir beherzigen. O ja. Augenblicklich und eifrig. Von nun an werden wir *nie mehr* ...«

Ikkyu seufzte tief.

»Ganz recht«, sagte Nanko. »Auch ich verspreche es: keine Vorsätze mehr – ab morgen, ach was, ab sofort!«

Ikkyu seufzte tiefer und grinste dann. »Von nun an gibt es keine Predigten mehr, niemals ...«

Den beiden begann ein Licht aufzugehen, bedächtig wie abends der Mond. »Ach so ...«

»Indessen«, fuhr der Meister fort, ein wenig besänftigt, »was soll man *dann* tun? Dieses: beobachtet euch. Wenn ihr sauft, sauft. Wenn ihr liebt, liebt. Das Übrige ergibt sich von selbst.«

»Wenn du weiter so faulenzest« sagte Bokusai ungerührt, »wirst du dick.«

»Ich wollte, mein Fett wäre Luft«, stöhnte Ikkyu, »dann könnte ich es herausfurzen.«

Mit Nichtstun, durch ein Schläfchen unterbrochen, ging der Nachmittag dahin. Bald stand die Sonne tief. Ab und zu zog eine Wolke vorüber und machte ein paar Atemzüge kalt. Der silbrige See wurde grau, dann wieder glitzernd. Ikkyu betrachtete die Pflanzen um sich herum aus dem Blickwinkel eines Käfers. Mit Daumen und Zeigefinger fuhr er den Halm einer Grasblüte entlang; es entstand ein winziger Strauß. Er blies dagegen, öffnete die Finger, und das Sträußchen zerflog.

»Gras«, grübelte er. »Vergänglich. Unscheinbare Blüten. Auch wir waren einmal Gras. Und Fliegen und Vögel, und Käfer und Fische, Bäume, Blumen, Schlangen ... und noch viel mehr. Viel mehr. Alles. Möglicherweise erklärt dies doch, dass sich niemand an ein früheres Dasein erinnern kann? Oder kannst du? Du? Du?«

»Nein.«

»Ich auch nicht.«

»Manchmal kann ich mich nicht einmal an die vergangene Nacht erinnern.«

»Hahaha! Doch im Ernst: warum nicht? Ganz einfach deswegen, weil es so unendlich selten vorkommt, als Mensch geboren zu werden. Wie selten muss dann erst die Aufeinanderfolge von zweierlei Menschsein geschehen? Und schrecklicher noch als das: denkt an die furchtbare Geschichte von dem Steinberg, dessen einzelne Brocken sich dem Wanderer, wenn der Tag anbricht, als Schädel entpuppen ...«

»... als die Reste seiner eigenen früheren Leben ...«

»Ja. Ein Berg, so hoch wie das Dach der Welt. Wie unvorstellbar selten mag sich dergleichen anhäufen, nicht wahr?«

»Wenn überhaupt.«

»Mir graust«, sagte Shoiku. »Glaubst du das denn, Meister?«

Ikkyu seufzte, während er die Ameisen studierte, die an seinen Füßen vorbeieilten.

»Nein. Ich will trösten, deshalb darf ich das nicht glauben. Lasst uns fröhlich sein.«

»Ha. Ha. Mir ist der Spaß vergangen.«

»Noch nie Ameisen betrachtet? Du da, Ameise, warst du schon einmal Mensch? Nein? Kommt noch.«

Der Abend am See war lau, wie geschaffen für kreuzbeiniges Sitzen, für Atmen, Ächzen, wenn nicht gar Fluchen beim Hinsetzen sowie für dasselbe Ächzen, wenn nicht gar Fluchen beim Aufstehen, für Schimpfen über drückende

Wurzeln im Hintern, für trotzdem Zu-Faul-Sein, ein Kissen zu holen.

»Warum kommt mir gerade folgendes in den Sinn? An einem so schönen Abend?«, sinnierte Ikkyu. »Nämlich: einst schrieb ich in einem Gedicht ... wartet, wie war das bloß? ... So:

Nahe der Selbstmörderklippe steht meine Hütte, und jede Flut frisst an der Steilküste. Was stürzt zuerst – die Hütte oder ich?

Ach, das ist lange her. Wie geht es uns doch gut!«

»Schön gesagt. Du bist doch der Größte«, sagte Shoiku ehrfurchtsvoll.

»Ach – Klugscheißerei. Nicht die Tusche auf dem Papier wert. Hahaha!«

»Ich freue mich schon auf dein letztes Gedicht ... oh, Entschuldigung«, sagte Nanko.

»Hahaha! Und ich auf das deine! Betest du an meinem Schrein, dann bete ich an deinem!«

»Mönche. Kein Taktgefühl«, sagte Bokusai und schüttelte den Kopf.

Allmählich ging das Bauen an der Bude doch voran. Der erste Wolkenbruch hatte das Seine dazu beigetragen, die Maßnahmen zu beschleunigen: nicht nur regnete es durchs Dach, sondern dieses selbst flog büschelweise in die Wohnstube herab, so dass man, als der Regen vorübergezogen war, das Stroh erst einmal mit einem Rechen auszukämmen hatte, um Vermodertes vom Brauchbaren zu trennen. Der feuchte Raum stank wie ein Kuhstall.

Getrocknetes Schilf ließ sich billig erwerben, denn es wurde nahebei am See abgebaut. Das Dach nun ausgebessert, ging man daran, die Stützbalken zu verstärken und einige von ihnen zu ersetzen. Dazu war Hilfe aus dem Dorf nötig. Die einfachen Handwerker stellten sich bereitwillig zur Verfügung. So sprach sich auch herum, dass ein verrückter Meister – aber lustig und berühmt, weil angeblich des Kaisers unehelicher Sohn – am See Quartier bezogen habe. Gerne bezahlte Ikkyu das Hämmern da und dort mit Geschichten und heiterer Unterhaltung, oder auch mit körbeweise herbeigesammelten Pilzen.

Oft regnete es, und oft trocknete die Frühlingssonne die Feuchtigkeit wieder. Allmählich wurde das Dach dicht, da das frische Stroh bei jedem Regenguss weiter aufquoll.

Hacken, Jäten und Umgraben: seit jeher waren dies, neben dem Fegen mit dem Reisigbesen, geschätzte Arbeiten, wenn man es mit dem Mönchsein und *Sitzen* ernst nahm, denn derartige Tätigkeiten häuften nichts an – außer Blättern oder Staub – und kamen nie zu einem Ende. Täglich war der Boden zu kehren, der Kies zu rechen, der Garten zu jäten. Shoiku und Nanko schwangen die Geräte eifrig, während Ikkyu das Unkraut zwischen den Rüben herausrupfte.

Der Maler Bokusai hatte erklärt, seine Hände schonen zu müssen, damit die Finger am Pinsel nicht zitterten, – »gerade dies aber gäbe doch schöne Wirkungen«, hatte Ikkyu gescherzt: »Zuerst hackst du einen Vormittag lang, dann tupfst du locker einen Vogelschwarm aufs Blatt!«

»Davon verstehst du nichts«, hatte Bokusai entgegnet. Er war viel unterwegs, hatte Kunden, die gemalt werden wollten, und die Honorare dafür waren willkommen. Auch brachte er seine Skizzen und Blätter oft selbst zum Markt oder an die Höfe der Reichen, wo er nicht wenige Käufer fand.

Ikkyu schnitzte und kleidete wieder Kinderpüppchen, die Bokusai auf seinen Wegen mitnahm und feilbot. So war in einer Ecke der Klause eine Puppenarmee aufgereiht – als wäre ein Zwergenvolk unter den Bohlen hervorgekommen, um sich geordnet zu ergeben. Mit großer Liebe gestaltete Ikkyu jede Puppe besonders; die eine hob beide Hände, die andere winkte, die dritte spielte auf einer Flöte aus einem winzigen, an beiden Enden angebohrten Zweig ...

Ein Mann marschierte den Pfad entlang. Zunächst hörte man ihn nur: fern ertönte eine Mischung aus Singsang und Rede und kam dann näher.

»Was sind denn das für zwei Gesellen?«, wunderte sich Bokusai, während er lauschte.

»Einer ists nur – und den kenn ich doch!«, rief Ikkyu.

Zwischen den Blättern erschien eine Gestalt, dunkel und halb verborgen im Schatten der Bäume.

»Hu! Hu!«, rief sie, mit der Rechten gestikulierend, wild, aber nicht ohne Plan. »Ich bin ein Geist!« Mit der Linken hielt sie sich eine Maske vors Gesicht, ein rundliches, breit lächelndes Schnitzwerk mit Sehschlitzen für die Augen. »Hoppla!« Der Geist stolperte und verlor beinahe das Gleichgewicht. Die Maske war in hautfarbenem Ton bemalt, etwas zu gelb vielleicht, um naturgetreu zu sein. Die Lippen wie auch die Augenbrauen leuchteten schwarz und waren mit scharfem Strich gezogen.

»Das ist doch«, sagte Ikkyu, während der Mann seine Maske abnahm, »mein alter Freund Komparu Zenchiku! Probst du mittlerweile schon im Gehen – hast du so viel zu tun?«

»Nur eine kleine Vorstellung für dich, mein Lieber. Aus meinem neuen Stück«, antwortete Komparu. Hinter der feisten Maske war ein schmales, zerfurchtes Gesicht zum Vorschein gekommen, auf dünnem Hals und ständig in Bewegung, nicht gelblich, sondern tief gebräunt, aber mit einem der Maske ebenbürtigen Grinsen. Beim Lachen zeigten sich lange Zähne, durcheinandergepflanzt wie wilde Bambusschösslinge.

Komparu, der Dichter und Schauspieler des *no* kam aus der Hauptstadt, wo er den kaiserlichen Hofstaat mit einem neuem Stück unterhalten hatte. Er, der Schwiegersohn des berühmten Zeami, war allseits gefragt, aber auch umstritten. Als Darsteller unangefochten und zweifellos einer der besten, beharrte er als Dichter darauf, die ehrwürdigen Quellen des *no*, die viele Jahrhunderte zurückreichten, nicht zu verleugnen. Er hielt an Zeamis einfacher, genau festgelegter Bühne fest, die nur aus einem Bretterboden und einer gemalten Zeder im Hintergrund bestand. Komparus Stücke waren modern, aber ernst, und nicht leicht zu verstehen. Man musste mitdenken. Nicht gerade das Richtige für Höflinge und Beamte.

»Hoffentlich endest du nicht einmal so wie dein Schwiegervater«, hatte Ikkyu mehr als einmal gesagt – jener war ja von Yoshinori auf eine karge Insel verbannt worden, als den Shogun seine Stücke nicht mehr amüsierten.

»Ich muss das tun«, hatte Komparu nur geantwortet. »Und außerdem gibt es die heiteren Zwischenspiele.«

Das stimmte. Nach alter Überlieferung wurden in die ernsten Dramen volkstümliche Szenen mit viel Komik und Akrobatik eingestreut, in denen sich das überforderte Publikum erholen konnte.

Komparu, im Alltag ein unvergleichlicher Spaßmacher, der viel lachte, für jeden Streich zu haben war und unerwartet in alle möglichen Rollen schlüpfte, war im Grunde ein ernster Mensch. *Zazen* war ihm nicht fremd. Nun hatte er sich zu Ikkyu aufgemacht, um bei ihm zu lernen, was die Vervollkommnung seiner Kunst wie auch seines Geistes betraf.

»Dann sitze mit uns, sooft es dir danach ist«, hatte Ikkyu gesagt, ohne lange nachzudenken. »Letzten Endes läuft alles nur darauf hinaus: wenn du richtig *zazen* machst, kannst du nicht gleichzeitig Sorgen wälzen. Das ist alles.«

»Das ist alles? Man *sitzt* und lebt im Jetzt?«

So einfach war es nun auch wieder nicht – das konnte der Meister nicht stehen lassen: »Selbst der Kaiser, mein lieber Komparu – das weißt du doch«, sagte er und gab seinem Freund einen Knuff, »sitzt er winters im Bottich und lässt sich mit heißem Wasser übergießen, selbst *er* denkt die ganze Zeit des Bades mit Grausen daran, wie er sich erheben und in die Kälte hinausschreiten muss, nicht wahr? Und das auch noch würdevoll! So sind wir Menschen. Von wegen im Jetzt leben!«

»Hahaha! Das ist gut! Zwar saß ich noch nicht mit dem Kaiser im Bad, aber ich verstehe, was du meinst! Kann ich dieses Bild in einem Stück verwenden?«

»Sei vorsichtig! Sonst endest du noch wie ...«

»... mein Schwiegervater. Ich weiß.«

»Auf deine Gefahr hin! Also: *sitzen* wir. Doch mache dir nichts vor: es kommt nicht darauf an, was du erreichst. Der entscheidende Wendpunkt, weißt du, ist nicht jener, an dem man *kensho* erlebt – oder *satori*, oder das sogenannte *nirwana* –, falls es solcherlei überhaupt gibt, sondern derjenige, an dem man erkennt, dass selbst all das nichts hilft ... auch *das* nicht ... nichts hilft, nichts nützt; dies ist die schwerste und letzte Erkenntnis.«

»Und *diese* hilft?«

»Manchmal. Manchmal auch nicht.«

»Und hast du sie gehabt?«

»O ja, aber sie hat mir nichts genützt. Hahaha!«

Schallendes Gelächter.

So war Ikkyus Lehre geworden: manchmal rätselhaft, manchmal unmittelbar, einmal albern, dann wieder ernst.

»Ist gut. Dann sitzen wir«, sagte Komparu Zenchiku, der den Meister Ikkyu nicht wenig verstand.

Nun waren sie also fünf: das kleinste aller Kloster im Lande. Für Bokusai und Komparu hatte man anbauen müssen. Dies hatte man zum Anlass genommen, gleich alle Wohnquartiere in Nebenräume auszulagern: so war Raum für eine kleine, aber gemütliche Halle für Besucher und *zazen* entstanden.

Immer gab es zu tun. Es regnete viel. Stets war irgendwo etwas abzudichten. Kleider mussten geflickt werden, Feuer gemacht, Wasser und Suppe gekocht, Holzkohle besorgt, Gemüse geerntet.

Ikkyu packte überall mit an. Manchmal ging er den Freunden mit fortwährenden Sinnsprüchen auf die Nerven. Musste denn wirklich *alles* Teil der Lehre sein? Doch er meinte es gut und konnte nicht anders. »Es ist wie bei einer Wurzel«, hatte er beim Rübenernten gesagt, »erst, wenn du daran ziehst, weißt du, wie tief sie geht.« Oder, als er sich den Kopf wusch: »Man muss, wenn man Geist und Körper beobachtet, von Dingen ausgehen, die ständig in Bewegung sind.« Oder, als er sein Spiegelbild im See betrachtete: »Vom Bezug des Schädels mit Fleisch hängt die Wirkung eines Gesichts ab. Von der Polsterung, nicht wahr?« Oder, als er vergessen hatte, eine wichtige Besorgung zu erledigen: »Nichts Angenehmeres gibt es doch, als sich selbst rufen zu hören: zu spät! Denn heißt dies nicht, etwas *nicht mehr* tun zu müssen?«

»Kannst du nicht *ein einziges Mal* etwas tun, ohne daraus etwas Gewichtiges zu folgern? Wir sind einfache Leute!«, hatte Nanko eines Tages voller Wut gebrüllt, sich aber sogleich wieder beruhigt: »Verzeiht, Meister. Es ist nur ...«

»Das Erwachen ist leicht«, hatte Ikkyu lachend geantwortet, ohne nachzudenken. »Braucht nur ein paar Jahrzehnte Übung. Das Weiterleben danach hingegen ist schwer, sehr schwer, und sei es auch nur ein Tag.«

»Ja, ja«, hatte Nanko gemurmelt, und Ikkyu hielt tatsächlich eine Zeitlang den Mund. Nein, beleidigt war er nicht, sondern er erinnerte sich seines Vorsatzes im Daitokuji, den er offensichtlich nicht zu halten imstande war.

»Frösche quaken nur nach einander, solange sie einander nicht sehen«, platzte er nach einer Weile heraus, »weil ... ach, lassen wir das.« Nanko blickte ihn mitleidig an – nun wusste Ikkyu selbst nicht mehr, was er damit hatte sagen wollen. So war er nun einmal ...

Auf diese Weise vertrieben sie sich die Zeit – doch diese ließ sich nicht vertreiben. Immer wieder kam sie zurück, raste vorbei und durch den Tag, oder lungerte herum, nagte an allem, an Gesichtern und Sandalen; nichts kann bleiben, wie es ist.

Mittlerweile herrschte ein reges Kommen und Gehen in der Klause. Die Freunde brachten wiederum ihre Freunde mit: Bokusai junge Maler, die in der Umgebung zeichneten und ab und zu verstohlen eine Skizze des Meisters versuchten,

Komparu Zenchiku seine Schauspielerkollegen – zumeist genauso jung und begeisterungsfähig wie Bokusais Schüler –, die sich mit Schwung dem *zazen* widmeten, sofern dies nicht einen Widerspruch in sich selbst darstellte.

Auch Nanko und Shoiku waren gesellig und bekamen oft Besuch, darunter, zumeist gegen Abend, nicht wenige Mädchen.

Eine Insel der Einfachheit, des Friedens und der Aufrichtigkeit war entstanden. Ob sie den Wirren im Land trotzen konnte, ob sie Bestand haben würde?

»Lasst uns den *gozan*, den fünf Bergen, wenigstens ein Hügelchen entgegensetzen«, hatte Ikkyu gescherzt. Tatsächlich war der Blinde Esel eine Art Gegenentwurf zu den ehrwürdigen alten, über das Land verstreuten Tempeln geworden.

Auch hohe und wichtige Persönlichkeiten verirrten sich ab und zu in die Klause, das heißt, natürlich hatten sie sich keineswegs verirrt, sondern kamen, um Rat in schwierigen Angelegenheiten zu suchen. Gerne taten sie dies unbeobachtet, einfach gekleidet oder gar verkleidet, denn natürlich haftete Ikkyu und seinen Getreuen noch immer der Ruf von Verrücktheit und Respektlosigkeit der Obrigkeit gegenüber an.

Nicht wenige Mönche aus Daitokuji fanden sich unter den Besuchern. Der Meister empfing alle Gäste gleich: höflich, herzlich und neugierig. Er hatte es sich zur Gewohnheit gemacht, für jeden Gast, der genügend Zeit sowie wahrhaftes Interesse mitbrachte, Tee zuzubereiten. Alles bei dieser Verrichtung war wichtig und durchdacht oder besser noch durchempfunden: der Ort, an dem man saß, je nach Jahreszeit, Tageszeit und Wetter die Aussicht, das Wandbild, auf das der Blick fallen sollte – natürlich eines von Bokusai –, die Zusammenstellung der Gefäße, also Wasserkessel, Kanne, Schalen, selbst der Halter für den Aufschäumer.

Mit beiden Händen hielt man die Schale und schwieg, bis man den ersten Schluck gekostet hatte. Im Hintergrund zischte der Kessel, dazu zwitscherten möglicherweise Vögel, oder der Wind pfiff, oder Regentropfen fielen. Gleichgültig, was man sah, hörte, fühlte, roch, schmeckte: alles durchdrang gleichermaßen die Tore der Sinne und traf, im besten Fall, auf ein waches Bewusstsein.

Der bittere Geschmack, die grüne Farbe des Tees, von tiefdunkel bis durchsichtig abgestuft, da die Schale flach und von anderer, ergänzender Farbe war ... Da! Ein paar Holzkohlestückchen hatten sich selbständig gemacht und rieselten unter dem Wasserkessel hervor! Ein Fehler im Gesamtbild? Nein, nicht werten! – jede Teezeremonie verlief anders; Vollkommenheit gab es einerseits nicht, andererseits waren falsch und richtig in *achtlos* und *achtsam* verwandelt.

Dann aß man ein winziges Reisküchlein und schmeckte der Süße nach ...

Ikkyu war gesellig. Er betrachtete es als seine Aufgabe, stets für Ratsuchende da zu sein, auch wenn er diesen allerdings meistens *Nicht-Rat* gab. Gerade damit aber eröffnete er ihnen die Möglichkeit zur Erkenntnis, dass letztendlich nur das eigene Handeln zählte.

Dennoch verspürte er wieder mehr und mehr das Bedürfnis, von Stille umgeben zu sein, sich von den Menschen fortbegeben zu können, zumindest für den einen oder anderen Tag. Die jahrelange Wanderschaft musste im Inneren fortgesetzt werden!

Auf seinen Streifzügen durch die Wälder der Umgebung, in denen er auf Pilzjagd ging, hatte er einen verfallenen Schuppen entdeckt, noch kleiner, noch entlegener und noch überwachsener als der Blinde Esel. Er tat nicht viel daran und nannte ihn Blinde Maus. Dorthin zog er sich oft zurück, um sich in sein *zazen* zu versenken, ab und zu auch für lange Zeitabschnitte ohne Unterbrechung, was meistens bedeutete: bin ihn Hunger und Durst allzu sehr quälten.

Man hatte ihn gefragt, wozu nach dem Erwachen überhaupt weiteres *Sitzen* vonnöten war. Dies war in der Tat nicht leicht zu erklären. Vielleicht am ehesten so: nichts lässt sich mit Gewissheit festhalten, so auch nicht das Wachsein – sicherlich war dies die einfachste Begründung. Trotzdem befragte sich Ikkyu oft selbst: Was erwarte ich denn noch? Wieso tue ich mir das an? Um also das Erworbene nicht wieder zu verlieren?

Ja, dann hielt er doch *immer noch* an etwas fest? Wie sollte man eigentlich überhaupt etwas verlieren können, wenn es doch nichts zu erwerben gab?

Sitzen also, um *noch* weiter zu kommen? Wohin?

Oder nur, um nicht faul zu sein?

Um faul zu sein?

Um sich zu entspannen?

Um sich von all den Späßen und Geschichten, die seine Lehre mit sich brachten, zu erholen?

Weil er einfach Lust dazu hatte?

Weil er tun musste, was Rinzai geschrieben hatte?

All das – aber auch wieder nicht. Bemerkenswert war, dass derlei Fragen nur vor oder nach dem *zazen* auftauchten: dieses selbst war offenbar unverletzbar, weder durch Fragen noch durch Antworten: beides falsch!

Ikkyu zeigt eine Blume
59

»Nun, Ikkyu, wie war dein gestriger Tag?« rief Komparu Zenchiku dem Meister zu, als er des Morgens, nach durchzechter Nacht und einem langen Marsch heimwärts, wieder im Blinden Esel auftauchte. »Musste ich doch mit meinen Auftraggebern bis zum Morgengrauen trinken, ...«

»Was für eine Überwindung!«

»... und dies nur, um dann ihre Säufermienen aufs Papier zu bannen. Für einen Hungerlohn auch noch! Zum Glück gabs Mädchen.«

Er setzte sich zu Ikkyu und streckte die Füße von sich.

»Ein vollkommener Tag wars auch bei mir«, lachte dieser. »Ich erhob mich, kleidete mich an, roch am Gewand, es stank, dann hatte ich Schädelbrummen, dann lauschte ich den Vögeln und dem Wind, dann wusch ich meine Schale aus – hatte ich des Abends ganz vergessen –, dann füllte ich sie mit Reissuppe, dann löffelte ich sie aus, dann ...«

»Schon lehrst du mich – so früh am Morgen«, grinste Komparu. »Aber ich bezahle nichts. Etwas zu trinken?«

»Was soll ich sagen? Ich bin auch nur ein Mensch, ...«

»Ach ja?«

»... zumal ich heute dieses unsägliche Kettengedicht weiterschreiben muss – da könnten ein, zwei Schlückchen in der Tat nicht schaden«, maulte Ikkyu. »Weißt du was: lieber Komparu, du hilfst mir dabei!«

»Na gut. Zeig her.«

Das Kettengedicht, das *renga*, war eine beliebte Form dichterischen Wettstreits, insbesondere dann, wenn die daran beteiligten Partner einander ebenbürtig waren. Es ging darum, sich gegenseitig Gedichtzeilen zuzuwerfen wie Bälle, diese dann jeweils im Hinblick auf ein Ganzes fortzuführen, bis aus dem Wechselspiel eine große Form entstand, deren Handlung, Aussage und Bildersprache man zu Beginn nicht voraussehen konnte. Die Herausforderung dabei war, zwar eigene dichterische Vorlieben in den Text einfließen zu lassen – so dass im besten Fall der Urheber jeder einzelnen Zeile erkennbar blieb – aber dennoch eine stimmige Gesamtheit zu erreichen, Anspielungen aufnehmend, diese von Zeile zu Zeile weiterführend, Bilder entwickelnd oder einander gegenüberstellend, kommentierend oder gar widersprechend, und was es sonst noch an Kniffen gab.

Zumeist spielten eine Handvoll Personen mit, die nicht weit voneinander entfernt wohnten, um die Dauer das Ganzen nicht allzu sehr in die Länge zu ziehen. Einer begann mit der ersten Zeile, die eine bestimmte Grundstimmung zu umreißen hatte, vielleicht eine Tages- oder Jahreszeit beschreibend oder ein altes chinesischen Gedicht zitierend. Ein Bote übergab dann das Blatt dem nächsten, der eine zweite Zeile daruntersetzte, daraufhin schrieb ein dritter etwas dazu – und so weiter, bis ein letzter zu dem Schluss kam, dass die Möglichkeiten des Stoffes erschöpft waren, worauf er eine abschließende Zeile verfasste und einen Gehilfen das Ganze in Schönschrift niederpinseln ließ. Der Variationen dieses Prinzips gab es viele: es konnte jeder Teilnehmer nur eine einzige Zeile beisteuern, denkbar war aber auch, dass das sich füllende Blatt mehrmals im Kreis wanderte oder sogar verschlungene und sich kreuzende Wege einschlug.

Nach ein paar Tagen traf man sich und trug das Werk zur Freude aller vor. Da die Handschrift nun eine einheitliche und unbekannte war, ließ man raten, von wem welche Zeile stammen mochte. Lustig war es dann, herauszufinden, wer da wem zu antworten vermeint hatte, oder welche Anspielung auf wen hatte zielen sollen. Natürlich wurde auch über die beste Zeile abgestimmt.

Ja, eigentlich war es eine feingeistige Angelegenheit, ein *renga* zu verfassen. Doch: »Hör dir an, was er schreibt, dieser Tölpel von Samurai«, stöhnte Ikkyu:

»*Der Tiger trampelt durch den Wald ...*

– was soll man bloß dazu sagen? –

... und hat doch weiche Pfoten,
so wie ich in der Schlacht.

Welch ein Blödsinn!«

Ikkyu schüttelte den Kopf, Komparu lachte. Nanko und Shoiku traten neugierig hinzu.

»Wer schreibt denn das?«

»Einer vom Hof der Hosokawa«, seufzte Ikkyu. »Ein gutmütiger Dummkopf, der sich dichterisch bilden möchte. Ich konnte wieder einmal nicht nein sagen. Bitte, Komparu, sei der dritte im Spiel!«

»Wenn es denn sein muss.«

»Es muss sein.«

Als Anfänger hatte der Samurai die einfachste aller Möglichkeiten gewählt, nämlich ein Wechselspiel nur zweier Teilnehmer, was allerdings für beide Seiten viel Arbeit bedeutete. Doch nun hatte Ikkyu ja Verstärkung.

Auch hatte der Höfling der Hosokawa anstelle einer einzigen Zeile gleich eine ganze Strophe geliefert, was kunstvolle

Verschränkungen von vornherein unmöglich machte.

»Du bist dran, großer Künstler des *no*«, sagte Ikkyu zu Komparu.

»Was du mir frühmorgens schon abverlangst. Mir dröhnt noch der Kopf vom gestrigen Gegröle ...«

»... und auch vom Sake, nehme ich an?«

»Geschenkt. Also gut. Schreib:

Eine Schlacht im Wald?
Das gibt es nicht – nur Bäume träfen die Pfeile.
Auf freiem Feld aber – trampelnd oder schleichend –
ist man ein sicheres Ziel.«

»Viel zu gut!«, lobte Shoiku.

»Hoffentlich nimmt er das nicht persönlich«, überlegte Nanko.

»Ach was! Nun ich«, sagte Ikkyu, der allmählich Gefallen an der Angelegenheit fand. Er nahm den Pinsel und verfasste aus dem Stegreif die dritte Strophe:

Bevor er springt, quakt der Frosch.
Die Wasserringe weiten sich.
Quak quak.
Gluck gluck.

»Was meint ihr dazu? Wie findet ihr es?«

»Naja. Was soll es denn bedeuten?«

»Keine Ahnung. Hahaha!« Ikkyu brüllte vor Lachen. Die anderen stimmten mit ein.

»Quak quak!«, rief Shoiku begeistert, ging in die Hocke und hüpfte umher wie ein Frosch. »Quak quak – gluck gluck! Gack gack! Der Meister hat gesprochen!«

Komparu lachte ebenfalls. »Gut gequakt!«

»Hoffentlich nimmt dein Gegenspieler das nicht persönlich«, wiederholte Nanko. »Er könnte beleidigt sein.«

»Na wenn schon!«, rief Shoiku.

»Das glaube ich nicht«, meinte Ikkyu. »Vielmehr wird er über das Bild nachdenken, um einen Sinn darin zu finden: warum vor dem Sprung quaken? Ist es der Kampfschrei, das *Katsu!* vor der Schlacht? Ich sehe den Armen schon grübeln.«

»Selbst, wenn du Witze machst, Meister, bist du tiefsinnig«, sagte Shoiku, wobei er einen ehrfürchtigen Ausdruck aufsetzte.

»Nun jaa ...« Nanko war nicht ganz überzeugt.

»O nein! Tiefsinn war noch nie mein Ding«, entgegnete Ikkyu. »Darin versinkt man wie in einem Sumpf. Hofft, auf Grund zu stoßen, und geht doch unter. Mit Haut und Haar.«

»Flache Kunst mag ich aber auch nicht«, widersprach Komparu Zenchiku.

»Ich ebenfalls nicht«, bekräftigte Bokusai, der dem Gespräch gelauscht und seinen Pinsel zur Seite gelegt hatte.

Shoiku sprang aus seiner Froschhocke auf. Ikkyu atmete tief durch.

»Krächz krächz«, sagte er nachdenklich. »Flach – tief, sind das Unterschiede von Bedeutung? Dumm – klug? Ein Frosch ist so gut wie eine Krähe. Überall kann einem das Erwachen überkommen – im Spaß oder im Ernst. Hört doch einmal in den Vogelkäfig der *inka*-Besitzer hinein ...« Nun sprach er mit veränderter Stimme, schrill und abgehackt wie der Schrei eines Raubvogels: »Mir kams, ruft da einer, als ich die dritte

Stunde saß und auf einmal spürte, wie mir ein Rotztropfen aus der Nase kroch, gleich einer selbstgebastelten Schnecke – ein schöneres Geschenk als ein Edelstein wars; mir hingegen kams, so ein anderer, als ich eine Frau liebte; mir auch, ein dritter, und zwar als es mir kam. Ich wiederum – Nummer vier – erwachte, als ich mich in einem Busch erleichterte, wobei sich die Blätter unter dem Gewicht meiner Pisse beugten, eine lustige Ehrerbietung für meinen Schwanz! Ich – fünf – erwachte, als ich gerade erwachte! Und ich – sechs, als ich mir den Arsch abgeputzt hatte und den Spatel weglegte – streng nach der Schule des Rinzai! Dann sieben und acht und neun, und immer fort, soviel es Menschen gibt und Dinge, die man tun kann.«

Ikkyu wurde alt. Manchmal, wenn er sich vom *zazen* erhob, knackte es in seinen Knien, oder es dauerte eine Weile, bis ihm seine Beine wieder gehorchten und doch nicht, wie zunächst befürchtet, aus eingelegtem Rettich bestanden. Die Jahre gingen vorüber, und mit ihnen das Leben im Blinden Esel. Mehr als Freunde waren die fünf geworden: Gefährten auf einer Reise, die nirgendwo hinführte und niemals zu Ende sein würde, auch nicht im Tod, denn dieser war nicht denkbar im Jetzt: und das lebten sie, Tag für Tag für Tag, so gut es eben ging.

Jeden Morgen rührte Bokusai seine Tusche an und malte. Nicht nur Schwarz verwandte er, sondern spielte auch mehr und mehr mit abweichenden Schattierungen ins Blaue, Grüne, Braune. Man konnte dem schwarzen Grundton Verschiedenes beifügen, zum Beispiel Mineralien oder Pflanzenextrakte. Für ein Bild des Meisters, das wegen seiner Lebensechtheit gelobt wurde, war es Bokusai gelungen, einen orangefarbenen Ton zusammenzumischen, der wie die untergehende Sonne leuchtete.

»Diese Farbe, mein Meisterstück«, hatte er zu Ikkyu gesagt, »ist nur für dein Gewand bestimmt.« Und den Rest weggeschüttet.

Zumeist aber blieben seine Malereien nahe an Schwarz und Grau. Wie er die abgebildeten Gegenstände am liebsten nur andeutete, so verfuhr er auch mit den Farben. Aus dem Haarstrich des Pinsels wurde das Gefieder eines Vogels, ja es *war* dieser Strich. Wie der Boden den Regen aufsog, so das Papier die verdünnte Tusche – wie Ikkyu im Wald verschwand, so verbarg sich ein hingewischter Schatten irgendwo im Bild.

Ebenso verhielt es sich mit den Färbungen. Höchstens so blau wie ein See im Morgennebel war Bokusais Wasser. Bedurfte eine Baumkrone wirklich des Grüns? Nein, man sah doch, was dargestellt war! – dagegen vielleicht die Blätter der Wasserlilien. Braun – allerhöchstens das Schwarzbraun eines frisch umgegrabenen Ackers, noch glitzernd. Schnee auf Ästen oder Felsen? – gar nichts.

Nur das Notwendigste! Dies was auch Zenchikus Bekenntnis. Seine Theaterstücke wurden kürzer und dichter. Das heißt, eigentlich verkürzten sich nur die aufgeschriebenen Szenen, denn dafür spielte Zenchiku, der ja selbst die Hauptrolle übernahm, immer langsamer, wobei er gleichzeitig seine Gesten sparsamer einsetzte. So bekam der Zuschauer mehr und mehr den Eindruck, in einen fremdartigen, gedehnten Zeitverlauf einzutauchen – und damit in eine andere Welt. Ja, Zenchiku war der Meister der kleinsten Bewegung. Hatte das maskierte Spiel dem Handelnden seit jeher die Möglichkeit verbaut, den Gesichtsausdruck einzusetzen, so nahm

Zenchiku der Figur auch noch so gut wie alles Gestische. Gerade, weil dem Schauspieler so wenig blieb, konnte dieses, wenn vollkommen beherrscht, von außergewöhnlicher Wucht sein. Besonders im Tanz gegen Ende einer Aufführung zeigte sich des Schauspielers und Dichters Meisterschaft: üblich war es, dass die Spannungen, Verstrickungen und Leiden, ja das ganze Schicksal der Hauptperson, sich in einem wilden Tanz entluden, denn danach konnte der Geist das Zwischenreich, in dem er durch eigene Schuld gefangen war, endlich verlassen und Ruhe finden. Nie übrigens war der Held eines Stückes aus fassbarem Stoff, sondern immer gespensthaft, im Gegensatz zu den anderen Schauspielern. Mittlerweile tanzte Zenchiku diesen geisterhaften Schlusstanz in unglaublicher Langsamkeit: kaum drehte er sich, wo er zuvor um seine Achse gewirbelt war, kaum bewegte er sich, wenn er Luftsprünge andeutete. Doch war die Vorstellung eines Sprunges dermaßen verinnerlicht, dass er tatsächlich zu schweben schien.

»Wie ein Wirbelsturm aus der Sicht einer Eintagsfliege«, hatte er Ikkyu erklärt. »Für sie dreht sich dieser so langsam, wie für uns die Sterne über den Himmel wandern.«

Dazu kam die Unbewegtheit der Maske. Sie wirkte wie ein Wesen, dessen Gesicht in einem besonderen Augenblick erstarrt war, zwar im Lächeln, doch beinhaltete dieses etwas Ungeheuerliches, da es nie zurückgenommen werden konnte, auch wenn der Tanz eigentlich Ausdruck von Verzweiflung und Trauer sein sollte: da passte Lachen nicht – und gerade deswegen umso mehr!

Dazu kam des weiteren, dass die verschwindend kleinen Bewegungen der Gliedmaßen sowie des Körpers sich allmählich in der Wahrnehmung des Zuschauers einnisteten und diese veränderten: nach einiger Zeit vermeinte man, in der Maske *doch* Regung zu entdecken, kleinste Verschiebungen, als erwache das Holz heimlich zum Leben – oder habe gar schon immer gelebt.

»Warum eigentlich«, grübelte Ikkyu eines Tages, »findet man eine Blume schöner als etwa ... eine Baumwurzel oder einen Giftpilz oder ein Blatt?«

Ikkyu, Nanko und Shoiku lagen wieder einmal vor dem Blinden Esel im Gras. Sie betrachteten den See, auf dem das Sonnenlicht tanzte. Ikkyu kaute auf einem Grashalm. »Oder diesen Halm?«

»Das weiß ich nicht«, sagte Nanko.

»Ich auch nicht«, sagte Shoiku. Er dachte nach. »Du spielst an auf ...«

»Natürlich.« Ikkyu erhob sich. »Wie ihr wisst, wird die Begebenheit folgendermaßen erzählt: Des Erhabenen Anhänger hatten sich am Geierberg versammelt und ihn gebeten, die vier edlen Wahrheiten sowie den achtfachen Weg für sie darzulegen. Shakyamuni aber, der Erhabene, schwieg, pflückte lediglich eine Blume und hielt sie hoch. Nur einer, sein Lieblingsschüler Kashyapa nämlich, lächelte. Daraufhin übergab der Erhabene ihm die Lehre und machte ihn zu seinem Nachfolger.«

»Ja, so war es«, sagte Nanko.

»Ja, ja«, pflichtete Shoiku ihm bei. »Wir wissen das. Damit fing alles an.«

»Allerdings«, fuhr Ikkyu fort, »stellt sich hier doch so manche Frage. Findet ihr nicht?«

»Wie meinst du das?« fragte Nanko.

»Vorsicht!«, flüsterte Shoiku, als horche jemand von unten am Gras. »Man könnte das missverstehen ...«

»Wer? Hier ist niemand.« Unbeirrt fuhr Ikkyu fort, wobei er aufzählte: »Was für eine Blume pflückte der Erhabene? *Wie* tat er es? Überlegte er zuvor einen Augenblick? Erhob er sich und ließ die Zuhörer eine Weile warten? Ging er umher? Hatte er schon *vor* der Tat Ausschau nach einer passenden Blüte gehalten, sich also diesbezüglich günstig niedergelassen? War die Geste folglich geplant?«

»Nun ...«

»Oder aber saß er glücklicherweise inmitten eines Blumenmeeres und pflückte einfach irgendeine erreichbare Blüte? Oder war alles vielleicht ganz anders, das heißt, flog sie ihm zu, von Geistern gesandt?«

»Woher sollen wir das ...«

»Des weiteren: wie lächelte Kashyapa? Was wollte er damit ausdrücken? Einfach nur: ich verstehe? Oder – denn das wäre etwas ganz anderes –: *ich* verstehe, aber die anderen nicht? Oder lediglich: welch schöne Blume?«

»...«

»Was aber hätte Schönheit mit Wahrheit zu tun?«

»...«

»Ging ein Raunen durch die Anwesenden? Oder schwiegen alle wie gebannt? Verstanden sie wenigstens, *nachdem* die Angelegenheit mit der Blume und Kashyapa geschehen war – oder verstanden sie noch immer nicht?

Auch das: wie es heißt, war Kashyapa der Lieblingsschüler des Erhabenen. War es da nicht schon von vornherein klar, dass ... das heißt, bedurfte es überhaupt eines wissenden Lächelns im richtigen Augenblick?

Des weiteren: wissend lächeln, was soll das sein? Mach es mir vor, Nanko!«

Dieser erhob sich, pflückte eine Blume und hielt sie hoch.
»Komme mir ziemlich dämlich vor«, murmelte er.
»Jetzt lächle wissend«, sagte Ikkyu.
»...«
»Du grinst«, stellte Ikkyu ungerührt fest.
»Versuche es doch selbst, Meister«, sagte Nanko beleidigt.

»Was haben wir denn da? Ein *no*-Spiel?« Yoso ließ sich wieder einmal blicken. Wie immer war er unbemerkt aufgetaucht, als wolle er die Klause ausspähen: auf einmal stand er in ihrem Schatten. Tatsächlich mischten sich bei seinen Besuchen lautere und unlautere Gedanken: Neugier, Verachtung, aber auch Respekt – denn selbst *er* konnte sich Ikkyus Wirkung nicht gänzlich verschließen – und Neid.

»Zufällig hat mich der Weg zum See an eurem blinden Esel vorbeigeführt«, log er, besagte Bude dabei von oben bis unten betrachtend. »Wäre hieran nicht dringend einiges zu flicken? Und ihr faulenzt im Gras?«

»Noch fällt nichts um – übrigens unterbrichst du in einem wichtigen Augenblick«, gab Ikkyu zurück.

»Ich bitte um Verzeihung.« Yoso war begierig, zu erfahren, worum es ging: »Störe ich?«

»Ja.«
»Ja.«
»Ja.«

Doch Yoso ließ sich nicht beirren; der Höflichkeit war Genüge getan. Er setzte sich dazu.

»Manche berichten«, nahm Shoiku den Faden wieder auf, ohne den Neuankömmling zu beachten, »die Blume verwelke nicht und befände sich noch heute irgendwo, so frisch als wie gerade gepflückt ...«

»... in einem Schrein am Weltenberg Sumeru«, fügte Nanko hinzu.

»Glaubt ihr das?«, wollte Ikkyu wissen.

»Nun ja.« Shoiku zögerte. »Die Schriften ...«

»Ihr vertraut also hingemalten Tuschezeichen mehr als euren eigenen Augen? Oder eurer Vernunft?«

»Wer sind wir denn schon?«, warf Shoiku bescheiden ein.

»Auch wir sind dem Erhabenen letztlich wesensgleich. Überhaupt hat für mich das Zeigen einer Blume etwas ...« – Ikkyu dachte nach – »... Weichliches, Versöhnliches, Hübsches ...«

»...«

»Wieso nicht zum Beispiel einen Schädel zeigen?«

»Du lästerst den Erhabenen!« Yoso rückte unruhig hin und her. Was war denn *das* für ein Lehrgespräch?

Aufgebracht erwiderte Nanko: »Woher hätte er denn mir nichts dir nichts einen Schädel hernehmen sollen? Jemandem den Kopf abschlagen? Was hättest *du* denn gezeigt, Ikkyu?«

»Du kennst ihn doch«, sagte Shoiku. »Seinen Arsch.«

»Seinen ... was?«, murmelte Yoso, wobei er ungläubig in die Runde glotzte.

»Ich?« Ikkyu lachte. »Einen Scheißspatel. Eine ... Strohsandale. Eine tote Maus. Eine schmutzige Reisschale. Was weiß ich? Aber doch keine Blume! Die Blume sagt: das Leben ist schön – darf man es sich denn so einfach machen?«

»Das kann nicht gutgeheißen werden!«, rief Yoso, der aufgesprungen war und sich vor Ikkyu aufbaute, »willst du diesen armen Mönchen nun vollends den Kopf verdrehen? Sie gar zum Schlimmsten verleiten: zum Zweifel an unserem Erhabenen? Das ist ungeheuerlich, das ist ...«

»Was besagten Erhabenen betrifft: die einzig sinnvolle Erklärung ...«, fuhr Ikkyu fort, ohne hinzuhören, »... ist, dass er just *irgendetwas* hochhalten wollte, und sich nun einmal eine Blume in Reichweite befand. Ein glücklicher Zufall. Doch wie wahrscheinlich ist das?«

Nanko griff neben sich ins Gras und pflückte ein Gänseblümchen. »Wie ihr seht, ist es möglich.«

»Ich weiß nicht, ich weiß nicht.« Ikkyu war keineswegs überzeugt: »Das Ganze ist und bleibt ein Rätsel. Erschrak Kashyapa wenigstens, als er die Schwere seiner Aufgabe erkannte? Das hoffe ich doch! Oder war er stolz? Dann pfui! War er beschämt? Schon besser. Aber auch nicht gut. Empfand er Freude? Ganz falsch. Wie dem auch sei. Folgendes an der Geschichte ist allerdings zutreffend: weder lässt sich die Wahrheit mit Worten beschreiben noch nicht-beschreiben.«

»Eigentlich sollten wir alle die Klappe halten wie Kashyapa.«

»Ja.« Ikkyu seufzte. »Ja. Aber: durch Schweigen geht es auch nicht.

Auch nicht durch Zeigen einer Blume.

Und auch nicht *nicht* durch Schweigen.

Und auch nicht *nicht* durch Zeigen einer Blume. Versteht ihr? Was soll man also tun?«

»Eine Blume zeigen«, sagte Nanko.

»Da ist die richtige Antwort. Gelöst, Nanko. Tun wir es.«

Ächzend beugte sich Ikkyu vor, langte zu Boden und pflückte ebenfalls ein Gänseblümchen, hielt es hoch, ließ es zwischen den Fingen kreisen und zerquetsche es.

»Etwas Ähnliches dachte ich mir«, sagte Nanko.

»Lästerung!«, brüllte Yoso.

»Nicht unbedingt«, widersprach ihm Shoiku. »Bei Meister

Ikkyu weiß man nie.«

Dieser pustete sich den Blütenstaub von den Fingern. »Ein wenig lästern täte auch dir gut, mein lieber Yoso«, sagte er. »Zumindest würdest du dabei feststellen, ob überhaupt – und wie entschieden – du dieses denn vermagst, ...«

»Niemals! Niemals darf man den Erhabenen lästern! Niemals an seinen Worten zweifeln!«

»... will sagen, inwieweit du *jeglichen* Gedanken denken kannst, ohne ihn sogleich zu bewerten.«

»Spitzfindigkeiten! Jetzt ist aber Schluss!«, rief Yoso äußerst erzürnt. »Das geht zu weit! Heilig bleibt heilig!«

»Bleibt heilig? Was ist dann mit Bodhidharmas Auskunft: ›leere Weite, nichts von heilig‹ –, antwortete er nicht dergestalt dem Kaiser auf die Frage nach dem Sinn?«

»Das ist doch etwas ganz anderes!«

»Inwiefern?«

»Ach, lass mich in Ruh! Lasst mich alle drei in Ruh!« Wütend schritt Yoso davon.

Das reine Land
68

Waren es Lehrgespräche, die Ikkyu abhielt, wenn er von Blumen sprach oder von dem Erhabenen – oder wovon auch immer? Mittlerweile lasen ihm seine Besucher die Worte von den Lippen ab, doch eigentlich war ihm das einerlei. Er glaubte nicht mehr an die Klärung bedeutender Fragen durch Worte. Vielmehr brachte das Leben ständig und zwangsläufig Gedankenaktivität mit sich; dieser ließ er freien Lauf, sah ihr beim Tanz zu, ließ die Gedanken vorbei- und weiterziehen. Stets kamen neue nach.

»Der einzige Speicher, der nie leer wird, soviel ihr ihn auch plündert«, hatte er gesagt, »das sind eure Gedanken.«

Oder auch: »Wenn ich euch denn weiter lehren soll, was ja letztendlich sowieso unmöglich ist, dann muss ich auch selbst hie und da noch ein wenig dazulernen – was ebenso schwer ist, da es ureigentlich auch gar nichts zu lernen gibt, nicht wahr? Also lasst mich einfach hin und wieder abhauen und in Ruhe *sitzen*.«

Die Blinde Maus war winzig und nur mit dem Notwendigsten ausgestattet, darunter eine Reisstrohmatte, eine Feuerstelle, eine Öllampe, Gefäße für Reis und Gemüse, eine Essschale, ein paar Tücher und Decken.

Trotzdem hatte Ikkyu gemeckert, als die Freunde ihm diese Dinge herbeigeschleppt hatten: »Was man alles zum Leben braucht: viel zu viel!«

Ein Bach floss an der Einsiedelei vorbei, ganz wie am Blinden Esel. Daraus trank man und wusch sich darin. Um die Hütte, die im Schatten finsterer Bäume stand, wuchs Moos, bei Feuchtigkeit so leuchtend grün, dass einem die Augen schmerzten. Das Dach war undicht, und hier war Ausbessern unmöglich; bei Dauerregen kam Ikkyu meist bald zurück in der größeren Klause.

»Bin alt geworden und bequem«, murmelte er dann, wonach er eine Weile nieste.

Wieder einmal hatte sich Ikkyu verzogen. Schon mehrere Tage war er fort.

»Lasst uns ihm einen Besuch abstatten. Wir bringen ihm etwas Leckeres zu essen mit«, sagte Nanko.

»Der Meister möchte doch nicht gestört werden«, warf Shoiku ein, doch Nanko ließ sich nicht umstimmen. »Ach was. Er isst gerne Trockenfisch. Überhaupt: ohne ihn ist es langweilig.«

Also packten sie getrockneten Fisch in einen Tragekorb und machen sich auf den Weg.

»Wenn er *sitzt*«, sagte Shoiku, »dann stellen wir einfach den Korb ab und schleichen uns wieder davon.«

Nanko nickte.

Was war denn das? Zuerst hatten die Freunde nur ein verhaltenes Murmeln wahrgenommen, doch als sie sich der Hütte näherten, verstanden sie die Worte klar und deutlich:

»... butsu! Namu amida butsu! Namu amida ...«

»Wie – was?«, rief Shoiku. Er schob den Türvorhang beiseite.

»Ich höre wohl nicht recht«, ächzte Nanko. Die beiden bückten sich und traten ein.

Ikkyu stand an der Feuerstelle, vor sich eine Schale mit dampfendem Reis, die er gerade vom Feuer gezogen hatte, sowie eine Schale kalten Wassers, in die er von Zeit zu Zeit die Hände tunkte, um Bällchen aus dem heißen Reis zu formen. Dabei plapperte er pausenlos und offenbar bestens gelaunt vor sich hin: »Namu amida butsu ...«

Manchmal ging er in eine Art Singsang über, den er aber immer wieder in normales Sprechen zurückholte. Die Freunde würdigte er keines Blickes.

»Namu amida butsu!«, rezitierte er fröhlich, »Namu amida

butsu! Namu amida butsu! Namu amida butsu! Namu amida
butsu! Namu amida butsu! Namu amida butsu! Namu amida
butsu! Namu amida butsu! Namu amida butsu! Namu amida
butsu! Namu amida butsu! Namu amida butsu! Namu amida
butsu! Namu amida butsu! Namu amida butsu! Namu amida
butsu! Namu amida butsu! Namu amida butsu! Namu amida
butsu! Namu amida butsu! Namu amida butsu! Namu amida
butsu! Namu amida butsu! Namu amida butsu! Namu amida
butsu! Namu amida butsu! Namu amida butsu! Namu amida
butsu! Namu amida butsu! Namu amida butsu! Namu amida
butsu! Namu amida butsu! Namu amida butsu! Namu amida
butsu! Namu amida butsu! Namu amida butsu! Namu amida
butsu! Namu amida butsu! Namu amida butsu! Namu amida
butsu! Namu amida butsu! Namu amida butsu! Namu amida
butsu! Namu amida butsu! Namu amida butsu! Namu amida
butsu! Namu amida butsu! Namu amida butsu! Namu amida
butsu! Namu amida butsu! Namu amida butsu! Namu amida
butsu! Namu amida butsu! Namu amida butsu! Namu amida
butsu! Namu amida butsu! Namu amida butsu! Namu amida
butsu! Namu amida butsu! Namu amida butsu! Namu amida
butsu! Namu amida butsu! Namu amida butsu! Namu amida
butsu! Namu amida butsu! Namu amida butsu! Namu amida
butsu! Namu amida butsu! Namu amida butsu! Namu amida
butsu! Namu amida butsu! Namu amida butsu! Namu amida
butsu! Namu amida butsu! Namu amida butsu! Namu amida
butsu! Namu amida butsu! Namu amida butsu! Namu amida
butsu! Namu amida butsu! Namu amida butsu! Namu amida
butsu! Namu amida butsu! Namu amida butsu! Namu amida
butsu! Namu amida butsu! Namu amida butsu! Namu amida
butsu! Namu amida butsu! Namu amida butsu! Namu amida

butsu! Namu amida ...«

Die Freunde hielten sich die Ohren zu.

»Meister Ikkyu«, riefen sie, wobei sie in alte Höflichkeitsfloskeln zurückfielen, »seid Ihr denn nun vollends verrückt geworden?«

»Hmm.« Ikkyu unterbrach seine Litanei: »Ein interessanter Gedanke. Wie wäre es wohl, wenn ein Verrückter verrückt würde? Der wäre ja dann schon wieder ... ach was, unterbrecht mich nicht; sonst hole ich den Rückstand nie wieder auf: Namu amida butsu! Namu ... oh, ich glaube, es wirkt schon!«

Kopfschüttelnd sahen die Freunde einander an.

»Hör sofort auf damit!«, rief Shoiku.

»Einen Augenblick«, sagte Nanko, während er seinen Freund am Ellenbogen fasste. »Gesetzt den Fall, das ist nicht wieder eine seiner Spinnereien – was will er dann damit bezwecken?«

»Es ist so:«, unterbrach Ikkyu wiederum, »auf diese Weise wird sich niemand je auf mich berufen können. Da ich mich gestern der Lehre des Reinen Landes angeschlossen habe – deswegen nämlich muss ich pausenlos diesen Satz wiederholen –, kann ich keine *eigene* Schule mehr gründen. Habt ihr das begriffen? Niemandem werde ich ein Zeugnis ausstellen müssen, ...«

»Das tust du doch sowieso nie.«

»... gleichgültig, ob er das große Erwachen erreicht hat oder nicht, welches man ja sowieso unmöglich feststellen kann, versteht ihr? Ich habe mit dem ganzen Unsinn nichts mehr zu tun!«

»*Wir* berufen uns nicht auf dich. Versprochen!«

»Nicht auf solch einen Narren«, fügte Nanko hinzu. »Wie sollten wir auch?«

»... amida butsu! Namu amida butsu ... das macht Spaß, versucht es doch auch einmal! Habs zuerst mit meinem eigenen Namen probiert, das hat aber nicht geholfen; doch jetzt, mit dem Erhabenen gehts: Namu amida ... – wie oft mag ich es jetzt wohl schon gesagt haben? Namu ... – noch gefällts mir; o ja, immer schöner wird der Klang der Worte, je öfter man sie wiederholt, immer rätselhafter, er schleift sich rund wie Kiesel in einem Bach; der Sinn entzieht sich, kehrt zurück, verwischt sich wieder in reinen Klang, kehrt, immer verändert, wieder und wieder und wieder ...«

»Was ist das reine Land?«, fragte Shoiku.

»Das weißt du nicht? Mein Sprechen, ist es nicht mit den Krähen vergleichbar? Auch sie haben nur einen einzigen Schrei und werden doch nicht müde, ihn zu rufen.«

»So heißt der Krähen-Erhabene Kraa? Und der Spatzen-Erhabene Tschilp?«

»Weiß mans?« Ikkyu lachte. »Namu a...« – er unterbrach sich abermals – »Nun im Ernst: Mancher, der für *zazen* keine Zeit hat, vielleicht ein Bauer oder Fischer, auf den zuhause eine Familie hungriger Mäuler wartet, tagaus, tagein – ihr wisst ja, wie die Zeiten sind, ...«

»Schlimm«, stimmten Shoiku und Nanko zu.

»... oder auch jemand, dem das nötige Sitzfleisch fehlt – das ist ja keine Schande, geht selbst mir oft so –, all diejenigen könnten doch während der Arbeit den Namen des Erhabenen plappern, nicht wahr? Ja, ich sage mit Bedacht: plappern, denn die Wirkung entfaltet sich nicht durch den Sinn, sondern durch die Wiederholung. Ihr seid doch mit der Lehre des Meisters Honen vertraut, welcher sich auf den heiligen Inder Padmasambhava beruft?«

»Grob«, sagte Nanko.

»Nein«, sagte Shoiku.

»Sie ist gar nicht dumm. Ich erkläre sie euch. Folgendes kennt ihr doch: auf einmal setzt sich euer Gedankenaffe in Bewegung, um im Schädel seinen Kreistanz aufzuführen, rundherum, rundherum und ohne Ende. Es kann eine Flötenmelodie sein, die sich unaufhörlich wiederholt, oder das Bruchstück eines Liedes, das man auf dem Markt vernommen hat, oder eine Sutrazeile, ...«

»Die Ohrmühle, ja.«

»... übrigens ähnelt die Gebetsmühle, die man in Tibet dreht, nicht ohne Sinn in Größe und Form einem Kopf, ...«

»... der die Sutren von selbst vorträgt.«

»Ganz recht. Doch Meister Honen geht einen anderen, besseren Weg: Diese gewaltige Kraft der Wiederholung, die des Gedankenaffen Natur ist, welche niemals versiegt, und die niemand brechen kann – nicht einmal der größte Meister im *zazen* –, ebendiese Kraft beschloss Honen zu *nutzen*, so wie man einen Ochsen vor den Pflug spannt. Er lässt also den Affen für sich arbeiten, und, ob ihrs glaubt oder nicht, jener tuts sogar gern. Also wiederholt man *freiwillig* immer denselben Satz! Was läge bei dessen Wahl übrigens näher, als Amida, dem Erhabenen des Reinen Landes, die Ehre zu erweisen, nämlich: Namu *amida* butsu!«

»Was ist das Reine Land?«, wiederholte Shoiku.

»Im Reinen Land, von dem Meister Honen berichtet, gibt es keine Hindernisse, die dem Erwachen entgegenstehen. Alles ist vollkommen. Alles ist Weckruf. Die Vögel singen immer, die Sonnenuntergänge sind von schönsten Farben, es gibt nicht Hunger noch Durst, keine Kälte mit Schnee und Eis, keine Hitze, und noch viel Gutes mehr. Man muss also nur den heiligen Satz sprechen, und zwar nicht in dauernder

Wiederholung wie ich in dieser Hütte, o nein, solches gilt nur für unsere unvollkommene Welt, wo es allerdings die Wahrscheinlichkeit erhöhen soll, dereinst geradewegs in das Reine Land wiedergeboren zu werden. Dort aber genügt ein einziges Mal, und schon ...«

Die zwei Freunde schwiegen.

»War dieser Honen dort?«, fragte Nanko dann.

»...«

Shoiku: »Glaubst du das?«

»...« Ikkyu formte den heiligen Satz stumm; nur die Lippen bewegten sich. Er grinste.

»Namu amida und so weiter – durch diesen Unfug soll man *satori* erlangen?« Shoiku war sichtlich durcheinander.

»Man kann«, antwortete Ikkyu. »Aber man kann auch ziemlich heiser dabei werden. Ich muss mal vor die Tür. Entschuldigt.«

Er ging nach draußen, wo er sich vor einen dicken Baum stellte. »Die Schule des Reinen Landes ...«, sagte der Meister, während er gegen den Stamm pinkelte, »... ist etwas Feines. Dem Reinen ist alles rein. Ah, das tut gut.«

»Das heißt, du säuberst sozusagen gerade die Borke.«

»Ganz recht.«

Wieder sahen sich Nanko und Shoiku schweigend an.

»Tja ...«

»Wir gehen.«

»Danke für den Besuch. Und für den Fisch«, sagte Ikkyu, der den Korb erspäht hatte. »Ich bleibe noch ein wenig. Wie ihr seht, habe ich viel zu tun. Namu amida butsu! Namu amida butsu! Namu ...«

Fluchtartig machten sich die beiden auf den Heimweg.

»Mamu-amiba-bupfu«, sagte Ikkyu, während er sich ein Reisbällchen in den Mund schob und den Zweien nachblickte.

Als die Freunde ihn am nächsten Morgen von ferne herannahen sahen, machten sie umgehend Anstalten, sich die Ohren zuzustopfen.
Doch es blieb still.
»Bin wieder ausgetreten«, sagte der Meister, als er die beiden erreicht hatte, und schaute betrübt. »Das Reine Land war mir *zu* rein. Fühle mich einfach nicht wohl ohne ein bisschen Schmutz.«
Eine Weile betrachtete er ihre entgeisterten Gesichter. Dann brach er in gewaltiges, nicht enden wollendes Gelächter aus.

Dritter Teil

Blindheit
74

Von fern könnte man meinen, die junge Frau hielte ihr Kind bei der Hand und bremste es, damit es nicht vorausstürmen konnte, doch verhielt es sich umgekehrt: das Mädchen führte die Frau. Sie war blind.
Für das Kind war dies ein vergnügliches Spiel. Trotzdem nahm es seine Aufgabe ernst.
»Nun kommt gleich ein großer Stein«, rief es, oder: »Obacht, der Steg! Den Fuß anheben – jetzt!«
Die Frau trug nicht viel bei sich: ein Bündel mit Wäsche, Tüchern und anderen wichtigen Kleinigkeiten, sowie ihre *shakuhachi*, durch eine Stoffhülle geschützt. Den Taststock aus Weidenholz, lang und biegsam, hatte sie unter den linken Arm geklemmt. Sie brauchte ihn nicht, denn dem Mädchen vertraute sie. Die Kleine wohnte in der Nachbarschaft und begleitete sie ab und zu. Diesmal war es eine kurze Reise, nur in das benachbarte Dorf, wo die Frau auf dem Markt Flöte spielen und singen würde. Blinde Frauen galten als gute Sängerinnen. Wessen Augen zerstört waren, sagte man, der lege mehr Gewicht auf den Gehörssinn sowie den Ausdruck der Stimme, und auf sie traf dies in besonderem Maß zu. Im weiten Umkreis war sie bekannt und beliebt. So lebte die Frau in ihrer Finsternis nicht schlecht. Auch unterwegs sang sie gerne; wieder einmal bat das

Mädchen darum. Mit Freude stimmte sie sogleich ein altes Lied an: »Einst ergriff der Winter meinen Körper, einst ergriff der Frühling mein Herz – einst ergriff wohl der Sommer meine Sinne, nun aber ergreift der Herbst ...«

»... meine Seele«, sang die Kleine mit. Sie kannte und liebte das Lied. Es war rätselhaft: »Was sind Sinne?«

Die Frau lachte: »Das Sehen, das Hören, das Schmecken, das Riechen, das Fühlen ...«

»Oh – aber der erste Sinn, der fehlt dir ja!«

»Mir fehlt nichts«, beruhigte sie die Frau.

Dunkle Herbstwolken, vom Wind tief übers Land getrieben, brachten Kühle und Regenschauer, die aber schnell vorüberzogen. Die beiden kamen gut voran. Es war noch früh am Tag.

Sie lag auf dem Grund eines Teiches und blickte nach oben. Das Wasser spürte sie nicht. Die Sonne schien. Die Frau sah sie über sich glänzen. Der Teich war unbewegt. Fische überquerten sie, auch schwimmende Käfer. Es sah aus, als flögen diese über sie hinweg; das Wasser hatte keinerlei Färbung. Ein dicker Fisch durchstieß über ihr die Oberfläche und schnappte nach Luft. Das Bild der Sonne begann zu zittern. Dann wurde der Teich trüb. Von der Seite her quollen Schlammwolken ins Bild. Der Verursacher war nicht zu erkennen. Die Sicht wurde dunkler. Gleichzeitig breiteten sich Seerosen auf dem Teich aus. Ein erstes Blatt verdeckte die Sonne. Nun war es kühl. Immer mehr Stängel schossen an ihr vorbei an die Oberfläche. Der Teich wuchs zu. Nach und nach, als sich die Blätter zu überlagern begannen, erloschen auch die letzten, unregelmäßig geformten Lichtflecken. Dann war es Nacht. Sie fror und lag wie in einem Grab.

Oft hatte sie das geträumt. In diesem Traum sah sie noch gut, kannte Licht und Farben. Immer seltener aber war der Traum wiedergekehrt. Mittlerweile fiel ihr die Erinnerung an ihn schwer, wie auch an die sichtbare Welt.

Mit drei Jahren hatte sie die Krankheit ereilt. Manchmal schien es ihr, als wäre die kurze Zeit des Sehens nur ein vorbereitender Zustand gewesen wie etwa die Verpuppung eines Nachtfalters, bevor er in seine eigene Welt, nämlich ins Dunkel davonfliegt, ein Stadium der Orientierung, in dem alle Gegenstände des Lebens kurz angestrahlt werden, um sie benennen zu können, sich später zwischen ihnen zurechtzufinden und nicht allzu sehr zu stoßen.

Raum. Das war die Substanz, durch die sie nach ihrer *shakuhachi* griff und die Reihe der Löcher ertastete – auch diese gefüllt mit Raum.

Oft hatte sie sich gefragt, woraus dieser Raum wohl gemacht war. Natürlich bestand er nicht aus berührbarer Substanz wie Wolle oder Stein; wie aber sah er dann aus?

Doch stets hatten die Leute ihr entgegnet, das sei eine dumme oder zumindest falsche Frage, wobei ihr letzteres verständlicher war als ersteres, wusste sie doch, dass sie die Welt nicht so wahrnahm wie andere Menschen, und dies nur deshalb, weil ihr ein überaus seltsamer, für sie eigentlich unbedeutender, wenn nicht gar abwegiger Sinn fehlte: eben etwas, das man *sehen* nannte. Etwas, das sie vergessen hatte.

Wie also Raum aussah? Das hätte zunächst der Klärung einer anderen Frage bedurft, auf die sie ebensowenig eine Antwort wusste, nämlich: was bedeutete: *aussehen?* Was für eine Eigenschaft war das? Besaß sie diese auch?

Offensichtlich ja, denn man sagte, sie sei schön. Wenn nicht gerade ihre Augen wie geschüttelte Kugeln im Weiß umherirrten, wie Vögel vor einem Schneehimmel, durchzogen von winzigen roten Spuren, den Äderchen. Das ist bei Blinden meistens so. Es kommt daher, dass die Augen nichts zu fixieren haben und deren Muskeln deshalb ein Eigenleben zu führen beginnen, das tänzerisch ist. Die Blinde selbst nimmt den Tanz nicht wahr. Deshalb kann sie auch nichts dagegen tun.

»Immer weiter geradeaus«, sagte das Mädchen.

Ein Rabe flog über den Himmel, krächzte und steckte damit die Weite um die Blinde ab. Vogelrufe erlauschte sie stets mit vollem Bewusstsein; diese bedeuteten Richtung für sie. Manchmal schien eine Krähe wie durch das Nichts von einem Punkt zum anderen zu springen, zu weit voneinander entfernt, um einem Körper so schnell erreichbar zu sein – oder von der Nähe in die Ferne und wieder zurück, mit einem einzigen Ruck, und dann ganz nah –, bis ihr klar wurde, dass es sich um *zwei* Vögel handelte, um ein Paar, das einander rief und antwortete, oder sogar um mehrere, um eine Familie, gar einen Schwarm: dies, die Schreie aus unerwartet verschiedenen Stellen der finsteren Haube, unter der die junge Frau lebte, schuf tatsächlich für sie so etwas wie Raum.

Manchmal nahm sie noch schwach Licht wahr, hellere Zonen innerhalb der dunkleren; insbesondere, wenn sie in den Himmel blickte oder natürlich in die Sonne: dann erriet sie einen lichthaften, warmen Kreis, in dem ihre unsteten Augen für eine Weile zur Ruhe kamen.

Das Schwarz der Blinden ist eine ganze Welt. Voll ist sie von Gerüchen, Klängen, von Kälte und Wärme, von Rufen und Strömungen der Luft. Nacht? Dieses Wort machte keinen Sinn für sie. Allerdings sangen die Vögel nicht während dem, was die anderen Nacht nannten. Dies war ein wichtiger

Anhaltspunkt, eine Hilfe, zu wissen, wann es zu schlafen, und wann es zu wachen galt.

Von oben, aus dem Himmel, kamen die Rufe der Vögel, oder von der Seite, auch von vorn oder von hinten, immer aber zumindest ein wenig erhöht. Von unten kam nichts. Dort war kein Himmel, sondern dessen Gegenteil: Erde, die man betrat oder beklopfte, um zu erfahren, woraus sie bestand. Dies konnte Stein sein oder Holz, Gras oder Sand und anderes mehr.

Himmel besaß weder Form noch Oberfläche – war folglich nicht durch Tasten zu erkennen –, sondern angeblich nur Farbe: dafür gab es verschiedene Wörter wie blau oder schwarz und sogar rot, golden oder rosafarben. Seltsam. Wolken sollten darin schweben, oder auch kleine Punkte, Sterne genannt, wenn er sich im schwarzen Zustand befand, sowie, tagsüber wiederum, etwas ganz Großes, das Sonne hieß.

Himmel war das, was man niemals berühren konnte, soweit man auch ging oder marschierte, oder sogar rannte, niemals. Möglicherweise wich er stets mit derselben Geschwindigkeit vor einem zurück; vielleicht war der Rand der Welt ein Vorhang, der knapp vor ihrer Nase hing und stets auf Abstand blieb, wohin man sich auch wandte? Ein derartiges Gefühl hatte sie oft, doch die Sehenden sagten, so sei es nicht. Es gäbe keine sichtbare Grenze.

Die junge Frau kannte den Weg. Das Mädchen führte sie gut. Am wechselnden Geruch und an der Wärme auf ihrer Haut erkannte die Frau, dass nun die Sonne schien und die Feuchtigkeit verdunstete. Ein Windhauch kühlte ihre Arme und das Gesicht; gleichmäßig strich er über die Glieder. Der

Wind war ihr nahe wie beinahe eine Person, wenn nicht gar eine Gottheit, weil fühlbar und stets am Werk; sie hatte gehört, dass er Berge abtragen konnte. Da gab es die Geschichte des dämonischen Flötenspielers, der tausend Jahre ohne Unterlass spielte und dadurch die Wände seiner *shakuhachi* so dünn schliff, dass sie zerbrach.

»Schöne Frau, wohin des Wegs?« Die Männerstimme klang nicht unangenehm. Allerdings war die Frage nicht sonderlich einfallsreich. Die Blinde hörte Schritte und wusste sogleich: es waren drei.

»Was wollen die Männer von uns?«, fragte das Mädchen. Es hatte die drei spät wahrgenommen, denn sie waren hinter ihm und der Frau aus dem Gebüsch getreten.

»Dürfen wir euch Gesellschaft leisten?« Des Zweiten Stimme klang weniger angenehm und rauh.

Die Frau wusste, dass sie ihren Augen nicht befehlen konnte: diese rollten wild im Weiß umher.

»Sie schielt«, sagte eine dritte, piepsende Stimme.

»Schlimmer«, erwiderte der erste. Sie spürte, wie er sich näherte, roch seinen Atem, der nach Fusel stank. Am Luftzug spürte sie, dass er mit seiner Hand vor ihrem Gesicht umherwedelte.

»Blind ist sie«, sagte der Mann. »Sieht nix.«

»Lass sie in Ruhe!«, rief das Mädchen, wobei es den Rüpel am Gewand zog. Er lachte. »Bist auch hübsch. Halt noch etwas jung«, sagte er. »Allerdings frech. Ja, was machen wir denn da?«

»Lauf!«, flüsterte die Frau. »Hol Hilfe aus dem Dorf!«

»Aber ...«

»Lauf!«

Das Mädchen rannte davon. Einer der Strolche machte Anstalten, es zu verfolgen, ließ dann aber davon ab. »Bis die jemanden holt, sind wir hier fertig«, sagte er, mehr zu sich als zu den anderen. Er hatte seine Erfahrungen.

Dann erfolgte die erste Berührung. Die Frau hatte sie einige Augenblicke vorausgespürt. Sie versuchte, sich zur Seite zu biegen, aber eine Hand packte ihren Arm. Ihr erster Gedanke war, die Flöte zu schützen.

»Wie heißt du?«

»Ich bin Mori. Ins Dorf will ich. Lasst mich durch!« Sie versuchte, selbstbewusst zu klingen.

»Mori heißt sie!«, rief der Hauptstrolch. »Hahaha! Das bedeutet doch: Wald! Na, wo hast du denn dein Wäldchen? Lass mich raten! Wo wird es denn wohl dunkel und lauschig unter dem Gewand?«

»Wo fließt ein warmes Bächlein aus einer Spalte?«, kicherte der zweite.

»Wie schade, dass sie blind ist! Kann nicht sehen, wie schön ich bin!«, fistelte der dritte.

»Und ich erst!«

»Sie kann Flöte spielen. Welch glückliche Fügung! Hab ich doch zufällig eine Flöte bei mir.«

»Ich auch!«

»Ich auch!«

Der Anführer riss Mori die *shakuhachi* aus ihrer Hülle. »So dünn! Lächerlich!«, rief er und warf sie weg. »Die brauchst du nicht mehr.«

Trotz der Umstände merkte sie sich anhand des Geräusches, wo die Flöte zum Liegen kam. Es klang nach Gras.

Mit beiden Händen drückte der Mann ihren Kopf hinab und ließ dann seine Beinkleider fallen.

»Nun flöte mir was«, sagte er, »singen musst du nicht. Würde auch nicht gehen.«

Die anderen zwei standen, unterwürfig sowie bewundernd, zur Rechten und Linken des Täters, wie zwei Hilfsdämonen bei teuflischer Tat, ihre Augen auf die sogenannte Flöte gerichtet. Nicht alle Tage konnte man dergleichen studieren. Kniend nahm Mori den ihr dargereichten Schwanz in den Mund. Er war leidlich sauber. Vielleicht ließe sich das Schlimmste vermeiden? Dass männlicher Samen von beinahe reinem Weiß war, wusste sie nicht; obwohl sie bereits mit Männern verkehrt hatte, hatte sie nie danach gefragt, ja, in ebendiesem Augenblick fiel ihr auf, dass sie eigentlich nie nach der Farbe von Dingen fragte, die neu für sie waren. Am ehesten empfand sie die Samenflut schwarz, eine eigene finstere Nacht in der Nacht. Als der Mann grunzte und ihren Mund an seinen Schoß drückte und sie dadurch knebelte, schluckte sie den warmen Schwall herunter.

»Jetzt ich!«, rief der zweite und befahl dem dritten: »Halt du sie mir fest.«

Nun wiederholte der zweite stolz das vom Anführer Gelernte, welcher sich abwandte, da ihm die Lust vergangen war. Der dritte ergriff, hinter der Frau stehend, ihre Schultern und drückte ihr sein inzwischen aufgerichtetes und von der Hülle befreites Instrument auf den Kopf. Im Nacken sowie in den Haaren fühlte sie einen sanften Druck, nicht unähnlich demjenigen eines Haarknotens, der gerade durch Nadeln gespannt wird.

»Warte doch, bis du an der Reihe bist!«, japste der zweite, aber der dritte mit der Fistelstimme konnte nicht an sich halten und beendete sein Geschäft zeitgleich mit ihm, was Mori ein drittes widerwärtiges Saugen ersparte. Verglichen mit der Anstrengung des Vorgängers bemerkte ihr feiner Sinn eine kaum wahrnehmbare Geruchsveränderung. Ansonsten gab es keinen Unterschied: wieder plumpste eine schleimiger Kloß gegen ihren Gaumen, sie schluckte und rang nach Luft. Im Haar spürte sie etwas Klebriges, als habe man ein Ei über ihr aufgeschlagen.

Es war vorüber. Seltsamerweise kam es ihr vor, als sei all das einer *sehenden* Mori, also letztendlich einer anderen geschehen und habe mit ihr nicht wirklich zu tun: ihr wahrer Raum, ihr lichtloses Reich war niemandem zugänglich. Zwar hatten Stimmen und Getaste versucht, sich dort hineinzudrängen, doch vergeblich.

Schwer zu erklären war das – natürlich würde später trotzdem der Schock kommen.

»Fertig? Weg hier!« Der Anführer, nun wieder Herr seiner selbst, packte die Frau, riss sie auf die Beine und drehte sie einige Male im Kreis.

Mori vernahm, wo sich die drei in die Büsche schlugen. So konnte sie wissen, in welcher Richtung die *shakuhachi* liegen musste. Mit dem Fuß stieß sie gegen den Stock, der neben ihr zu Boden gefallen war, und mit diesem durchkämmte sie das Gras, bis sie die Flöte fand. Tastend machte sie sich auf zum Dorf. Sie kannte den Weg; links und rechts des schmalen, etwas ausgehöhlten Pfades lagen Wiesen, an deren Rändern man entlangstreifen konnte. Auch war es nicht mehr weit bis zur ersten Hütte.

Bild mit Krähe und Geiern

Geier kreisen über dem Feld. Ein unsichtbarer Strudel scheint sie in Bewegung zu halten, doch die Luft ist unbewegt und voller Gestank.

Einer der großen Vögel schert aus und landet auf einem von Pfeilen gespickten Rücken. Die Krähe dort, die bereits am Fleisch des Toten zerrt, hüpft ein paar Schritte zur Seite, schreit und sucht sich einen anderen Nahrungsberg.

Das Schlachtfeld ist eine gedeckte Tafel und bietet Platz für alle, wenn man einander ein wenig aus dem Weg geht. Flach liegt es da, ein Tisch ohne Beine; weithin erstreckt es sich – je nach Intensität des vorangegangenen Kampfes – mehr bietend, als dies ein verhungertes Tier jemals könnte, und sei es ein noch so großes fettes Aas.

Den Winter über wird die Tafel zumeist auf einem weißen Tischtuch angerichtet. Dann sind die Speisen wie überzuckert, unter diesem Guss aber trotzdem blutrot wie zu allen Jahreszeiten und nicht süß.

Im Sommer hingegen, dessen Hitze nun über dem Festmahl ruht, ist das Tuch grün. Es wuchert zwischen den Speisen hervor, die längsten Gräser wie mit feinem, schnellem Pinselstrich gezogen und an den Enden zerpunktet, dadurch die einzelnen Körner der Ähren andeutend.

Auch Blüten, Dolden und breite Blätter zeigen sich bald als schmackhafte Beilage. Dazwischen, mit dickem Strich und vollem Schwarz, leuchten die ledernen Bänder eines Brustschutzes. Man kann hindurchsehen.

Zweierlei Gerippe also bleiben stehen nach der Verwesung, die sommers schnell vor sich geht: die Skelette der Krieger sowie deren Rüstungen aus Bambus.

Die Bambuskäfige, in denen die Menschenbrüste hausten, lassen sich, wenn man daran zerrt, zerlegen und die einzelnen Stäbe dann zerfasern. Dazu hält man sie mit den Krallen fest und schabt mit dem Schnabel an ihnen entlang; so entsteht ein Knäuel aus Einzelsträngen, die durch den Schnabeldruck spiralig gerollt sind. Dadurch eignen sie sich gut zum Nestbau.

Es ist von Vorteil, wenn ein solches Nest einige Jahre hält, denn Krähen sind keine Zugvögel. Wohl wandern sie im Lauf der Jahreszeiten ein wenig hin und her, mal weiter nach Norden, mal weiter nach Süden – oder vom Gebirge über die Ebene an die Küste und zurück –, aber am liebsten verweilen sie an einem bestimmten Ort. Und bei einem bestimmten Partner. Krähen sind treu und bleiben, werden sie nicht durch frühen Tod oder Unglück voneinander getrennt, lebenslang beieinander.

Sie werden alt: dreißig Jahre oder mehr.

Die Krähe, stets in respektvoller Entfernung zum Geier, hüpft von einem Panzer auf den daraus hervorgerutschten Brustkorb. Bei seiner Speisenwahl richtet der Vogel sich nicht nach Rang oder Dienstgrad, sondern nach anderen Eigenschaften wie beispielsweise Zugänglichkeit und Zartheit. So liegt ein General unberührt und lächelnd da, wohingegen das Gesicht seines Stallknechts angefressen ist und die Augen ausgepickt.

Ein Toter regt sich. Die Krähe flattert auf: das Fressen spricht?

Der Geier, obwohl größer und kräftiger, ergreift augenblicklich die Flucht. Seine Nahrung ist immer tot. Anderes kennt er nicht und schreckt ihn.

Die Krähe aber ist neugierig. Sie beobachtet: ein letztes Mal ist der Verwundete erwacht. Nach einigen Tagen schmerzlosen Traumes öffnet er den Mund, gurgelt rosafarbenen Schaum, murmelt dabei etwas Unverständliches und verstummt. Die Augen braucht er nicht zu öffnen, sie starren bereits, seitdem er gefallen ist, doch sieht er nichts.

Wieder still, versucht er, sich zu erheben, fällt dabei zur Seite, und sein rechter Arm greift in die Höhe wie ein schnell wachsender Ast.

Argwöhnisch beäugt die Krähe das Schauspiel des lebenden Baumes, den Kopf im rechten Winkel weggedreht, durch nur eines seiner Augen, wie es Rabenvögel tun, wenn Neugier und Angst im Widerstreit liegen.

Doch schon ist das Totenbild wieder still und unbewegt, bis auf einige längere Halme des Tischtuchs im Wind.

Da schreien in großer Entfernung Frauen.

Der Vogel steigt auf, segelt aber sogleich wieder herab. Er sieht gut und erkennt menschliche Bewegung am Rand des Schlachtfelds. Für den Augenblick sowieso gesättigt, erhebt er sich nach einem letzten Bissen endgültig und zieht sich vor den Herannahenden zurück, bevor diese sich weinend über ihre Getöteten werfen.

Der Geier hat seinen Platz im Wirbel der Artgenossen eingenommen. Sie werden auf die Toten herabstürzen, sobald die Lebenden das Schlachtfeld wieder verlassen haben.

Hunger und Krieg
74

Von Norden kommend schlängelte sich der Kamo-Fluss durch das Stadtgebiet und dann weiter durch die schmale, sichelförmige Ebene aus Reisfeldern bis zum südlichen Meer bei Sakai.

Ikkyu marschierte flussaufwärts, den Bergen und dem Blinden Esel zu. In Sakai hatte er für sich und seine Getreuen Vorräte organisiert, unter anderem einen Sack Reis, eingelegten Rettich und getrockneten Fisch. Seine Kiepe wog schwer. Der Weg war breit, die Erde aufgeweicht. In den Fahrspuren der Karren standen Pfützen, aus denen Stechmücken schwärmten.

Im Stadtinneren gab es mehr ausgebrannte und verkohlte Gebäude als in den Vororten. Hier konnte es vorkommen, dass ein einzelnes Häusergeviert gegen ein anderes gekämpft hatte, was bedeutete, dass selbst kleinste Clans, die nur bescheidene Gebiete unter ihrer Kontrolle hatten, miteinander im Krieg lagen, je nachdem, in welche Loyalitäten zu welchen mächtigen Familien sie verstrickt waren: ein Flickenteppich aus Gewalt und Feuer. Nach und nach, in aller Ruhe und offenbar unaufhaltsam, versank die Stadt in Asche, Haus um Haus, Schrein um Schrein, Tempel um Tempel.

Brandgeruch lag in der Luft, wie auch anderer, schlimmerer Gestank.

Ikkyu war hungrig. Bald würde er den Sack öffnen und eine Handvoll Reiskörner zu sich nehmen, ungekocht; man speichelte sie ein und kaute dann darauf herum.

Ein Weilchen aber wollte er noch weitergehen. Die Stadt war erst halb durchquert und der Weg in die Berge noch weit. Des Nachts würde er sich in die Büsche schlagen müssen, um einen sicheren Unterschlupf zu finden. Lieber noch möglichst weit weg von der Stadt, bevor es dunkelte! Das war besser.

Er kam an der ersten der Brücken vorbei, unter denen sich früher Weise oder auch Bettler eingerichtet hatten. Sieben Jahre hatte dort ein Erwachter gelebt und gelehrt, ohne Besitz, ohne Pläne, ohne Wünsche.

Inzwischen war das zu gefährlich geworden. Nicht eine einzige Nacht würde man dort überleben: irgendjemand würde einem töten für den Schlafplatz, die Essensvorräte, das Gewand – oder auch für nichts.

Selbst jetzt, am helllichten Tag, äugte Ikkyu zu jedem dunklen Winkel hinüber und war erleichtert, wenn es um ihn herum still blieb.

Still, aber auch nicht zu still. Er hörte Gebell, Rufe von Kindern, manchmal sogar Ochsengebrüll.

Als Ikkyu die Brücke hinter sich gelassen hatte und sich der Furt näherte, durch die früher das Vieh getrieben wurde, da die Brücke nicht ausreichend belastbar war, stellte er fest, dass es sich bei einigen Steinen im Fluss um die Rücken von Toten handelte.

Weich könnte man so über den Fluss tänzeln wie auf gesetzter Trittspur in einem Gartenteich, die Schritte hier aber von Fleisch und Stoff gedämpft; doch leise müsste man sein, sehr leise, um den Schlaf der Toten nicht zu stören.

»Was male ich mir denn da aus?«, erwachte Ikkyu aus seinen grausigen Tagträumen, die Hunger und Erschöpfung geschuldet sein mochten. »Ein verachtenswerter Scheiß-Dichter bin ich«, rief er aus, »finde auch *daran* noch ein zu beschreibendes Wie. Könnte kotzen über mich selbst.«

Nachdem er sich wieder einmal umgeblickt hatte, stellte er die Kiepe ab, beugte sich zum Wasser des Flusses und trank wie zur Sühne von dem verdünnten Blut. Einen Fisch sah er sich ringeln. Er schmeckte nichts. Der Fisch schoss davon.

Ächzend schlüpfte Ikkyu wieder in die Tragriemen der Kiepe, richtete sich auf und setzte seinen Marsch fort.

»Wie kann man das verstehen? Weltuntergang – und Shogun Yoshimasa dort drüben pflegt sein Palastgärtlein«, murmelte er kopfschüttelnd, als weit entfernt die Dächer des betreffenden Anwesens in Sicht kamen.

Im Gefolge des Krieges war die Hungersnot gekommen. Noch nie hatte es Vergleichbares gegeben.

Die Transporte von Reis und anderen Lebensmitteln aus Sakai, dem Hafen, blieben aus oder wurden von Soldaten konfisziert oder, genau so schlimm, zur Gänze zu den Reichen umgeleitet.

Nicht nur in der Stadt, sondern auch auf dem Land hungerte das Volk.

Es gab kaum noch Ochsen und Schweine – die meisten waren verspeist –, dafür zuhauf Skelette am Wegesrand. Wie früher, in finsteren Zeiten, bevor die Sonnengöttin Amaterasu ihre schützende Hand über das Land gebreitet hatte, begann man, für Essen zu töten.

In manchen Gegenden der Hauptstadt waren die Leichen zu Bergen aufgeschichtet. Vögel kreisten darüber und schrien. Anderswo ließ man die Toten einfach liegen, kreuz und quer, je nachdem, wonach sie mit letzter Kraft die Hand ausgestreckt hatten. Krankheiten breiteten sich aus: das Wasser war giftig, obwohl man nichts schmeckte und nichts sah.

Doch die Luft war voller Gestank und Fliegen, grünschillernd und fett. Dazu kamen Myriaden von Stechmücken und mit ihnen die Malaria. Aus gepflegten Gärten waren Sümpfe geworden, voll von Wasserlinsen, Leichen und ungenießbaren Früchten.

Das Dorf bestand aus nur drei Behausungen. Der Weg zwischen den Hütten war schlammig. Es nieselte. Der Himmel war grau, hing tief und fasste am nördlichen Ende in die bewaldete Bergkette, die das Tal abschloss, und in welcher sich, gut versteckt, der Blinde Esel und die Blinde Maus befanden.

Ein Karren quälte sich durch das Dorf, von zwei abgemagerten Ochsen gezogen und gelenkt von einem Bauernjungen in durchnässtem, zerschlissenem Rock. Zusammengesunken kauerte er auf dem Wagenbord, als schliefe er. Die Zügel hingen durch und zogen Rillen im Matsch. Des Karren Last bestand aus ein paar Säcken Reis sowie einigen Tonkrügen, aufrecht zwischen die Säcke gezwängt.

»Was haben wir denn da?«, rief ein Mann, der plötzlich auf dem Weg stand. »Kommt heraus und seht euch das an!«

Er hatte sich einer der Hütten zugewandt. Zwei weitere Kerle tauchten auf. Die Ochsen blieben stehen. Der Fuhrmann hielt die Zügel fest, unschlüssig, was er tun sollte.

»Sieh mal an! Beute«, sagte der eine Hinzugekommene und dann zu dem Mann auf dem Weg: »Hast du *noch* nicht genug geschlemmt?«

»Der fürchtet sich wohl vor gar nichts«, lallte der andere betrunken. »Alle Achtung, Bursche! Fährst mutterseelenallein durch die Gegend. In diesen Zeiten!«

Aus der Hütte drang Gewimmer.

»Das Wort *genug* ist mir fremd«, lachte der erste, »es sei denn beim Kotzen.«

Der Fuhrmann war starr vor Angst.

»Mögt Ihr uns nicht ein Stückchen mitnehmen?«, säuselte der Anführer. Eifrig bejahte der Knecht. Die drei Wegelagerer sprangen auf. Obwohl der Bursche am ganzen Körper zitterte, verstanden die Ochsen seine Befehle und legten sich ins Zeug. Die Tiere waren schwach, der Weg schlammig, der Wagen nun schwer. Man kam kaum voran. Die zwei Hilfsstrolche saßen rechts und links auf der Pritsche. Gemütlich ließen sie die Beine baumeln. Mittlerweile begutachtete der Anführer die Ladung. Anerkennend betätschelte er die Reissäcke, verschob einen etwas, so dass er über das hintere Ende des Wagens herausragte. Dann löste er sein Messer aus dem Futteral, beugte sich über die Ladefläche und stach ein Loch in die Unterseite des Sackes. Die Reiskörner rieselten auf den Weg. Dort bildeten sie einen stets sich verlängernden Wall.

»Lasst uns ein wenig säen«, rief er heiter, »Reis pflanzen und so den Hunger lindern!«

»Wir sind guuute Menschen«, lallte der Besoffene.

»Du dort«, rief der Anführer dem Kutscher zu, »fahr deine Ochsen weiter geradeaus.«

Dann erhob er sich und stand aufrecht zwischen den Säcken, ohne sich festzuhalten.

»Reis! Reis! Holt euch Reis«, rief er in das Dorf aus drei Häusern. »Greift zu, bevor ihn euch die Schweine wegfressen!«

In einer Türöffnung erschien das Gesicht eines Alten. Der Karren entfernte sich bereits. Nach kurzer Zeit kam der Alte hervor, behutsam, als wolle er niemanden wecken. Ein greisenhaftes Weib folgte ihm sowie zwei jüngere Gestalten, alle abgemagert und zerlumpt. Sie traten auf den Weg hinaus. Dort begannen sie, die Reiskörner aufzusammeln, indem sie diese vorsichtig vom Matsch abhoben.

»Sind das jetzt Schweine oder Menschen?«, rief der starke Mann. »Kanns gar nicht unterscheiden.«

»Hunger haben sie. Vielleicht auch *Durst?*«, fügte der Betrunkene hinzu. Er erhob sich ebenfalls. Beträchtlich schwankend knöpfte er sein Beinkleid auf und pisste, mit gebeugten Knien einigermaßen stabilisiert, auf den Weg hinab. In großem Wurf legte er eine Schlangenlinie über die Reisspur, die manchmal traf, manchmal auch nicht.

»Du zielst schlecht. Bist du blind?«, sagte der zweite Kerl, »lass *mich* mal ran«, doch der Pisser genoss das böse Spiel bis auf den letzten Tropfen.

»Schade, dass mein innerer Bottich jetzt leer ist«, nörgelte er dann, wobei es schien, als weine er.

»Jetzt löse ich dich ab«, grölte der andere und schob die Fetzen seines Gewandes zur Seite. »Haben doch stets gut zusammengearbeitet – weißt du noch: die Blinde mit der Flöte?«

Der Fuhrmann blickte starr geradeaus, als merke er nichts von alledem. Das Gespann hatte die Siedlung hinter sich gelassen. Bald begann das Spiel der rieselnden Körner, den Anführer zu langweilen. Er wandte sich an den Burschen: »Deine Ochsen finden den Weg auch allein. Komm her. Hast du Hunger?«

Dieser blieb stumm. Er wagte nicht, sich zu rühren.

»Was für eine Frage an diesen armen Burschen«, rügte der Betrunkene seinen Anführer, welcher fortfuhr: »Wir haben ein großes Herz ...« – er zerrte den Fuhrmann vom Kutschbock –

»... und hoffen, du hast einen ebenso großen Magen! Machs dir bequem. Dann den Mund auf!«

Inzwischen hatte sich der Reissack größtenteils geleert. Nun war er leicht anzuheben. Der Bursche lag auf dem Rücken im Wagen, seinen Kopf wie der eines Verwundeten von den Händen des knienden Betrunkenen gestützt. Über ihm stand der Soldat, den Sack an zwei Enden haltend, und schüttete ihm Reis in den geöffneten Mund.

»Er könnte platzen«, gab der zweite Strolch zu bedenken.

»Oder sterben.«

»Jedoch immerhin satt!«, rief der andere.

»Das ist wahr. Nicht jeder könnte das von sich sagen. Satt!«

»Immerhin satt!«, wiederholten beide wie einen Kinderreim.

»Essen und Trinken, sagt man, halten Leib und Seele zusammen. Finden wir doch einmal heraus, ob das auch stimmt«, unterbrach der Anführer den fröhlichen Chor, ergriff einen der Krüge, der mit verwässertem Sake gefüllt war, und goss der unzerkauten Reismahlzeit reichlich hinterher.

Als der Bauernjunge erstickte, blieben die Ochsen unvermittelt stehen. Sie ließen sich beinahe zu Tode prügeln, gingen aber keinen Schritt weiter. Missmutig machten sich die Wegelagerer zu Fuß davon.

Später, als Ikkyu denselben Weg entlangwanderte, in die Berge und heimwärts zur Klause, stand der Karren immer noch da. Der Bauernjunge lag rücklings auf der Pritsche, sein Kopf überhängend, der Mund geöffnet. Ein Klumpen Reis leuchtete darin wie Bruchstücke zerschlagener Zähne.

Der Reiswall auf dem Weg war bis auf das letzte Korn und bis unter die Leiche abgetragen.

Ikkyu stieg den steinigen Weg in die Wälder hinauf. Bevor die Bäume den Pfad gänzlich verschluckten, wandte er sich um und blickte über die Ebene und die Stadt. Der Kamo-Fluss glänzte, dahinter, weiter westlich der Katsura, und sogar fern im Dunst die Stelle, an der sich beide Gewässer vereinigten.

Hie und da standen Rauchsäulen über der Stadt. Die inneren Bereiche um die Brücken sowie die großen Tempel, beziehungsweise deren Überreste, waren braun oder schwarz; Schlamm und abgebranntes Holz fassten die übriggebliebenen Wohnviertel ein. Im Hintergrund ließ sich der Daitokuji erahnen, teilweise von einem Bambushain verdeckt. Einige Tempel der riesigen Anlage standen noch, wie auch im umgebenden Garten die meisten Bäume, die größten und ältesten der Hauptstadt. An einer Stelle brannte es. Krähen kreisten darüber wie Ascheflocken über einem Feuer.

Im Westen waren die Palastanlagen der Ashikagas zu sehen, aus der Entfernung einem winzigen Moospolster gleich, über das turmartige Bauten ragten wie Samenkapseln.

Seit mehreren Generationen schon stellte dieser Clan die Shoguns. Dort saß nun der alte Ashikaga mit Namen Yoshimasa, Nachfolger des ermordeten Yoshinori nach dessen Sohn Yoshikatsu, mittlerweile selbst entmachtet, und goss seine Blumen, wenn er nicht gerade ein Gedicht las oder seufzte: die Welt ist schlecht.

Wie der Krieg begonnen hatte? Niemand wusste das mehr genau. Eigentlich hatte es sich zunächst um eine Anzahl kleinerer Kämpfe und Scharmützel gehandelt, die sich allmählich zu einem großen Durcheinander auftürmten, als hätten Ameisen in ihrem Bau eines Tages beschlossen, dass jede gegen jede zu kämpfen habe.

Der Ameisenhaufen, das war die Hauptstadt. Achtzigtausend Ameisen des Clans der Yamana waren dort stationiert sowie deren fünfundachtzigtausend der Hosokawa.

Am ehesten hatte alles seinen Anfang in der Frage genommen, wer Ashikaga Yoshimasa, besagtem Blumengärtner, als Shogun nachfolgen solle, und insbesondere in dessen Unfähigkeit, diesbezüglich eine Entscheidung zu treffen.

So begab es sich, dass Shogun Yoshimasa, der schöngeistige Grübler, nach langem Zaudern – zugegebenermaßen auch deshalb, weil ihm kein leiblicher Sohn geboren wurde – seinen Bruder Yoshimi bat, doch bitte das Shogunat zu übernehmen. Dieser aber wollte nicht, denn er hatte dem politischen Leben entsagt und war Abt eines Klosters geworden.

Nicht nur der amtierende Shogun Yoshimasa aber übte Druck auf ihn aus, sondern auch das Oberhaupt des einen Ameisenkönigs, nämlich derjenige des überaus mächtigen und einflussreichen Clans der Hosokawa.

Nachdem Yoshimasa seinen Bruder sogar adoptiert hatte, um das Shogunat wenigstens pro forma von Vater zu Sohn weiterzugeben, konnte dieser sich eines Tages der fortwährenden Beeinflussung nicht länger widersetzen. Er stimmte also zu, sich auf die Übernahme des Postens vorzubereiten.

Dies wiederum gefiel dem anderen bedeutenden Clan der Stadt, den Yamana, ganz und gar nicht, zudem sie das Zögern des noch machthabenden Shoguns – zu Recht! – als Zeichen von Schwäche und als beginnenden Zerfall der bestehenden Ordnung gedeutet hatten. Das konnte man zum eigenen Machtausbau nutzen. Überall flammten kleinere Kampfhandlungen auf, zunächst zwischen den Vasallen der Hosokawas und Yamadas wie auch anderen, noch kleineren

Gruppierungen, die sich vor dem erwarteten endgültigen Machtkampf zu positionieren suchten.

Ein Ereignis, mit dem niemand mehr gerechnet hatte, kam den Yamana zupass. Yoshimasa wurde doch noch ein Sohn geboren: Yoshihisa.

Nun wusste dessen Vater überhaupt nicht mehr, was zu tun war und gab sich völlig verwirrt; einerseits hatte er seinen Bruder und Adoptivsohn mühevoll als Nachfolger aufgebaut – dieser sekundierte ihm sozusagen bereits, war selbst allerdings eher erfreut darüber, dass er nun möglicherweise doch nicht Shogun werden musste und in sein geliebtes Kloster zurückkehren durfte –, andererseits rührte Yoshimasa der Gedanke, dass ihm letztendlich doch noch sein eigener Sohn nachfolgen könnte. In diesem Fall würde man zwar ein Jahrzehnt warten müssen, um ihn erst dann, als Kindershogun und mit Anleitung und Überwachung Älterer, auf das Durcheinander im Land loslassen zu können. Dies aber war schon des Öfteren vorgekommen.

Es verwunderte nicht, dass die Yamana sich auf die Seite des Kindes Yoshihisa schlugen, welches, neun Jahre später, also in seinem neunten Lebensjahr tatsächlich zum Shogun und damit zum Nachfolger Yoshimasas ernannt wurde.

Neun Jahre – eine lange Zeit der Unsicherheit! Von allen Seiten wurde diese geschürt, wuchs und wuchs, und führte zu jenem furchtbaren, alles zerstörenden zehnjährigen Krieg, der sich fast zur Gänze im Stadtgebiet um den Kamo-Fluss abspielte.

Beinahe hatte Ikkyu die Klause erreicht. Eine Alte kam ihm entgegen. Immer wieder wich sie vom Weg ab und humpelte in den Bambushain, um Sprossen von den Stangen zu schneiden, auch jene, die schon groß und verholzt waren, denn sie war nicht die erste, die den Hain nach Essbarem durchforstete. Bei der Arbeit plapperte sie vor sich hin. Wie ein Kind benannte sie alles, was sie sah: »Moos ... oh, feucht, au weh, mein Rücken, da, ein Falter, ein Käfer ... sammeln, sammeln, alles in den Sack, nimmermüde. So!«

Ikkyu sah ihr zu.

»Alter Mann«, sagte sie, als sie seiner gewahr wurde.

»Ja, alter Mann«, lächelte er. »Bald tot. Keine Angst!«

»Keine Angst«, wiederholte sie und schien dabei zu rätseln, was denn Angst war.

»In wunderlichen Zeiten leben wir«, sagte Ikkyu zu sich, als er der Alten nachsah, wie sie im Blau des Bambuswaldes verschwand. »Sind die Menschen allein, dann reden sie mit sich selbst, sitzen sie gemeinsam beim *zazen*, dann schweigen sie.«

Mori
77

Die Zeiten waren schlecht. Mehr als nach Unterweisung fragten die wenigen, die sich noch in den Blinden Esel verirrten, nach Nahrung. Man tat, was man konnte. Jeden Tag durchkämmten Ikkyu und die anderen den Wald nach Essbarem, insbesondere nach Pilzen und Beeren. Der Blinde Esel hatte sich Hühner und Enten zugelegt. Sie waren meist weggeschlachtet, bevor sie viele Eier hätten legen können.

Immer wieder hungerte man. Die Suppen waren dünn. Alles, was irgendetwas hergab, sei es auch nur grüne Farbe, kochte man aus.

»Mittlerweile macht Tee satter als Suppe«, mäkelte Shoiku, der nicht mehr ganz so beleibt war wie früher.

Bokusai malte so viele Auftragsbilder, wie er konnte. Die meisten von ihnen zeigten neuerdings Männer in kriegerischer Uniform. Viel Geld verdiente er damit nicht, und selbst wenn, dann waren die Münzen kaum etwas wert – und selbst wenn man dann einen Sack Reis kaufen konnte, bestand die nächste und schwierigste Aufgabe darin, den Sack zur Klause zu schaffen, ohne dass sich Wegelagerer seiner bemächtigten.

Komparu war noch schlechter dran: wie ließ sich ein Publikum zusammentrommeln, wenn so gut wie jedes Anwesen mit jedem anderen verfeindet war? Und selbst wenn, wie kam ein Zuschauer dann abends wieder nach Hause, wenn beinahe durch jeden Hinterhof eine Front verlief, die sich mitten in der Nacht verschieben konnte?

Meistens blieb Komparu im Blinden Esel, kochte Kräuter und Rübensuppen, während er gleichzeitig seine Rollen rezitierte, denn das Schauspielern konnte er nicht lassen. Neue

Theaterstücke entstanden, zunächst in seinem Kopf, ohne etwas aufzuschreiben.

Immer wieder sprach er sich die einzelnen Zeilen vor, bis Inhalt und Klang sich deckten und er zufrieden war. Das konnte lange dauern; durch seine Handbewegungen, immer symmetrisch wie diejenigen eines Töpfers, der die Scheibe mit den Füßen antreibt, knetete er seine Monologe zurecht und gab ihnen die gewünschte Form. So mancher Reistopf brannte derweilen an.

Erst, wenn alles stimmte – und wenn die Freunde seine immergleiche Rede nicht mehr hören konnten –, erst dann brachte er das Werk zu Papier, sofern er noch Papier zur Hand hatte, auf das man recht und schlecht Schriftzeichen malen konnte, sofern Bokusai ihm seinen Tuscheblock lieh, um Tinte anzurühren, in die man den Pinsel tunken konnte, sofern man noch einen besaß – aber gut: an Entenfedern wenigstens mangelte es nicht.

Mittlerweile war der Blinde Esel schwer zu finden. Man hatte die vom Überlandweg abgehende Querverbindung, sowieso nur ein unscheinbarer Pfad, zugepflanzt. Wollte man zur Klause gelangen, musste man ein paar Schritte in den Bach hineinsteigen, der den Weg in einer Furt kreuzte. So hinterließ man keine Spuren, und der Blinde Esel war versteckt vor den marodierenden Banden, welche die Gegend unsicher machten.

Natürlich hatte Ikkyu noch einige Gönner am kaiserlichen Hof, wie auch in der Umgebung des Daitokuji. War die Lage einigermaßen ruhig, so dass man sich zum Blinden Esel durchschlagen konnte, schickten sie Bedienstete, die allerlei Essbares mitbrachten, oder machten sich gar selbst auf den Weg. Manchmal wurde Ikkyu auch abgeholt, um bei

Auseinandersetzungen zu vermitteln. Das tat er stets, so gut er konnte. Sein Urteil wurde geachtet. Friedensschlüsse im Kleinen allerdings bewirkten kein Ende der grundsätzlichen Gegnerschaften. Das Land lag darnieder.

Dennoch hätte man Ikkyu als heiter beschreiben und dies in Anbetracht der Umstände ungebührlich finden können, doch hinter jeder Heiterkeit steckt Trauer, durch die man gegangen sein muss, und ohne die man ein heiteres Lächeln gar nicht zustande brächte: tiefe Trauer über die bedauerlichen Umstände des Lebens, die doch so ganz anders sein sollten, an denen aber offensichtlich niemand, kein Mensch, kein Dämon, kein Gott, etwas Entscheidendes zu ändern vermochte.

»Solange ich nicht sterbe, habe ich keine Angst vor dem Tod«, pflegte Ikkyu zu sagen. Wurde er nicht gebraucht, zog er sich in die Blinde Maus zurück. Deren Abgeschiedenheit war nun vollkommen. Auch den Trampelpfad dorthin hatte man zuwachsen lassen. Stets nahm Ikkyu andere Wege durch den Wald, was zugleich die Wahrscheinlichkeit erhöhte, neue Pilz- oder Kräuterbestände zu entdecken. Im Laub hinterließ der Meister keine Spur. Vor der Hütte saß er gerne und lang. Manchmal kam das Rotwild ganz nah heran. Er blickte in dessen schwarzglänzende, stille Augen, als wären die Grenzen zwischen den Lebewesen aufgehoben. Tee kochen? Nein, er trank Wasser, während er dem Bach lauschte. Manchmal weinte er, ohne sich zu fragen, warum, dachte an die Menschen, die er gekannt hatte, schlief ein, wachte auf ... So vergingen die Tage.

»Sind wir noch auf dem richtigen Weg?«

»Ja«, antwortete die Frauenstimme. »Es ist eine Abkürzung, das sagte ich doch. Der Hauptweg ist zu gefährlich – überall Halunken. Vertraut mir. Ich gehe oft von Dorf zu Dorf.«

Die Stimme klang weder jung noch alt.

»Ich spüre Gebüsch an meinen Beinen entlangfahren.«

»Natürlich. Wir gehen durch einen Wald. Hier ist niemand.«

»Niemand?«

»Nur ein paar versteckte Klausen soll es in der Gegend geben mit Mönchen darin. Kein Grund zur Sorge.«

Es war kühler als zuvor. Kein Lüftchen regte sich mehr. Ja, das sprach für Wald.

»Hier sammle ich manchmal Reisig«, erklärte die Stimme, »schleppe fort, soviel ich tragen kann und verkaufe es auf dem Markt. Kenne jeden Schleichweg.«

»Das ist gut. Früher hat mich oft ein Mädchen aus dem Dorf geführt, doch seitdem ...«

»Seitdem? Habt Ihr Schlimmes erlebt?«

»Ja.«

»Ach, wie haben wir Frauen es schwer in diesen Zeiten!«

Natürlich konnte man seiner Sache nie sicher sein, aber die Stimme klang einigermaßen vertrauenserweckend. Was hätte Mori auch tun sollen? Irgendwie musste sie ja von Ort zu Ort gelangen, und ein Karren hatte sich nicht finden lassen. Überdies sagte ihr das Gehör, dass kein Dritter in der Nähe war. Das war beruhigend. Allerdings entging ihr, dass ihnen in einiger Entfernung ein Mann folgte.

»Was habt Ihr da für eine schöne Flöte?«, erkundigte sich die Frauenstimme. »Nicht, dass ich mich damit auskennte.«

»Es ist eine gute *shakuhachi*, und sie begleitet mich schon lange Zeit.«

»Bin nur eine einfache Frau, doch liebe ich Flötenspiel über alles!«

Über alles? Das war übertrieben und machte Mori stutzig.

Die Stimme stellte Fragen: »Heute schon etwas verdient? – was habt Ihr denn in diesem Beutel?«

»Nun ja ... Lasst uns weitergehen!«

»Was eine solche Flöte wohl wert sein mag? Unsereins weiß das nicht. Zeigt doch einmal her! Lasst uns eine Pause machen. Ihr müsst müde sein.«

Hier? Aha. Schon wieder Pech gehabt. Was war zu tun? Obwohl sich der Mann im Hintergrund Mühe gab und wie ein Kranich den überwachsenen Pfad entlangstapfte, konnte sie ihn jetzt hören.

»Wer folgt uns da?«

Die Reisigfrau tat überrascht: »Ach! Na, wenn das nicht ... Hallo Nachbar, auf demselben Weg? Welch ein Zufall!«

Der ›Nachbar‹ trat heran, wandte sich dabei nicht an Mori, sondern an seine Komplizin: »Hast du sie schon durchsucht?«

»Nein. Aber eine wertvolle Flöte gibts. Und vielleicht Münzen.«

»Wir werden sehen.« Nun sprach der Mann Mori an: »Was habt Ihr denn sonst noch Wertvolles bei Euch? Ich sehe nichts ... außer ... einer schönen Frau. Doch was rollen Eure Augen so wild umher?«

Dass der Mann sie von Kopf bis Fuß musterte, sah Mori nicht, aber sie spürte es. Wieder einmal saß sie in der Falle. Was waren das nur für Zeiten?

»Unsere Führerdienste müssen natürlich bezahlt werden. Hast du nichts weiter, dann eben in Naturalien.«

Der Mann grinste. »Du dreh dich solange um«, befahl er seiner Begleiterin. »Die Flöte und den Beutel: später.«

Schon hörte Mori Kleider rascheln. Sie schrie um Hilfe. Tatsächlich knackte es einen Steinwurf entfernt im Wald. Stimmen waren zu hören und kamen näher.

»Was ist da los?«, rief Nanko.

»Wer da? Stehenbleiben!«, rief Shoiku.

Der Mann ließ von Mori ab und zog seine Hosen an der Gürtelschnur hoch. Gleichzeitig wollte er sich in Bewegung setzen, geriet aber ins Stolpern und stürzte, wobei seine Nase auf eine Wurzel aufschlug.

Die böse Frau hatte sich schon davongemacht. Auch der Mann, aus dessen Nase Blut troff, schlug sich in die Büsche.

»Meine Flöte!« Mori tastete ihren Beutel ab. Die *shakuhachi* war noch darin. »Wer ist da? Wer seid Ihr?«

»Ihr habt Glück gehabt! Gerade waren wir auf dem Rückweg von der Blinden Maus, ...«

»Blind?«

»... der Klause unseres Meisters. Wir hatten ihm Essen gebracht, und nun geht es zurück zum Blinden Esel, ...«

»Blinde Maus? Blinder Esel?«

»... unserem Kloster. Es liegt versteckt. Dort seid Ihr sicher. Kommt mit.«

»Wir bringen Euch dorthin«, bekräftigte Shoiku. »Habt keine Angst. Es ist nicht weit bis zum Blinden ...«

Jetzt erst bemerkten Shoiku und Nanko, dass die Frau nicht sehen konnte. »Oh, Verzeihung ...«

»Blinder Esel! Als wie für mich gebaut, euer Kloster«, sagte Mori. »Wer ist denn Euer Meister?«

»Ikkyu.«

»Ikkyu ...«

Es war schon spät und beinahe Nacht, als der Meister vom Pflanzensammeln aus dem Wald zurückkam. Da hörte er Moris Stimme. Sie sang vor sich hin, leise und ohne viel Aufhebens.

Eine Stimme ohne jegliche Verstellung, rein wie diejenige eines Kindes: das war sein erster Gedanke. Sang sie für sich selbst? Oder hatte sie Zuhörer? Dann wäre es ein Wunder, so natürlich zu sein.

Wer war das? Ikkyu schlich näher.

Da brach Mori den Gesang ab und begann zu schluchzen. Der Schrecken über das Geschehene hatte zeitverzögert eingesetzt; nun erfasste er sie ganz. »Wie hätte ich mich denn wehren können in meiner Dunkelheit?«, weinte sie. »Ihr könnt nicht wissen, wie das ist – auch war es nicht das erste Mal, dass mir solches geschah!«

Nanko schloss wie zur Probe die Augen. Das Licht der Öllampe verschwand. »Schlimm muss es sein«, sagte er.

Ikkyu beschloss, heranzutreten. Möglichst geräuschvoll trampelte er aus dem Dickicht, damit man nicht dachte, er habe gelauscht.

»Stell dir vor, Meister Ikkyu, was geschehen ist!«, rief Shoiku. Die beiden Mönche sprachen aufgeregt durcheinander.

»Wegelagerer! So nahe bei uns. Sie ist blind!«

»Nirgendwo ist man mehr sicher. Mori heißt sie. Sie singt und musiziert – ist Künstlerin.«

Die Frau wandte ihren Kopf zu Meister Ikkyu. Im Sitzen deutete sie eine Verbeugung an. Ihre Augen flogen pfeilschnell durchs Weiß wie Ascheflocken über eine Glut.

»Ihr habt geweint«, sagte Ikkyu. Er verbeugte sich, wobei er überlegte, ob die Frau wohl seine Bewegung fühlte, möglicherweise durch die sich verändernde Schallrichtung?

»Meine Augen sehen zwar nicht mehr, doch Tränen

können sie noch fließen machen, sofern es Grund dafür gibt. Verzeiht, Meister Ikkyu.«

»Ihr kennt mich? Willkommen in unserem Blinden ... in unserem kleinen Tempel.«

»Wer kennte Euch nicht? Ich habe Gedichte von Euch gehört. Sie haben mir gefallen.«

»Ach ... nichts von Belang.«

»Sie soll hierbleiben!«, rief Shoiku dazwischen. »Wir können sie doch nicht wieder fortschicken!«

»Nein«, sagte Ikkyu, »das können wir nicht ...«

Es war dunkel bis auf den Schimmer des Lämpchens, der Moris Gesicht weiche Tiefe gab; beide aber, sie wie auch der Meister, waren nicht vom Anblick, sondern vom Klang ihrer Stimmen gefangen: sie sprach sanft, aber nicht unterwürfig, er wie ein Jüngling im Traum.

»Bin doch alt«, sagte er, als wundere er sich über etwas, und unterbrach sich sogleich: das gehörte nicht hierher!

»Eure Stimme ist es nicht«, antwortete sie, was ebenfalls ungewöhnlich war. Shoiku und Nanko blickten einander an, ein Grinsen unterdrückend – sie waren ja nicht auf den Kopf gefallen.

»Gibt es jemanden, Frau Mori, der auf Euch wartet?«, fragte Ikkyu.

»Nein.«

»Das ist gut ... will sagen ... ich meine ...« Er stotterte wie ein kleiner Junge.

»Heute Nacht jedenfalls bleibt sie hier«, griff Nanko ein. »Das ist doch wohl klar. Und morgen ...«

»Ja, ab morgen dann ...«, sekundierte Shoiku.

»In meiner Klause wäre noch Platz«, sagte Ikkyu möglichst beiläufig.

Liebe
77

Mori hatte auf dem Boden der Haupthalle geschlafen. Die Freunde waren hinter den Trennwänden verschwunden. Bokusai und Komparu weilten in der Stadt.

Am nächsten Morgen führte Ikkyu die Frau zur Blinden Maus.

»Es macht mir wirklich nichts aus«, beteuerte er überflüssigerweise. Shoiku und Nanko winkten den beiden nach und grinsten.

»Erst kann er nicht genug Ruhe in seiner Klause haben«, sagte Nanko, »und jetzt auf einmal ...«

»Ach, lass ihm doch den Spaß!«

Ikkyu führte die Frau an der Hand; beide hielten die sie verbindenden Arme weit von sich gestreckt, um den Abstand möglichst groß zu halten. So mochte ein Junge seine erste Liebschaft in den Wald führen.

»Ich möchte Euch nicht stören«, sagte Mori. »Ihr seid ein weiser Mann und braucht Ruhe zum *zazen*.«

»Weiser Mann, das klingt wie *alter Mann*. Ihr kennt Euch aus mit *zazen*?«

»Nein.«

Schweigend stapften sie weiter voran. Farn bedeckte den Weg. Die Laubschicht darunter bot keine Hindernisse, und Mori kam nicht ins Stolpern.

»Da sind wir«, sagte Ikkyu schließlich, als sie die Einsiedelei erreicht hatten, und zeigte darauf – wobei ihn seine Geste sogleich verwunderte, denn Mori sah sie doch nicht!

»Schön«, sagte sie höflich. »Still ist es hier. Und feucht. Ich höre einen Bach. Der Boden ist weich. Moos?«

»Ja.«

Ikkyu stellte Moris Bein auf die Schwelle, die den Holzboden der Klause umrahmte, wobei er durch das Gewand ihren Unterschenkel berührte und leicht anhob; sie ließ es geschehen und tastete sich in das Innere des Baues. Ihren Beutel mit den wenigen Sachen und der Flöte stellte sie ab.

»Was nun?«, sagte Ikkyu, als sie wieder auf der Schwelle vor der Hütte saßen, die Sandalen abgelegt, die Füße im Gras.

»Wir wissen, was nun«, antwortete sie und wunderte sich über ihre Entschlossenheit.

»Aber ...« Etwas Wichtiges musste zuvor geklärt werden, doch wie? Er fasste allen Mut zusammen. Dann sprach er es aus, wobei er die Anrede wechselte: »Du kannst mich nicht sehen, Mori, siehst nicht die Falten, die Runzeln, die alten Zähne ... ist es das, was dich mir gewogen machen könnte? Dann will ich es nicht.«

Mori lächelte. »Fühlen könnte ich ja einmal, ob Ihr mir gefallt.«

Sie hob die Hand, die sich sogleich zielsicher auf seine Wange legte, leicht und sanft. »Vor der Landung auf der Haut spüre ich bereits die Wärme«, erklärte sie. Dann fuhr sie in seinem Gesicht umher: »Ja, Falten, Bartstoppeln, Bürstenhaar – ich dachte, ihr Mönche seid glatt geschoren? –, ein kräftiger Hals, nicht zu dick ...«

Ikkyu musste lachen.

»Nichts«, fuhr sie fort, »was mein Missfallen erregen könnte. Dein Alter scheint sich vor mir zu verbergen. Ach ja, in der rauen Stimme zeigt es sich vielleicht ein wenig, und im angestrengten Atem ...«

»Wir sind weit gegangen, bergauf und bergab.«

Ikkyu schob Moris Haarschopf beiseite und berührte mit den Lippen ihren Nacken. Er schmiegte sich an sie; die Hände lagen, von hinten gegriffen, auf ihrem Gewand, durch das er ihre Brüste spürte. Sie wich nicht zurück.

»Schon lange war meine Begierde nicht mehr dermaßen mit Scheu verknüpft«, sagte er.

»Schon lange hatte ich keine Begierde mehr verspürt.«

»Wie schön du bist!«

»Ich schön? Heißt es nicht, dass meine Augen umherschießen, so dass man sich vor ihnen in Acht nehmen muss?«

Ja, sie war schön. Manchmal trug sie eine Augenbinde aus dunkelblauem Stoff; dann schien es, als sei sie in ein Kinderspiel vertieft, das Kinn etwas höher als sonst, die Nase im Wind, die Hände auf der Suche nach versteckten Gefährtinnen. Ihr Gang war fein und federleicht, als schritte sie, wohin auch immer sie ging, über einen See und prüfe mit dem Zeh dessen Kälte. Sie war schlank, nicht zu groß und nicht zu klein, der Nacken vielleicht das Schönste, wie eine Baumwurzel oder der Fuß eines geheimnisvollen Pilzes, aber nicht weiß gehalten wie bei edlen Fräulein, sondern braun vom Wandern unter der Sonne. Das Haar schwarzleuchtend mit einigen frühen Silberfäden darin.

»Wie lange ist er her, seitdem du ...?«, fragte Ikkyu.

»Lange. Ein paar Strolche rechne ich nicht mit. Und bei dir?«

»Lange.«

»Komm ...«

Inzwischen war es Spätnachmittag geworden. Um diese Zeit brach die Sonne eine Zeitlang durch die Bäume, bevor sie versank, wieder vom Wald verdeckt. Die Stufe vor der Hütte ruhte im Licht. Im Inneren lag noch die Matte auf dem Holzboden. Sie rollten sie nicht zusammen. Eine Decke war, halb zurückgeschlagen, darauf ausgebreitet und darüber ein altes Gewand, das sich zusammengefaltet in einer Kiste gefunden hatte. Mori trat nach draußen. Obwohl sie das Licht nur als Wärme spürte, beschirmte sie die Augen mit der Hand. Ihr Kleid hatte sie gegen die Kühle umgeworfen, aber nicht zugebunden. Der Wald, dessen Gerüche und das Rauschen im Laub riefen nach Nacktheit: bloßer Fuß im Moos, bloße Haut im Windhauch. Der Bach war zu hören.

Auch Ikkyu begab sich ins Freie, verharrte hinter Mori und schlang dann die Arme um sie, die Rechte auf ihrer linken Brust, die Linke auf der rechten; so schlank war sie. Er fuhr über ihren Bauch hinab zu ihrem Schoß.

»Nur einen Augenblick«, sagte sie, während sie seine Hand fortschob. »Lass meinen Körper frei die Luft fühlen und darin baden.« Er wich zurück. Sie atmete tief, ließ ihr Kleidungsstück hinter sich fallen und reckte sich im Moos empor, fröstelnd, die Arme von Gänsehaut angeraut; Ikkyu sah den Haarflaum im Licht abstehen. Nun schritt sie vorsichtig auf das Rauschen des Baches zu, wobei sie nirgends anstieß, bis ihr Fuß ins Wasser tauchte. Sie kniete nieder und trank aus der hohlen Hand. Noch immer mit dem rechten Fuß im eiskalten Wasser ging sie in eine halbe Hocke, das linke Knie im Moos, und pisste in den Bach. Ikkyu betrachtete sie. Schon wollte der Gedankenaffe auf frühere Empfindungen von Scham verweisen, doch Ikkyu ließ dies nicht zu, erinnerte sich an noch Ursprünglicheres, an kindhaftes Spiel –, folgte der Linie ihres Rückgrats, erschaute die schräggestellten Hüften, den haarigen Himmel zwischen beiden Schenkeln, aus dem es regnete. Das ist der Mensch – sieh hin!

»So tut es auch ein Tier. Immer kommt von der Quelle reines Wasser nach«, sagte er, trat heran, stellte sich brückenbeinig in den Bach und ließ sein Wasser ab.

»Verlass mich nicht«, sagte er, ungeachtet ihrer beider sonderbaren Stellung.

»Blind bin ich ja«, antwortete sie, »und nur du sollst mich führen – wie also könnte ich je von dir fortgelangen?«

Er schöpfte Wasser und trank, dann stieg er aus dem Bach.

»Zurück in die Wärme«, sagte er, »rasch unter die Decken.«

In Moris Innerem hatte sich bereits der Raum der Klause mitsamt ihrer Umgebung abgebildet. So marschierte sie zielstrebig übers Gras, überwand die Schwelle, ohne nach ihr zu tasten und fand das Bett. Ikkyu folgte ihr, deckte sie mit Tuch sowie dem alten Gewand und kroch neben sie. Wieder spürte er Verlangen aufsteigen; als er sie an sich drückte, wurde sie dessen gewahr, flüsterte »wärme mich« und ließ ihn eindringen.

Diesmal hielt Ikkyu seine Flüssigkeit zurück, als Mori den Höhepunkt erreichte, denn die Zeiten stets nachströmender Kraft waren seit langem vorbei.

»Ich wundere mich«, sagte er, als er seufzend zurücksank, »dass ... es überhaupt noch geht. Aber wie heißt es doch: Kommen die Jahreszeiten durcheinander, dann kann selbst ein verdorrter Ast neu ausschlagen.«

»Kirschblüten im Winter, das kommt vor.«

»Im Winter? Höchstens im Herbst!«

Sie lachte. Dann lag sie still, die Augen geschlossen.

Auch er schloss die Augen, wollte wie sie nichts sehen und nur ihr nahe sein, nicht der übrigen Welt.

»So mochten die ersten Menschen gelebt haben«, sagte er, »und so sollten die letzten leben.«

»Ja«, antwortete sie. Ihre Hand ruhte auf Ikkyus Schoß. »Der letzte ... Jadestängel dieser Art wurde mir mit Gewalt ins Gesicht gerammt«, fügte sie hinzu und erzählte von ihrem Erlebnis mit den Wegelagerern.

»Wie kannst du dann überhaupt noch ...?«

»Ich weiß es nicht. Obwohl dieselbe Gegebenheit, hat doch das eine mit dem anderen für mich nichts zu tun. So fühle ich.«

»Ein seltsames Ding, dieser ... Jadestängel. Wem mag wohl dieser Begriff eingefallen sein? Auch ich habe ihn in meinen Gedichten verwendet. Doch: ein Pfeiler aus Stein ist kalt! Wer wollte ihn in sich spüren?«

»Allerdings wird Jade in der Faust bald warm.«

Ikkyu musste lachen, während sie dorthin griff, wohin seine Empfindung gewandert war. »Dennoch: eigenartig sind die unterschiedlichen Körperteile. Die männlichen sind im Freien angebracht wie ein Ladenschild oder wie ein Siegel: hiermit wird bestätigt, dass der Träger ein Mann ist. Die weiblichen hingegen sind ein Eingang, ein Tor zu einem unbekannten Raum, der einem unwiderstehlich anzieht – ist das nicht viel angenehmer und geheimnisvoller?«

»Nun ja«, widersprach Mori, breitete die Beine aus und zeigte ihren Schoß, »hier gibt es auch dies und das zu beschreiben, sieh mal: ein zunächst versteckter, doch leicht zu entblößender, fühlbarer und sogar anschwellender Punkt, dann ein bewaldetes Dreieck ...«

»Ja«, sagte er, »doch das scheinen mir Verzierungen zu sein, Bestandteile des Tores, Griffe, Beschläge sozusagen ...«

»Noch nie hatte ich einen so seltsamen Liebhaber wie dich. Wie du die Dinge betrachtest ...«

»Kann nicht anders. Habe immer versucht, das Regnen-Aus-Wolken zu verstehen und von allen Seiten anzuschauen – nicht nur wie ein Dichter, der von Jadestängeln faselt oder ein Schmachtender –, eher wie ein Tier vielleicht, allerdings tun es jene nicht bewusst. Oder doch?«

»Das Regnen-Aus-Wolken?«

»So nannten die alten Chinesen den Akt in ihren Gedichten.«

»Das ist schön. Und hast du es verstanden, das Regnen?«

»Niemals ganz, aber vielleicht dennoch mehr als diejenigen, die das, was zwischen Mann und Frau geschieht, als Hindernis beim Erwachen begreifen – insbesondere die Vereinigung der Körper und den Genuss dabei. Begreifst du?«, fuhr er fort: »Bei mir verhält es sich umgekehrt als wie bei – verzeiht, Meister aller Meister – ...«, er deutete, obwohl liegend, eine Verbeugung vor dem Erhabenen an, »... ihm, dem Erwachten vom Geierberg. *Er*, weißt du, legte als *erstes* die Anbindungen an die Begierden ab; bei mir hingegen wird dies wohl das letzte sein. Eigentlich aber ist die Reihenfolge ganz und gar einerlei«, sagte er, während er Moris Fingerspitzen in der Hand hielt, als bitte er sie in eine andere Welt.

»Ich bin froh«, sagte sie, »dass du *diese* Reihenfolge gewählt hast und nicht eine andere.«

»Ich auch.«

»Jetzt würde ich gerne Flöte spielen. Mit dir. Auf dir.«

»Ja«, sagte er. »Und weißt du übrigens: bei den drei erhabenen Wahrheiten fehlt eine vierte – das heißt, bei deren Aufzeichnung hat man sie vergessen –, ein schlimmes Missgeschick.«

»Wie meinst du das?«

»Die drei – oder vier – erhabenen Wahrheiten? Ach, schon oft habe ich diese gelehrt, oder zu lehren versucht, sogar den jungen Shogun Yoshinori – damals, als ich selbst noch Kind war, altklug und ohne zu wissen, was ich redete. Ist das lange her! Genützt hat es bei ihm übrigens nichts. Wie dem auch sei. Diese drei Wahrheiten sind eigentlich der Kern des Ganzen. Mehr muss man nicht wissen. Doch, wie gesagt, meiner Meinung nach müsste noch eine vierte hinzugefügt werden.«

»Erzähle. Ich verstehe noch nicht.«

»Also gut. Deren erste heißt *mujo*, oder in alter hindustanischer Sprache *anicca*: *Alles wandelt sich ständig, nichts bleibt so, wie es ist;* ...«

»Ja, ich weiß.«

»... die zweite wird *ku* genannt, oder *dukkha*, nicht wahr?: *Nichts kann endgültig befriedigen* ...«

»Ach, so ist das? Nicht einmal ich?«, fragte sie. Ikkyu lachte: »Nicht einmal du könntest solches tun. Nein, das ist nun einmal unmöglich.«

»Das wird so sein.« Sie war wieder ernst.

»Die dritte Wahrheit«, fuhr er fort, »ist *muga* oder *annatta*, das Nicht-Selbst, das Schwerste von allem: *Nichts hat einen bleibenden Wesenskern.*«

»Das habe ich gehört und auch zu begreifen versucht. Leicht ist es nicht.«

»Kein Wesenskern«, wiederholte er. »Nicht in dir und nicht in mir.«

»Und die vierte, jene Wahrheit, die fehlt?«

»Es ist das, was wir hier tun, du und ich, was wir hier empfinden. Es ist das, was eine Mutter an ihr Kind weitergibt, ist das rote Band, das die beiden – wie alle Menschen – miteinander verbindet, auch ist es das, was Lachen und Fröhlichkeit erst ermöglicht, auch das, was Kinder ausstrahlen, ob du nun in ihre Augen siehst oder ihre Stimme hörst, ebenfalls das, weswegen Vögel ihre Jungen füttern, auch das, weswegen man einem Bettler Almosen gibt, weswegen man verzeiht, weswegen man jemandem nicht ewig böse sein kann, das, was Schönheit ausmacht, das, weswegen und wofür man alles hingeben kann und nichts besitzen muss und auch nicht bitter wird, wenn man letzten Endes mit leeren Händen dasteht. Es ist die Liebe.«

»Feuer!« hatte Ikkyu im Schlaf gerufen. Mori war zu ihm gekrochen.

»Die Träume«, murmelte er, als sie sich an ihn schmiegte, »habe ich immer noch nicht verstanden. Sie ändern sich nicht. Kein Erwachter bin ich darin, sondern erwache lediglich *daraus*, aus einem Alptraum nämlich, wie auch jetzt. Wieso träume ich immer noch so düster? Als ob noch finstere Ecken in mir wären. Werden diese denn nie ans Licht kommen?«

»Wovon hast du geträumt?«

»Ein Haus brannte. Es mochte ein Tempel gewesen sein, war zugleich klein und auch groß. Ich stand darüber gebeugt und blickte hinab in die Flammen; vielleicht flog ich, da war ein Gefühl von Leichtigkeit, doch musste ich mich in Acht nehmen, damit mich die Flammen nicht versengten. Kleine Geschöpfe kreisten mit mir um das Gebäude. Es waren Kinder. Sie lagen auf dem Rücken wie in einer Wiege und schwebten doch in der Luft; von ihnen hing ab, ob die Sache schlecht ausging oder gut, doch wusste ich nicht, um welche

Sache es sich handelte; und immer wieder stürzte eines hinab in die Flammen. Dann: aufgewacht.«

Noch immer war Ikkyu schweißgebadet. Mori wischte ihm die Stirn: »Vielleicht ahnst du Geschehnisse voraus?«

»Ach was. Es ist Krieg, brennt überall, und immer irgendwo aufs neue.«

»Sagt man denn nicht, die Meisterschaft im *zazen* ginge mit der Fähigkeit zu außerordentlichen Wahrnehmungen einher?«

»Ja, das sagt man, doch heißt es auch, man dürfe solchen nicht nachgeben, da sie von der eigentlichen Aufgabe des Erwachens ablenken. Auch erinnere ich mich nicht an dergleichen. Höchstens an eines vielleicht: einmal sah ich einen Boten, den es nicht gab ...«

»Wann? Wo?«

»Von einer Brücke wollte ich mich stürzen. Mein geliebter Lehrer war gestorben. Ich wusste nicht mehr weiter. Da überbrachte mir ein Bote eine Nachricht von meiner Mutter – in ebendiesem Augenblick. Doch, wie ich später erfuhr, hatte sie niemals eine Botschaft an mich verfasst.«

»Das ist seltsam.«

»Ja. Der rote Faden«, murmelte Ikkyu, schon wieder halb im Schlaf, »rot wie Feuer oder Blut, alle Lebenden verbindend, ob sie ihn sehen oder nicht. Bei der Geburt eines Kindes – ach ja, die Kinder im Traum – erblickt man ihn zwischen Mutter und Neugeborenem. Dann reißt er ab – in der gegenständlichen Welt; doch unsichtbar besteht er vielleicht für immer fort.«

»Ach, Ikkyu, finde Ruhe!«

»Ja. Lass uns schlafen ...«

Lehre
81

Das Lehren war für Ikkyu, nun alt geworden, keine Last mehr. Auch wenn sich der letzte Inhalt nicht in Worte fassen ließ, spielte doch der Gedankenaffe immer weiter, und da dieser nun einmal mit *Gedanken* spielte und nicht mit süßen Früchten, konnte man diese auch genauso gut aussprechen, konnte man das Denken *denken* lassen.

Sowieso: »Von hier oben, von meiner Affenhöhle«, sagte Ikkyu, wobei er sich an die Stirn tippte, »geht eine Schnur geradewegs zum Mund und klappt ihn ständig auf und zu. Kann nichts dagegen machen.«

Und: »Affen lassen sich zwar zähmen, doch können sie nicht stillsitzen. Das ist einfach nicht ihre Natur, versteht ihr? Lassen wir sie also toben und springen, doch beobachten wir sie wenigstens dabei.«

Oft saßen viele Zuhörer, jung und alt, um Ikkyu herum, während er dies und das sprach, zum Beispiel: »Ich will euch etwas sagen, was euch vermutlich verwundert. Folgendes nämlich: viele Menschen stehen knapp vor dem Erwachen, ganz knapp! Sei es im Rausch, sei es in schwierigen Umständen, wenn sie auf sich selbst zurückgeworfen sind, sei es in tiefster Trauer, sei es in tiefster Sorge. Es fehlt nur ein Haarbreit! Doch zumeist bleibt dies nur eine Ahnung, denn der allerletzte Schritt ist der schwerste. Eine papierdünne Wand ist die am schwersten zu durchdringende Barriere.«

Oft auch war Mori unter den Zuhörenden, meist etwas beiseite sitzend, ihr Gesicht abgewandt. Sie *hörte* den Meister ja nur und konnte ihn nicht sehen. Auch verbarg sie so ihre Augen, die immer wieder ziellos umherrollten.

Dass sich eine Frau unter den Schülern befand, war zwar ungewöhnlich, aber in der Geschichten fanden sich durchaus Berichte über Anhängerinnen der Lehre. Diese waren nicht die schlechtesten, insbesondere, weil sie sich oft durch Respektlosigkeit und Scharfsinn auszeichneten. Auf jeden Fall war Moris Anwesenheit ein Zeichen, das Folgen hatte, denn nach und nach mischten sich immer mehr Frauen unter das Publikum – und dies sehr zur Freude der Mönche.

Dass Ikkyu eine besondere Beziehung zu Mori hatte, war bekannt. Sich darüber zu empören, ergab sich höchstens ab und zu in Abwesenheit beider, denn der Meister und seine junge Geliebte vermieden mit schlafwandlerischer Sicherheit alle in ihrer Lage möglichen Fallstricke: weder versteckten sie ihre Liebe zueinander, noch stellten sie diese zur Schau. So ließ des Paares Natürlichkeit die Anwesenden in Bewunderung verstummen, und vielleicht auch ein wenig in Neid.

Natürlich, wenn Yoso diese Verbindung in den Mittelpunkt seiner Reden stellte – er scheute sich übrigens nicht, solches sogar in Ikkyus Anwesenheit zu tun –, dann ging es hoch her, denn er, der ständige Nörgler, kannte in seiner Empörung keine Grenzen, sprach von der Verpflichtung, enthaltsam zu sein und von der Verführung angehender Mönche, von Lotterleben und Schamlosigkeit.

Den Meister interessiert all das nicht. Er wehrte sich mit keinem Wort, sagte »wenn du meinst, Yoso«, danach in seinen Lehrreden fortfahrend. »Als ich ganz unten war«, erklärte er, »welches – das Ganz-Unten-Sein – seltsamerweise kurz vor dem Gipfel ist, da war ich soweit, dass ich jedes Mal, wenn das Guckloch vorbeikam, ...«

»Das Guckloch?«

»... das heißt, bei jedem Stillstand zwischen Aus- und Einatmen, alles, mein ganzes Leben, in Frage gestellt habe, immer und immer wieder. Wie konnte das sein? Verging die Zeit dort schneller? Hielt sie an? Hatte ich manches Mal unendlich lang den Atem angehalten, ohne es zu bemerken? Oder drehten sich dort meine Gedanken in rasender Geschwindigkeit?«

»Dort war ich auch schon einmal«, unterbrach ihn da ein Bübchen, »ich meine, am Guckloch – glaube ich zumindest« – sogleich verstummte es, erschrocken über sein vorlautes Benehmen. Ein kleiner Mönch saß da, der jüngste von allen, mit Bürstenhaarschnitt, großen Augen und dünnen Ärmchen.

»Wie heißt du denn, Kleiner?«

»Saigaku, Meister.«

»Saigaku.« Ikkyu lächelte. Verwundert stellte er fest, dass ihm zum ersten Mal der Gedanke kam, es könnte an der Zeit sein, einen Nachfolger auszuwählen. »So alt bin ich also schon?«, murmelte er zu sich. Saigaku, der dies gehört hatte, widersprach heftig: »Nein, nein, das seid Ihr nicht! Ich will doch noch von Euch lernen!«

Nun lachte Ikkyu laut heraus. Die übrigen Anwesenden stimmten mit ein.

Dieser vielleicht?, sagte Ikkyu zu sich selbst und dachte an seinen geliebten Meister Keno.

»Ihr wisst«, nahm er seinen Vortrag wieder auf, »wie schwer es ist, zu tun, was man tut. Oder zu lehren, was man lehrt – oder noch besser: durch Nicht-Lehren zu lehren. Befindet man sich im Gegenwärtigen, dann ist da kein Guckloch, an das man sein Auge pressen müsste, nein, dann liegt alles offen da: leere Weite, ihr wisst schon. Selbst wenn man gleich stürbe, obwohl dies nach wie vor nicht schön ist. O nein, das wird es auch niemals werden. Davon rede ich nicht und mache euch keine Hoffnung. Das hätte keinen Sinn. Übrigens fällt mir da eine Geschichte ein. Vielleicht passt sie hierher. Erinnert ihr euch daran, was Meister Rinzai zu sagen pflegte, wenn man ihn nach dem höchsten Sinn der Lehre fragte? Er mochte dergleichen nicht und verwandte Verschiedenes, um eine Antwort zu umgehen. Häufig stellte er folgende Gegenfrage: ›Hast du heute schon deine Reisschale ausgewaschen?‹ Wurde dies verneint, so sagte er: ›Dann weißt du, was du zu tun hast.‹ War das eine Antwort? Nein. Natürlich nicht. Doch ihr, die ihr mich kennt, habt vielleicht eine Ahnung davon, was er damit sagen wollte, nämlich: Tue einfach, was du tust, oder: Keine in Wörter gepresste Antwort könnte je eine befriedigende sein. Nicht wahr? Gut. Nun gab es da einen Schüler Rinzais, der des Meisters Lehre schon in jungem Alter vollständig verinnerlicht hatte und früh davonzog, um in einer eigenen Klause zu wirken. Bis in den äußersten Norden Chinas wanderte er. Wir wissen nicht viel von ihm, nicht einmal seinen Namen, denn in den Schriften taucht er nur als ›der Meister des eisigen Felsens‹ auf. Er soll einer der begabtesten Schüler Rinzais gewesen sein. Leider hat er selbst nichts Schriftliches hinterlassen. Oder seine Aufzeichnungen sind verlorengegangen. Nachdem er viele Jahre gelehrt hatte, ging er auf Wanderschaft und verschwand. Manche sagen, er sei noch weiter nach Norden gezogen und habe den Rest seiner Tage jenseits menschlicher Wohnstätten verbracht. Wir wissen es nicht. Doch ist es überliefert, wie er lehrte, und was aus seiner Lehre geworden ist. Das ist eine eigenartige

Geschichte. Mit Antworten hielt es der unbekannte Meister wie Rinzai: er gab keine. So stellte auch er stets die berüchtigte Gegenfrage, nämlich, ob man seine Reisschale schon gewaschen habe. Es ist anzunehmen, dass einige seiner Schüler verstanden, was er damit ausdrücken wollte, vielleicht sogar die meisten. Manche versuchten, sich schlau anzustellen und antworteten mit *ja*, ob dies nun der Wahrheit entsprach oder nicht. Doch dergleichen führte nur zu einer weiteren Frage, beispielsweise zu: ›Hast du schon den Weg vor deiner Hütte gefegt?‹, oder: ›Hast du schon den Kies geharkt?‹ Da war kein Davonkommen: die Frage nach der Reisschale blieb das wesentliche *koan* dieser seltsamen Unterabteilung des Rinzai-*zen*. Nun, vielleicht ging der Meister, wenn er lehrte, etwas zu planmäßig vor. Allem, was sich zu oft wiederholt, wohnt ja eine gewisse Seelenlosigkeit inne. Jedenfalls geschah, was auch manchmal mit anderen *koans* geschieht – wie ihr wisst, gibt es ja mittlerweile Schriften, die alle sogenannten ›richtigen‹ Antworten auf die gängigen *koans* auflisten, aber das ist eine andere Geschichte –: nach und nach verlor die Antwort des Meisters an Gewicht. Gespräche dieser Art verkamen zu einem allseits bekannten Frage- und Antwortspiel. Schlimmer noch: nachdem der Mönch in den schneebedeckten Norden entschwunden war, ging auch das Wissen um dieses Spiel verloren, und für die Dörfler, die ihren wundersamen Meister nicht wenig verehrt hatten, blieb nur die Erinnerung, dass im Mittelpunkt der Lehre eine Reisschale gestanden hatte. So begann man, diese zu verehren wie einen heiligen Gegenstand. Das machte ja auch Sinn: Reis war das Leben, war Nahrung, die niemals ausgehen durfte. Also stellte man eine große, aus Ton gefertigte und bunt bemalte Schale in den Dorfschrein. Diese hatte immer Reis zu enthalten, damit die Bauern das Glück nicht verließ – und sei es, wenn eine Hungersnot drohte, nur ein einziges Korn.«

»In der Tat eine eigenartige Verdrehung der Lehre«, sagte Nanko nach einigem Schweigen. »Doch hat sie eigentlich niemandem geschadet.«

»Das ist wahr. Beinahe überdies haben sich die Dörfler so – auf Umwegen sozusagen – dem Meister wieder angenähert, denn auch die Schale war letztendlich ein Ersatz für das, was nicht gesagt werden kann. Übrigens wurde die Angewohnheit, selbstgetöpferte Schalen anzubeten, von den Vätern auf die Söhne vererbt. Sie hielt sich im Norden Chinas für lange Zeit, während derer sogar besondere Muster der Bemalung entstanden. Selbst der Kaiser soll eine besonders schöne Anfertigung in seinen Besitz gebracht haben. Was lehrt uns das nun? Könnte man vielleicht sagen: Lehren ist eine Unmöglichkeit, denn alles wird irgendwann verdreht und verfälscht? Mag sein. Aber mit demselben Recht ließe sich behaupten, dass auch Nicht-Lehren ganz und gar unmöglich ist, denn *alles* um uns herum, und sei es eine grobe Tonschale, von Bauern gedreht, zeigt etwas auf und spricht letztendlich mit derselben Stimme, mit welcher auch der Meister spricht.«

»Oder schweigt.«

»Oder schweigt.«

»Das tönerne Schweigen des Meisters«, sagte Komparu, der schon wieder dichtete.

»Naja«, murrte Yoso aus einer Ecke des Raumes. Ikkyu hatte ihn nicht gesehen. »Aberglaube, sonst nichts.«

»Mag sein.« Diesmal hatte Ikkyu keine Lust auf ein Streitgespräch.

Auch Yoso war alt geworden, ein wenig milder als früher vielleicht, doch andererseits: »Beißt ein alter Köter nicht mehr so schnell zu, weil er sanft geworden ist, oder weil ihn die Zähne im Maul schmerzen?«, hatte Ikkyu einmal gescherzt.

»Aber bellen – das kann er noch.«

»Ein alter Knochen wird nicht mehr älter, ist das Fleisch um ihn einmal wegverwest. Dann bleibt er für alle Zeit ein hartes Stück Gerüst, nichts weiter.«

»Wenigstens kann man sich daran festhalten und fällt nicht um.«

Nach so vielen Jahren des Streites, der Annäherung, der Entfernung und Wiederannäherung war der beiden Geplänkel ein Teil ihrer Natur geworden. Nicht, dass sie es liebten, aber ohne Widerworte ging es auch nicht, und so heftig diese auch waren: sie verletzten nicht mehr, denn beide, auch Yoso, waren hart im Nehmen; in Rede und Gegenrede schärften sie ihre Waffen nicht wenig und fanden so manche treffende Formulierung.

Wortspiel, ist es gut, nimmt dem Angriff den Stachel.

Trotzdem war ihre Haltung grundverschieden. Ließ Ikkyu sich gutmütig alles gefallen, als zöge der Schall ohne Widerstand durch ihn hindurch, so fand sich bei Yoso ein Rest von Verbohrtheit; da war die Sache mit dem *inka:* sobald er nur den geringsten Verdacht hegte, man zweifle die Rechtmäßigkeit seiner Erwachensbescheinigung an, geriet er in Zorn. Nicht selten kam derartiger Zweifel auf – und schließlich nicht auch zu Recht? War Yosos Zorn nicht gerade ein Zeichen dafür, dass er die letzte Sicht der Dinge aus den Augen verloren hatte?

»Meister Ikkyu will nicht recht behalten, denn er *hat* recht. Meister Yoso will recht behalten, denn er hat *nicht* recht«, so hatte ein Zuhörer der beiden Beziehung einmal zu beschreiben versucht.

»Ach«, hatte Ikkyu daraufhin gelacht. »Widersprüche sind nicht widersprüchlich. Sie sind menschlich.«

Natürlich besaß Yoso ebenfalls Anhänger, diejenigen nämlich, denen es nach Ordnung im Denken gelüstete.

»Sie hämmern einfach gerne ihren Kopf gegen die Wand. Das ist ihre Natur«, hatte Ikkyu einmal gelästert. »Der Schmerz, der dann beim Denken entsteht, stört sie nicht, nein, sie sind sogar süchtig danach.«

Es traf zu, dass Yoso mit seinen Anhängern viel schwätzte, andauernd über die alten Schriften sprach, besserwisserisch und ausufernd, wobei er gemeinsam mit seinen Schülern hinter den Sinn auch noch des kleinsten, unbedeutendsten Sätzchens zu kommen suchte, als seien Schriftzeichen die einzig möglichen Verstecke, die sich der Wahrheit darboten. Ohne Zweifel: der Genuss, den man bei der Erkenntnis empfindet, etwas verstanden zu haben, mochte mit dem Erwachen der Seele leicht zu verwechseln sein. Und natürlich *saßen* Yoso und seine Getreuen ebenfalls, ganz wie Ikkyu und die seinige Bande – wobei beider Haltungen mit dem Auge kaum zu unterscheiden waren –, doch bedeutete deren Sitzen lediglich, eine leidlich bequeme Stellung einzunehmen, um in Ruhe weiterdenken zu können.

Und wenn sich, diese Sitzarbeit getan, Yosos Jünger mit denjenigen Ikkyus oder gar mit dem Meister selbst trafen, dann wollten sie immer weiter über das durch Denken Ergründete und Erfahrene reden, vergleichen, widerlegen, erklären, aufdecken, recht behalten, sich darüber beschweren, dass die Welt so war wie sie war ...

»Erkenntnis, die lediglich aus dem Denken entspringt, also lediglich zum tausendsten Mal das Hopsen des Gedankenaffen ans Tageslicht zerrt«, sagte Ikkyu, »wird meist in etwas empörtem Ton vorgetragen. Ist euch das schon einmal aufgefallen?«

Empört hatte Yoso diesen Fingerzeig zurückgewiesen und sich beklagt: »Nur, weil du der Sprache nicht so mächtig bist wie meine Wenigkeit, Ikkyu«, wütete er allen Ernstes, »nur deshalb würdigst du alles herab, was Denkanstrengung und Gespräch hervorbringen. Als gäbe es keine Erkenntnis durch Sprache, durch Widerspruch, und dann letztendliches Verstehen. Als wüchse man nicht an der Auseinandersetzung. Schon als kleiner Mönch warst du der Vernunft unzugänglich, hast sachliche Gespräche stets ins Lächerliche abgebogen. Ich erinnere mich wohl!«

»Ja, so war ich«, räumte Ikkyu ein, dabei Saigaku zuzwinkernd, der dem lustigen Streitgespräch zu folgen versuchte, seinen Blick vom einen zum anderen schleudernd und wieder zurück.

»Genau so wie ich«, sagte Saigaku stolz, als er den Wink des Meisters verstanden hatte, errötete sogleich, und wurde zwischen wütenden Blicken und Gelächter beinahe erdrückt.

»Jetzt verdirbst du auch noch die Jugend«, murrte Yoso wieder einmal. »Anstatt die Schriften zu lehren nichts als Gegrinse und Gelächter! Überhaupt: was gab es da gerade zu zwinkern?«

»Ach«, seufzte Ikkyu, »ach, mein lieber Yoso, wäre es denn nicht sinnvoller, etwas Sinnloses zu lernen als etwas Sinnvolles? Weil ... nun, darauf musst du selbst kommen.«

»Das verstehe ich wieder einmal nicht«, knurrte Yoso, die Arme vor der Brust verschränkt.

Krähenpaar mit Jungen

»Wer hat sich da verschanzt? Seid ihr Yamadas?« Die Bewaffneten rufen von draußen durch das verbarrikadierte Tor der Gebetshalle.
»Nein.«
»Hosokawas also?«
»Nein.«
»Das kann nicht sein. Zünden wir die Bude an! Kämpft sowieso jeder gegen jeden. Auch steht sie so unschön aus dem Aschefeld hervor.«

Ein paar Burschen umkreisen das Gebäude und markieren es in regelmäßigen Abständen mit Fackeln. Durch frühere Brände in der Nachbarschaft ist das Holz angeschwärzt und morsch. Bald leuchten die behandelten Stellen orangefarben, ähnlich dem Ton, den Bokusai für Ikkyus Gewand verwandte. Das Feuer breitet sich aus. Rauch steigt auf. Es ist windstill. Die Rauchsäulen scheinen den großartigen Bau in den Himmel fortsetzen zu wollen.

In der Tat ist das Gebiet des Daitokuji beinahe zur Gänze von der Farbe des Krähengefieders; alle Gebäude hat man nach und nach abgebrannt. Warum eigentlich? Es sind Tempel und keine militärischen Einrichtungen. Vielleicht wie Zug und Gegenzug beim Brettspiel: eine der verfeindeten Familien beginnt und brennt die erste Figur aus dem Feld; dann macht Rache auf Rache auf Rache das Ganze dem Erdboden gleich, ohne dass man schließlich einen Gewinner wird ausrufen können. Noch ist der rechteckige Grundriss des Geländes zu erkennen, von sich kreuzenden Wegen unterteilt, diese nun hell im Schwarz des verbrannten Holzes. Nur das östliche Tor und die Gebetshalle stehen noch, letztere allerdings nicht mehr lange.

Als würde selbst das Niederbrennen die Landsknechte nicht mehr auf längere Zeit begeistern können, machen sich diese auf und verschwinden. Die Fackeln werfen sie weg.

»Lasst uns etwas trinken gehen«, sagt einer. »Die Feuersbrunst können wir von überall bestaunen. Ist ja auch nicht die erste. Auf jeden Fall: mich macht sie durstig.«

»Ja! Löschen wir wenigstens *unseren* Brand!«

Aus der Gebetshalle dringt gedämpft Geschrei. Richtig, es gibt ja nur den einen Ausgang, und dieser lässt sich nicht mehr öffnen. Einige der Balken, die man von innen gegen das Tor geklemmt hat, sind durcheinandergestürzt. Inzwischen brennt es lichterloh.

»Abmarsch! Was da zum Vorschein kommt, möchten wir sowieso nicht sehen«, merkt ein Bewaffneter an – könnte man dies als einen letzten Rest Menschlichkeit verstehen?

»Wäre andererseits nichts Neues. Krieg ist Krieg.«

Noch hält sich das Dach über der Halle. Das Gebäude ist hoch; um den First zu stützen, verwandte man ganze Baumstämme, die man aus den nördlichen Wäldern herangeschafft hat. Gerade gewachsen sind sie und halten lange. Mehrere Jahre dauert es, bis sie ihre letzte Feuchtigkeit verlieren – so lange schwebt stets ein Duft von Harz im Raum –; sollten sie dennoch verrotten, kann man sie einzeln austauschen, genauso wie jedes andere Holz des Baues. Jahrhundertelange Erfahrung steckt in dem eindrucksvollen Entwurf, der auf seine eigene Weise lebt, ganz im Gegensatz zu einer steinernen Burg: altersschwache Teile werden einfach abgestoßen und durch neue ersetzt.

Das Feuer aber ist übermächtig. Die Flammen fressen sich zur Seite und in die Höhe; die Nacht wird heiß, der Brand schafft sich seinen eigenen Sturm. Erste Wirbel aus Ascheflocken, wie schwarzer und umgekehrt fallender Schnee, ja, ganze Brocken verkohlten Holzes erheben sich in die Luft.

Krähen bauen ihre Nester meistens in hochgelegenen Astgabeln, möglichst in Baumkronen verborgen und vom Boden aus nicht einsehbar, doch manchmal nehmen sie auch vom Menschen Errichtetes als Nistplatz an.
Der Gebetshalle Giebel und Traufe sind kunstvoll ineinander verschränkt und verzahnt, einerseits, um dem Ganzen Halt zu geben, andererseits, um Figuren von Drachen oder Schlangen aus den Balkenenden herausarbeiten zu können.
Im Gewirr dieser Dachbalken finden sich mehrere verlassene Nester. Eines aber ist noch bewohnt. Zwei Krähen steigen dort immer wieder auf, mischen sich einen Augenblick lang mit den Luftwirbeln aus gefiederfarbenen Flocken und Bruchstücken, und segeln dann herab. Höchste Zeit wäre es, sich davonzumachen, aber das können sie nicht. Wieder und wieder werden sie zum Nest zurückgezogen. Jungvögel rufen dort um Hilfe. Sie sind noch nicht flügge. Voller Angst hüpfen sie hin und her, auf allen Seiten über den Nestrand in den Abgrund starrend. ›Hilfe! Rettet uns!‹ – deutlich ist es zu hören; oder sind das die eingeschlossenen Frauen und Kinder in der Halle darunter? Obwohl noch im jugendlichen Flaum, sind die Jungen schon schwer. Trotzdem versucht das Männchen das Unmögliche, landet am Nest, ergreift eines der Küken mit dem Schnabel und macht Anstalten, sich wieder in die Luft zu erheben. Zunächst gelingt es ihm. Mühsam arbeiten die Flügel im Feuersturm über der Glut, doch ist es der Schnabel, dem am Ende die Kraft fehlt; er öffnet sich, und das Kleine ist verloren. Zweifellos schreien in demselben Augenblick Mutter sowie die übrigen Jungen vor Schmerz.

Nun scheint das weibliche Tier einen Versuch zu wagen, doch schon ist es in der Umgebung des Nestes zu heiß, um nahe genug heranzugelangen, auch hätte diese kleinere der beiden Krähen auf keinen Fall genügend Kraft. Sie lässt von ihrem Vorhaben ab. Das zweite der fünf Jungen hüpft oder stürzt aus dem Nest; auf dem kurzen Flug verwandelt es sich in einen brennenden Ball. Aus sicherer Entfernung betrachten mehrere Menschen das Schauspiel, vielleicht Nahestehende der Eingeschlossenen? Es ist inzwischen unmöglich geworden, sich dem Gebäude zu nähern. Die Dachbalken biegen sich oder brechen; das Dach wird wellig. Die Schlangen und Drachen daran räkeln sich, als würden sie lebendig. Erste Ziegel zerspringen, weil nun zum zweiten Mal gebrannt, und stürzen herab. In der Decke des Gebetsraumes tun sich Löcher auf, die den Gefangenen Blicke in die Hölle über ihren Köpfen gewähren. Zur Flucht aber sind sie ungeeignet: viel zu hoch. Es gibt kein Entkommen. Noch immer sucht die Krähenmutter ihre Kleinen. Sie können doch nicht einfach verschwunden sein? Tief flatternd kreist sie über dem Feuer, zu tief, denn die Flammen greifen nach ihr und stecken die Flügel in Brand. Sie stürzt ab.

Im Funkenflug klappt das Holzgerüst in sich zusammen. Dann kippt auch das Nest mitsamt der verbliebenen Insassen zur Seite und verwandelt sich in ein Feuerrad. Es rollt in die Trümmer hinab. Die männliche Krähe, welche die ganze Zeit über dem brennenden Haus gekreist hat, stößt mehrere Schreie aus, entfernt sich und lässt sich auf einer gegenüberliegenden Ruine nieder. Ein anderer Tempel, vor einiger Zeit angesteckt, ist dort bis auf den Erdboden niedergebrannt. Nur einige Pfeiler ragen noch über den Haufen aus Ziegeln und geschwärzten Balken hinaus. Der Vogel wählt den dem

Unglücksort nächstgelegenen Aussichtspunkt. Unbeweglich und für lange Zeit sitzt er an demselben Ort, bis er mit dem verkohlten Pfosten verschmilzt. Dann mit der Nacht.

Daitokuji
81

Manche, die an nichts Gutes im Menschen mehr glaubten, sagten, der Krieg ginge nur deshalb zu Ende, weil es nichts mehr zum Niederbrennen gebe. In der Tat war die Hauptstadt ein einziges Trümmerfeld, ein Durcheinander aus Ruinen, Resten von Anwesen voll schwelender Feuer, die sich immer wieder aufs neue ausbreiteten, durchsetzt von behelfsmäßigen Wohnstätten, in denen sich sowohl Einwohner wie auch Kämpfer versteckt hielten und auf bessere Zeiten warteten.

In diesem unglückseligen Krieg gab es keine Sieger, ja, nicht einmal hatte eine der Kriegsparteien ihren Machtbereich wesentlich vergrößern können. Das große Schlachten zweier gegnerischer Armeen – diejenigen der Hosokawa und der Yamada – war unübersichtlich geworden und zum Anfangszustand der Auseinandersetzungen zurückgekehrt: Scharmützel hie und da, von Zeiten misstrauischen Abwartens und Beobachtens unterbrochen. War das schon eine Art Frieden? Der Übergang verlief fließend, und weitere Jahre des Elends, insbesondere des Hungers, würden noch folgen.

Dennoch kehrte allmählich ein Gefühl von Sicherheit zurück. Die meisten Wegelagerer waren tot oder mitsamt ihren Kriegsherren, deren Allianzen brüchig geworden waren, in die fernere Umgebung verschwunden, zumal sich auf dem Land eher Nahrungsmittel finden ließen als in der zerstörten Stadt.

Der Blinde Esel wurde der Außenwelt wieder zugänglich. Nicht nur Eingeweihte konnten nun den Weg dorthin finden. Allmählich wurde der einst zugepflanzte Weg zu Ikkyu und den Getreuen wieder aufgetrampelt.

Yoso war gestorben, ohne die endgültige Verwüstung des Daitokuji noch miterlebt zu haben. Friedlich sei er entschlafen, hieß es. Das übliche letzte Gedicht hatte er nicht hinterlassen. Vielleicht hatte ihn der endgültige Schlaf überrascht, so dass er nicht mehr dazu gekommen war, eines zu verfassen? Andererseits hätte es zu ihm gepasst, für alle Fälle etwas vorbereitet zu haben. Man fand aber nichts. Nun, noch nie war er ein begnadeter Dichter gewesen und hatte sich gegen Ende seines Lebens von einem angeblich erwachten Mönch zu einem Verwalter gewandelt, auch hatte er möglicherweise letzten Endes seine Begrenztheit gespürt und diese vielleicht sogar angenommen.

Mehrere andere Persönlichkeiten aus dem Kreis der *gozan* waren nach ihm als Äbte des Daitokuji eingesetzt worden, doch handelte es sich bei all diesen Ernennungen eigentlich um Formalitäten, denn es stand nichts mehr an Gebäuden, die zu verwalten gewesen wären, ja, nicht einmal ein sicherer Ort zum Übernachten fand sich noch im Ruinenfeld des Tempelgeländes, zumal dort, wie überall in der Hauptstadt, immer noch versprengte Reste der Kriegsparteien ihr Unwesen trieben.

So nahmen die jeweiligen Äbte dankbar vom Kaiser die purpurne Robe in Empfang – die einzige dieser Farbe im ganzen Land –, ließen sich feierlich und nicht ohne Stolz in das Amt einführen, gaben das Kleidungsstück auch zu gegebener Zeit an den Nächsten weiter, besuchten aber das Gelände, das ihnen somit unterstand, nicht ein einziges Mal. Keinem gelang es, einen Wiederaufbau in die Wege zu leiten. Wie hätte dies auch geschehen können? Es war kein Geld mehr da, nicht bei den Klöstern des *gozan* und ebensowenig am kaiserlichen Hof.

Seit einer Weile herrschte Gotsuchimikado über das Land, der Nachfolger von Kaiser Gohanazono, der Ikkyu einst angefleht hatte, seinen Hungerstreik abzubrechen, damals, als der Daitokuji noch stand. Zu Zeiten von Gotsuchimikado hatten die Kriegsfolgen endlich auch den kaiserlichen Hof erreicht: dort war man nun völlig verarmt, da beinahe die gesamten Zahlungen ausblieben. Die Kriegsfürsten hatten ihre Armeen zu unterhalten, und bei den einfachen Untertanen, dem Volk, war nichts mehr einzutreiben; sowieso hungerte man schon. Oftmals waren Reispflanzungen zu Schlachtfeldern geworden, oder Kriegsleute hatten sie gar mutwillig zerstört.

Die kaiserlichen Beamten begannen, die Schätze des Palastes zu verkaufen, um an Lebensmittel und andere Notwendigkeiten zu gelangen. Schweren Herzens trennten sie sich von Kalligrafien und Bildern, die man nicht lange zuvor für viel Geld aus China und Korea bezogen hatte. Die Wände des Palastes wurden kahl. Man behalf sich mit Blumenarrangements. Liebend gerne hätte Gotsuchimikado abgedankt, denn unter solchen Umständen war es kein Vergnügen mehr, zu herrschen, doch war auch dies unmöglich, und zwar aus einem kaum glaublichen Grund: es gab kein Geld, um gegebenenfalls einen neuen Kaiser zu inthronisieren. Die dafür vorgeschriebene Zeremonie und die Feierlichkeiten hatten nämlich unter allen Umständen stattzufinden, denn nach wie vor war die Instanz des Kaisers eine heilige. An den sie betreffenden Gepflogenheiten durfte nicht gerüttelt werden. Schlimmer noch: einer der Vorgänger Gotsuchimikados, der schon längere Zeit im Ruhestand gewesen war, hatte nach seinem Ableben drei Monate auf sein eigenes Begräbnis warten müssen, da es so lange dauerte, um den dafür nötigen Betrag zusammenzubetteln.

Obwohl die Wege über Land wieder größtenteils offen und mehr Reisende als früher unterwegs waren, kehrte im Blinden Esel allmählich etwas Ruhe ein. Es kamen nur noch vereinzelt Besucher. Die Menschen brauchten sich nicht mehr im Wald zu verstecken; viele konnten zu ihren Familien zurückkehren und wieder die Felder bestellen. Bokusai und Komparu waren zurück in die Stadt gezogen und schauten nur noch ab und zu vorbei.

Komparu Zenchiku drängte es danach, seine neuen Werke endlich auf die Bühne zu bringen. Er versuchte, an alte Verbindungen anzuknüpfen, bemühte sich aber auch, neue Aufführungsmöglichkeiten zu erschließen. Nach und nach scharte er diejenigen Schauspieler, die des Krieges Wirren überstanden hatten, wieder um sich. Man begann, zu proben und zu spielen. Nachdem sich viele einflussreiche Personen von der umkämpften Stadt aufs Land zurückgezogen hatten, entstand im Laufe der Zeit auch in den Provinzen ein gewisser Bedarf an kulturellen Darbietungen. So wurde aus den Hofschauspielern eine fliegende Truppe, die unter den verschiedensten Bedingungen auftrete musste.

Komparus Stil hatte sich verändert. Die Dialoge waren auf das Wesentliche beschränkt, waren zugespitzt und geschärft, so wie sich ein *koan* bei langer Betrachtung in immer klarerem Licht zeigt, bis einem gar die Augen schmerzen – oder vielmehr der Geist. Zu einem beträchtlichen Teil war dies dem Einfluss Ikkyus geschuldet, auch fanden sich in Komparus Stücken, offen oder verborgen, nicht wenige Anspielungen auf Aussprüche des Meisters.

Bokusai war wieder als Maler gefragt. Gut für ihn erwies sich, dass es nach dem Krieg viele Alkoven mit kahlen Wänden gab – sofern die Häuser darum herum noch standen. Im

Gegensatz zum kaiserlichen Hof hatten die Emporkömmlinge, die Günstlinge des Shoguns und der *daimyos* sowie die vielen sonstigen Kriegsgewinnler noch Geld, insbesondere, wenn sie rechtzeitig von der Hauptstadt aufs Land gezogen waren. Mit einigen Säcken in der Provinz geerntetem Reis konnte man viel Geld verdienen – »Rot anstatt weiß müsste der Reis sein«, hatte Ikkyu geseufzt, »klebt doch inzwischen allzu viel Blut daran.« Bokusai wusste, dass Ikkyu etwas Wahres aussprach, doch was sollte er tun? Er versuchte, sich künstlerisch treu zu bleiben, ja, wie diejenigen Komparus waren auch seine eigenen Ausdrucksmittel von allem Unnötigen gereinigt und wurden nun überaus sparsam eingesetzt, als wäre Tusche genau so schwer zu bekommen wie Reis: obwohl Bokusai den Pinsel schneller und entschlossener führte als je zuvor, berührte dieser das Papier kaum, war in stetem Flug und hinterließ bezaubernde Spuren wie Pfade im Nebel.

Shoiku und Nanko waren dieselben geblieben, mittlerweile zwar auch gealtert wie Ikkyu, doch immer noch rüstig und stets guten Mutes. Mönchsein war ihre Bestimmung. Sie halfen, wo es nötig war, ohne den Wunsch zu hegen, zu etwas Vollkommenerem aufzusteigen.

»Besser als ich seid ihr geworden«, sagte Ikkyu oft. Das war nicht nur Scherz.

Mori lebte mit den dreien in wunderbarem Einklang.

Wenn Saigaku, das kleine Mönchlein zu Besuch war – Ikkyus letzter und jüngster Schüler –, dann erwuchs dem Kleinen eine eigenartige, aber liebenswerte Familie: Ikkyu war gleichzeitig Vater und Großvater, Mori eine junge, stets fürsorgliche Mutter; und dann gab es da die Onkel Shoiku und Nanko, die Spielzeug bastelten und Späße machten.

Saigaku war noch ein Kind. Seine Eltern hatte man während der Kriegswirren verschleppt. Sie waren verschwunden, vielleicht bei einem der vielen Brände ums Leben gekommen. Die meiste Zeit verbrachte der Junge bei seinen Großeltern, Reisbauern in der Ebene, welche die Hauptstadt vom Hafen Sakai trennte. Dort half er den alten Leuten bei der Arbeit. Diese war schwer. Immer gab es etwas zu tun: die Felder mussten instand gehalten und vom Schlamm befreit werden; barfuß im Wasser stehend setzte man dann in langer Reihe die Reisschösslinge. Auch die Ernte, nachdem man das Wasser abgelassen hatte, war harte Arbeit. So hatte Saigaku selten Zeit, sich auf die geliebte Wanderschaft zum Blinden Esel zu machen, obwohl seine Großeltern ihn darin unterstützen, ein guter Mönch zu werden. Wohl war ihnen seine diesbezügliche Entschlossenheit aufgegangen, auch schätzten oder gar verehrten sie Meister Ikkyu, dessen Darbietungen auf dem Dorfplatz sie nie versäumt hatten.

Natürlich wurde mit Saigaku auch *zazen* geübt. Diesbezüglich war Ikkyu streng. Mori beteiligte sich ebenfalls am gemeinsamen *Sitzen*. Wenn sie *saß*, schien ihre Blindheit besonders deutlich wahrnehmbar zu sein. Das Fehlen des Blickes, wodurch kein Festhalten am Sichtbaren möglich war – ein Zustand, den ein Sehender sich erkämpfen muss –, das hatte sie schon, und man sah dies an ihrer Haltung. Nicht die Augen nahmen wahr, sondern der ganze Körper. Wachsam wartete sie auf eine Nicht-Erscheinung, saß still, als böge sich der Körper im Nicht-Sturm, als zucke er zusammen unter einer Nicht-Berührung, als wappne er sich gegen einen Nicht-Schlag. In den Händen, deren Daumenspitzen makellos aneinanderlagen, hielt sie ein unsichtbares Kleinod. Ihr

Nacken ruhte in vollkommener Entspannung – aber doch für den entscheidenden Hieb bereit.

»Schwer, in Worte zu fassen«, sagte sie, wenn sie das Erfahrene in Worte zu fassen suchte.

»Nicht schwer, sondern *unmöglich*, in Worte zu fassen«, tröstete sie Ikkyu dann, so wie er es bei allen Übenden tat. »Doch bist auch du wohl begabter als ich, meine Liebe.«

»Und ich? Und ich?«, rief Saigaku.

»Kinder haben es sowieso ...«

Bald aber kam das ruhige Leben zu einem unerwarteten und plötzlichen Ende.

»Vornehmer Besuch«, flüsterten Shoiku und Nanko, als der Meister und Mori eines Nachmittags von der Blinden Maus zurückkehrten, wo sie sich geliebt hatten. »Sie wollen ... ach, das sollen sie dir selbst erklären.«

Verwundert trat Ikkyu auf die beiden Gäste zu, die in der bescheidenen Halle beim Tee saßen. Die Freunde hatten sie gut bewirtet. Der Kessel surrte. Es duftete.

»Meine Gefährtin, ...«, stellte Ikkyu vor. Mori verbeugte sich zugleich mit ihm.

Die Gäste erwiderten die Verbeugung und blickten einander an. War da etwa Missbilligung in ihren Mienen zu lesen?

»... die mir nicht von der Seite weicht«, fuhr der Meister fort.

Nein, alles schien in Ordnung zu sein. Er spürte, dass den Gästen seine Lebensumstände bekannt waren.

Es musste sich um etwas von großer Wichtigkeit handeln. Dies konnte man daran erkennen, dass kein Grund zur Eile bestand. Ikkyu setzte sich. Auch Mori ließ sich nieder, zunächst auf die Knie, dann glitt ihr Gesäß anmutig seitwärts in einen eleganten Sitz. Ikkyu entging es nicht, dass die Gäste sie bewundernd betrachteten.

»Ich kann Euch nicht sehen, verzeiht«, sagte Mori zu den Männern, als sei dies ihre eigene Schuld. Die Gäste murmelten Verständnis, unschlüssig, wie man sich zu verhalten habe, wenn eine Verbeugung nicht wahrgenommen werden kann. Man trank noch etwas Tee und lobte dessen Geschmack: nicht zu bitter und nicht zu mild.

Dann, nach einigem Schweigen, griff einer der Herren in die Seitenfalte seines Gewandes, kramte ein Päckchen hervor und schnürte es auf. Ein Fetzen Seide von purpurner Farbe kam zum Vorschein.

»Sagt Euch diese Farbe etwas, verehrter Meister?«, begann er, Ikkyu das Tuch übergebend. Es war aus edelstem Stoff, aus dicker, weicher Seide. Je nach Blickwinkel wechselte das leuchtende Purpur die Schattierung. Ikkyu hielt sich die Probe an die Nase. Er sog den Duft ein.

»Köstlich parfümiert«, lobte er. »Das ist wahrlich ein vornehmer Stoff! Dergleichen findet sich hier nicht; ich bitte um Entschuldigung für unser so überaus schäbiges Heim.«

Der Gast ließ sich das Stoffstück zurückreichen. Dann kam er zur Sache: »Dies ist ein Teil einer ganz besonderen Robe, einer Robe, die es im Land nur ein einziges Mal gibt. Wir haben ihn aus dem Saum des Gewandes geschnitten, das der Abt des Daitokuji trägt, dem mittlerweile bedeutendsten Oberhaupt des bedeutendsten Ortes der Hauptstadt.«

»Nun«, erwiderte Ikkyu zögernd, »meines Wissens ist das Gelände, von dem Ihr sprecht, ganz und gar abgebrannt.«

»Das ja«, sekundierte der zweite Gast. »Ein Wiederaufbau wird allerdings notwendig sein.«

»Ist er denn im Gange?«

»Noch nicht ...«

Das Gespräch stockte. Endlich platzte der zweite Besucher heraus: »Wir kommen im Auftrag des kaiserlichen Palastes. Man bittet Euch, Meister Ikkyu, der neue Abt des Daitokuji zu werden und sich des Wiederaufbaus anzunehmen.«

Einen Augenblick lag war Ikkyu sprachlos, dann lachte er laut heraus. »Hahaha! Ist das Euer Ernst? Ist Euch entgangen, dass dieser Tempel und ich bereits eine bewegte Geschichte hinter uns haben? Ein Liebesabenteuer war diese wahrlich nicht! Einst weilte ich als Abt eines Untertempels im Daitokuji, allerdings nur sieben Tage lang, dann verdrückte ich mich wieder, nachdem ich ein Gedicht auf einen Ast gespießt hatte, um ins ... nun, das spielt hier keine Rolle; später dann, Jahre später, als der Tempel zwar noch stand, aber alles schon drunter und drüber zu gehen begann, trat ich in einen Hungerstreik – ihr, Nanko und Shoiku könnt dies bezeugen –, denn ...«

»Das wissen wir alles«, unterbrach der erste Bote, was wohl unhöflich, anlässlich des Meisters Wortschwall aber entschuldbar war.

»Ja?« Ikkyu hielt verblüfft inne. »Und dennoch ...«

»Dennoch. Sogar gerade deswegen. Niemals habt Ihr Euch beugen lassen, habt immer an Euren Überzeugungen festgehalten, komme, was da wolle. Oft, Meister, habt Ihr überdies betont: kein Spruch-*zen* zu lehren, sondern das *zen* des *Tuns*. Dem Kaiser ist dies nicht entgangen. Nur mit Euch kann ein Neuanfang auf den Brachfeldern des Daitokuji gelingen. Das Volk wird Euch vertrauen, ja, es wird den Bau neuer Gebäude sogar unterstützen, wenn Ihr es seid, der dort lehren wird. Viele rühmliche Geschichten erzählt man sich von Euch, und niemals habt Ihr Euch auf eine bestimmte Seite geschlagen. Dies ist es, was Seine Hoheit, Kaiser Gotsuchimikado, besonders schätzt, zumal auch er sich stets dem Wohl des Volkes verpflichtet fühlt und nicht nur einer einzigen Familie, seien es die Hosokawa oder die Yamada oder wer sonst ...«

Nun wäre es an Ikkyu gewesen, den aufgeregten Redefluss zu unterbrechen, doch er saß einfach da, bis der Bote von selbst verstummte.

»Ich bin ein alter Mann«, sagte er dann.

Ja, das war er. Doch in diesem Augenblick erinnerte er sich an Kasos letzte Nachricht. War *das* nun die Aufgabe? Reichlich spät! »Der rote Faden«, murmelte er. Wer würde ihn weiterspinnen? Wer würde ihn nach dieser langen Zeit von Krieg und Zerstörung wieder aufnehmen?

Wer, wenn nicht er?

»Alt seid Ihr keineswegs, sondern ehrwürdig«, sagte der eine Gast in einem unbeholfenen Versuch, zu schmeicheln.

»Das ja. Sehr«, pflichtete ihm der zweite bei.

Ikkyu lächelte schwach. Was wissen die jungen Leute vom Alter?

»Ich bitte um Bedenkzeit«, sagte er und blickte zum Himmel, an dem eine milchige, kaum wahrnehmbare und beinahe kreisrunde Mondscheibe stand. »Bis ... zum nächsten Vollmond. Ich werde über das freundliche Angebot nachdenken.«

Nanko, den Gästen nicht sichtbar, schüttelte heftig den Kopf. Shoiku, ebenso unbemerkt, wedelte mit beiden Händen, als warne er davor, sich ihm zu nähern.

Die Bedenkzeit wurde gewährt. Natürlich hatten die Boten Derartiges erwartet: eine augenblickliche Zusage hätte sogar als unhöflich gewertet werden können.

Als man den Besuch verabschiedet hatte, starrte Ikkyu in die Luft. »Was war denn *das?*«, murmelte er schulterzuckend, die anderen anblickend.

»Du gehst ja sowieso«, sagte Mori in einfachem Ton. »Aber denke noch ein wenig darüber nach, wenn es dich beruhigt.«

»Hmm«, murmelte Ikkyu: ein Laut, den er neuerdings an denjenigen Stellen von sich zu geben pflegte, an denen er früher gegrinst hätte – doch dies könnte Mori ja nicht sehen.

»Und was wird aus uns?«, riefen Shoiku und Nanko wie aus einem Mund.

»Ihr kommt natürlich mit«, sagte Ikkyu. Sogleich korrigierte er sich: »Soll natürlich heißen: *kämet – falls* ich denn ginge.«

»Du gehst«, wiederholte Mori. »Nun lasst uns ruhen – mein Lieber, schlafe darüber.«

»Bitte neunundzwanzig Mal!«, fügte Shoiku hinzu.

Am Überlandweg hatte eine Kneipe aufgemacht, nicht weit von der Stelle, an der Mori belästigt worden war. Die Bude lag schön vor dem Wald. Ihre kleine Terrasse, aus krummen Balken gezimmert, eröffnete einen herrlichen Blick hinab ins Tal und in die Weite, beinahe bis zum Meer. Vielleicht war ja jene blaue Zone, in welcher Ferne und Himmel miteinander verschmolzen, tatsächlich bereits der Ozean. Manchmal stritten sich die trinkenden Gäste darüber. Vom Blinden Esel aus konnte man die Kneipe in einem kurzen Fußmarsch erreichen. Ikkyu wanderte öfters dorthin, besonders gegen Abend, wenn man, auf dem Holzboden der Veranda sitzend, den Sonnenuntergang bewundern konnte. Die Farben waren prächtig, »schöner noch als die Robe des Abtes von Daitokuji«, wie Ikkyu immer wieder festzustellen pflegte.

Man glaubte ihm. Die Bauern in ihren groben Gewändern waren einfach, aber stolz. »Der *meinige* Rock hingegen«, sagte einer von ihnen zum Meister, »ist ohne Zweifel schöner als das größte abgeerntete Matschfeld des reichsten Reisbauern in der ganzen Umgebung!« Alle lachten. Ikkyu fühlte sich wohl.

»Da soll ich doch allen Ernstes Abt des Daitokuji werden«, sagte er eines Abends, als der Sake in Strömen floss. Im Licht der untergehenden Sonne hatte er vor der Kneipe gesessen und seit langer Zeit wieder einmal auf seiner *shakuhachi* gespielt.

»Du vergraulst mir noch die Gäste!«, hatte der Wirt nach draußen gerufen, und Ikkyu hatte gelacht.

Nun saß er im Warmen. Abwesend pfiff er auf der Flöte herum, ab und zu einen vereinzelten Ton blasend. »Ich Abt? Was haltet ihr denn *davon?*«

Natürlich war den Bauern der Tempel, um den es ging, bekannt. Jeder wusste um die Ruinen des Daitokuji.

»Dann werdet Ihr wohl nicht mehr mit uns trinken, Meister«, sagte einer der Anwesenden traurig.

»Wohl nicht ...«

»Ihr seid ein alter Mann. Habt Ihr Euch denn nicht etwas Ruhe verdient?«

»Und Schnaps?«, fügte ein anderer hinzu.

So ging die Unterhaltung dahin. »Niemand kann Euch die Entscheidung abnehmen«, sagte einer, und zu dem vorigen: »Natürlich ist er alt – aber deswegen auf der faulen Haut zu sitzen? Wenn ich mir vorstelle, dass ich kein Feld mehr zu bestellen hätte ...«

»Das ist es ja«, seufzte Ikkyu. Er hatte schon fleißig dem Sake zugesprochen. »Wisst ihr, was mein verehrter Meister gesagt hat, sich dabei auf den großen Rinzai berufend?«

»Auf wen?«

»Nicht so wichtig. Sinngemäß: spiel auf deiner Flöte, oder schieb sie dir in den Arsch. Das ist egal. Aber tu etwas!« Er sprang auf, schon reichlich angeheitert, griff seine Flöte, wollte sich schon die Kutte über den Kopf ziehen und ...

»Das braucht es nicht!«, riefen die Zuhörer. »Wir haben begriffen!«

Als sich das gewaltige Gelächter gelegt und jeder nachgeschenkt bekommen hatte, kehrte Stille ein.

»Ihr werdet uns fehlen«, sagte einer.

»Ihr mir auch.«

»Wir kommen Euch besuchen.«

»Ich euch auch.«

»Das einzig Gute daran«, sagte der Wirt, während er einen allerletzten Krug entkorkte, »das ist, dass wir nun seiner Katzenmusik nicht mehr lauschen müssen.«

Krähe mit Spiegelbild

»Und wenn alle Menschen erwacht sind?«, fragte Saigaku eines Tages. »Was ist dann? Ist dann endlich alles gut?«
 Ikkyu schüttelte den Kopf: »Dann sind die Tiere an der Reihe. Sie entwickeln sich ja fort, bekommen Geist, denken, vielleicht nicht so wie wir Menschen, aber auf eine andere, ihnen eigene Art; eine neue Welt wird entstehen. Es ist ein endloser Fluss. Weder ist das Meer je voll, noch sind die Quellen je leer ...«

An einer Stelle ragt das Ufer ein wenig über die Wasseroberfläche. Es ist windstill, der Teich glatt wie ein Spiegel. Die Krähe stapft auf das Wasser zu, wobei ihr das Gras bis an die Brust reicht. Im Teich erscheint ihr Bild. Den Kopf schräggestellt, betrachtet sie die Spiegelung. Ein Blütenblatt hat sich auf ihrer Stirn niedergelassen, genau zwischen den Augen, wie ein drittes, weißes Auge. Nun erscheint es auch im Spiegel. Die Krähe hackt nach dem Fleck im Wasser; das Bild wird wellig, als sauge Bokusais Malgrund auf einmal zu viel Tusche auf, oder als sei das Papier zu zart, und verschwimmt.
 Möglicherweise ist die Krähe zufrieden, den Störenfried mit dem weißen Auge weggepickt zu haben. Schon will sie sich landeinwärts begeben, da erscheint jener wieder, was sie, bereits im Umdrehen, aus den Augenwinkeln wahrnimmt. Als sie sich erneut zu ihm herabsenkt, reckt er sich ihr auch noch entgegen! Wieder pickt sie ihm ins Gesicht. Heftiger als zuvor versucht sie, ihm das lästige Auge auszuhacken. Wieder verschwindet er im Wellenmuster.
 Nun ist die Krähe möglicherweise verstört – wer mag dieser Quälgeist nur sein? – sieht er doch genauso aus wie ...

Unschlüssig stakst sie ein paar Schritte zurück, dann wieder voran: da ist er ein drittes Mal!

Der Vogel stößt einen Schrei aus, schwingt sich in die Luft und überfliegt den Teich. An dessen anderem Ende, wo das Wasser flach wird und in den dort entspringenden Bach übergeht, erhebt sich im beginnenden Bachbett eine Art Gestell, ähnlich einem sorgfältig ausgewogenen Gesteck aus Ästen und Zweigen: Dickeres und Dünneres, wie kunstvoll aneinander gelehnt. Es sind Schwerter, Bambusstangen und abgehackte Arme, letztere teils mit Ärmeln und gedörrtem Fleisch behängt, teils auch nur noch die Knochen vorstreckend.

Eine letzte, unaufgeräumte Spur des Krieges ist das. Hier muss ein Massaker stattgefunden haben. Köpfe mochten gerollt sein, möglicherweise mit der Strömung weiter den Bach hinab. Die Arme der Toten aber sind noch da; mancher Querschnitt, wenn ein scharfes Schwert und ein guter Schlächter am Werk gewesen waren, schielt einem mit Elle und Speiche entgegen. Vom Körper getrennte Gliedmaßen sind schwerer, als es den Anschein hat. Die Leichtigkeit, mit der sich ein Arm hebt, ist weg. Keine Muskeln gibt es mehr, die der Schwerkraft etwas entgegenzusetzen hätten.

Nun steuert die Krähe auf den seltsamen Horst, der gute Aussicht böte, zu, und ist im Begriff, sich auf dessen höchstem Punkt niederzulassen, doch dadurch wird das Gleichgewicht der Anordnung zerstört. Der Stapel bricht zusammen und stürzt ins Wasser; der Vogel mit. Wieder stößt die Krähe einen Schrei aus. Flatternd bricht sie auf, wobei Wassertropfen von ihren Flügelspitzen spritzen. Sie fliegt davon.

Daitokuji
81

Nacht für Nacht wanderte der Mond über den Blinden Esel hinweg, mal blass, mal leuchtend. Die Arbeit in der Klause ging ihren Gang. Ikkyu war nachdenklich, sprach aber nicht über die Zukunft. Shoiku und Nanko zählten besorgt die Tage. Sie würden den Blinden Esel vermissen. Oder sollten sie hierbleiben und die Klause an Ikkyus Stelle weiterführen? Nun, sie würden tun, was der Meister für richtig hielt.

Mittlerweile bewegte sich Mori in den Gebäuden mit schlafwandlerischer Sicherheit. In ihrem lichtlosen Inneren war inzwischen alles an seinem angestammten Platz. Griff sie an die Wand nach einer Rührkelle, so fand sich deren Stiel auch schon in ihrer Faust. Bewegte sich eine Treppenstufe auf sie zu, so hob sich ihr Fuß ohne Zögern im richtigen Augenblick, und goss sie Tee ein, prüfte sie den Stand des einmal ausgelegten Geschirrs nicht nach, und kein Tropfen ging daneben.

War Saigaku zu Gast, beschäftigte sich Ikkyu ohne Unterlass mit ihm, ließ ihn Schriftzeichen malen, ermutigte ihn, erste Gedichtchen niederzuschreiben und versuchte, alle seine Fragen zu beantworten. Auf zweifache Weise vergaß er nun sein Alter: bei Moris Liebe und bei seinen Späßen mit dem Jungen. Besonders, wenn Ikkyu vom *Sitzen* kam, war er gut aufgelegt. »Zum ersten Mal«, sagte er eines schönen Nachmittags, »spüre ich, dass mein Kopf eigentlich eine vertrocknete Sonnenblume ist, und mein Hals der dürre Stängel, auf dem sie schwankt. Ich vernehme ein Knistern in meinem Hals ...«

»Dein Kopf eine vertrocknete Sonnenblume?« Saigaku grinste.

»Ja. Hoffentlich bricht sie nicht ab. Hahaha!«

Worüber Ikkyu da eigentlich sprach, waren Alter und Vergänglichkeit. Diesbezüglich hatte der Kleine viele Fragen, beispielsweise: »Wenn man so wenig weiß, nicht einmal, ob man am Ende zu den Göttern geht, was soll man dann eigentlich auf der Welt tun?«

Ikkyu horchte auf. Das war doch er selbst von dereinst, war Sengikumaru, der da sprach!

»Ach, mein Kleiner«, seufzte er, Saigaku über das Stoppelhaar steichend, »so habe ich auch gefragt, als ich jung war, viel zu jung für solchen Ernst. Zu wenig gespielt, zu viel gefragt. Aber da kann man nichts machen ...«

Saigaku runzelte die Stirn. »Das ist aber keine Antwort.«

»Nein. Ist es nicht. Ich habe keine Antwort. Hätte ich aber eine, dann würde sie dir nichts nützen, denn die deinige musst du selbst finden. Deshalb, Junge: beobachten! Weniger fragen, mehr beobachten, das ist alles. Eine Übung dazu ist zum Beispiel: blicke auf deine Hände, wenn du eine Arbeit verrichtest, Gemüse putzen, Reis waschen, Zwiebeln schälen, ganz egal ... Und schneide dich nicht! Hahaha! Nicht wahr? Neulich hast du dir beinahe den Daumen abgesäbelt.«

Der Junge führte den inzwischen verheilten Daumen zum Mund und sog daran. »Was soll ich denn beim Zwiebelschneiden lernen? Die Knollen noch sorgfältiger und noch gleichmäßiger zu zerteilen? – wenn sie anschließend doch nur unter den Reis gemischt werden!«

»Ja. Nein.«

»Wenn ich weniger Zwiebeln schneiden müsste, dann könnte ich mehr *sitzen*, und dann ...«

»Hör zu.« Ikkyu setzte sich neben Saigaku. »Es gibt zwei gänzlich verschiedene Wenn-danns. Das eine davon tritt niemals ein, solange man auch wartet, das andere aber mit unfehlbarer Gewissheit. Zum ersten. Wie oft sagt man sich: wenn ich dieses oder jenes abgearbeitet habe, dann werde ich mich endlich mit mir selbst befassen können; oder: wenn ich endlich der beste Zwiebelschneider des Landes geworden bin, dann ... –, doch selbst, wenn du alle Zwiebeln der Welt zu gleich großen und vollkommenen Würfeln verarbeitet hättest: das sehnlich erwartete *dann* wird niemals kommen, nicht bis ans Ende aller Zeiten. Was du nicht *jetzt* tust, das ...«

Saigaku war nicht ganz bei der Sache. »Vielleicht fällt Euch deswegen alles leicht«, unterbrach er, »weil Ihr edles Blut in Euren Adern habt. Das stimmt doch? Waren meine Eltern auch Edelleute?«

Ikkyu musste lachen. »Langsam, langsam! Nichts fällt mir leicht. Und: nein, deine Eltern waren einfache Bauern. Doch spielt das nicht die geringste Rolle. Wir alle sind durch das rote Band verbunden, von Geburt zu Geburt. Aber durch diesen Faden fließen keine Ämter, keine edlen Roben, keine Erkenntnisse. Nur Blut, jene rote warme Brühe, die dir unlängst aus dem Finger troff, ununterscheidbar gleich bei Bauern, Kaisern, Mördern oder Mönchen.«

»Hm.«

»Nun zum zweiten, dem wirklichen Wenn-dann. Der Erhabene nannte es die *bedingte Entstehung*. Diese scheint dem Vorigen ähnlich, doch handelt es sich um etwas ganz anderes. Du bist ein kluges Bürschchen und wirst das verstehen.

Es ist folgendermaßen – und klingt lächerlich einfach: wenn *dies* geschieht, dann folgt daraus *jenes*. Geschieht dies aber *nicht*, so folgt daraus auch jenes *nicht*.

Das ist alles. Geschieht etwas anderes, dann folgt daraus auch etwas anderes, wobei alle diese Folgen felsenfest aneinandergefügt sind, was sage ich, fester als Stein, als Metall, als alle Stoffe der Welt. Fegst du den Boden nicht, dann bleibt er staubig. Isst du nichts, dann wirst du hungern – und niemand auf der Welt kann an solchen Wahrheiten etwas ändern ...«

»Also gibt es keine Heiligen, die von Luft oder Sonne leben, wie man es manchmal in den Schriften liest, die fliegen können, die unsere Gedanken erraten und dergleichen mehr?«

»Gibt es nicht. Hast du keine Flügel, fliegst du nicht. Steckst du ein Haus an, brennt es nieder. Schweigst du, hört man nichts. Bläst du in die *shakuhachi*, erklingen Töne. Wirfst du einen Stein ins Wasser, sinkt er auf den Grund. Und so weiter und so fort.«

»Ja, das verstehe ich.«

»Wenn du es richtig bedenkst, ist dies von wunderbarer Kraft: nichts kann ohne Folge sein, denn alles ist durch besagte Bedingtheit mit allem anderen verbunden. Verstehe das: alles, was je geschah, was geschieht und je geschehen wird, ist voneinander abhängig. Versuche, nichts zu tun. Du wirst sehen, es geht nicht. Solange du lebst.«

»Nicht denken geht also auch nicht?«

»Geht nicht. Probiere es aus.«

»Hm ...« Saigaku überlegte.

»Siehst du«, grinste Ikkyu. »Schon denkst du. Aber noch etwas: nun verrate ich dir ein Geheimnis. Eines Tages wirst du es selbst lüften, aber behalte es schon einmal im Kopf.« Er beugte sich zu Saigaku herab und flüsterte ihm ins Ohr: »*Du bist nicht deine Gedanken.*«

»Hm. Darüber muss ich nachdenken ... das heißt ... nicht *ich*, sondern ... ja, wie denn jetzt?« Nun war Saigaku völlig verwirrt. Ikkyu lachte. »Ging mir genauso.«

»Aber noch immer«, rief der Junge, »habt Ihr meine erste Frage nicht beantwortet: Was ist der Sinn von alledem?«

»Du fragst Sachen! Woher soll ausgerechnet *ich* das wissen, wo sich doch jeder auf der Welt diese Frage stellt? Frage jemand anderen! Ich habe keine Antwort für dich. Eine Wanderschaft? Ein Weg, kein Ziel? Dann, nach langer, langer Reise kehrt man heim? Endlich nach Hause? Doch dieses Zuhause, nach den Wirren des Lebens wieder erreicht, ist strahlender, herrlicher, friedlicher als der Ort, von dem man aufgebrochen ist? Willst du so etwas hören?«

»Aha«, sagte der Junge, nicht überzeugt.

»Komm, Saigaku, spielen wir eine Runde Ball!«

»Au ja! Und das *Sitzen?*«

»Fällt heute aus.«

»Glaubst du das denn selbst, Ikkyu?«, fragte Mori, als Saigaku eingeschlafen war. Sie hatte dem Gespräch zugehört. »Glaubst du an das Leben als eine Wanderschaft und an ein friedliches Nachhausekommen danach?«

Der Meister wog den Kopf: »Vor einiger Zeit noch hätte ich dies verneint, doch nun sage ich lieber wieder ja, neigt sich doch meine eigene Reise allmählich dem Ende zu.«

Als Ikkyu die zwei Boten herannahen sah – neunundzwanzig Monde waren inzwischen vorübergezogen –, eilte er in sein Schlafgemach und wühlte seinen ältesten Kittel aus der Kleidertruhe. Mit einem Messer schnitt er ein handtellergroßes Stück Stoff aus dem linken Ärmel. Er stopfte es sich unter die Gürtelschnur.

Nach der Begrüßung mit den üblichen Ehrfurchtsbezeugungen kam man rasch zur Sache.

»Auch ich möchte Euch ein Stück Stoff zum Geschenk machen«, begann der Meister, während er einem der beiden Boten den aus seinem Gewand geschnittenen Fetzen reichte. »Auch dieses, obwohl grob gewoben und nicht von ansprechender Farbe, entstammt einer besonderen und einmaligen Robe: der meinigen nämlich. Diese bin ich gewohnt – und bin, wie Ihr wisst, alt; ungern würde ich nochmals auf ein anderes Kleidungsstück umsteigen müssen. Darüberhinaus finde ich, dass sie mir gut steht. Soll ich also Euer Baumeister sein, dann müsstet Ihr Euch an einen derartigen Anblick gewöhnen. Übrigens trage ich dazu Reisstrohsandalen.«

Offenbar hatte man den Boten auf des Meisters Grillen vorbereitet. Er nickte, sich dabei leicht verbeugend. »Das wäre nicht das Schlimmste, wenn Ihr Euch nur nicht weigert, wenigstens zur Ernennungszeremonie die violette Robe anzulegen.«

»Nur kurz«, sekundierte der zweite Bote.

»Das würde sich machen lassen.«

Mori war hinzugekommen und lächelte. »Ich wusste, dass du gehst.«

»*Wir* gehen«, antwortete Ikkyu, »nicht wahr?« Er wandte sich wieder an die Gäste. »Die zweite Bedingung wird wohl ebenso ungewöhnlich sein; doch ist diese noch viel wichtiger: *sie* kommt mit. Ich nehme an, es wird sich eine Bauhütte finden, von welcher aus ich die Arbeiten überwachen kann. Dort werden wir leben. Nennen wir den Ort ... Blindes Eselchen. Ja, das klingt gut. Nur das Notwendigste muss vorhanden sein.«

»Eine Frau ...« entfuhr es dem einen, » ... im Tempelbezirk!«, ergänzte der andere.

»Ja«, sagte Ikkyu einfach. »Meine Frau. Darüberhinaus zwei überaus fähige Mitarbeiter: Mönch Nanko und Mönch Shoiku. Kommt, verbeugt euch! Stellt euch vor!«

Die beiden waren flugs zur Stelle und taten wie geheißen.

»Nun gut. Wie dem auch sei«, sagte der Bote zum Meister, nachdem er einige Blicke mit seinem Begleiter getauscht hatte. »Ihr seid nun einmal unsere letzte Hoffnung.«

»Ja«, bestätigte dieser. »Mit oder ohne Frau.«

»Dann sind wir uns einig«, nickte Ikkyu. »Ich werde Daitokuji wiederaufbauen. Und wenn es das allerletzte ist, was ich tue!«

Shoiku und Nanko waren voller Freude, Ikkyu begleiten zu dürfen und ihm zur Seite zu stehen. Mori hatte zwar ihre Besorgnis darüber ausgedrückt, der Meister könne sich übernehmen – sein hohes Alter in Betracht gezogen –, doch wusste sie, dass er seine Aufgabe gefunden hatte, von der ihn niemand mehr würde abbringen können. Bald sprach er über nichts anderes mehr und machte erste Pläne. »Du wirst die Gebäude zwar nicht emporwachsen *sehen*, Liebe«, sagte er, »aber ich kann sie dir beschreiben. Jede Planke, jeden Ziegel werde ich dir ausmalen, bis du mir sagst, ob es gut ist oder nicht.«

»Vor dem Blinden Eselchen werde ich sitzen«, lächelte sie, »im Schatten deiner neuen Dächer, werde deren Kühle spüren und abends darauf warten, dass du heimkommst. Wer weiß, vielleicht lasse ich dann nachts auch etwas emporwachsen.«

»Bin zwar alt, aber noch nicht tot!«

Die Gesellschaft machte sich zum Bauplatz auf. Auch Saigaku kam mit. »Du wirst mein Läufer sein«, hatte Ikkyu ihm erklärt, »wirst auf der Baustelle meine Anweisungen hier- und dorthin tragen. Ohne deinen Befehl soll kein einziger Pflock in den Boden getrieben werden.« Der Kleine strahlte vor Stolz.

Am Rand des Geländes errichteten Bedienstete des Kaisers eine kleine Holzhütte. Wie beschlossen, taufte Ikkyu sie auf den Namen *Blindes Eselchen,* indem er sich vor dem Eingang aufstellte und dreimal »I-ah!« rief. »Für die Zeremonie zum Baubeginn«, grinste er, »habe ich auch schon eine Idee.« Nachdem die Hütte mit dem Notwendigsten ausgestattet worden war, gaben die Abgesandten des Hofes Ikkyu zu verstehen, dass damit ihre finanziellen Möglichkeiten erschöpft seien. Nun müsse der Meister allein weitersehen.

»Womit sollen wir denn nun bauen? Mit Luft und Licht?«, entrüsteten sich Shoiku und Nanko.

»Lasst mich nur machen.« Ikkyu ließ sich nicht beirren. Tag für Tag rannte Saigaku los und überbrachte Grüße, Anfragen und Bittgesuche, knüpfte im Norden, Süden, Osten und Westen an alte Freundschaften des Meisters sowie Verpflichtungen ihm gegenüber an, und dies nicht ohne Erfolg.

»Der Meister hat gesagt: *niemand darf vor mir sicher sein*«, hatte er herausgeplatzt, als er einem mächtigen *daimyo* und Holzhändler im Norden ein Schreiben übergab, »... oh, Verzeihung.« Der Angesprochene, ein gewisser Asakura Toshikage, brach in schallendes Gelächter aus: »Wie der Herr, so der Diener! Aus dir wird noch einmal was. Bestelle Grüße!« Er versprach, behilflich zu sein.

Das Brachfeld des ehemaligen Daitokuji lag am Stadtrand, hinter den letzten vornehmen Villen am Fluss, von denen die meisten in Schutt und Asche lagen. Mancherorts hatte der Wiederaufbau bereits begonnen, doch war dieser langwierig und mühselig. Es fehlte an allem, insbesondere an Bauholz.

Im zukünftigen Tempelgelände jenseits der Ruinen war es still. Man betrat einen verwunschenen Ort. Die Sonne schien auf Disteln und hüfthohes Gras. Vögel sangen, Libellen segelten vorbei. Als Nanko und Shoiku das Gelände beschritten, um sich einen ersten Überblick zu verschaffen, fühlten sie sich angehalten, zu flüstern. Die Pfade waren überwachsen und kaum mehr zu erkennen. Manchmal stolperte man über einen Tonziegel, oder Scherben knirschten unter den Sohlen. Hin und wieder trat ein menschliches Wesen aus dem Gebüsch, eine Alte zumeist, die nach Verwendbarem suchte, seien es Früchte, Pilze, Brennholz oder zerbrochenes Geschirr. Es war drückend schwül; die Sonne brütete auf lichteren Stellen und Steinen im Gras, von denen Eidechsen davonschossen, sobald man sich näherte.

»Das hier *ist* schon ein Tempel«, wisperte Shoiku. »Ein Tempel der Natur.«

Stadtauswärts stieg das Gelände leicht an. Im Hintergrund verlief eine bewaldete Hügelkette. Durch Wildwuchs zunächst verdeckt, erschien vor den Freunden eine rechteckige Form. Es war die Einfassung eines Brunnens, der die Mitte eines Schreins gebildet haben mochte. Das Becken war noch mit Wasser gefüllt, teilweise überwuchert von Wasserlinsen. Eine Natter schlängelte sich durch die grüne, bewegliche Schicht. Dann glitt sie ins Unterholz davon. Mückenlarven schraubten sich in die Tiefe, als der beiden Schatten auf die Öffnung fiel. Die Brunnensteine lagen schief, hie und da von Wurzelwuchs aus der Form gebracht. An einer Seite schnürte ein Rinnsal aus dem Brunnen in den Sand. Shoiku trat näher und entdeckte, seitlich an einen Stein gelehnt, eine Schöpfkelle für die rituelle Handwaschung, von Gras überwachsen, der Stiel aus Bambus abgebrochen, daneben durcheinandergeworfene Holzschildchen mit Papierfahnen daran, auf denen Gebete und Wünsche notiert waren. Große Käfer tasteten mit ihren Fühlern die Zettel ab, als studierten sie die Nachrichten.

»Das kann man instand setzen«, sagte Nanko, während er mit der Hand gierige Mücken beiseite wischte. »Merken wir uns, wo der Brunnen liegt.«

Es war üblich, zur Ernennung eines neuen Abtes die purpurne Robe in der großen Halle über Räucherwerk zu schwenken – dreimal –, und dann dem zukünftigen Tempelvorstand überzuwerfen.

Allerdings gab es keine große Halle mehr.

Es gab überhaupt keine Gebäude mehr.

Also hatten sich die Personen und Persönlichkeiten, die zu der Zeremonie gekommen waren, im Freien versammelt, um den alten Brunnen herum, den man inzwischen freigelegt hatte.

Unter ihnen befanden sich kaiserliche Gesandte, die Äbte der wichtigsten Tempel in der Umgebung, sonstige Würdenträger sowie Freunde und Gönner des Meisters.

Ikkyu hatte beschlossen, seinen Dienstantritt mit dem feierlichen Akt des Baubeginns zusammenzulegen. Er ging auf einen Stock gestützt; seit einiger Zeit schon magerte er zusehends ab, als verließe ihn stetig Substanz durch die Augen, denn diese strahlten leidenschaftlich: dem Leuchten seines Blickes war kein Widerstand entgegenzusetzen, auch nicht seiner Stimme, obwohl diese im Lauf der Jahre schwächer und sanfter geworden war.

Würde er sich an das Protokoll halten? Wohl nicht. Die Angehörigen der anderen Tempel hatten keine Ahnung, was sie erwartete; sowieso war der Sachverhalt befremdlich, denn man hatte den Meister ja gebeten, das hohe Amt anzunehmen, ohne ihre Meinung einzuholen. Doch wer hätte es wagen können, sich darüber bei den Abgesandten des Kaisers zu beschweren?

Ikkyu ergriff das Wort: »Keine große Halle, kein Räucherwerk? Das macht nichts. Wir gehen anders vor, werfen die Robe dreimal in die Luft. Der Wind soll sie dann mit Blütenduft parfümieren – oder einem Taubenschiss!«

Da war er wieder, ganz der Alte! Betretenes Schweigen bei den Angereisten. Saigaku lachte. Nanko und Shoiku grinsten. Auch Bokusai und Komparu waren gekommen und amüsierten sich – natürlich hatten sie dergleichen erwartet. Mori kniete seitlich im Gras. Ein Bediensteter trug ein Paket auf den Unterarmen vor sich her: besagtes purpurfarbenes Gewand.

»Also gut.« Shoiku und Nanko traten hervor, entfalteten die Robe, fassten sie am Kragen beziehungsweise am Saum zusammen, schwenkten sie, um Schwung zu holen und warfen sie in die Luft, wie zwei Jungs einen Dritten in den Badeteich schleudern.

»Kraa! Kraa! Kraa! Flieg!«, rief Ikkyu, die Zeremonie damit endgültig verlassend, doch dreimal segelte das Gewand wieder herab. Schließlich legten die Freunde ihrem Meister die Robe um die Schultern.

Nun musste der kaiserliche Obergesandte etwas sagen. Er tat dies mit einer gewissen Ratlosigkeit: »Von diesem Zeitpunkt an also ... hat unser Daitokuji einen neuen Abt. Möge ...«

»Wie schön – seht nur«, unterbrach Ikkyu, drehte der Gesellschaft der Rücken zu und tat, als überblicke er eine gewaltige Burg. »Grasmauern, Wolkendächer; was kann man da eigentlich verbessern?«

Dann wandte er sich wieder an die Eingeladenen. Anstelle eines irgendwo an dieser Stelle üblichen Sutrenzitats sagte er:

»Nach fünfzig Jahren Regenkittel, Strohhut und Sandalen
nun eine purpurne Robe. Das Gefühl? Schlecht.
Zwar wärmt sie und ist weich,
doch schämt sich der Träger.«

»Ikkyu dichtet!«, flüsterte Shoiku. »Wusstest du davon?«
»Nein. Hol Papier und Tusche!«, flüsterte Nanko zurück.
»Hier? Woher denn?«
»Nun werde ich das Gelände abschreiten«, fuhr der Meister fort, »um Euch die Bauten zu zeigen, verehrte Anwesende und Gäste – und Freunde. Der Plan des Daitokuji besteht ja aus mehreren Gebäuden. Diese sollen ebenso sinnvoll wie schön mit einander in Beziehung gesetzt sein.«
»Die Bauten zeigen? Aber ...« Nanko wies auf den leeren Himmel über dem Feld.
»Ich sehe auch nichts«, sagte Shoiku, der Mori bei der Hand genommen hatte.
»Ich schon«, sagte sie.
»Von Süd nach Nord den alten Pfad entlang.« Ikkyu ging auf den ehemaligen Hauptweg zu, dessen Verlauf am Eintritt in die Wildnis noch erkennbar war. Als die Spur sich verlor, wehte dem Meister das bauchhohe Gras entgegen wie ein Meer; sein Stock war darin das Ruder. Die Gesellschaft folgte ihm. Inzwischen waren die meisten von Neugier erfasst, wie die Zeremonie wohl weiterginge.
Nach wenigen Schritten blieb Ikkyu stehen.
»Hier das Tor.«
Mit dem Stock bog er vor sich das Gras auseinander, als entdecke er etwas Winziges. Wohl war da nichts, aber der Ort machte Sinn: von dieser Stelle an begann das Gelände leicht anzusteigen. Ein neues südliches Tor wäre hier gut gesetzt.

Breitbeinig stieß der Meister seinen Stock auf den Boden und sprach:

»Ein Schritt, und du bist durch.
Doch wer klärt das: hier innen, dort außen?
Lieber ein kühner Kranker als ein feiger Gesunder.
Drüben bist du!
Oder etwa nicht? – sieh: schon stehst du vor dem nächsten Tor.«

Ein Raunen ging durch die Anwesenden. Was war das für ein Gerede? Komparu Zenchiku aber erkannte sofort, dass Ikkyu eine neue Art zu dichten gefunden hatte. Die Wörter und Sätze waren aus dem überlieferten Käfig von Regelmaß und Anzahl der Zeilen befreit. Im ersten Augenblick erschien das Gesprochene ungeplant, wie aus dem Stegreif entstanden, doch in Wirklichkeit war nichts dem Zufall überlassen. Man musste genau hinhören, um die Anspielungen zu erkennen. Das *Tor nach dem Tor* – natürlich bezog sich dieses Bild auf den *mumonkan*, die alte *koan*-Sammlung; Komparu erinnerte sich auch, was es zu bedeuten hatte: jedes Drinnen erzeugt sogleich ein neues Draußen, jedes Erreichen ein neues Entfernt-Sein. Auch in seinen Dramen hatte er derartige Gleichnisse verwendet.

Nicht alle Anwesenden allerdings waren dazu bereit, des Meisters Zeremonie mit Offenheit zu begegnen. »Wo bleibt die Achtung vor den Ahnen? Vor deren Regeln?«, murrte ein Tempelvorstand. »Was soll dieser neumodische Kram?«

»Jeder von uns versucht, sich eines der Gedichte zu merken«, flüsterte Nanko Shoiku den anderen zu. »Wir sind fünf, Komparu, Bokusai, du, ich und Mori. Ich nehme dieses ... *ein Schritt, und du* ... wie ging es doch gleich weiter?« – von

Beginn an war das Vorhaben, die Gedichte originalgetreu der Nachwelt zu überliefern, zum Scheitern verurteilt.

Nun bog Ikkyu rechtwinklig vom Pfad ab und schlug sich entlang der Böschung durch das Gestrüpp. Dann machte er abermals Halt. Wieder rammte seinen Stock in den Grund: »Die Halle des Erhabenen:

Ein großes Gebäude, schön anzusehen.
Bist du dessen würdig? Was solls –
vergiss den, der ansieht.
Vergiss das, was er sieht.«

Erneut schlug der Meister einen Haken im Gelände. Nun kämpfte er sich bergan. Nanko holte auf und ging neben ihm her: »Wir halten die Gedichte fest, so gut es geht.«

»Ach«, keuchte Ikkyu, den das Gehen anstrengte, »sagte ich nicht soeben: was solls? Sprach ich also nicht von Vergessen? Übrigens wird diese Halle der schwierigste Bau werden. Wir brauchen ganze Baumstämme als Stützen für den First.«

»Rinzai«, sagte Komparu zu Bokusai. »Er beruft sich auf seinen Lieblingsmeister, doch keiner merkts.«

»Ich schon«, entgegnete Bokusai: »*Lege das Betrachtete weg – lege den Betrachter weg:* der letzte von Rinzais vier Punkten, mit denen die Welt aus den Angeln gehoben werden kann, nicht wahr?«

Nach und nach wurde klar, welcher Grundriss Ikkyu für die Gesamtanordnung des Daitokuji vorschwebte. Das Gelände würde in quadratische Bereiche aufgeteilt werden, durch welche im rechten Winkel zwei Hauptwege als Achsen führten. Die zwei größten Gebäude, nämlich die Halle des Erhabenen sowie die Halle der Patriarchen, wären gesäumt von kleineren Quartieren und Schreinen.

Zu jedem Standort trug Ikkyu ein Gedicht vor. Mittlerweile war er schweißgebadet und sichtlich erschöpft. Die Halle der Patriarchen stellte er etwas erhöht auf der Böschung vor:

»*Verrückter wirbelt Staub auf. Kein Vergleich jedoch mit Bodhidharmas Sandalen*
  – da zog ein wahrer Sandsturm von Westen heran –,
  Wanderer zwischen Sakebude und Freudenhaus;
  ist irgendjemand sonst hier aufgewacht?«

»Bodhidharma«, erklärte Komparu, »kam aus dem Westen und brachte die Lehre des Erhabenen mit. Außerdem war er der erste Patriarch.«
»Das weiß doch jedes Kind«, gab Bokusai zurück.
»Stimmt.«
»Stimmt«, pflichtete Saigaku bei.
Shoiku grinste: »Und der Wanderer zwischen Sakebude und Freudenhaus, ...«
»... das ist unser Meister«, ergänzte Nanko.
»Was ist ein Freudenhaus?«, fragte Saigaku.
Mori lachte: »Ihr Lümmel!«

»Was fehlt nun noch?«, fragte Ikkyu, scheinheilig grinsend.
Shoiku und Nanko verstanden sofort: »Die Halle des Abtes!« »Dein Quartier – in dem du lebst und lehrst!«
»Na, wenn ihr meint.« Er schleppte sich weiter, in östlicher Richtung den Hang entlang und dann bergauf.
»Da!«
Ob Absicht oder Zufall – oder Fügung? –: als er diesmal den Stock auf die Erde stieß, traf er auf einen Stein. Es gab einen gewaltigen Schlag. Ein schwarzer Vogel flog aus dem

Dickicht, mit lautem Gezeter dicht am Boden entlang.

Wieder teilte der Meister mit dem Stock das Unterholz und lugte hinein: ein Vogelnest war soeben verlassen worden.

»Oh, das tut mir leid.«

Dieser hinterste Winkel des Geländes war völlig verwildert. Zwischen Disteln wucherte Dorngesträuch, das an Ikkyus Gewand zerrte.

»Seht nur, schon will man mich hierbehalten!«, lachte er.

»Für sich selbst hat er die schäbigste Ecke ausgesucht. Das passt zu ihm«, raunte Bokusai Komparu zu.

»Hier«, sagte Ikkyu, »wird unsere heutige Zusammenkunft enden. Nun machen wir uns an die Arbeit. Morgen schon.«

»Bin neugierig, was für ein Gedicht er für seine eigenen Klause verfasst hat«, sagte Shoiku zu Nanko.

Die Stimmung war unbeschreiblich. Heiterkeit und Trauer waren eins, Verweilen und Aufbruch. Es war, als sehe der Meister die neue Landschaft des Daitokuji entstehen und wieder vergehen.

Gespannt wartete man auf des Meisters Gedicht zur Halle des Abtes, seiner zukünftigen Klause.

»Kraa! Kraa! Kraa!«, rief er.

Dann stützte er sich auf seinen Stock und schwieg.

Baumeister
81

Wie ein Lauffeuer verbreitete sich die Nachricht, dass Ikkyu wieder *erschienen* war – ja, tatsächlich gebrauchten die Menschen ebendieses Wort.

Diejenigen, die des Erhabenen Botschaft lehrten, hatten solches zumeist nur noch im Verborgenen getan und waren, wie Ikkyu, unfreiwillig oder freiwillig zu Einsiedlern geworden, um dem allgemeinen Gemetzel zu entfliehen. So empfand man nun Erleichterung, dass diese wieder zu lehren begannen, dass man bei ihnen wieder Halt finden konnte – auch Hoffnung, wenn nicht gar Freude: Ikkyus Schelmereien waren nicht vergessen, ganz im Gegenteil, überall hatte man sie herumerzählt und weitergesponnen. Nach und nach war der Meister, ohne es zu wollen, im ganzen Land bekannt geworden. Schon wusste man auch, dass der Kaiser ihn zum Baumeister des neuen Daitokuji gemacht hatte.

Anstelle des vormaligen Schweigens breitete sich nun Geschäftigkeit zwischen den Ruinen aus. Die wilden Vögel, die im Unterholz nisteten, gingen, die Menschen kamen. Zunächst galt es, das Gelände zu säubern, und zusammenzutragen, was noch von Nutzen sein konnte. Es fand sich mehr als gedacht. Berge aus glasierten Tonziegeln wuchsen in die Höhe sowie Hügel aus Bruchstücken, mit denen man Gräben aufschütten und Wege pflastern konnte.

Die Verbindung zum *daimyo* des Asakura-Clans, Herrn Toshikage, dessen Ländereien im Norden der Hauptstadt gelegen waren, erwies sich als glücklich. Aus den Wäldern der Asakura konnten hohe Bäume geschlagen werden, deren Stämme makellos gerade emporstrebten, dick und aus hartem Holz, das sich wenig verzog. Alle Schiffsmasten der Handelsflotte im Hafen von Sakai waren diesen Ursprungs – was nicht zuletzt den Reichtum der Asakura beträchtlich gemehrt hatte.

»Lassen wir Meister Ikkyu nun Segel setzen und mit seinen Tempeln in See stechen«, hatte Toshikage gelacht und einige Dutzend seiner Baumriesen fällen lassen. Der Transport erfolgte mit Lastkähnen, zunächst auf dem Seeweg, die westlichen Küste entlang, dann in die Bucht vor der Hauptstadt hinein, dann den Kamo flussaufwärts, und schließlich in einen alten Stichkanal bis in die Nähe des Tempelgeländes, eine beschwerliche Reise von mehreren Wochen und einem Vielfachen der Entfernung über Land. Dennoch wäre letzteres ungleich kostspieliger gewesen, denn als Folge des Krieges hatte sich das Land in einen Teppich zusammengeflickter Hoheitsgebiete verwandelt, jedes von einem anderen *daimyo* beherrscht, von denen die meisten einen Schlagbaum vor ihren Grund gesetzt hatten, um Wegzoll einzutreiben.

Ohne die mächtigen Stützpfeiler aus Toshikages Wäldern hätte man es nicht wagen können, einen Neubau der zwei größten Gebäude, nämlich der Halle des Erhabenen sowie derjenigen der Patriarchen, in Angriff zu nehmen. Die Stämme wurden in Reihe fest im Boden verankert, dann seitlich abgestützt, in Höhe des Firstes miteinander verbunden, und dienten, so gefestigt, als Verankerung für die darüber liegenden Dachbalken, die wiederum den vielfach von Schiebtüren und anderen Öffnungen durchbrochenen Innen- und Außenwänden Halt gaben.

Anderes Material war weniger schwer aufzutreiben. Ruinen und verlassene, halb abgebrannte Gehöfte gab es genug. Mann konnte sie allerorts ausschlachten.

Nachdem sich überdies herumgesprochen hatte, dass mit Asakura Toshikage einer der mächtigsten Herren der Umgebung Ikkyus Vorhaben unterstützte – solches überdies mit nie dagewesener Großzügigkeit –, wurde es schnell zu einer Frage der Ehre, diesem nachzueifern.

Jeden Morgen erschien Ikkyu auf der Baustelle, meistens als erster, zwar auf seinen Stock gestützt, aber frisch und guten Mutes. Immer gab es neue Helfer zu begrüßen, das herbeigekarrte Material zu sichten und zu verteilen. Dann mussten die Arbeiten des Tages geplant werden. Shoiku und Nanko, beraten von kaiserlichen Baumeistern, eilten hin und her, ließen Abstände vermessen und Schnüre zwischen Pflöcken ziehen, um Grundrisse abzustecken. Allmählich wuchsen erste Bauten empor.

»Erfreulicher wäre es natürlich«, hatte Ikkyu gesagt, als er die entstehenden Gebäude betrachtete, »Tempel gar nicht zu benötigen, und folglich auch keine zu bauen, ist doch das Heilige sowieso überall. Doch ist es immer noch besser, wiederzuerrichten als niederzubrennen.«

Im Laufe der Zeit fanden sich viele helfende Hände und zum Glück auch viele Gönner, die jene bezahlten, denn es waren einfache Leute, die anpackten, Ziegel schleppten, Holz sägten, und was sonst noch alles anstand – derweilen nämlich lag irgendwo ein Reisfeld brach, oder ein Handwerker hatte für ein paar Tage seinen Laden zugesperrt, während dessen der zusätzliche Verdienst, sei er auch noch so gering, von Nutzen war.

Der ständige Wechsel der Arbeitenden war einem schnellen Vorankommen zwar hinderlich, da jeder Handgriff immer wieder neu gelehrt werden musste, doch was machte das schon? Wer zählte bei einer Herzensangelegenheit die Stunden?

Für Ikkyu allerdings waren die Tage lang, denn sie führten ihn an die Grenze des Möglichen, doch schien andererseits seine Kraft unerschöpflich, als käme sie – wie es Komparu, der Dichter ausgedrückt hatte – aus jenem leeren Raum, den der Meister beim Abmagern schuf; ja, in der Tat war Ikkyu nur noch Haut und Knochen.

Auch am Ende des Arbeitstages, wenn die Sonne begann, sich einen Abstieg durch die sich ständig verändernden halbfertigen Dächer und Gerüste zu suchen, ging es nicht sofort zurück zum Blinden Eselchen. Die angereisten Gelegenheitsarbeiter zögerten ebenfalls, zu ihren Familien zurückzukehren. Zuvor wurde Essen und Trinken gereicht, man saß zusammen, und zwar schon bald auf dem fertiggestellten Fußboden der Halle des Erhabenen, und Ikkyu sprach von diesem und jenem. Ob das Wort *lehren* noch angebracht war? Ikkyu war einfach das, was er im jeweiligen Augenblick war, sprach, erzählte, schwieg, scherzte ...

Die Zuhörer hingen an seinen Lippen, sobald er sich an sie wandte oder versuchte, eine Frage zu beantworten.

»Ist euch schon einmal aufgefallen«, plauderte er zum Beispiel, »wie verschieden sich die Menschen verhalten, wenn sie sich durch einen Regen bewegen, je nachdem, ob sie allein sind oder in Gesellschaft? Geht einer für sich, dann ist er griesgrämig oder gar zornig, würde den Wolken anstelle des Schirmes am liebsten die Faust entgegenrecken! Gehen aber mehrere – und es mag derselbe darunter sein –, dann scherzen sie, watscheln lachend durch die Pfützen, als wäre der Wolkenbruch ein großer Spaß.«

»Hahaha! Stimmt«, lachten die Zuhörer.

»Seht ihr. So wenig ist man derjenige, der man ist. Oder dies: Zweimal liege ich, genau derselbe also, auf einer Wiese im Sonnenschein. Das eine Mal habe ich am Abend nichts zu tun und werde vielleicht ins Wirtshaus gehen, das andere Mal habe ich am Abend eine unangenehme, vielleicht sogar angsteinflößende Pflicht. Es ist dasselbe Liegen – und doch nicht dasselbe Liegen. Aber es müsste *ganz genau dasselbe* Liegen sein, nicht wahr?«

»Man hat eben oft Sorgen«, sagte ein Bauer.

»So ist es. Nichts ist verkehrt daran. Sorgen sind berechtigt, denn Unglück ist unvermeidlich. Doch gibt es ein *drittes* Liegen, welches das einzig wahre ist: stets kommen und gehen dabei Sorgen und Glück. Mögen die Götter uns gewogen sein!«

»Ja, gibt es diese nun doch, Meister Ikkyu?«

»Das nicht ...«

So gingen die Abendstunden dahin. Sake floss reichlich. Nie war es gewiss, ob es Ikkyu bitterernst war, oder ob er wieder einmal Späße machte.

»Was die Götter betrifft«, nahm der Meister seinen Gedankengang wieder auf, »so kann man sich zweifellos an sie anlehnen, wie auch an Mutter und Vater, oder an eine Wand, einen Baum, einen Ochsen, sofern dieser gutmütig ist – aber sich an *nichts* anzulehnen, das ist schwer. Dennoch, wenn ihr wüsstet, wie angenehm man da steht ...«

»Dann bauen wir doch einfach mit Luft weiter.«

»Hahaha! Wäre nicht das Schlechteste.«

Erst lange nach Sonnenuntergang kehrte Ruhe ein. Diejenigen, die in der Stadt wohnten, machten sich auf den Heimweg. Für viele von ihnen bedeutete dies noch einen langen Marsch durch die Dunkelheit. Die versprengten Krieger und Banden, welche die Viertel unsicher gemacht hatten, waren größtenteils verschwunden. So konnte man es wieder wagen, einen Lampion anzuzünden, um den Weg auszuleuchten. Die Wanderarbeiter wickelten sich in ihre Decken und schliefen an Ort und Stelle. Wohlhabende Personen nächtigten in eigenen Zelten oder hatten sich sogar kleine Hütten zusammenbauen lassen, deren Wände, Boden und Dach in Einzelteilen herangeschleppt worden waren. Zeltbahnen schimmerten matt, solange drinnen noch ein Licht brannte, hie und da war Mädchengekicher zu vernehmen: noch war der Ort kein Kloster, und die alte Strenge würde wohl auch niemals zurückkehren.

Auch Ikkyu wanderte dann hinüber zu seiner Hütte. Hatte Mori der allabendlichen Zusammenkunft nicht beigewohnt, wartete sie meistens auf ihn. Manchmal hörte er sie schon von fern Flöte spielen. Manchmal aber war es still und sie lag schon schlafend auf der Matte. Dann legte er sich zu ihr und fiel sogleich selbst in tiefen Schlaf. Träume quälten ihn nicht mehr. Er brauchte nur noch wenige Ruhestunden. Ab und zu wachte er mitten in der Nacht auf, oder auch gegen Morgen, und fühlte sich munter und jung. Oft fand er dann seine Gefährtin bereits wach, als habe sie sein Erwachen vorausgeahnt.

Manchmal liebten sie sich dann, zumeist bei Tagesanbruch. Für Ikkyu war es ein Wunder, dass seine Lenden noch Kraft besaßen.

»Wenn ich weiterhin so abmagere, ist der Jadestängel bald mein dickstes Glied«, hatte er gescherzt.

»Sage das nicht«, hatte Mori besorgt gehaucht und nach dem Umfang seines Oberarms getastet. »Du musst dich schonen, mein Lieber.«

»Nicht jetzt!«

»Nein. Aber tagsüber. Doch leider vermagst du es nicht; ich weiß.«

»Das ist wahr.«

Auch liebte es Ikkyu, des Nachts, wenn er schlaflos lag, den Mond zu betrachten, schlich sich immer wieder nach draußen und lauschte der Stille. War das noch *sitzen*? Nicht im Sinne von *zazen* wie ehedem; die Grenzen hatten sich aufgehoben: nicht mehr war *dies* von Nutzen und *jenes* nutzlos, nicht mehr war dies Übung und jenes nicht.

Neben der Hütte stand ein Trog, der ständig mit Wasser gefüllt war. Man füllte Teekannen und Töpfe daraus und wusch sich damit. Aus einem bestimmten Winkel betrachtet, schwamm der Mond darin. Die Scheibe glitzerte, als triebe flüssiges Silber in einem See. Der Meister dachte an Rinzais berühmtes Gleichnis: ein Affe will nach dem Mond langen und greift in dessen Spiegelbild, das augenblicklich verschwimmt. So sehen wir die Welt. Den Abglanz halten wir für die Wirklichkeit. Doch war das ja nicht das Ende des Bildes; hatte Ikkyu die Spiegelung auch weggeschubst – wobei er es liebte, die Kühle des Wassers an den Fingerspitzen zu spüren und jedem einzelnen Wassertropfen nachzuhorchen –, so kehrte sie doch stets erneut zurück, erst bruchstückhaft, dann wieder ganz und rund. Wie verletzlich und vergänglich die Erscheinungen uns auch vorkommen, dachte der Meister, sind sie doch ganz und gar wirklich und versiegen niemals.

Wurde es im Osten hell, begannen die Vögel zu singen. Ikkyu justierte seinen Sitz, um den Mond möglichst lange im Wasser zu halten. Schlaf? Wozu brauchte ein Erwachter Schlaf? Er nahm die Schöpfkelle, die er aus dem überwachsenen Brunnen gerettet hatte, goss sich, wie es die alte

Reinigungszeremonie vorschrieb, Wasser über die Hände, erst links, dann rechts, und wartete dann, bis das Gestirn im Trog wieder erschien, etwas blasser als zuvor, denn der Tag kam, und der Mond ging. Ihn fröstelte. Als er nach drinnen schlich, um sich eine Decke überzuwerfen, war Mori wach.

Nachdenklich setzte er sich, legte seine Hand auf ihren Arm und fragte: »Hat der Weg, den ich gegangen bin, meine Liebe, denn etwas genützt, oder anders gefragt: war er mir eine Hilfe, war er die richtige Wahl, hat er mich verändert, und wenn ja, dann auch zum Guten? Kurz gesagt: *wirkt* er?«

»Aber natürlich wirkt er«, antwortete Mori verwundert.

Er zuckte mit den Schultern.

»Ja – und nein. So einfach ist die Antwort nicht und auch nicht so eindeutig. Wirkt er wirklich? Ich weiß es nicht. Selbst die Erleuchtungskrähe ist fortgeflogen. Ich bin ein Mensch geblieben, habe mich nicht in ein anderes Wesen verwandelt, stimmts?«

»Das wäre ja auch noch schöner«, lachte sie.

»Wie kann ich das nur erklären? Wie kann ich das aufrichtig, zutreffend und genau erklären? Möglicherweise so: vielleicht ist der Weg des Erhabenen eine *verneinende* Wahl, oder besser: die Folge unzähliger Verneinungen? Wie oft hatte ich als junger Mensch das Gefühl, alle Tore seien mir verschlossen. Mehr noch, als bestünde das ureigene Wesen aller Tore, vor die man mich setzte, in ebendiesem Für-Immer-Verschlossen-Sein. So stieß ich letztendlich immer an dieselbe Wand, wenn auch jedes Mal aus anderen Steinen gemauert. Zum Beispiel Ehrlichsein – nein, das genügte nicht als letzte Wahrheit, denn dies immer und in jeder Lage zu sein, erwies sich als unmöglich. Helfen – nein, das genügte auch nicht, weil es unmöglich war, *allen* Leidenden beizustehen. Sich in

Sake zu ertränken: nein, auch dies nicht, denn da drohte stets ein böses Erwachen. Dinge zu erwerben und zu besitzen? – natürlich ebenfalls nein, denn sogleich entstand die Angst, diese wieder zu verlieren. Dinge wegzuschenken? – ebenso unmöglich, denn *alles* kannst du nicht wegschenken, immer bleibt ein Rest, der dich fragt, ob du ihn zu Recht besitzest ... Jede einzelne dieser Erkenntnisse, oder *Misserkenntnisse* – denn nicht weiß man, ob sich hinter den verschlossenen Türen nicht *doch* etwas befindet – trieb mich zum *Sitzen*, trieb mich mit aller Gewalt dazu, nur dazusitzen und die Lehre zu betrachten. Unmögliches Ehrlichsein trieb mich, die Begierden trieben – und treiben – mich, die Verzweiflung, alles trieb mich durch das Nein, das mir stets und unerbittlich entgegenschallte, zur Lehre des Erhabenen.

Doch ... ob diese *wirkt*? Wer kann das sagen? Und wäre eine beschreibbare Wirkung nicht wiederum Begrenzung, wäre das Käfiggeflecht der Falle, aus der man doch entfliehen wollte?

Dann, langsam, langsam, wuchs im mir dieser höchst seltsame Wunsch heran: nicht mehr zu denken und dennoch zu leben. Oder: nicht denken zu müssen – oder: nicht die Gedanken zu *sein*. Wenigstens ab und zu. Verstehst du?«

»Ja.« Mori erhob sich, nahm ihre Flöte und spielte einen einzigen Ton. Bei einer anderen Spielerin wäre dies ein schlau gesetzter Kniff gewesen, ein Gedankenblitz, der schnurstracks zurück in die Falle geführt hätte. Doch ihr Ton war einmalig, kaum hörbar; nie vielleicht würde sie die Flöte wieder mit solcher Selbstverständlichkeit ergreifen, an den Mund führen, ansetzen, anblasen, weglegen.

»Jaa«, sagte Ikkyu gedehnt. »Das kommt hin. Besser als mein hilfloses Gekrächz. Ich muss nicht recht haben. Wie schön.«

Er blickte auf seine Geliebte herab, sah, wie ihre Augen umherwirbelten, als wollten sie alles gleichzeitig sehen.

Alles gleichzeitig ...

Ja, alles, was es gab, war hier, genau hier – auf einmal war es ihm, als habe ihm jemand alles vergeben, alle seine Missetaten, ja, alle seine Missegedanken, Misseblicke, Missewimpernschläge, einfach alles. Die Begründung, die er dafür riet, war eine seltsame, nämlich, dass er erkannt hatte, dass sämtliches Geschehene *wirklich geschehen* war und das andauernde *wäre es doch nicht so gewesen* seine Seele unnötig vergiftet und verdunkelt hatte. Das Leben war *wirklich* gelebt, das Entschwundene war *wirklich* entschwunden; aber dies war nicht schlimm, denn so war nun einmal die Natur der Erscheinungen, genau so, unveränderbar, unbeeinflussbar, von einer Wahrheit, für die das Wort *wahr* sich als viel zu schwach herausstellte. Da tauchten plötzlich myriadenfach Erinnerungen auf ... »Wie ich Meister Kaso damals die Ohren vollgekräht habe! Er muss gedacht haben, ich sei verrückt geworden! War ich wohl auch. Verrückt, entrückt – die Grenzen sind fließend und Übertritte gefährlich. Wie übrigens bei Trauer und *zazen*. Stell dir eine Frau vor, die ihren Geliebten verloren hat. Sie kann nicht mehr essen, schläft nicht mehr, ist wie gelähmt, wie ausgelöscht. Tagelang sitzt sie nur da, kann sich nicht dazu aufraffen, Besorgungen zu erledigen oder überhaupt irgendetwas zu tun. Nun drehe das Bild ein wenig – nur ein klein wenig – und sie übt *zazen*.«

Sanft kam der Morgen mit seinen ersten Sonnenstrahlen, diese zunächst flach vom Horizont her, lange Schatten werfend und in Begleitung einer frischen Brise. Einiges wehte durcheinander. Der Vorhang über dem Eintritt konnte sich auf einmal nicht mehr zwischen Drinnen und Draußen entscheiden.

»Sieh!«, flüsterte der Meister. »Das wehende Tuch! *Kensho* ist überall und immer; es ist die Natur der Dinge.«

»Als Kind«, sagte Mori, »da sah ich etwas. Ziemlich deutlich. Das nannte man: Welt. Es war, wenn ich mich richtig erinnere, vielfältig und leuchtend. Übrigens lehrte mich gerade jenes Sehen, was Dunkelheit ist. Verstehst du?«

»O ja«, sagte Ikkyu. Das morgendliche Rauschen in den Baumkronen war köstlich. Mori schwieg.

»Alle Wege, die man einschlägt«, fuhr Ikkyu fort, »sind Sackgassen. Selbst die Prunkallee vom Südtor zum Kaiserpalast. Dort nämlich endet auch sie. Andere hingegen scheinen unendlich lang zu sein, doch macht das keinen Unterschied. Das bedeutet aber auch: überall sind wir am Ziel, auch hier. Deswegen ist es letztendlich gleichgültig, was man tut.«

»Gleichgültig?«

»Nun, Vorsicht! Dies ist keine gleichgültige Gleichgültigkeit, ganz und gar nicht, sondern Gleich-Gültigkeit, ...« – mit dem Ruck eines unsichtbaren Messers hatte er das Wort in zwei Teile geteilt – »... was ja bedeutet, dass alles *in gleichem Maß* von Bedeutung ist, nicht wahr?«

»Unendlich lange Wege, die kenne ich wohl«, nahm Mori den Faden wieder auf: »Oft, wenn ich wanderte, kam es mir so vor, als ginge ich im Kreis. Du verstehst, Blinden geht das so, wie auch jenen, die sich im Schnee verlaufen.«

»Schwarzes Nichtsehen und weißes Nichtsehen« formulierte Ikkyu, der das Dichten immer noch nicht lassen konnte. »Hat man keinen äußeren Anhaltspunkt, gibt es kein Geradeaus und keine Richtung. Nur das Kreisen. Angebunden an einen Pflock. An den Pflock des Ich. Doch kein Strick kann einem für immer halten, denn auch der Pflock vergeht einst, wird zu Staub, und daran kann man nichts befestigen.«

»Es ist nicht schlimm, wenn sich nichts regt. Du bist in Gedanken«, flüsterte sie und strich ihm zärtlich über das Gesicht, nachdem sie einen Augenblick lang nach seinem Schoß getastet hatte.

»Grübeleien ... Als ich damals in den Strom eintrat, da erkannte ich, dass Leben genauso schrecklich ist wie Sterben. Bei deinem Flötenton soeben fiels mir wieder ein; ja, schon einen einzigen Ton der *shakuhachi* zu hören oder ein einziges Blütenblatt fallen zu sehen, ist ganz genau so schrecklich. Denn alles ist eins; es gibt keinen Unterschied. Und das endgültige Erwachen, Mori, kam mir erst, als ich erkannte, dass es nichts zu reden, sondern nur zu tun gibt. Was für eine Erkenntnis für mich Schwätzer!«

»Dann schweig still ...« Sie streichelte ihn.

»Weißt du«, sagte er, »das Schlimmste ist: ich sehe ganz tief in die Menschen hinein, und zwar ohne dass ich es wollte ... dann sehe ich all ihr unermessliches Leiden; niemanden gibt es, der nicht litte – ein Glück nur, dass die meisten selbst nicht davon wissen.«

»Du bist ja blinder als ich«, lächelte Mori.

»Wie meinst du das?«

»Siehst mehr Nacht als ich. Und nun schweig still.«

»...«

»So ist es gut.«

»Es fällt mir schwer, das Schweigen. So bin ich nicht gemacht, und da ich weiterhin lehre, also spreche, ist jenes Erwachen hinfällig und war *nicht* endgültig. Ja, wie glücklich war ich in meiner Unruhe, als ich noch lernte! Wie unglücklich hingegen bin ich jetzt! Nun lehre ich, pfui! Ich hasse mich!«

»Psst! Du weckst Saigaku«, flüsterte sie und legte ihm die Hand auf den Mund. Der Junge hatte seine eigene Schlafkoje, die vom Hauptraum abgetrennt war, doch die Wände waren dünn.

»Ich bin still.« Ikkyu lag neben ihr.

»Küss mich«, sagte sie. »Da ... und dort.« Er tat es, feuchtete seine und ihre Lippen an.

»Die Zunge altert nicht, ...«

»Sie ist so zart wie eh und je.«

»... wie seltsam! Wieso haben die Götter nicht alles an uns so gemacht? Weshalb muss alles andere vertrocknen und verdorren, und weshalb so schnell?«

»Ach, lass! Ich spüre dich zwischen meinen Beinen, deine Zunge, frisch und saftig wie diejenige eines Jünglings. Mein Liebhaber!«

Oft hatte Ikkyu diese Form des Liebens in seinen Gedichten beschrieben – nur in Anspielungen natürlich –, und er hatte sie gern. Auf diese Weise war er dem Mittelpunkt der Lust seiner Geliebten ganz nah, spürte, wie sie zuckte und sich streckte. So konnte er auch mitfühlen, dass sie die Freude des Höhepunktes und den Frieden der Entspannung wirklich erlebte. Das wiederum erfüllte ihn selbst mit neuer Lust, welche auch seine eigenen Kräfte anschwellen ließ, um sich mit ihr zu vereinigen.

Sie hatten gelernt, dies in aller Natürlichkeit zu tun, ohne Zögern, ohne Scham, ohne Pflicht, ohne Angst, zu versagen, ohne den anderen auszunützen. So vollendete er den Akt mit ihr, und bis dahin hatte sie vermocht, ihr Hochgefühl zu halten, so dass des Seufzens so bald kein Ende war.

»Was macht ihr denn da?«, sagte auf einmal Saigaku, der schlaftrunken auf der Schwelle stand.

»Keine Angst«, antwortete Ikkyu. »Etwas Schönes. Auch wenn es nicht unbedingt so klingt.«

Krähe mit Spiegelbild

Ein poliertes Stück Eisen lehnt an einem der Pfosten, die das Dach der Veranda tragen. Die Platte dient als Spiegel. Ein reisender Barbier hat sie zurückgelassen und ist nicht mehr aufgetaucht. Saigaku betrachtet sich gerne darin, manchmal auch, während er *sitzt*. Das Fremde, das ihm aus seinem eigenen Antlitz entgegenschlägt, lässt ihn angenehm schaudern. »Wer bin ich?«, murmelt er dann und erinnert sich an die Geschichte vom Krähenschrei, dem Ikkyu sein Erwachen verdankt, und die er sich gerne erzählen lässt. »Sei wachsam: es kann auch jeder andere Laut sein«, fügt Ikkyu meistens seinem Bericht hinzu, »und des weiteren alles Beliebige sonst, vielleicht der Sonne Lichtblitz auf dem Messer, mit dem du die Zwiebeln schneidest, und welches dir gerade durch den Finger fährt, weil du unaufmerksam bist.«

Während Saigaku also *sitzt*, schreitet doch tatsächlich eine Krähe heran. Vor dem Kleinen hält sie inne. »Meister! Meister!«, ruft dieser, »nun kommt Euer Vogel auch zu mir!«

Doch Ikkyu ist nicht in der Nähe.

Die Krähe lässt sich durch den Ruf nicht stören. Sie sieht sich um. Da entdeckt sie das Spiegelblech. Sie schaut auf ihr Ebenbild. Essensreste hängen im Gefieder auf ihrer Brust: Fleischfetzen mit schwarzem, verkrustetem Blut daran, vielleicht Überbleibsel von einem Aas, das sie zerrupft hat.

Als der Vogel im Spiegel die Verunreinigung wahrnimmt, sieht er sogleich an sich herab und putzt mit dem Schnabel die Federn. Einem weiteren Blick in das Metall folgt ein leises Krächzen, Zufriedenheit ausdrückend.

Der Junge schaut zu, wie die Krähe vor seinem Sitz umherspaziert. Seine Versenkung ist dahin. »Kluger Bursche«, raunt er dem Vogel zu. »Wirst du nun *mich* erwecken? Nein, so einfach gehts nicht ...«

Saigaku schließt die Augen. Er lauscht dem Klicken der Krallen neben ihm auf dem Holz.

Gebaut, um einzustürzen
82

Ein Tempel ist nie fertig. Kaum hat man den letzten Balken verankert, beginnt der erste auch schon, zu vermodern.

Dessen ungeachtet stellte Ikkyu eines Tages fest: »Heute ist es geschafft!«

Die Dächer waren gedeckt, alle Pfosten und Wände aufgerichtet und befestigt. Von den Firsten blickten die ersten geschnitzten Drachen herab.

Die Wege zwischen den Gebäuden waren angelegt, die Brachfelder und Wiesen umgegraben und neu bepflanzt. Einen Wasserlauf hatte man durch das Gelände geleitet. Zwischen den Flanken der zwei größten Hallen verzweigte er sich und mündete in einen kleinen Teich, in dem man einige künstliche Inseln angelegt hatte. Die ersten Enten hatten sich des Gebietes bemächtigt. Ein Händler aus Sakai ließ einen Bottich heranschleppen, der so voll von Fischen war, dass das Wasser sprudelte. Man setzte sie in den Gewässern aus. Sogleich stellten sich Kraniche ein.

Ikkyu hatte die Bauern der Umgebung gebeten, große und ungewöhnlich geformte Steine herbeizuschaffen. Jeder Findling wurde belohnt. Obwohl die Bauern dem Aufruf folgten, wunderten sie sich: »Welche Kräfte diesen Brocken wohl innewohnen sollen?« »Sicher lässt der Meister sie behauen und Figuren daraus machen, Götter, Dämonen oder Drachen!« »Ach was, Mauern werden mit ihnen verstärkt, nichts weiter!«

Doch Ikkyu ließ die Felsen in den Gärten zwischen den Bauten verteilen und sie mit Pflanzen und Kiesflächen umgeben, wovon letztere, sorgfältig geebnet und geharkt, Meere darzustellen hatten.

»Ein Stein«, erklärte er den Gärtnern, »das Schmuckloseste von allem, unbehauen, groß und grob, aus wertlosem Stoff – gerade dieser kann zu höchster Kunst werden, wenn klug angeordnet und aus seinen eigenen Größenverhältnissen gehoben, wenn auf den ersten Blick klar wird, dass er eigentlich ein Berg, ja, der Geierberg selbst ist, und der ihn umgebende Kies das Meer, und das Moos die unendlichen Wälder des Westens und Nordens, aus denen sich der heilige Sumeru erhebt, die Mitte der Welt und deren wichtigster Ort.«

Dergestalt, wenn man in diese winzigen Landschaften hineinblickte und das Auge über die trockene, graue Brandung der steinernen Meere schweifen ließ, wirkten die dazwischen liegenden Gebäude riesenhaft und gespenstisch, besonders, wenn der Morgennebel über dem Daitokuji lag: Tore ragten dann auf, durch die ganze Wolkenfronten würden ziehen können; hölzerne Drachen, größer als der kaiserliche Palast, zeigten sich hoch oben im Dunst.

»Diese steinernen Wasser, diese trockenen Felsen«, lehrte Ikkyu, »sind nicht nur hübsch anzusehen, sie zeigen dem Betrachter auch das Verletzliche und Augenblickliche unseres Lebens. Jene unbeseelten Steine überdauern uns nämlich, ja, beleidigen uns gar durch ihre Härte und Unzerstörbarkeit: Knochen der Natur sind sie. Nie dürfen wir beginnen, aus Stein zu bauen, wie es mancher Kaiser des Westens bei seinen Burgen hält. Nein, wir bleiben bei Holz: es lebt und stirbt mit uns.«

Daitokuji füllte sich. Stolz zeigten die vielen Gönner und Spender ihren Gästen, was man geleistet hatte. Schreine, vor denen gebetet und gewünscht wurde, wuchsen zwischen den

Hauptgebäuden aus dem Boden. Fliegende Händler bauten hier und dort ihre Stände auf und wieder ab. Es duftete nach Essbarem. Abordnungen von Tempeln aus dem ganzen Land ließen sich durch das Gelände führen.

Viele Wanderer kamen auf der Suche nach Unterweisung vorbei. Alle baten darum, Meister Ikkyu, der die Auferstehung des Daitokuji zuwege gebracht hatte, begegnen zu dürfen oder ihn gar zu sprechen.

Ikkyu erschien – oder auch nicht. Längst waren Nanko und Shoiku mehr als nur seine Gehilfen; sie handelten selbständig für ihn, verhielten sich dabei stets in seinem Sinn, vertraten ihn bei allen Gelegenheiten, würdig und genauso unberechenbar wie er selbst. Da fragte ein vornehmer Besucher zum wiederholten Mal: »Wann wird Meister Ikkyu endlich lehren? Seit einigen Tagen schon warte ich und warte. Hat denn das seine Richtigkeit?«

»Richtigkeit? Wie meint Ihr das?«, sagte Nanko und stellte sich dumm.

»Das soll heißen: Wann findet die nächste Unterweisung statt?«

»Immer«, sprang Shoiku in die Bresche und grinste.

»...?«

»Auch gerade jetzt, in ebendiesem Augenblick.«

»Der Meister ist doch gar nicht da!«

»Das trifft zu. Manchmal lehrt er auch so.«

Noch immer lebte Ikkyu mit Mori und Saigaku in der Bauhütte, die man für ihn am Rand des Tempelgeländes errichtet hatte.

»Mehr brauche ich zur Zeit nicht«, hatte er auf Shoikus Vorschlag geantwortet, in die neue Halle des Abtes umzuziehen.

»Mein Nachfolger kann sich einrichten, wie es ihm gefällt. Was meinst du, Mori, meine Liebe?«

»Auch größere Räumlichkeiten könnte ich nicht sehen.«

»Und du, Saigaku?«

»Möchte nur Euer Sohn sein, egal wo.«

»Das bist du, mein Kleiner.«

»Du sagtest: zur Zeit – wie soll ich das verstehen?«, fragte Nanko, der die Unterhaltung mitgehört hatte.

»Es ist so«, antwortete Ikkyu: »Hier werde ich ohnehin nicht mehr allzu lange wohnen. Da ich also bald mein Zuhause anderswo werde aufschlagen müssen, sind rechtzeitig die entsprechenden Vorkehrungen zu treffen. Dies ist unvermeidlich, nicht wahr? Kurz: wir müssen uns noch ein allerletztes Mal an die Arbeit machen und meine Ruhestätte errichten. Mein Grabmal. So ist es nun einmal üblich.«

Shoiku und Nanko seufzten.

»Ach«, fuhr er fort, »sollte ich *nicht* bald sterben, dann kann es ja einer von euch benutzen. Hahaha!«

Shoiku erbleichte. Nanko erbleichte ebenfalls. Scherzt man mit dergleichen?

»Mit dergleichen scherzt man nicht«, sagte Shoiku. Nanko schüttelte den Kopf.

»Zu Lebzeiten kann man es wagen«, lachte Ikkyu. »Was seid ihr doch für Feiglinge!«

Dann wurde er ernst.

»Im Süden will ich es bauen«, fuhr er fort. »Beim Shuon-Tempel. Dort werde ich einen schönen Blick haben.«

»Einen schönen Blick?«, wiederholte Shoiku entgeistert.

»Während wir es bauen zumindest«, lachte Ikkyu. »Auf Wälder und Hügel, in der Ferne das Meer. Später dann natürlich auf nichts. Auf nichts mehr. Garnichts. Ist vielleicht auch schön.«

Die Freunde lächelten ob dieses Bildes, doch wurde es ihnen schwer ums Herz.

»Seid nicht traurig«, fuhr Ikkyu fort, »noch sind wir alle beisammen – so lasst uns wie gewohnt an die Arbeit gehen. Was kommt, das kommt. Eigentlich verdiente doch jeder, der gelebt hat, ein derartiges Gebäude, nicht wahr? Zum Gedenken an all die Widrigkeiten, denen er hat begegnen müssen – irgendwie und auf eigene Weise –, zum Gedenken an seine Hoffnungen, Freuden, Leiden, Verletzungen. Doch stellt euch das vor: Wand an Wand stünden die Schreine schon, ja, das ganze Land, ach was, die ganze Welt wäre bereits vollständig überdacht! So viele Menschen haben seit Anbeginn gelebt, und wie viele werden es noch sein? Bald würde man der Welt einen zweiten Stock aufsetzen müssen. Und darauf weitere und weitere ...«

»Nun ...« Die Freunde schauten verdutzt.

»Hahaha! Nein. Dieser Ort soll zu etwas Besonderem dienen, damit er sein Dasein rechtfertigt, zu etwas, das jedem, der will, zugute kommen kann. Alle werden hier willkommen sein, Arme und Reiche – insbesondere erstere allerdings! –, sollen sich von ihren Wanderschaften ausruhen, sollen *zazen* üben, oder auch nicht. Keine Lehre! Hört ihr: keine Lehre! Freiheit. Kümmert euch darum. Sobald ein Gast beginnt, etwas oder jemanden anzubeten, etwas oder jemanden über sich selbst zu erheben, sich von einer Lehrmeinung abhängig zu machen, ohne diese geprüft zu haben, oder irgendjemanden als Gründer einer Schule zu verehren – schon gar nicht mich! –, dann ...«

»Dann?«

»... werft ihn hinaus!«

»Wir kümmern uns darum«, sagte Nanko.

»Mit Vergnügen«, fügte Shoiku hinzu. »Doch ist ja noch etwas Zeit, bis ...« Er verstummte.

Nanko rollten die Tränen herab. Ikkyu legte ihm seine Hand auf die Schulter: »Nur für mich gäbe es Grund, zu weinen. Nicht für euch. Also: das Innere des Tempels gestalten wir einfach und hell. Bokusai soll ein Bild von mir malen. Aber nicht den üblichen Unsinn! Auf keinen Fall lagenweise Roben und Umhänge auf mich altes Männchen pinseln; soll er sich lieber mit meinen Runzeln abplagen – ach, was rede ich: er wird sowieso wissen, was ich meine. Das Bild kommt in die Mitte: nicht hoch-, sondern tiefgehängt, damit keiner auf den Gedanken kommt, zu mir aufzublicken. Es sei denn, es handelte sich um einen Zwerg. Hahaha! Sonst nur freier Raum, offene Wände, Platz für *zazen*. Leichtes Dach, um dem Pochen des Regens lauschen zu können. Kein Schrein, keine Holzwand für Zettelwünsche – will mich nicht auch noch drüben mit sowas herumschlagen müssen. Komparu? Er soll für euch spielen, aber kein trauriges Stück; zum Lachen soll er euch bringen, dieser alte Grübler! Sake soll fließen! Dann noch etwas: kein Zeichen, kein Hinweis auf das Erwachen! Bloß keine Zeichnung einer Krähe, nicht einmal von Bokusai! Erwachen oder nicht: das geht nur den betreffenden Jemand selbst an. Es kann weder vermittelt noch dargestellt werden; nähme man solches an, führte es schnurstracks in die Irre. Ach, wie oft habe ich das schon gesagt! Bedenke ich darüber hinaus«, fuhr er fort, »wie viel Leid ich in meinem Leben gesehen habe, welches ich nur in den seltensten Fällen lindern und niemals ungeschehen machen konnte, dann kommt mir der Gedanke an eine Erleuchtung ohnehin mehr und mehr ... wie soll ich es ausdrücken ... schändlich vor; ja, eine Schande wäre es, sich aus Wirklichkeit und Leid davonstehlen zu wollen, ohne alle anderen Leidenden mitzunehmen, und ausdrücklich schließe ich die Tiere mit ein! Aber ihr wisst: das geht ohnehin nicht. Dennoch ... Dennoch war jenes Erlebnis, war jener weltumspannende Krähenschrei keine Einbildung. Löst dieses Rätsel, wenn ihr könnt.«

Und er fügte hinzu: »Jedes Mal, bevor ich mich in den Zensitz begebe, frage ich mich inzwischen, ob ich jetzt sterben könnte, und antworte mir sogleich: ja, gesetzt den Fall, ich kennte niemanden auf der Welt. Das ist für euch gesagt, liebe Freunde.«

Doch die Tage gingen nicht traurig dahin. Es gab viel zu tun. Bald war der Entwurf für das Grabmal gemacht; es sollte ja schlicht und nicht zu groß werden. Der Bauplatz war einige Stunden Weges entfernt, und der Meister ließ die Handwerker gewähren, ohne anwesend zu sein.

»Nur zweimal werde ich mich dorthin begeben müssen«, hatte er gescherzt, »einmal zur Probe, dann im Ernst – wobei jenes zweite Mal nicht zu Fuß geschehen wird.«

Die Arbeiter wussten nicht, was sie bauten. Es mochte ein beliebiger kleiner Tempel sein, von welchen jedes Stadtviertel einige besaß.

Bokusai hatte das bestellte Bild gemalt. Schwarzweiß war es, Ikkyu wie aus dem Gesicht geschnitten, ohne Pomp und Verzierungen, ohne die üblicherweise mitabzubildenden Insignien eines Abtes. Die Zeichnung wirkte wie schnell hingeworfen, doch hatte Bokusai sein Bestes gegeben. Wurden in üblichen Darstellungen hoher Würdenträger deren Gewänder stets unnatürlich flach dargestellt, um die edlen Stoffmuster unverzerrt darauf malen zu können, so ging Bokusai hier einen neuen, noch nie dagewesenen Weg: der Faltenwurf des Stoffes war naturgetreu abgebildet, doch auf Art und Musterung des Gewandes gab es keinen Hinweis; anstelle der Robe eines Abtes mochte genauso gut Ikkyus Wanderkittel dargestellt sein. Des Meisters Hals war zerklüftet, ein Zeichen des Alters, von Schatten durchzogen wie auch Wangen und Stirn. Tiefe Augenhöhlen, darin der dunkle, ausdrucksvolle Blick, mit je einem weißen, mit dem kleinen Finger aus der noch feuchten Tusche gewischten Glanzpunkt.

»Nun sollten wir uns den Stand der Dinge doch einmal ansehen«, sagte Ikkyu eines Tages. Unverzüglich machte man sich auf den Weg. Der Meister schlug die ihm angebotene Sänfte aus und ging zu Fuß. »Wer führt nun wen?«, scherzte er, als er Mori bei der Hand nahm. Mit der anderen Hand hielt er den Stock. Shoiku und Nanko gingen voraus.

Es war ein langer Marsch. Die Baustelle lag herrlich, auf einer Felsstufe, die einen flach und weit abfallenden Hang unterbrach, an dessen Ende sich die Küstenebene auszubreiten begann. Dahinter konnte man das Meer erahnen.

»Der Meister kommt, um die Baustelle zu besichtigen«; das hatte sich herumgesprochen, und die Handwerker standen ehrfürchtig da, im Viereck die Seitenwände des Baues vorwegnehmend. Der Boden war gelegt: schöne, sorgfältig aneinandergefügte Planken, um welche das Gebäude allmählich in die Höhe wuchs. Die wichtigsten Verstrebungen ragten bereits auf, hell, aus frisch gehobeltem, duftendem Holz.

»Gleich wird er etwas Bedeutendes sagen«, flüsterte ein Arbeiter seinem Nachbarn zu. »Er ist einer der Klügsten und Weisesten.«

»Beides zugleich?«

»Ja.«

Nachdem Ikkyu sich mit Tee und Reis gestärkt hatte, trat er zu den Wartenden, hinter ihm Nanko, Shoiku und Mori, geführt von Saigaku.

»Gute Arbeit«, lobte der Meister. Er verbeugte sich tief in die Runde.

Er verbeugte sich! Tief! Vor Tagelöhnern! Ein Murmeln ging durch die Reihen.

Dann kniete er nieder, was ihm sichtlich schwer fiel, setzte sich ächzend in die Mitte des Tempelbodens und legte sich anschließend flach auf den Rücken. Wie ein Toter lag er da.

»Passt«, sagte er. »Wie für mich gemacht – was es ja auch ist. Nun helft mir auf!«

Der Rückweg am darauffolgenden Tag, nachdem man die Nacht in einer behelfsmäßigen Unterkunft verbracht hatte, war beschwerlich, aber vergnügt. Diesmal hatte Ikkyu das Angebot angenommen, in einer Sänfte zu reisen. Unter den Arbeitern fanden sich mehr Freiwillige als nötig. Schließlich bemächtigten sich vier kräftige Kerle der Griffe. Stolz waren sie, den Meister zu tragen, zumal ein Viertel Ikkyu – wie einer von ihnen zu scherzen wagte – leichter wog als der leichteste Balken, der auf der Baustelle zu schleppen war. Ikkyu hatte lauthals gelacht: »Ich bitte euch, geht im Gleichschritt, damit meine vier Viertel auch gleichzeitig ankommen!«

So war die Reise lustig; die Träger wussten viel zu erzählen und frischten alte Streiche des Meisters wieder auf, die sie entweder selbst erlebt oder von denen sie gehört hatten.

»Das soll ich gesagt haben? Was war ich doch für ein Dummkopf!«, rief Ikkyu ein ums andere Mal, schallend über sich selbst lachend.

Mori trödelte an Saigakus Hand hintennach. Ab und zu pflückte der Junge eine Blume, die er seiner Begleiterin an die Nase hielt und sie den Namen raten ließ. Mori erkannte sie alle.

»Hören, Riechen und Tasten sind meine Welt«, lachte sie, »da kannst du mir nichts vormachen.« Wurde der Abstand zu den anderen zu groß, fasste Saigaku die Blinde fest am Arm, und die beiden eilten der Sänfte hinterher.

Ab und zu rastete man. Um Verpflegung brauchte man sich nicht zu sorgen. Kaum hatte man den Meister in einem Dorf abgestellt, eilten dessen Bewohner herbei und brachten Reisküchlein, eingelegtes Gemüse, Tee und anderes.

»Die Hungersnot ist vorbei«, freute sich Ikkyu. »Gibt es denn auch wieder genügend Sake?« Er hatte Glück.

Es dämmerte schon, als die Reisegesellschaft wieder im Daitokuji angekommen war. Man hatte mehrmals und ausgiebig gerastet, war gut verpflegt worden und von den gelegentlichen Schlückchen Sake angenehm müde.

Den Trägern bereitete man ein Lager auf dem Tempelboden. Anderentags würden sie sich mit der leeren Sänfte auf den Rückweg machen. Nachdem sie einen letzten Krug, sorgfältig abgemessen, in vier Becher umgefüllt und diese geleert hatten, rollten sie sich auf ihren Matten zusammen und schnarchten bald.

Auch Saigaku war eingeschlafen. Den Kopf hatte er in Moris Schoß gebettet. Ab und zu fuhr ihm die Blinde sanft durchs Haar. Ikkyu setzte sich neben sie, legte seinen Arm um ihre Schultern und zog sie eng an sich.

Welche Ungeheuerlichkeit! Eine Umarmung in aller Öffentlichkeit! – das hätte man unter anderen Umständen gesagt, doch Ikkyu wäre dies gleichgültig gewesen, und seine Freunde verstanden ihn sowieso.

Shoiku und Nanko saßen stumm und blickten in die Glut, die vom Teefeuer übriggeblieben war.

»Ihr habt doch etwas auf der Seele«, sagte Ikkyu nach einer Weile.

Nichts konnte man vor dem Meister verbergen!

»Wir haben in der Tat eine Frage«, begann Nanko. Er zögerte, weiterzusprechen.

»Sie ist ... nicht leicht zu stellen«, ergänzte Shoiku.

»Heraus damit!« Ikkyu trommelte mit den Fingern auf sein Knie.

»Also gut.« Nanko kam zur Sache, wobei er seit langem wieder die förmliche Anrede verwendete: »Verehrter Meister Ikkyu, wäre es nicht an der Zeit, einen Nachfolger zu bestimmen?«

Ikkyu sagte nichts. Schon fürchtete Nanko, missverstanden worden zu sein. Schnell fügte er hinzu: »Bitte versteht mich nicht falsch: nicht, dass ich dabei an mich selbst dächte – ganz zufrieden bin ich im Verborgenen ...«

»Auch nicht mich – bitte«, stotterte Shoiku, wobei er Schweißperlen auf der Stirn hatte. »Nehmt es mir nicht übel, aber auch ich würde lieber ...«

»Hahaha! Hahaha!« Der Meister hielt sich lachend den Bauch. »Ach, meine lieben, lieben Freunde!«

Danach atmete er tief durch und schwieg eine Weile.

»Alle«, sagte er dann.

»Alle?«

»Ja. *Alle* werden meine Nachfolger sein. Sein müssen. Doch das sagen wir ihnen nicht.«

»...«

»Es ist doch so: alle müssen denselben Weg gehen wie ich, ob sie es wollen oder nicht, werden geboren, werden alt, suchen, finden oder finden nicht, sterben ... wozu einen von ihnen besonders herausheben; mit welchem Recht?«

Die beiden Freunde dachten nach.

»Dann«, sagte Shoiku nach einer Weile, »ist das wohl geklärt.«

»Wie hätten wir auch etwas anderes von dir erwarten können?«, grinste Nanko. »Trotzdem: ich dachte, dass möglicherweise Saigaku ...«

»O ja«, antwortete Ikkyu. »Saigaku ist schon sehr weit, weiter vielleicht, als ich es in seinem Alter war. Doch lassen wir ihn seinen Weg allein gehen. Lasst den Begriff *Nachfolger* einmal auf euch wirken: vermittelt er nicht das Gefühl, stets irgendjemandem oder irgendetwas *hintendrein* zu sein, stets gesagt zu bekommen, wohin die Wanderschaft gehen soll? Nein, Abenteurer soll Saigaku sein, sich seine Wege selbst suchen, voller Neugierde, vor seiner Nase nur das Ungewisse, das Mysterium, wie es Meister Rinzai ausgedrückt hat.«

»Ja.«

»Das verstehen wir.«

Wieder trat eine Pause ein, und wieder spürte Meister Ikkyu, dass etwas ausgesprochen werden wollte: »Noch eine Frage?«

Shoiku räusperte sich, fühlte erneut Schweiß auf der Stirn und stotterte: »Da wäre noch ... auch dieses kommt mir nicht leicht über die Lippen ... nämlich ... da wäre ...«

»... das letzte Gedicht«, half Nanko aus.

Schon seit geraumer Zeit schüttelte Ikkyu, wurde er um ein Gedicht gebeten, dieses ohne viel nachzudenken aus dem Handgelenk. Er kümmerte sich nicht mehr darum, seine Worte für die Nachwelt festzuhalten. Gab es niemanden, der das Gesagte in Erinnerung behielt und baldmöglichst niederschrieb, dann war das betreffende Gedicht eben verloren. Auch suchte der Meister nicht mehr nach anspielungsreichen oder ungewöhnlichen Vergleichen und Bildern. Darüberhinaus war die Form eine freie geworden: er reihte einfach genauso viele Wörter aneinander, wie es für den betreffenden Gedanken bedurfte. »Mein Dichten ist nur noch eingekochtes Sprechen, nichts weiter«, hatte Ikkyu einmal zu erklären versucht.

»Ja, ja. Das berühmte letzte Gedicht«, antwortete der Meister nachdenklich. »Habe ich doch noch nicht einmal mein *erstes* gutes Gedicht hinbekommen!«

»Dann solltet Ihr Euch möglichst beeilen«, platzte Saigaku, wieder aufgewacht, heraus. Augenblicklich presste er sich die Hand vor den Mund.

»Hahaha!« Ikkyu liebte taktlose Bemerkungen. Dann wurde er wieder ernst. »Ich will kein letztes Gedicht schreiben«, sagte er.

»Ein vorletztes wenigstens«, schlug Nanko vor, sein Schüler und geliebter Freund.

»Und nach diesem hörst du dann auf zu dichten«, fügte Shoiku hinzu, der andere und ebenso geliebte Freund.

»Na schön«, sagte Ikkyu, den Spaß aufnehmend. »Danach halte ich für immer die Klappe.« Er überlegte einen Augenblick.

»Seit meiner Kindheit –
habe ich da eigentlich nennenswerte Fortschritte gemacht?
Was ist das Leben?
Die Liebe wächst und der Tod wächst.«

Es war still. Niemand versuchte, das Gedicht festzuhalten, und trotzdem klang es in allen nach. Schon fühlte sich Ikkyu bemüßigt, die anderen aufzumuntern: »War das zu traurig? Ach nein – noch habe ich nicht vor, zu sterben, keineswegs. Nun ist lediglich für den Ernstfall vorgesorgt: das ist doch sinnvoll! So kann ich beruhigt sein. Alles ist getan.«

»Lass den Tod unbesorgt ein wenig mitwachsen«, sagte Mori. »Die Liebe holt er niemals ein.«

»Das ist wahr«, sagte Ikkyu, während er die Geliebte an sich zog.

Mittlerweile war es dunkel geworden. Saigaku hatte ein Öllämpchen angezündet. Die Flamme zitterte und ließ die Gesichter der Runde erbeben. Die Vögel schliefen, doch hatten nun die Insekten ihre Gesänge begonnen; zirpend und kratzend erhob sich die Nacht über Ikkyus Werk, dem neuen Daitokuji. Die Sterne waren entflammt, einer nach dem anderen; hunderttausendfach blinkten sie herab, schräg über den Himmel zum Band der Milchstraße verwischt.

»Seht nur, *das* kann niemand malen«, sagte der Meister, der seinen Kopf auf Moris gekreuzte Beine gelegt hatte und den Himmel betrachtete, »nicht einmal unser Bokusai. Doch braucht es auch keinen dazu. Nacht für Nacht erblüht dasselbe über uns. Schon Meister Rinzai hats gesehen und wurde auf einmal empfindsam, der grobe Klotz, sprach vom Mysterium. Tröstlich? Schrecklich? Ich weiß es nicht. Jeder hängt am Leben. Auch ich; da nützt die ganze Erwacherei nichts. Wie ein seltsam geformter Griff erscheint es mir, das Leben: ein Griff, an dem man sich festhält, um nicht abzustürzen oder davonzuschweben – den man aber doch irgendwann loslassen muss. Ist nicht die eigentliche Frage: ein Griff woran? An welchem Gegenstand? Nicht wahr?«

Großes Bild mit Krähen

Krähen sind allgegenwärtig, doch findet man selten ihre Nester. Sie verbergen diese gut. In der Astgabel eines verrotteten Baumes mag sich eines befinden, beinahe zur Gänze in einem Hohlraum verborgen, oder dort, hinter dem Schuppen, auf halber Höhe zweifach vor Blicken geschützt: zum einen durch ein Dornengestrüpp, das einige umgestürzte Baumstämme umschließt, zum anderen durch einen Vorhang aus Schlingpflanzen, die das vermoderte Holz aussaugen.

In diesem Versteck sind einige Junge herangewachsen, von Krähenmutter und Krähenvater gefüttert und beschützt. Zunächst hatten die Kleinen, sich wie winzige Saurier im Nest umherarbeitend, mit ihren Flügelstummeln nichts anzufangen gewusst. Eines der Federknäuel, wie die anderen noch blind, war geradewegs in die Luft marschiert und aus dem Nest gefallen. Doch es sind noch genügend von ihnen am Leben. Auch diese aber können nicht alle erwachsen werden. Die meisten werden verhungern oder erfrieren oder vom Luchs geholt.

Es ist Herbst. Das Nest ist verlassen. Sind die Jungen davon, brauchen die Alten es nicht mehr, solange wenigstens, bis ein neues Gelege platziert werden muss; dann wird, falls dies möglich ist, das vormalige Heim wieder instandgesetzt; wenn nicht, findet sich ein anderer geeigneter Ort.

Inzwischen haben die Überlebenden das Fliegen gelernt. Sie werden eigene Nester bauen und werden der Eltern Wegenetz am Himmel weiterzeichnen. Auch auf sie aber wird eine neue Generation folgen, und wieder eine und wieder und wieder ...

Allmählich, kaum wahrnehmbar, verändern sich dann Aussehen und Fähigkeiten: mit den Flügeln zum Beispiel, wenn nur halb ausgeklappt, könnte man auch greifen, sieh an! – als hilfreich dabei könnten sich ein paar Krallen auf halber Länge erweisen ...

Ein Herbststurm trägt das leere Nest aus der Baumhöhle. Es stürzt herab und rollt den Abhang hinunter, bis es von einer Hecke aufgehalten wird.

Der Sturm pfeift um die Tempel des Daitokuji. Er trägt allerhand mit sich, entreißt den Bäumen die Kleider und zeigt ihr Geäst. Die Kronen beugen sich. Auch der Bambus biegt sich fort. Hie und da bricht eine Stange. Im Wäldchen scharren die Stäbe aneinander.

Nicht nur die Nester der Krähen sind schwer zu finden. Ihr ganzes Treiben ist geheimnisvoll und geschieht größtenteils im Verborgenen. Sie sind klug. Manchmal legen sie Nüsse auf einen Fahrweg und warten in der Nähe, bis die Schalen durch Räder oder Hufe zertrümmert werden. Beim Warten üben sie sich in Geduld, die unerschöpflich zu sein scheint.

Orte, an denen es zu fressen gibt, halten sie vor ihresgleichen geheim. Je kälter es wird, desto länger bleibt Aas genießbar. So kann ein im Wald verborgener Kadaver, ein Wildschwein vielleicht, lange Zeit Nahrung bieten, wenn nicht allzu viele Schnäbel daran zerren. Deswegen, haben sie einen solchen Fund gemacht, nähern sie sich diesem stets auf verschlungenen Wegen, immer wieder auf Baumwipfeln innehaltend und sich vergewissernd, dass ihnen kein Artgenosse folgt.

Nur selten finden sich Krähen zu einem Schwarm zusammen. Manchmal allerdings geschieht es, dass alle auf einen einsamen Schrei hin auffliegen, aus Feldern und Büschen, von Zäunen und Pfosten, um sich zu einer Wolke zu vereinigen. Diese ist nicht gleichförmig geformt wie diejenige der Stare, auch ist ihre Bewegung nicht bis ins Kleinste geordnet, obwohl dennoch eine allgemeine Richtung festzustellen ist. Vielleicht geht es gegen die Stadt, wo die Überreste eines Marktes warten, oder zu abgeernteten Reisfeldern, aus denen sich Würmer und Larven graben lassen – oder es handelt sich lediglich um das plötzlich raumgreifende Bedürfnis nach Aufbruch. Und ist dafür nicht schon seit jeher der Herbst die beste Zeit?

»Je mehr Vögel ein Schwarm umfasst«, hatte der Maler Bokusai seinen Schülern erklärt, »desto weniger Striche benötigt ihr für das einzelne Tier. Ist die Wolke riesig, so genügt jeweils ein einziger, zunächst gerundet, dann abgewinkelt, dann wieder gerundet – so wie Kinder malen; oder als wäre jeder Pinselzug die Feder eines viel größeren Wesens, das alle kleinen umfasst ...«

»Yatagarasu«, hatte einer gemurmelt.

»Ganz recht. Ein großes Bild, ein größeres Ganzes.«

Unter den eilenden Wolken fliegt der Schwarm dahin, zunächst wirr, sich ausbreitend und wieder zusammenziehend wie Atem, dann zielstrebig, weg vom Tempelgelände in Richtung Fluss. Die einzelnen Schreie fügen sich zu einem schnarrenden Laut zusammen.

»Yatagarasu – sie ist es!«, flüstert ein Junge, der das besondere Schauspiel am wirbelnden Himmel beobachtet. Er hat Angst, die Sonne könne sich verdunkeln.

Tod
88

Saigaku fand ihn.

Saigaku war beinahe noch ein Kind. Der Tod begann erst, für ihn furchtbar zu werden.

Er betrachtete Ikkyu.

Heiter? Friedvoll? Erhaben? Gar entrückt? Derlei Begriffe standen dem Jungen nicht zur Verfügung.

Ikkyu lag auf seiner Matte, die Augen geschlossen, die Arme entspannt, seitlich an den Körper angelegt, die Hände offen und nicht zu Fäusten geballt.

Saigaku rannte zu Mori. »Der Meister ist weg«, sagte er. Sie verstand augenblicklich.

»Wo?«, fragte sie – was ein Widerspruch zu sein schien. Der Junge nahm Mori bei der Hand und führte sie zu ihm. »Hier liegt er.«

Sie tastete in die angegebene Richtung, stieß gegen Ikkyus Arm, zuckte zurück, fasste sich und strich dem Meister über die Stirn.

»Ach! Wie?«

»Ich weiß es nicht«, sagte Saigaku. »Als ich ihm Tee bringen wollte, lag er da. Zuerst hatte ich keine Angst, doch jetzt fürchte ich mich.«

Er weinte, und es klang beinahe trotzig: »Er ist mein Meister. Ich bin doch noch nicht fertig!«

Mori musste lächeln. »Das Lehren geht immer weiter«, sagte sie. Der Junge ergriff ihre Hand und hielt sie fest.

»Wie sind seine Gesichtszüge?«, fragte sie.

»Als schliefe er.«

»Wie gerne würde ich dich sehen«, flüsterte sie dem Toten zu, »einmal nur – doch nun bist du fort, Geliebter, und lässt mich in meinem Dunkel allein zurück.«

Noch konnte sie nicht weinen. Sie saß regungslos.

»Hab keine Angst, Saigaku«, sagte sie dann und drückte seine Hand. »Ich bin bei dir. Hol Nanko und Shoiku.«

Wanderschaft

Sengikumaru Shuken Sojun Ikkyu Staub war am Ende seines Weges angekommen. Die Asche hatte man verstreut, so wie er es gewünscht hatte, war in den Wind geworfen und verweht. Das Grabmal war leer. Keine Spur von ihm fand sich darin. Dies stellte das einzige dem Meister gerechte Andenken dar: Leere ist Form, und Form ist Leere. So stand es im *hannya shingyo*, und so ist es.

Auch Shoiku und Nanko waren alt geworden. Sie gingen gebückt, und nicht nur die Trauer drückte sie nieder.

Saigaku hingegen wurde beinahe über Nacht erwachsen. Mit einem Schlag fiel alles Kindhafte von ihm ab.

»Er wird Ikkyus Nachfolger, das ist klar«, sagte Shoiku. »Wie alle anderen auch«, fügte er hinzu, als er Nankos tadelnden Blick bemerkte.

Nanko nickte. »Zunächst aber haben *wir* des Meisters Stätten und seinen Nachlass zu verwalten. Wir wollen dies in seinem Sinn in Angriff nehmen. Keine Verehrung – nur der Versuch, stets Gutes zu tun.«

»Ja.«

»Für Meister Ikkyu hätte ich meinen ganzen Wald abgeholzt«, sagte Toshikage, der schon seit einiger Zeit regelmäßig Gast im Daitokuji war und nun dem Gestorbenen die letzte Ehre erwies.

Viele Besucher hatten sich in den Tagen nach Ikkyus Tod eingefunden, unter ihnen natürlich auch Bokusai und Komparu. Die Trauer war allseits groß, doch erinnerte man sich auch vieler tröstender Worte des Meisters. Allerhand Geschichten wurden ausgetauscht: für jeden war etwas dabei, was er noch nicht kannte. Es wurde sogar gelacht.

Auch Mori lächelte dann, war aber ansonsten schweigsam und hielt sich abseits. In der ersten einsamen Nacht hatte sie ein neues Lied auf ihrer Flöte gespielt, nur dieses einzige Mal und danach nie wieder. So hatte sie Abschied von ihrem Geliebten genommen. Saigaku war aufgewacht und hatte geweint.

Nicht jeder Gast wusste, wie er sich Mori gegenüber verhalten sollte. Manche drückten ihr Beileid genau so aus, wie es bei einer Ehefrau üblich gewesen wäre, andere waren verlegen und sagten nichts.

»Keine Zeremonie«, war Nankos mit Engelsgeduld vorgetragene Antwort auf alle Vorschläge, des Meisters Tod durch eine Veranstaltung zu gedenken. Der Kaiserhof hatte einen feierlichen Trauerakt ausrichten wollen, ebenso das Shogunat, wie auch mehrere Ikkyu wohlgesonnene *daimyos* und Landherren der Umgebung. Selbst die Äbte der wichtigsten *gozan*-Klöster, denen Ikkyus Gebaren eigentlich ein Dorn im Auge gewesen war, hatten sich, nun, da er nicht mehr lebte, zu einer derartigen Anfrage durchgerungen. Doch Ikkyus Freunde blieben standhaft. Sie lehnten alle derartigen Angebote ab.

»Es war nun einmal sein Wunsch:«, sagte Nanko ein ums andere Mal, »keine Verehrung! Daitokuji ist wieder auferstanden. Shuon-an, des Meisters Grabtempel mit der herrlichen Aussicht steht jedermann offen; mehr an Gedenken wird es nicht geben.«

So kehrte allmählich wieder eine Art Alltag ein. Das ganze Land erhob sich von der Last des Krieges, mühselig, aber unaufhaltsam. Die Spenden, mit denen Ikkyu die Tempel hatte wieder aufbauen lassen, flossen in geringerem Maß weiter.

Nun wurden sie für Verpflegung und Unterhalt verwandt, doch begann man auch damit, die zum Daitokuji gehörenden Felder instand zu setzen. Im kommenden Frühjahr würde man wieder Reis und Gemüse anbauen können.

Doch zunächst kam der Winter, erst ohne Schnee, so dass die Kälte ungehindert in den Boden kriechen konnte. Die Gäste wurden weniger. Wer jetzt noch *sitzen* wollte, musste frieren.
»Reibt euch Nase und Ohren!«, rief Shoiku mehr als einmal den Unermüdlichen zu. »Auch sagte der Meister nicht, man solle sich quälen nur um des Quälens willen. Vergesst nicht Rinzais Lehre: nirgends gibt es Verdienst anzuhäufen.«
Einige hielten durch, bis der Schnee kam und es wieder ein wenig wärmer wurde. Dann schneite es unaufhörlich. Die Flocken waren dick, feucht und brachten Stille mit, ein Schweigen, das nur der Winter im Gepäck hat. Bald waren die Tempeldächer schwer beladen. Die Drachenköpfe trugen hohe Mützen.

»Nun ist es an der Zeit«, sagte Mori, als es zu tauen begann. Der Schnee schmolz dahin. Zwischen den Wällen, die man zu beiden Seiten der Wege aufgeschichtet hatte, erschienen die ersten Flecken Erde. Der ans Licht gekommene Boden duftete und trocknete schnell. Erste Blüten zeigten sich. Tag für Tag hatte die Sonne mehr Kraft, beschien die Dächer und ließ deren schwere Gewichte schrumpfen, zuerst auf der einen, ihr zugewandten Seite, dann auch auf der anderen. Lasierte, glänzende Ziegel kamen zum Vorschein.
»Was ist an der Zeit?«, fragte Saigaku.
»Meine Wanderschaft«, antwortete Mori, während sie die milde Luft atmete. »Nun muss ich wieder fort. Ihr wisst:

bevor ich zu euch kam, zog ich übers Land, sang und spielte und schlug mich durch.«

»Nein!«, riefen Shoiku und Nanko gleichzeitig. »Du kannst uns doch nicht verlassen! Uns und Saigaku! Denk daran, was dir widerfahren ist!«

Mori lächelte. »Es muss sein. Das Musizieren war meine Aufgabe, und das soll es auch wieder sein. Nun sind die Wege sicher. Es wird mir nichts geschehen.«

»Die Leute werden dich über den Meister ausfragen.«

»Dann werde ich von ihm erzählen.«

»Sie werden dich fragen, wie dein Verhältnis zum Meister war, und sich dann wundern, wenn nicht Schlimmeres.«

»Dann werde ich ihnen die Wahrheit sagen.«

Shoiku verstand. Mori hatte recht. Es musste so sein. Auch sie war auf dem Weg des Erwachens und hatte diesen weiterzugehen. Ihre Ruhepause war vorüber. Niemand konnte, ja, niemand durfte sie aufhalten.

»Wenn dem so ist«, seufzte Shoiku, zog Augenbrauen und Schultern hoch, wobei er lächelte, »dann vergiss uns nicht, ...«

»... uns altes Ehepaar«, fügte Nanko schmunzelnd hinzu.

»Wie könnte ich das?«, sagte Mori. Sie tastete in der beiden Richtung, bis sie je eine Schulter fand.

»Ich komme mit«, sagte Saigaku. »Sie braucht jemanden, der sie führt.«

»Aber ...«

»Ich weiß. Der Meister sagte: erst *sitzen*, dann erwachen, dann wandern. Aber wieso die Reihenfolge nicht umkehren, wenn die Notwendigkeit dazu besteht, und mit letzterem beginnen? Das werde ich tun. Krähenschreie gibt es überall.«

Am darauffolgenden Tag war es soweit. In den frühen Morgenstunden hatte es noch ein wenig geschneit. Als die Sonne aufging, strahlte sie schräg durch das Gestöber; violett leuchtete die Luft. Doch bald verzogen sich die Wolken, der letzte Schnee verging auf der warmen Erde, aus welcher erstes Grün hervorstieß.

Mori und Saigaku hatten ihre Bündel gepackt und geschultert. Wer ihnen begegnete, würde sie für Mutter und Sohn halten. Die junge Frau hatte sich ein Tuch um die Augen gebunden; es mochte von Vorteil sein, wenn man auf Anhieb erkannte, dass sie nicht sah. Der Junge würde sie führen, aber sie trug auch ihren Stock mit sich. Saigaku sollte ja nicht ständig an sie gebunden sein!

Der Abschied war schwer, doch spürten alle tiefen Frieden und Ergebung in die Überraschungen des Lebens.

»Nun lassen wir einander in Liebe los«, sagte Mori. Sie hob zum Gruß die Hand.

»Lebt wohl«, sagte Shoiku.

»Kommt wieder, ihr beiden!«, sagte Nanko.

Saigaku nickte und zwinkerte ihm zu. »Wir werden sehen. Zuerst muss ich lernen, die *shakuhachi* so zu spielen wie der Meister – so gut wie Frau Mori, *das* schaffe ich allerdings nie ...«

»Richtig. Wartet!«, rief Shoiku, eilte in Ikkyus verwaiste Gemächer und holte dessen *shakuhachi* hervor: »Die bekommst du, Saigaku. Wer wandern will, muss auch Flöte blasen können. Mori wird es dich lehren.«

»Ja«, sagte sie. »Ich bringe es dir bei, Saigaku.«

»Noch haben wir uns«, sagte Nanko, während die beiden den Wandernden nachblickten und ein letztes Mal winkten. »Auch Freundschaft ist eine Form der Liebe.«

»Das ist mir schon lange klar«, lächelte Shoiku.

Vierter Teil

Darüber hinaus

Da schwingt sich ein schwarzer Vogel empor, steigt hoch in die Luft, höher, als es diese Art eigentlich vermag, fliegt weit, immer weiter, durch Räume und Zeiten – unerschöpflich ist beides vorhanden; der Himmel ist grenzenlos –, *sie* ist es, die Krähe, mit der alles begann, doch kann das ja nicht sein: nun, dann vielleicht eines ihrer Jungen, oder auch schon eines aus *dessen* Nest; keinen großen Unterschied macht das, denn alle werden sie geboren und sterben, nacheinander ohne Unterlass. Aber stets müssen Tod und Geburt zeitversetzt geschehen, denn sonst risse die rote Schnur, die das Leben warmhält und weiterträgt, diese höchst erfolgreiche Vorrichtung gegen die Kälte zwischen den Sternen und in der Nacht, welche unaufhaltsam der vollkommenen Erstarrung zufriert, wären da nicht das Lebendige und Amaterasu, die Sonnengöttin. Im Flug ist die Luft mild, sogar noch in großer Höhe. Unten brennt ein Haus und versinkt zugleich im Meer. Weiße Dampfwolken mischen sich mit schwarzem Rauch. Menschen, ganz klein, rennen von der Unglücksstelle fort. Also doch kein immerwährender Friede? Wo jetzt Meer ist, war früher Land. Auch anderes steht in Flammen, darunter ein Wald und eine Mauer. Schau, dort unten geht Mori! Sie *sieht* ja, braucht niemanden mehr, der sie am Rockzipfel zerrt. Oder ist es ihre Tochter – oder gar Enkelin? War

Mori also doch schwanger von dem alten Narren, der sie so innig liebte? Wenn ja, dann ist das lange her. Jegliches Ereignis, hatte Ikkyu gescherzt, wird irgendwann einmal lange her sein – verdreht euch das nicht den Kopf? Mir schon. Allerdings ist die Gegenwart das Nadelöhr, da muss alles durch. Schaut zu. Am Himmel gibt es fliegende Zeichen. Die Jahre, ja, alles, was sonst noch aufeinanderfolgt, zählen Krähen anders als die Menschen. Nicht so deutlich wie jene trennen sie ihre Nachkommen von sich selbst. Jeder Vogel ist der schönste, auch du, einbeiniger, auch du, zerzauster! Mondlose Nacht, der Krähen Gefieder, der Blinden Räume, edler Lack, aufgetragen auf eine Schatzkiste – diese aber leer –, endgültige Finsternis: so ist schwarz. Sieht man an sich herab und wird dort keines Körpers mehr gewahr, dann ist das schlimm, Zeichen eines Zwischenreiches nämlich, das es zu durchschreiten gilt. Wohin? Seltener geschieht es, dass man sich an der Decke eines Raumes zu schweben wähnt und auf sein Lager herabblickt. Die Vögel schreien im Flug, rufen einander zu, beginnen bald, miteinander zu sprechen, ganz wie die Menschen es einst taten, nur in anderen Lauten, machen hie und da Rast, mal auf einer Baumkrone, die aus der beinahe endlosen Wasserfläche ragt, mal auf einer Antenne oder einem zerschossenen Turm. Ihre Flügel haben sich vergrößert, denn nun, in der neuen Zeit, gilt es, lange Strecken von Land zu Land zu überwinden. Ein Schiff mit weißen Segeln und einem Schornstein – gibt es also doch noch Menschen? – durchkreuzt den kürzlich entstandenen Archipel. Dieser erstreckt sich bis zum Horizont. Es findet sich keine Hauptstadt mehr. *Alles* ist Mitte. In der tiefstehenden Sonne glänzen die Wasserflächen zwischen den Inseln wie Silber. Was für ein Gemälde würde Bokusai daraus machen, verteilt über drei, vier, fünf Raumteiler! Vielleicht sogar ein geschlossenes Rund um den Kaiser und seine Gefolgschaft? Solches hat noch niemand versucht! Auf einem der Hügel steht Shuon-an, das Denkmal, seitlich platziert und mit wenigen Pinselstrichen angedeutet, davor ein Pilger, der sich in einzelne Farbspritzer auflöst, nähert man sich diesem letzten, riesigen Bild. Natürlich verfällt auch besagtes Denkmal, obwohl eine große Zahl von Zimmerleuten ständig Balken auf Balken austauscht, in rasender Geschwindigkeit, doch stets sind ihnen Feuchtigkeit und Schimmel einen Schritt voraus, wozu Meister Ikkyu nur bemerken würde: nicht schlimm, Daitokuji steht wieder! Gut reden hat er. Was ist Erkenntnis, wenn man alles weiß? Was Dunkelheit, besitzt man keine Augen? Vögel kreisen, Schläfer ohne Ich im Flug, solange, bis einen von ihnen ein Sonnenstrahl trifft, oder ihn eine Sturmbö gegen den berüchtigten diamantenen Felsen schmettert – schon geht es um Leben und Tod. Eine Ahnung von Befreiung entsteht wie fernes Donnergrollen, schwer festzuhalten allerdings. Durch Schnabelwetzen einen Berg abzutragen, braucht seine Zeit. Doch das Unwetter wird kommen, Regen und Flut werden die letzten Gestade fortnehmen. Nichts mehr zum Festkrallen. Dann geht es Schlag auf Schlag: auch Insekten und Wirbellose machen sich zum Aufbruch bereit. Selbst am Meeresgrund beginnt es zu denken, Weichtiere mit glitzernden Sehschlitzen, rechteckig als wie gestanzt im biegsamen Leib, ziehen Rückschlüsse aus dem Zittern der Meeresoberfläche: muss darüber nicht ein Jenseits sein, etwas, das die hochgereckten Fangarme kühlbläst? Was ist dort? Sie hören das Schäumen der Wellen und Krähengeschrei, spüren Licht – gälte es nicht, dorthin zu kriechen und Wohnstätten zu bauen? Dann weiter zu den Sternen.

... und auch über das Darüber-Hinaus hinaus

Ikkyus letztes Gedicht fand sich bei dem Schreibgerät, das ihm sein Vater, der Kaiser Gokomatsu, vermacht hatte, zusammengerollt in der Schatulle, die Tuschestein und Pinsel enthielt. Ob es sich um einen Entwurf handelte oder um die endgültige Fassung für den Fall eines plötzlichen Todes, der keine Zeit mehr zum Dichten ließe, ist unklar:

Meine Gedichte, unbeholfen,
mein Leben, meine Lehre: haarscharf daneben,
sobald zu Papier gebracht.
Macht es besser, dann werdet ihr sehen!

Man staunte ob der schmucklosen Sprache. Kein einziges besonderes Bild darin! Doch Nanko war klar: »Er weiß, was er sagt. Vermittlung von Erwachen ist unmöglich. Man muss es selbst tun.« Auch Shoiku verstand. Dennoch machte es ihn traurig, Worte des Verschwundenen zu lesen: »Er fehlt mir.«

Noch Weiteres befand sich in der Schachtel: eine Liste bekannter *koans* in des Meisters Handschrift sowie einige Skizzenblätter Bokusais. Entwürfe von Landschaften und Vögeln im Flug waren darunter. Mit einem Schwung des prallgefüllten Pinsels hatte der Maler die Form der Flügel angelegt, so dass sich zwei Striche zu einem Vogel zusammensetzten. Auch gab es Zeichnungen von Liebespaaren. Diese waren sorgfältig und detailliert ausgeführt, sowohl, was den Faltenwurf wie auch die dargestellten Körper betraf. Die zur Vereinigung ineinandergefügten Körperteile waren deutlich und übergroß im Bild, wozu es einer ungewöhnlichen Verrenkung der Abgebildeten bedurft hatte. Auf den Rand eines dieser Blätter hatte Ikkyu ein Liebesgedicht entworfen.

Die *koans,* die Ikkyu zusammengestellt hatte, stammten aus verschiedenen Sammlungen. Seit vielen Generationen wurden sie überliefert. Hatte der Meister sie alle gelöst? Selten hatte er mithilfe von *koans* gelehrt.

Das erste auf der Liste war auch das bekannteste. Dessen scheinbare Auflösung besteht aus einer einzigen Silbe, die aber zugleich Bestandteil des *koans* ist. Es lautet:

›Besitzt der Mensch die Natur des Erhabenen, ja, hat auch ein Hund, hat gar eine Krähe die Natur des Erhabenen? Die Antwort ist einfach und sonnenklar: Mu!‹

Soweit das *koan.* Doch was hat diese Antwort zu bedeuten?:

»Mu! Mu!

Mu! Mu! Mu! Mu! Mu! Mu! Mu! Mu! Mu! Mu! Mu! Mu!
Mu! Mu! Mu! Mu! Mu! Mu! Mu! Mu! Mu! Mu! Mu! Mu!
Mu! Mu! Mu! Mu! Mu! Mu! Mu! Mu! Mu! Mu! Mu! Mu!
Mu! Mu! Mu! Mu! Mu! Mu! Mu! Mu! Mu! Mu! Mu! Mu!
Mu! Mu! Mu! Mu! Mu! Mu! Mu! Mu! Mu! Mu! Mu! Mu!
Mu! Mu! Mu! Mu! Mu! Mu! Mu! Mu! Mu! Mu! Mu! Mu!
Mu! Mu! Mu! Mu! Mu! Mu! Mu! Mu! Mu! Mu! Mu! Mu!
Mu! Mu! Mu! Mu! Mu! Mu! Mu! Mu! Mu! Mu! Mu! Mu!
Mu! Mu! Mu! Mu! Mu! Mu! Mu! Mu! Mu! Mu! Mu! Mu!
Mu! Mu! Mu! Mu! Mu! Mu! Mu! Mu! Mu! Mu! Mu! Mu!
Mu! Mu! Mu! Mu! Mu! Mu! Mu! Mu! Mu! Mu! Mu! Mu!
Mu! Mu! Mu! Mu! Mu! Mu! Mu! Mu! Mu! Mu! Mu! Mu!
Mu! Mu! Mu! Mu! Mu! Mu! Mu! Mu! Mu! Mu! Mu! Mu!
Mu! Mu! Mu! Mu! Mu! Mu! Mu! Mu! Mu! Mu! Mu! Mu!
Mu! Mu! Mu! Mu! Mu! Mu! Mu! Mu! Mu! Mu! Mu! Mu!
Mu! Mu! Mu! Mu! Mu! Mu! Mu! Mu! Mu! Mu! Mu! Mu!
Mu! Mu! Mu! Mu! Mu! Mu! Mu! Mu! Mu! Mu! Mu! Mu!
Mu! Mu! Mu! Mu! Mu! Mu! Mu! Mu! Mu! Mu! Mu! Mu!
Mu! Mu! Mu! Mu! Mu! Mu! Mu! Mu! Mu! Mu! Mu! Mu!
Mu! Mu! Mu! Mu! Mu! Mu! Mu! Mu! Mu! Mu! Mu! Mu!
Mu! Mu! Mu! Mu! Mu! Mu! Mu! Mu! Mu! Mu! Mu! Mu!
Mu! Mu! Mu! Mu! Mu! Mu! Mu! Mu! Mu! Mu! Mu! Mu!
Mu! Mu! Mu! Mu! Mu! Mu! Mu! Mu! Mu! Mu! Mu! Mu!
Mu! Mu! Mu! Mu! Mu! Mu! Mu! Mu! Mu! Mu! Mu! Mu!
Mu! Mu! Mu! Mu! Mu! Mu! Mu! Mu! Mu! Mu! Mu! Mu!
Mu! Mu! Mu! Mu! Mu! Mu! Mu! Mu! Mu! Mu! Mu! Mu!
Mu! Mu! Mu! Mu! Mu! Mu! Mu! Mu! Mu! Mu! Mu! Mu!
Mu! Mu! Mu! Mu! Mu! Mu! Mu! Mu! Mu! Mu! Mu! Mu!
Mu! Mu! Mu! Mu! Mu! Mu! Mu! Mu! Mu! Mu! Mu! Mu!
Mu! Mu! Mu! Mu! Mu! Mu! Mu! Mu! Mu! Mu! Mu! Mu!«

Ende